当代国际史学研究丛书

总主编 陈启能

当代历史哲学
和史学理论

人物、派别、焦点

PHILOSOPHY OF HISTORY
AND HISTORICAL THEORY OF
OUR TIMES

FIGURES, SCHOOLS AND ISSUES

王晴佳

张旭鹏 / 主著

社会科学文献出版社
SOCIAL SCIENCES ACADEMIC PRESS (CHINA)

总序
当代历史学发展的若干趋势
——兼论"史学革命"

陈启能

　　"当代国际史学研究及其发展趋势"是我主持申请并于2012年10月10日由全国哲学社会科学规划办公室负责审核批准的国家科研项目。该项目由我主编，共计六卷，分别为：《当代中国史学发展趋势》（负责人为山东大学教授王学典）、《当代亚洲史学发展趋势》（负责人为东北师范大学教授赵轶峰）、《当代欧洲史学发展趋势》（负责人为中国社会科学院世界历史研究所研究员姜芃）、《当代俄罗斯史学发展趋势》（负责人为中国社会科学院世界历史研究所研究员马龙闪）、《当代历史哲学和史学理论：人物、派别、焦点》（负责人为美国罗文大学教授王晴佳和中国社会科学院世界历史研究所研究员张旭鹏）、《信息史学》（负责人为中国社会科学院世界历史研究所研究员王旭东）。各卷大多聘请了有关专家参加写作。经过五六年的艰苦努力、埋头苦干，现在各卷都已完成。

　　当代，即20世纪最后20年和21世纪初。在这段时间，人文社会科学知识的内容、结构和方法都发生了极其深刻的变化。在迅速变化的总的心智语境中，当代历史学发生了重大的调整。"文化的转向""实用的转向""空间转向""目视的转向"等"转向"给历史学打开了新的前景：出现了历史研究的新对象，涌现了大量的新史料，发现了许多分析传统史料的新方法和有效解读信息的新手段。这些变化规模之大、影响之深，使史学家可以把 20 世纪、21 世纪之交的史学形势称为"史学革命"，① 以示史学变化之大，并力图揭示其根本性质。

最早提出"史学革命"这一概念的是美国学者哈梅罗（Theodore C. Hamerow）。他认为史学革命的重要原因是史学的传统方法论已不适应对我们生活的世界的理解，其结果是历史这门学科失去了社会的信任。因此，"许多史学家突然跳到社会科学中去"，迫使史学"爬出它自己的老巢"，结果是"历史学的革命，规模比它在 2000 多年前产生以来任何时候都要大得多"。②

另一位美国史学家凯门（Michael Kammen）也承认，"在方法论意识中的革命自然是发生了"。例如，史学家对历史知识的认识论问题特别感兴趣，承认史学方法论是特有的学科。③ 他进一步指出这种革命的实质："史学家们越来越从描述政治的、外交的、军事的、经济的、宪法的和文化的事件和过程的传统叙事，转向过去曾是社会科学学者禁区的各种问题。他们开始发展分支专业和分支学科，或许可以形成历史统计学、历史人口学、历史社会学、历史人类学和历史心理学或心理史学。"④

一般来说，在俄罗斯史学文选中"史学革命"概念流行得并不那么广泛，常被作为分析当代史学发展状态的出发点。由于俄罗斯史学发展迅猛，它的进程带有不稳定的、多方向的性质。因此，任何企图翔实地定义"史学革命"概念的尝试，总体上都不可能不是相对的，只反映它自己出现的时间。

在俄国学者中，最先提出"史学革命"这一概念的是巴尔格（М. А. Барг）。他指出当代蓬勃发展的史学正在急于改变研究对象的结构，经受着研究工具

---

① 参见 " 'Историческая революция' и теорические поиски на рубеже веков"，*История Научно—образовательный журнал*，2013. Т. 4. Выпуск 2（18）；Могильницкий Б. Г. Истояна переломе：некоторые тенденции развития современной исторической мысли，*Междисциплинарный синтез в истории и социальные теории：теория, историография и практика конкретных исследований*，Под ред. Б. Г. Могильского，И. Ю. Николаевой，Л. П. Репиной. М.，2004. С. 6。

② Theodore S. Hamerow, *Reflections on History and Historians*（Madison：The University of Wisconsin Press，1987），p. 14.

③ Michael Kammen，"The Historian's Vocation and the State of the Discipline in the United States，" in Michael Kammen, ed.，*The Past Before Us：Contemporary Historical Writing in the United States*（Ithaca：Cornell University Press，1980），p. 31.

④ Theodore S. Hamerow, *Reflections on History and Historians*，pp. 14-15.

的急剧变化并敏感地反映科学体系的进步："我们不是夸大其词，如果把现在发生在历史学科学工具库中的变化称之为史学革命的话。"① 从巴尔格的全文来看，他这里说的史学革命实质上指的是方法论革命。

关于西方的"史学革命"，俄罗斯学者 В. М. 穆契尼克和 И. Ю. 尼古拉耶娃认为，1970～1990 年西方主要的历史思想是"片面的中心主义"。他们强调："当今的史学革命是在文化人类学化的旗号下进行的，在我们看来是西方文化的后现代主义最重要的变形之一。这里很适合用巴赫金的术语来描述，这个变形的实质是丢弃文化优势思想的'垄断地位'，是形成新的文化风格，对话的、复调音乐的风格。"②

总起来说，史家们使用"史学革命"这个概念，显然是为了表达历史学在这一时期发生了翻天覆地的变化。这些变化加之史学家的积极努力导致了一系列新的（新的经典的）完整模式的出现。这些模式是建立在微观方法与宏观方法相互补充的基础上的，是努力超越宏观史与微观史、结构与事件、理性与非理性相对立的二元思维的，是尽力扩大"史学家领地"的。

"史学革命"的特征之一是对后现代主义的态度。一般说来，"史学革命"对于研究重点的变化并不总是给予应有的重视，而往往采取比较客观的态度。对于后现代主义也是这样：不管研究重点的改变如何巨大，但这种改变不是绝对的，它与学科的过去是有一定的继承的。当时史学界的情况正是这样。后现代主义的出现似乎宣告了一个史学新时代的到来，但它的"挑战"不被史学界接受，因为它的极端的表达意味着完全否定历史认识的客观基础，以及与观察者无关的历史活动。

然而，"后现代主义的挑战"并不是简单地否定一切。它有一套自己的理论。它反对历史学关于历史认识对象的概念，即不是某种外在于认识主

---

① Барг М. А. Человек--общество--история, *Новая и новейшая история*，1989. № 2. С. 45.

② Мучник В. М.，Николаева И. Ю. От классики к постмодерну：о тенденции развития современной западной исторической мысли. *К новому пониманию человека в истории. Очерки развития современной западной исторической мысли*. Томск，1994. С. 44.

体的东西，而是由语言的和话语的实践建构成的。[1] 语言被看成能构成意义的因素，可以决定思维和行为。后现代主义强调的是历史文词的"文学性"，体裁的选择，情节的构建，修辞方法和文体的应用，象征手段、形象和隐喻的使用。由此历史学一方面就等同于文学，在评价历史文词时突出的是美学标准；但另一方面，历史学又被等同于意识形态。它对客观性标准问题和研究人员对自己的创作活动的控制手段问题有了新的说法。历史学家被要求精心阅读文本，读出隐藏在其中的东西并给予解密。

后现代主义的术语牢固地进入了科学的方法论库藏，虽然它们常常会被更换内容。例如"转向主观性"这个基本概念，它和"语言学转向"一起宣告了后现代主义进入历史学。如今"主观性"已是最普及的概念之一，已是研究过去、研究历史时间中的人的基本方法。但这并不是绝对的主观性，不是后现代主义历史哲学意义上的主观性，即否定历史进程客观基础的历史哲学。M. A. 巴尔格的定义与后现代主义的不同，应该是更为正确的。他提出问题说："对历史学家来说，'人的主观性'概念的实质是什么。这个概念已是历史学研究的对象。"

他在回答中强调了它的主观—客观性，指出："这是人的客观上受制约的内部世界。这是人的概念、价值、情感和基于其上的对自己活动的客观条件的反应。这是把物质生产和精神生产的所有形式转变为创造行为的个人天性。"由此出现了"客观的历史必然性和人的主观性世界的辩证联系，并为历史学提供了掌握历史规律的可能性"。[2] 自然，这并不是唯一的答案，对这个问题学者们还在探索中。

两种对立的立场（"语言的"与"客观的"、"后现代主义批评者"与"正统的现实主义者"）冲突的高峰出现在 20 世纪八九十年代。但结果并不像原先想象的那样是毁灭性的。哲学家在其中起了很大作用，尤其是荷兰哲学家安克斯密特。

20 世纪 90 年代中期，出现了"中间立场派"。他们认为，在话语以外

---

① 关于后现代主义与历史学的相互关系，参见 J. C. D. Clark, *Our Shadowed Present*；*Modernism, Postmodernism, and History* (Stenford：Stanford University Press, 2003)；Willie Thompson, *Postmodernism and History* (Houndmills：Palgrave Macmillan, 2004)；等等。

② Барг М. А. Человек--общество--история, *Новая и новейшая история*，С. 56.

存在现实，它是独立于有关它的概念并作用于这些概念的；对成为虚无的现实的直接感知的不可能，并不意味着历史学家可以任意地"构建"。这种中间立场的支持者逐渐扩大着队伍。① 与"正统的现实主义者"② 不同，赞成"中间立场"的历史学家，从"语言学转向"的角度积极思考如何改变自己的研究实践。他们找到的出路是"新社会文化史"范式。这种范式通过文化概念、象征性的实践和价值定位的视角来解释不同层次的社会进程，除了掌握文学批评方法外，还注意了"文本的社会逻辑"，即话语的非语言特征。这些特征与传记的、社会—政治的、精神的语境有关，而在此语境中创建的文本，带有创立者的目的、需求和世界观。在"新社会文化史"在的实践中，文化并不是表象和符号的决定性因素，而是一组职能、工具或战略，通过它们个人可以在自己的实践活动中利用这些标志和符号。

"史学革命"的另一特征是语境方法。历史知识发展中的乐观主义引起了对语境方法的高度重视，虽然在史学的不同领域重视程度不一，形式也相异，但是总的来说都指向从因果解释转向语境解释。广为流传的看法是历史语境是一种情势，它不仅为任何活动提供社会条件，而且提供具体的挑战和问题。这些挑战和问题要求在有关的活动中解决。但应指出的是，"普遍的语境化"对历史学家的想象提供了必要的限制，虽然有利于分析社会状况，却不利于解释社会—历史动态。③ 在当代社会文化史广泛的范围内，除了众多分析类型、形式、跨文化互动等方面的著作外，值得注意的还有对个人和集体的同一性、历史与记忆的相互关系的研究。这种研究现

---

① 从第 18 届国际历史科学大会 （The 18th International Congress of Historical Sciences, Montreal, 1995） 上所提交的相关论文中，可以看到这一趋势。这方面的相关著作可以参见 Bo Strath, "The Postmonder Challenge and a Modernized Social History," in Ragnar Björk and Karl Molin, eds., *Societiel Made up of History* （Stockholm: Akademietryck, 1996）; Gabrielle M. Spiegel, *The Post as Text: The Theory and Practice of Medieval Historiography* （Baltimere: John HopkinsUniversity Press, 1999）; Roger Chartier, *One the Edge of the Cliff: History, Language, and Practices* （Baltimore: John Hopkins University Press, 1997）; Вжозек, Войцехю. Интерпретация человеческих действий. Между модернизмом и постмодернизмом. *Проблемы исторического познания. Материалы международной конференции.* Отв. Ред. Г. Н. Севостьянов. М., 1999. С. 152 −161.

② 例如 Richard J. Evans, *In Defence of History* （London: Granta Books, 1997）。

③ 参见 Peter Burke, *Varieties of Cultural History* （Cambridge: Cambridge University Press, 1997）。

今正在吸引所有社会人文学科研究者的注意，并为未来考虑更为周到的方法论跨学科合作提供了方便的平台。

在强调语境对历史学发展的重要性时，也要注意不能予以夸大。对历史学发展产生影响的，除了语境外，还有别的东西，如客观存在的事件。历史事件，特别是重大事件，必然会对历史学的发展产生重要的影响。看不到这一点就无法理解历史学的发展变化。但要看到的是，片面地强调这种外来的对历史思维的影响的话，那也是错误的。历史不是时代的职能。历史学与任何科学一样，是由其内部的规律，自己的逻辑发展起来的。实际上，它是内部因素和外部因素复杂作用的产物，其基础是历史知识发展的内部逻辑。

"史学革命"带来的一个重要后果是激发历史学家的理论兴趣。一般说来，众多历史学家对从事理论研究兴趣不大。梅吉尔曾指出："理论与历史的冲突……是因为没有处于具体语境里的概括化的理论……而同时历史学家力图做的是描述、解说和阐释历史语境，或它们的总和，并不想在自己研究的基础上提出理论见解。"① 既然没有构建理论的目的，历史学家在理论研究中自然不会提出这样的任务。梅吉尔提出理论可在历史工作中起到四点作用：认识论的作用、批评和自我批评的作用、思辨的作用和思考研究结果的作用。其中最值得注意的是第一项，即历史认识论，它决定了历史认知的基本原则。② 正是在历史认识论这个历史工作的重要方面，当代历史学家积极参与。我们今天可以看到，对史学实践的兴趣和理论论证在其研究和表述两个方面都在增长。③

21世纪初以来，在世界史学中出现了大量的讨论理论问题的著作。一般来说，它们不是讨论历史过程理论或在史学中应用社会—人文科学的理论，而是讨论"历史理论"，讨论历史知识理论。这也与"史学革命"有

① Мегилл Аллан. Роль теории в историческом исследовании и историописании. *Историческая наука сегодня：Теория，методы，перспективы*. Под ред. Л. П. Репиной. М.，2011. С. 25.

② 参见 Mary Fulbrook, *Historical Theory*（London：Routledge，2002）；Мегилл，Аллан. *Историческая эпистемология*. М. 2007。

③ 参见 Jörn Rüsen, ed., *Meaning and Representation in History*（New York and Oxford：Berghahn Books，2006）。

关。因为它巩固了历史学的跨学科性，其表现之一是出现了新的人文学科，如理论史学。广义的理论史学包括社会科学和历史学交叉的所有领域，如历史社会学、历史心理学、宏观社会学、微观系统分析、社学文化学等；而狭义的理论史学是同时属于这两种类型的学科之一。[①] 理论史学的构建为历史学的跨学科综合提供了新的可能性。这些可能性来自史学和社会学的中间环节。史学会利用不同社会科学的解释性的方法和理论，并以来自经典传统经验史学的事实资料为基础。

　　然而，也应指出，在 21 世纪初，有一些历史学家出现了反复，他们否认理论的重要性，但这并不影响主流。多数历史学家感到了"理论的欠缺"，这促使不同国家的学者去创建"中层理论"，作为历史活动的理论。这种理论超越了历史经验，并对历史学的各种概念做了论证，同时又拒绝讨论历史的意义和方向、历史过程的普遍规律等问题。但是这并不意味着"对理论的排斥"，而是历史学理论化的一种特殊形式。因为，此时理论知识已经构成了当代史学实践必要的组成部分，而且历史学方法论综合问题本身就是理论问题。为了解决具体问题，对研究战略所进行的挑选和运用，是在中层理论的运作范围内和它的范畴基础上实现的。

　　关于"史学革命"，最后还需要指出的是，"史学革命"这个术语虽然在这里讲了许多，但是实际上它只在西方发达国家才有所应用，世界上绝大多数发展中国家是很少将之用于自身史学的发展的，因此我们没有必要拘泥于这个概念本身。它的出现无非是要表明历史学在 20 世纪、21 世纪之交以后有了迅猛的发展和质的变化。这些是应该了解和加以研究的。

　　历史学家对历史学理论问题兴趣的增长，有一个明显的表现，就是全球史在 20 世纪八九十年代的出现。这一显著的趋势显示了历史学的整合过程。这也表明历史学家对历史宏观前景的兴趣重又增长。近半个世纪以来，全球各个国家之间相互关系的发展带来的生态的、流行病的、人口的、文化的和心智的后果，引起了越来越多的关注和研究，从而形成了一门新的学科——全球史。它依据的是世界历史进程的相关性观念。当代面临的各

---

① Розов Н. С. Философия и теория истории. Кн. 1. Пролегомены. М., 2002. С. 41.

种迫切问题要求超越过去占统治的那些用欧洲中心主义视角来构建历史过程和事件的模式。世界史应该是真正普遍的历史，要求使用新的比较分析方法，它不仅可以说明共同的历史进程和特殊的历史事件，而且可以提供有关人类历史整体性和相互关系的新观念。

全球史研究取得了很大的进展，也涌现了不少有名的历史学家和著作，虽然在发展过程中也有曲折和失误，但成就是主要的。由于这个过程很长，不可能详加阐释，这里只能提供个概貌。

全球史的出现与曼宁（Patrick Manning）、夏德明（Dominick Sachsenmaier）等大家有关，与 20 世纪 60~80 年代有关，与历史知识的欧洲中心主义和民族中心主义危机有关，与"极度简单化"的现代化理论有关，与史家对时间、空间、因果关系、前提性知识和真实知识的相互关系等认识的解构有关。其结果是多中心主义、网状思维和转向相反联系，承认每个人类群体都有权有自己的全球史。①

对这些过程起作用的既有非殖民化，又有全球化。前者促进了不同历史观的建立，后者动摇了欧洲中心主义和破坏了民族史学的边界。后殖民主义批判在此起了重要作用，打破了西方一些"铁的概念"，如进步、现代化、理性化等，并为非欧洲世界提出了不同发展道路的建议，由此出现了大量不同的世界史著作。②

在 20 世纪、21 世纪之交，全球史的发展出现了倒退。如果说在 20 世纪 90 年代，即全球史形成时期，它直接依靠的是后殖民主义批判的话，那么进入 21 世纪之后，全球史已从这种批判倒退回去，非殖民化开始受到批评，某些激进的历史知识发展计划被认为是空想。

---

① Patrick Manning, *Navigating World History*: *Historians Create a Global Past* (New York: Palgrave Macmillan, 2003), pp. 150, 265 - 300, 375 - 376; Dominick Sachsenmaier, *Global Perspective on Global History*: *Theories and Approaches in a Connected World* (New York: Cambridge University Press, 2011), pp. 13, 132, 160.

② 参见 Dominick Sachsenmaier, *Global Perspective on Global History*: *Theories and Approaches in a Connected World*, pp. 30, 51 - 52; Иггерс Г. Ван Э. *Глобальная история современной историографии*, пер. с англ. О. В. Воробьевой. М.: Канон. 2012. С. 36 - 37; Ионов И. Н. Новая глобальная история и постколольальный дискурс. *История и современность*. 2009. № 2 (10). С. 33 - 60; Ионов И. Н. Основные направления и методология глобальной истории. *Новая и новейшая история*. 2003. № 1. С. 18 - 29.

　　然而，全球史的出现和发展是客观现实的反映和需要，虽然会遇到挫折和阻挠，但是并不可能被阻止。有关全球史的方案层出不穷，其中最有影响的是美国麻省理工学院教授、史学家马兹利什（Bruce Mazlish）的方案。它体现在两本书中。第一本名为《概念化的全球史》（1993），由马兹利什和布尔特詹斯（Ralph Buultjens）主编，表达了对"第三世界"国家发展前景的乐观看法。但是到 21 世纪初，马兹利什等人对非洲和拉丁美洲的蓬勃发展的希望已经破灭。马兹利什提出了"新全球史"的概念，把研究范围限于 20 世纪下半叶和 21 世纪初，并在很大程度上取消了殖民主义、种族主义、奴隶占有制、帝国主义等现象。他坚持认为，他的新全球史思想是全球化的直接结果，客观上是全球化对西方过去的投影。①

　　比马兹利什更后退的是入江昭（Akiva Iriye）。他在与别人合编的《全球史文选》中集中美化美国的形象，把美国说成是现代化的霸主、军事和信息革命的领袖；美国的活动决定了全球资本市场的强大和新技术的产生。美国的唯一对手是世界恐怖主义。西方与恐怖主义的战争是唯一的现象，这一现象离开新全球史语境是根本不能理解的，而这说明了新全球史的重要性。

　　入江昭在文中把新全球史与帝国主义联系在一起，使新全球化具有了 19 世纪西方殖民者的"文明使命"：它冲出民族边界，"渗入世界上的'非文明'区域"。这是西方殖民主义者的"文明使命"的经典形式。入江昭把 20 世纪看作"国际主义的世纪"、西方诸多世界帝国对话的世纪，并在总体上持肯定的态度。但他对殖民主义的屠杀、种族灭绝、全面战争，要么避而不谈，要么一笔带过。不过，他承认全球化具有贪婪性，必须加以控制。② 支持这类观点，甚至不接受后殖民主义话语和文明对话的还有人在，如英国剑桥大学教师雷诺兹（David Reynolds）。③

① 参见 Bruce Mazlish and Ralph Buultjens, eds., *Conceptualizing Global History* (Boulder, Colo.: Westview Press, 1993); Brace Mazlish, *The New Global History* (New York and London: Routledge, 2006)。

② Akira Iriye, "International Organizations," "Internationalism," in Bruce Mazlish and Akira Iriye, eds., *The Global History Reader* (New York and London: Routledge, 2005), pp. 182 - 190, 202-208.

③ David Reynolds, *One World Divisible: A Global History since* 1945 (New York: W. W. Norton & Company, Inc., 2001).

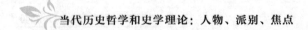

创建全球史的困难在于，它不大可能如实地重建过去的图景，但其中宗主国和殖民地、企业主和工人之间的历史关系可以自然地成为研究的领域。因此，从后殖民主义批判和全球史的源头上说，我们就有可能"翻转"历史图景，把"第三世界"放在前面。这种改变欧洲中心主义的方案就是创建另一种不同于现有的全球史的方案。在建立全球史的努力中，许多理论都可以起到作用，如从属发展论、不发达理论、世界体系论等。

在全球史兴起的同时，"文化转向"的后果也完全表现出来了。一方面是对过去和现在的个人主观性兴趣的空前高涨；另一方面是力图把这种兴趣在新的理论—方法论的基础上使之语境化，并要求这种语境适合当代文明的全球性，适合文化间对话发展的目的性和多样性统一原则。

当然，当代国际史学的发展还有许多应该加以研究和论述的问题，然而由于时间有限和我们的知识局限，在这里就此打住了。有兴趣的读者可以阅读本套丛书的各部专著，并提出宝贵的批评意见。

序

如同书名所示，本书以当代历史哲学和史学理论的变迁与新潮为研究对象。关于这个主题，中文学术界已经出版了不少论著、译著和读本，有助于读者了解和消化本书的内容。与现有的这些著作相比，本书在时段、取径和内容上均有明显的不同。在时段上，本书侧重的是"当代"史学界、思想界的诸种变化。这里的"当代"指的是第二次世界大战之后直至当今这一时间范围。我们注重这一"当代"，除了突出本书的特点之外，更希望强调历史哲学和史学理论在这一时期发生的重大变化。

既然讨论历史哲学的变化，我们首先需要简单回顾一下其发展历程。就历史哲学的起源而言，学术界普遍认为 18 世纪是一个重要的阶段，以启蒙运动思想家伏尔泰、孟德斯鸠等人的论著为主要标志。这些思想家受到 17 世纪科学革命的激励和启发，试图像牛顿、伽利略等人解开自然世界的奥秘那样，充分运用理性的思维来探究、诠释和阐明人类社会的演化规律。他们的基本立场是，历史不断进步且有明确的规律，而历史学的重任就在于揭示历史的进步和证明历史规律的存在与作用。与之前好几个世纪的历史观相比，这一启蒙历史观指出了一个重要的哲学理念，那就是过去与现在之间存在明显的差异；历史研究和书写的功能不是为了在过去中寻求和树立榜样，供今人和后人瞻仰、膜拜，而是为了指出过去与现在的不同，分析两者不同的原因，并探求人类历史的未来走向。[①] 到了 19 世

---

① 参见 George H. Nadel, "Philosophy of History before Historicism," *History and Theory*, 3: 3 (1964), pp. 291–315。

001

纪，这一理念在黑格尔、孔德和马克思的论著中得到了充分的发挥，历史哲学因此也成为一门成熟的、引人关注的学科。比如黑格尔在《历史哲学》中从理性与热情的互动中，分析了理性的逐步扩张如何推动了历史的进步。孔德则从知识论的角度，认为人类历史的进步，体现在从神的时代经形而上学的时代而到了实证科学的时代。马克思的社会发展阶段论，指出了他所处的资本主义社会，经过了之前的几个历史时期的发展，代表了人类历史进步的一个新阶段，同时马克思又强调，社会主义和共产主义在未来将取代资本主义。19世纪末和20世纪初，虽然对马克思主义的理解产生了种种不同，但列宁等人将之付诸实践，成功地发动了苏维埃革命，以求建立社会主义、共产主义的社会。

的确，十月革命在俄国的成功，是现代历史上的一个划时代事件，因为这一革命，是在第一次世界大战的过程中产生的，而一战的爆发及其惨烈的进程，令人对启蒙历史观的理论前提——人类历史不断进步——在事实上产生了强烈的质疑。"世纪末"的思想家如弗里德里希·尼采已经在理论上对这一观念提出了尖锐的批评，而一战的硝烟提供了事实上的证据，那就是西方文明的进步，也带来了人类自相残杀，而且手段日益强化，结果更为血腥。尼采的同胞奥斯瓦尔德·斯宾格勒在一战中写作的《西方的没落》成为战后的畅销书，就是一个很好的证明。因为斯宾格勒在书中指出，近代西方人认为自己与众不同、其文明也高人一头的想法，无异于痴人说梦。他预测道，与其他文明一样，西方文明也会走向衰亡，而自文艺复兴以来渐渐孕育、在启蒙运动中得到大力伸扬的历史三段论（古代、中世纪和近现代）的进步观念，既无说服力，亦无普遍性。①

换言之，第一次世界大战之后，启蒙历史观已经开始让人怀疑。但可悲的是，部分西方人为了克服这种悲观主义和相对主义，拯救自己的文明，诉诸极端思想，墨索里尼的法西斯主义和希特勒的纳粹主义的兴起，便是显例。于是第二次世界大战不久爆发，悲剧进一步加剧，其危害遍及欧亚大陆。在这样的背景下，我们应该能比较清楚地理解为什么战后的世界，在思想和观念上会出现如此重大的变化。具体而言，从20世纪50年代开

---

① 参见王晴佳《西方的历史观念：从古希腊到现代》，北京师范大学出版社，2013，第226~240页。

始,西方殖民主义走向终结,世界逐渐进入一个后殖民的阶段。而在 20 世纪 60 年代,学生运动遍及全球,形成了一个国际性的文化反思的浪潮。本书正是由此考虑,决定以 20 世纪 60 年代为起始,展现、分析历史哲学和史学理论领域发生的种种变化。换言之,本书虽然涉及克罗齐、科林伍德等人的史学思想及其贡献,但没有为他们单独设立章节讨论,因为现有的相关著作中,已经对他们有不少分析,而我们侧重的是 20 世纪下半叶乃至末期至今的变化。

在取径上,本书既讨论重要的人物和派别,又描述最新的动向,因此在章节安排上分为人物、派别、焦点三个部分。学术界对历史哲学在 20 世纪所发生的变化,常常用从思辨的历史哲学到分析的历史哲学来概括。认为 18~19 世纪的历史哲学,以探究历史发展规律为重点,代表了"思辨的历史哲学";而在两次世界大战发生之前和之后,历史哲学界出现了"分析的历史哲学",以探讨历史认识和历史书写为重心。1965 年,阿瑟·丹托出版了《分析的历史哲学》一书,对这一转变有比较明确的描述和分析,是这一方面的代表性著作。① 但在该书出版之后到 20 世纪末的这段时期,虽然分析的历史哲学仍为主流,但思辨的历史哲学也没有全面退却,而是出现了重振旗鼓之势。1990 年前后美国的弗朗西斯·福山提出"历史终结论",便是一个例子。而他的老师塞缪尔·亨廷顿更因稍后提出的"文明冲突论",以及预测了"9·11"事件的发生而名闻遐迩。本书在第一部分"人物"中,从米歇尔·福柯开始,对分析的历史哲学阵营中的代表人物,如海登·怀特、弗兰克·安克斯密特等人均列了专章,这一部分也收入了亨廷顿、福山和迪佩什·查克拉巴蒂,其中查克拉巴蒂的研究特别值得重视。2000 年他以《地方化欧洲》一书出名,挑战了史学思想界的"西方中心论",其内容既有对历史认识论的分析,亦有对历史规律论的思考。而在近年,查克拉巴蒂在全球环境日益恶化的情况下,对人类历史的未来走向提出了许多有价值的讨论。总而言之,就当代历史哲学和史学思想的发展来看,我们在今天并无法绝对区分思辨的历史哲学和分析的历史哲学,历史哲学和史学理论已经相互交叉、互为影响。

---

① Arthur Danto, *Analytical Philosophy of History* (Cambridge: Cambridge University Press, 1965). 中文的研究可见何兆武《从思辨的到分析的历史哲学》,《世界历史》1986 年第 2 期。

本书取径上的特点，与其内容上的特点相连。在题为"派别"的第二部分，本书采用了最新的相关论著，不但对读者已经相对熟悉的"后现代主义""后殖民主义""女性/性别史"等史学流派做了讨论，而且对近年兴起而中文学界涉猎较少的新兴流派如"情感史""身体史""环境史""大历史"等做了简要的介绍和分析。而本书着意创新的地方，更见于题为"焦点"的第三部分，因为收入其中的章节，均是最近一二十年才出现的论题。由于角度、内容新颖，这些论题在国际史学界也尚无定论，仍处于思索、争辩和发展阶段。我们称之为"焦点"，主要想表达这样的意思：这些论题的提出，激起了学界的兴趣，引起了较为热烈的讨论，但它们尚未成为代表性的潮流，因此与第二部分的内容有所区别。而本书设立这一部分，称其为"焦点"而不是"走向"或"趋势"，还有一个考虑，那就是向读者传达这样的信息：当今历史哲学和史学理论界，并无一个明确的总体趋向，而是呈现百花齐放、百家争鸣的态势。这一态势的形成，主要有两个原因：第一是战后培养的一代思想家，已经渐渐老去，其中一些人已经在近年告别了人世，而新的一代中，还没有出现能完全取代他们的领军人物；第二是当今的世界历史发展，也到了一个十字路口，前景颇为复杂，尚无人能对人类历史的未来，指出一个明确无疑的方向。本书第三部分的最后一章题为"后人类境况"，便是希望对当代世界所面临的境遇，做一个简略的描述。这一"后人类境况"的出现和形成，主要有两个方面的原因。一是各种新兴科技的长足进展，已经生产出足以影响甚至挑战人类生活和生存的各种生物体或非生物体，动摇了人类为世界历史中心的当然位置。二是人类科技水平的急剧提高和科技实力的增强，已经让自然界受到前所未有的压力，而如果这一压力最终导致自然环境的崩裂，那么人类将无法生存，最终也会走入历史。人类历史的这一多元的、不确定的未来，引起了各类思想家的高度重视，也引发了多元的、开放的历史思维。[1] 但迄至今日，学者们尚无明确的应对方案，而世界上的各个国家，对此状况也没有一个共识。我们希望本书的出版，能得到读者、方家的批评指正，更希望能激起大家的共鸣，共同关心人类历史的未来。

---

[1] 相关讨论可见《"后人类史学"的探索和展望》专栏，《史学集刊》2019 年第 1 期。

　　最后，我们想交代一下本书写作的契机。自 2012 年开始，我们有幸参与了中国社会科学院世界历史研究所陈启能先生主持的国家社科基金重大课题"当代国际史学研究及其发展趋势"（编号 12&ZD186）的项目，并担任其子计划"当代西方历史哲学研究"的主持人。经过多次的切磋、讨论，我们确定了本书的写作提纲，并于 2017 年下半年开始正式投入写作。在写作过程中，我们又邀请了以下学者参与：林漫、屠含章、尉佩云和张一博（按姓氏拼音排列，他们的署名在其承担的章节之末），让我们得以在 2018 年底顺利完成整本书的写作，对此我们深表谢意！我们也对陈启能先生的信任和厚爱及我们家人的支持，呈上我们的谢忱。

2019 年 1 月 17 日草，18 日改

目 录

· 第三部分　焦点 ·

·第一部分　人物·

后现代史学先驱：米歇尔·福柯

在现代世界，如果要指出一个对当代史学的主导观念、书写内容和研究方法均有重要影响的人物，那么非法国思想家米歇尔·福柯（Michel Foucault, 1926-1984）莫属。福柯生于 1926 年，与本书所讨论的许多学者（譬如海登·怀特、格奥尔格·伊格尔斯）处于差不多同一个时代，但在许多方面，福柯的论著又对这些学者产生了许多影响。福柯未及花甲遽然离世之后，许多为他的学术思想写传的人士，并无法盖棺论定，确定福柯是一个哲学家还是史学家。他们的困境其实正好反映了福柯学术思想和贡献的丰富性、多元性和复杂性。1989 年，克莱尔·奥菲尔（Clare O'Farrell）写了一部福柯的思想传记，径直以"福柯：史学家还是哲学家？"为题，提出了这个问题。作为一部较早出版的福柯传记，该书提出的问题一直为学者关注，他们发表了不同的意见。[1] 中国古人有言，知人论世。我们认为要解决这个问题，较好的办法就是从福柯的生平说起。

---

[1] Clare O'Farrell, *Foucault: Historian or Philosopher*? （New York: St. Martin's Press, 1989）; Amy Allen, "'Psychoanalysis and Ethnology Revisited': Foucault's Historicization of History," *Southern Journal of Philosophy*, 55 （2017）, Supplement 1, pp. 31-46; Christopher A. Kent, "Michel Foucault: Doing History or Undoing It?" *Canadian Journal of History*, 21: 3 （Dec. 1986）, pp. 371-395; Béatrice Han-Pile, "Is Early Foucault a Historian?" *Philosophy & Social Criticism*, 31: 5-6 （2005）, pp. 585-608. 中国学者没有参与这一争论，但有不少论著讲述福柯的史学思想，如高毅《福柯史学刍议》（《历史研究》1994 年第 6 期）、刘北成《福柯史学思想简论》（《史学理论研究》1996 年第 2 期）、刘北成《福柯思想肖像》（上海人民出版社，2001）。这些论著都是比较早期而全面的介绍，对中国史学界此后了解福柯多有帮助。

福柯出生于法国西南部的一个富裕的天主教家庭，上面有一个姐姐，下面有一个弟弟。福柯的父亲是一位知名的外科医生，其岳父也是一位出色的外科医生。他们的宗教信仰不算太虔诚，不过幼时的福柯曾在教堂做过辅祭（altar boy），即辅助教父布道的男孩，应该与教父有许多接触，比一般的小孩更熟悉天主教的教义。值得一提的是，许多像福柯那样有过辅祭经历的男孩，长大之后颇有反叛的精神，对天主教产生了许多不满。福柯显然也有这一倾向。他自己后来回忆说，他是一个反叛的问题少年，不过由于母亲的坚持，他接受了严格的中小学教育。二战结束之后，20 岁的福柯成功地考入了著名的巴黎高等师范学院。巴黎高等师范学院是世界上最古老的一所高等师范大学，其校友名人众多，在文科领域有让-保罗·萨特（Jean-Paul Sartre, 1905 – 1980）、雷蒙·阿隆（Raymond Aron, 1905 – 1983）、路易·阿尔都塞（Louis Pierre Althusser, 1918–1990）和皮埃尔·布尔迪厄（Pierre Bourdieu, 1930–2002）等世界闻名的一流人物。

福柯在求学期间和之后的一段时间，性格内向缄默，读书兴趣广泛，深入阅读了黑格尔（G. W. F. Hegel, 1770 – 1831）、康德（Immanuel Kant, 1724–1804）、马克思（Karl Marx, 1818 – 1883）、胡塞尔（Edmund Husserl, 1859–1938）、海德格尔（Martin Heidegger, 1889–1976）的著作。他思想十分左倾，与路易·阿尔都塞关系甚密，并一度加入了法国共产党。那时他已经知道自己是同性恋者，情感生活与人不同，这也增强了他的反叛精神。福柯违逆了父亲的意志，不愿接班成为医生，决定以学术为业（顺便提一下，他弟弟后来成了医生，完成了他们父亲的意愿）。不过福柯那时尚未决定往哪个方面发展。在很大程度上，我们可以这样说，他一生都不想在一个已定的学科之内专攻自己的学术，而是想突破学科之间的界限，探讨更为宏大的知识论的问题。他死后人们难以给他定位，也反映了他学术追求和兴趣的广泛。反过来，福柯的思想因涉及多个领域，使他成为当代学术界几乎家喻户晓的人物。本章的写作，希望侧重福柯对当代史学的影响，将他的思想和学术置于史学史变化的背景中加以考察和分析。

一　语言、符号、表象

1960 年以前即福柯 34 岁之前，他的求学、求职之路颇多曲折。承路易·阿尔都塞的帮助，他曾在巴黎高师讲课，之后去了瑞典著名的乌普萨拉大学和波兰的华沙大学任职，同时努力撰写他的法国国家博士学位论文。福柯的这段经历，其实也不十分特别，因为许多法国学者都有相似的经历。与他们相比，福柯还算相对幸运，因为在 1960 年他谋到了一个稳定的教职，在巴黎郊外的一所大学担任哲学教授，同时完成了他的国家博士学位论文《疯狂与非理性：古典时代疯狂史》（Folie et Déraison：Histoire de la folie à l'âge classique，中译名为《古典时代疯狂史》）。这是一本近 700 页的巨著，不过许多法国国家博士学位论文都有差不多的规模。1964 年此书出版了缩写本，不久之后又有了主要依据缩写版而译成的英文本——《疯癫与文明：理性时代的疯狂史》。《疯癫与文明：理性时代的疯狂史》一书出版之后，毁誉参半。但福柯有了稳定的教职，此后又接连出版了《临床医学的诞生：医学感知考古学》（Naissance de la clinique：Une archéologie du regard médical）和《词与物：人文科学考古学》（Les Mots et les choses：Une archéologie des sciences humaine）两本著作，而后者让他声名鹊起，引起了学术界的注意，那年他正好 40 岁。

对于一个文科学者来说，福柯能 40 岁成名，并不多见。他的成功，与他自身和当时时代有关。如上所述，福柯从小便是一个反叛者。作为一个同性恋者，他求学时落落寡合，性格孤僻甚至怪异。更值得一提的是，他学术生涯的初期，正好是 20 世纪 60 年代，那时左翼思潮汹涌澎湃，学生运动风起云涌，女性主义运动此起彼伏。福柯孤傲反叛、独具一格的性格、性情，使他独具慧眼，看到了西方社会和学术传统的核心问题，然后从几个方面做出批判性的思考，建立了自己独特的学说。

"古典时代"是他上述几本书都关注的时代。从字面上说，这个词语容易让人误解，因为一般而言，"古典时代"在西方历史上指的是古代希腊和罗马的时代，但福柯指的是 18 世纪和 19 世纪。他在《疯癫与文明：理性时代的疯狂史》的副标题中，用的是"理性时代"，这就能比较清楚地说明他用这个词的原意。当然，从西方音乐的发展来看，那个时代是所谓"古典主义音乐"的时代，所以中文译成"古典时代"也未尝不可，不过在英文中，"classical"也有"经典"的意思。福柯关注这个时代，特别是这个时代的知识传统，其实就是针对启蒙运动的思想遗产——理性主义的。

众所周知，启蒙运动时期是思想解放的时代。它积累了自文艺复兴以来的知识成就，充分运用理性，逐步形成了一个知识系统。启蒙运动的哲学思想，奠定了西方现代学术，因此从广义上而言，思想和学术领域的现代性便是基于启蒙运动的思想之上的。但第一次世界大战的爆发，让西方人开始怀疑启蒙运动所勾勒的世界历史走向，特别是历史进步的观念以及这一观念的普遍性，弗里德里希·尼采（Friedrich Nietzsche，1844-1900）便是其中一位。上面已经提到，福柯在年轻时代，饱读诗书，但在众多的思想家中，尼采显然对他的思想形成影响最大。像尼采一样，福柯深刻怀疑启蒙运动理性主义思想的遗产；他的一生都以这一思想传统的批评者的面目出现。

福柯的《词与物：人文科学考古学》一书，综合反映了他博览群书的经验，涉及经济学、心理学、语言学、哲学和史学等诸多领域，因此此书并不易读。有的评论者指出，此书买的人比读的人要多好几倍。换言之，此书之所以成为一本畅销书，与当时的文化氛围有关，我们将在下面再论。《词与物：人文科学考古学》虽然难读，但其主要内容并不难以概括。福柯写作此书的立场可以从该书的副标题看出，就是要对人文科学的近代发展做一个"考古学"的研究。福柯所谓的"考古学"抑或"知识考古学"，就是要深挖某种知识、某个理念形成的具体、特殊的背景。于是，他在《词与物：人文科学考古学》中提出了"认识型"或"知识型"（épistémè）的概念，即某个时代被众人认可的知识类型，以人与物即自然的关系为主。福柯进一步指出，自 16 世纪以来，西方产生了一个"认识型"，而自 17 世纪中叶开始，即福柯所谓的"古典时代"，出现了一个新的"认识型"。但从 19 世纪初开始，这一"认识型"发生了突变，变成了"现代性"（la modernité）。毋庸讳言，福柯想要批判的主要就是这一"现代性"，因为他断言，在"现代性"中，人将走向消失或终结。①

对于这些"认识型"的转变，福柯用了抽象的甚至晦涩的语言来解释，

① 〔法〕福柯：《词与物：人文科学考古学》，莫伟民译，上海三联书店，2001。有关此书背后的史学思想，参见王兴斌《福柯〈词与物〉中不可知的历史》，《史学理论研究》2004年第 1 期。

让人颇难理解。但他的主要关注点是语言功能的变化以及这些变化如何形塑了人们的认知。比如在第一个"认识型"阶段，语言基本是透明的，能相似地表现所指称的事物，但到了"古典时代"，语言所构成的知识逐渐体系化，由此"词与物"的关系脱钩，于是文化重组了。而这一重组的结果只是语言所构成的表象，不是真实的世界和历史，因为语言成了符号，其指称作用不复存在。以历史学而言，原来充满变数、复杂不定的历史过程，变成了"大写的历史"，即按照一定的规律演变、一线发展的历史进程。简言之，启蒙运动的思想家构筑了一种理论体系，用以普遍地解释世上所有的现象，康德、黑格尔的学说便是显例。在许多人看来，正是因为这些古典哲学家的努力，世界上的一切都说得通了。若用福柯的术语来表达，就是"同"（*le même*，或同一性）笼罩了一切，而"异"（*l'autre*，或差异性、他者）消失得无影无踪。

换言之，当前人对启蒙思想家和古典哲学家的系统性、完整性和普遍性赞不绝口的时候，福柯像尼采等人一样，反其道而行之，力图对他们的学说全面抵制、完全拒绝。举例而言，黑格尔用理性的扩展来解释人类历史的演进，成为"大写的历史"的一个典型。如果用福柯的语言来描绘，黑格尔的历史哲学就是"同"的集中体现，因为黑格尔主张人类历史将百川归海，向着同一个方向行进。福柯则认为如果让这些系统的哲学体系治我们的思想、行为，那么人就不再是人，人就会消失、死亡了。在一定的意义上，福柯的思想与马克思有关人的"异化"理论有可比之处，虽然在福柯眼里，马克思的学说同样代表了一种理论体系，限制了人的自主思维。

福柯的《词与物：人文科学考古学》从分析语言的结构及其与事物的指称关系出发，抨击了启蒙思想的体系性。《词与物：人文科学考古学》出版之后，法国学术界和媒体将之视为语言学中结构主义流派的一本著作，福柯因此被称为结构主义者，与雅克·拉康（Jacques Lacan，1901-1981）、克劳德·列维-斯特劳斯（Claude Lévi-Strauss，1908-2009）和罗兰·巴特（Roland Barthes，1915-1980）齐名。虽然这一定位有助于《词与物：人文科学考古学》成为一本畅销书，但福柯后来对此说法存有异议。如法国史学家保罗·韦纳（Paul Veyne）指出的那样，福柯反对形而上学和实证主义，但他并不认为在语言之外，真理就不存在。福柯更感兴趣的是寻求具体场景、时代的真理，他以"考古学"或后来的"系谱学"为人文学科的研究方法，希望发现每个时代的"认识型"，"因为所有的概念都必然是生成的"，① 均是例证。

二 为他者写史

福柯既然对"同"如此不满，那么如何纠正、克服这种求"同"的思维和传统呢？福柯的不少论著便是最好的回答，那就是寻求为"异"，即为他者写史、正名。的确，从他写作博士学位论文开始，福柯的选题就与常人不同，研究的是"边缘问题"。② 如果说在尼采眼里，19 世纪的历史学是"纪念的历史"或"纪念碑式的历史"，以"高、大、上"的主题为对象，③那么福柯则反其道而行之，专门选择在这些主题之外的历史进行研究。《古典时代疯狂史》是福柯在这一方面的开山作和代表作。如上所述，所谓"古典时代"指的是 17 世纪后期至 18 世纪，即理性主义高扬的时代，但福柯发现，这一理性主义有一个丑陋、丑恶的对立面，那就是疯狂或非理性。他的《古典时代疯狂史》从麻风病在欧洲的传播及其控制开始，指出在麻风病肆虐的时代结束之后，那种将麻风病人收容和隔离的做法被留存了下来，如 1656 年法国建立了"收容总署"，对精神失常的人加以监禁。福柯这样形容这一过程：

> 它们（麻风病院——引者注）自从文艺复兴时期以来，就已空无一人，但到了 17 世纪，却突然恢复使用，重新享有幽暗的力量。古典主义发明了监禁体制，有一点像中世纪发明了麻风病患的隔离；而这些患者所留下的空位，便由欧洲世界的新人物所占据：那就是"受监人"（internés）。麻风病院并不只有医疗上的意义；这个放逐的举动，

---

① Paul Veyne, *Foucault: His Thought, His Character*, trans. Janet Lloyd (London: Polity, 2010), pp. 21, 98-100.
② 刘北成称之为"边界问题"，参见刘北成《福柯史学思想简论》，《史学理论研究》1996 年第 4 期，第 91 页。
③ 〔德〕尼采：《历史对于人生的利弊》，姚可昆译，商务印书馆，1998，第 11~16 页。

打开了受诅咒的空间，发挥着许多其他的功能。监禁的举动也不会比它单纯：它也具有政治、社会、宗教、经济和道德上的意涵。和它有关的，可能是古典世界整体中的某些本质性结构。①

这段话十分重要。福柯在其中想指出的是，收容和监禁成了古典时代的一个手段，用来对付所有不符合理性的人。他在书中举例说明，其实"受监人"远远不止所谓精神失常的人，许多穷人、罪犯也遭到同样的对待，而当时对精神失常的定义也十分武断，体现了一种权力。因此他说监禁作为一个体制，有着"政治、社会、宗教、经济和道德的意涵"，同时又反映了那个理性主义时代的"本质性结构"。福柯的这一分析，使人清楚地看到他对理性主义的尖锐批评。

福柯在书中举了一个例子，来说明在那个时代，即使是理性的行为，如果不符合社会的规范，也会有可能受到监禁。有一个年轻的女子，声称她永远不会爱她的丈夫，因为她认为每个人对自己的身体和感情都可以自由处置。这女子的所作所为，虽然在当时看来惊世骇俗，但别人不得不承认这是她个人理性思考的结果。不过这一做法，会让她遭受监禁、牢狱之灾。福柯因此这样解释："理性主义甚至可以吊诡地去设想一种疯狂，其理性未受扰乱，但只要生活中的道德失序，而且心志不纯，那么疯狂就显然存在其中了。"②

通过《古典时代疯狂史》的写作，福柯揭露了理性主义时代的另外一面，即理性的他者的历史及其对理性的反作用。他在书中还用一章的篇幅讨论了在监禁制度下人们对"自由"这一概念的新认识，指出这种新认识对监禁制度的结束产生了一定的影响。他写道："探讨疯狂问题的观点，不再是理性和秩序，而是自由个体的权利；任何强制，甚至任何施舍，都不

---

① 〔法〕福柯：《古典时代疯狂史》，林志明译，生活·读书·新知三联书店，2005，第83页，译文根据英文译本略有改动。参见 Michel Foucault, *History of Madness*, trans. Jonathan Murphy & Jean Khalfa（London：Routledge，2006），p.52。有关此书的重要性，参见郑鹏《疯狂史研究对于福柯的意义》，《安徽大学学报》2015年第4期。

② 〔法〕福柯：《古典时代疯狂史》，第204页。此处译文根据英文译本有所改动，参见 Foucault, *History of Madness*, pp.133-134。

能损害个人的自由权。"① 他用这一事例说明，对"异"即他者的研究，会让人增加或改变对"同"的认识。在之后写作的《词与物：人文科学考古学》一书的前言中，福柯对他写作《古典时代疯狂史》有一个简要的说明，揭橥了他为他者写史的主旨。

> 癫狂史将是"异"之历史，"异"对一个文化来说，同时是其内在的而又陌生的东西，并因此通过隔离（为了减少其差异性）而将其排斥（以便驱除内在的危险）；而物的秩序的历史则将是"同"之历史，"同"对一个文化来说，既散布各处又相互关联，因而被分门别类，被集合成同一性。②

在写了《古典时代疯狂史》之后，福柯又写了《临床医学的诞生：医学感知考古学》（简称《临床医学的诞生》）。这两本书主题多有相似之处，都试图从观念的生成出发，探讨理性主义时代的现象。似乎有必要一提的是，福柯违逆了其父亲的意志，不愿继承家业，成为一个医生。但他早年的治学，却与医学有关，可见他在这方面还是下了不少功夫。同时，他也专研心理学，并曾在心理学系任教。《古典时代疯狂史》和《临床医学的诞生》反映了他在医学和心理学这两个领域的兴趣。更确切地说，福柯写作这两本书，基本路径是探究那个时代人们对疯狂和病人的心理构建。对于前者，他的立场是：疯狂并不是自然的现象，而是人们观念的产物，而且这一观念随着历史的变更而变化。对于临床医学，他也努力追溯人们对医院和病人观念的改变。为此，福柯创造了一个新的术语"医学的凝视"，其含义是指在中世纪，欧洲人虽然认为灵魂和肉体有所区别，但认为一个人若得病的话，往往与灵魂相关，如因为恶魂附体，等等。通过"医学的凝视"，理性时代的医者将病人的身体与病人本身，即其认同做了区分，由此导致了临床医学乃至解剖医学的诞生。福柯这样形容道："十八世纪医生总

---

① 〔法〕福柯：《古典时代疯狂史》，第 617 页。
② 〔法〕福柯：《词与物：人文科学考古学》，第 13 页。译文根据英译本有所改动，参见 Michel Foucault, *The Order of Things: An Archaeology of the Human Sciences* (New York: Vintage Books, 1994), p. xxiv。

是以这样一个问题开始与病人的对话，'你怎么不舒服？'（这种对话有自己的语法和风格），但是这种问法被另一种问法所取代，'你哪儿不舒服？'我们从中可以看到临床医学的运作及其全部话语的原理。"① 显然，前一种问法将身体与人本身连在一起，而后一种问法则将身体孤立起来看待了。

福柯指出，临床医学的诞生，似乎表现了一种医学史，甚至历史的进步，但其实不然。他指出这一"进步"，抑或更精确地说"变化"，表现了一个"认识型"上的突变（尽管他要到写作《词与物：人文科学考古学》的时候，才会系统地讨论"认识型"这一概念），但究其根本，只是一种话语被另一种话语所改变；新的话语只是比较体系化而已。福柯这样写道：

> 十九世纪初，医生们描述了千百年来一直不可见的和无法表述的东西。但是，这并不意味着他们摆脱了冥思，重新恢复了感知，也不是说他们开始倾听理性的声音而抛弃了想象。这只是意味着可见物与不可见物之间的关系——一切具体知识必不可少的关系——改变了结构，通过目光和语言揭示了以前处于它们的领域之内或之外的东西。词语和事物之间的新联盟形成了，使得人们能够看见和说出来。②

换言之，福柯指出近代的临床医学，看起来从经验（解剖身体的各个部位并加以仔细检查）出发，似乎比以往的医术更加实证和科学，但其实没有表现出巨大的进步。他所关心的是病人，即这本书中处理的他者是如何成为研究的，也即"医学的凝视"的对象而被高度异化，因为有关疾病的知识高度分类化、分科化了。其实我们不难理解福柯对现代医学的批评。举例来说，如果我们有病痛，中医往往会将这一病痛与身体其他部位有机地结合起来分析其病原。但如果我们去现代医院，那么会有十分不同的经验：病人常常被要求到各个科室去检查、做化验。在这样高度分科化的体系下，出现了类似头痛医头、脚痛医脚的情形，医生和病人对其病原，并无法获得全面的了解。

---

① 〔法〕福柯：《临床医学的诞生》，刘北成译，译林出版社，2001，第12页。
② 〔法〕福柯：《临床医学的诞生》，第4页。

三　话语、知识和权力

福柯的《古典时代疯狂史》和《临床医学的诞生》，展现了他的医学和心理学的知识，但他写作的真正目的是通过批判启蒙运动的理性主义，探究一种新的认识论。他的《词与物：人文科学考古学》是这方面的代表作，而他之后的《知识考古学》（*L'Archéologie du savoir*）、《规训与惩罚：监狱的诞生》（*Surveiller et punir*：*Naissance de la prison*）和《性史》（*Histoire de la Sexualité*；亦有《性经验史》等其他译名）等著作，虽然主题不同，但我们可以从认识论的角度，将这些著作综合起来考察，以求总结、分析福柯在历史学观念和方法上的深远影响。

福柯在《临床医学的诞生》，特别是在《词与物：人文科学考古学》中，频繁地使用"话语"（discourse）一词，并将之与"语言"相区分。福柯对"话语"的基本看法是，它是获取知识的基本手段，与事物有一种初步的对应、相似关系（我个人认为与中文里的"说法"含义更为接近），因此是具体的和历史的。[①] 而"语言"在他眼里就有体系和抽象的性质，其历时性使其具有非历史的性质。同理，福柯也区分了历史和大写的历史，前者是个别的、孤立的，而后者从根本上说是一种历史哲学，或者元史学，反映了历史学家、思想家对历史的整理和解释。同时，福柯在《临床医学的诞生》中，又引入了"突变"或"断裂"（rupture）的概念，指出每个时代都有其"认识型"，而从一个"认识型"到另一个"认识型"，其间经过一个突变和断裂，而不是前人认为的层层积累、源远流长。通过强调和使用"话语"和"突变"，福柯凸显了他质疑和挑战形而上学的立场。所谓形而上学，就是在物之上，有一个经久持续的理念。自尼采以来，胡塞尔、海德格尔等20世纪的思想家都从不同的角度对形而上学加以反省和批判，福柯不仅延续了他们的批判，而且从诸多方面，将这一批判推向了一个新的高度。

摒弃形而上学，对历史学而言，便需要质疑近代史学的主导观念。福

---

① 详见 Manfred Frank，"On Foucault's Concept of Discourse，"in *Michel Foucault*：*Philosopher*，trans. & ed. Timothy J. Armstrong（New York：Routledge，1992），pp. 99-116。

柯在《词与物：人文科学考古学》之后所写的作品，都从不同的角度挑战了近代史学的传统。如果说他的《知识考古学》是一本方法论的著作，那么他的《规训与惩罚：监狱的诞生》和《性史》则是这一方法论的实践和深化。与《词与物：人文科学考古学》的成功相比，《知识考古学》出版之后反响平平，但对历史学的影响十分重大和深远。像尼采一样，福柯对近代史学的既成模式十分不满。他创造性地使用"考古学"这一概念，就是要挑战近代史学已经形成的模式。福柯指出，近代历史学，特别是思想史的研究，注重的是人类历史的外表的连续性和内含的一致性。他在《词与物：人文科学考古学》中宣称"人的死亡"，希望跳出历史研究中将人视为当然主体和中心的传统。对于福柯而言，人成为历史的中心，主要是因为人所创造和使用的语言，而语言有历时性，自成一个貌似抽象完整，似乎自圆其说、一脉相承的体系。在《知识考古学》中，他的质疑针对的就是人的历史之连续性和一致性。福柯写道：

> 我接受历史给我提出的这些整体，只是随即对它们表示质疑；只是为了解析它们并且想知道是否能合理地对它们进行重新组合；或者是否应把它们重建为另一些整体，把它们重新置于一个更一般的空间，以便在这个空间中驱除它们表面的人所熟知的东西，并建立它们的理论。
>
> 连续性的这些形式一旦被束之高阁，便打开了整个领域。这是一个宽广的，然而又是一个可确定的领域，即：它是由实际陈述（口头的和书面的）的整体在它们的散落和在各自所特有的层次上构成的。[1]

那么如何质疑历史的连续性呢？福柯的办法是摒弃语言，代之以话语，甚至"陈述"（*déclaration*，英文为 statement），因为陈述是话语的基本单位，而话语是陈述的整体。它们两者都是历史的，只是与一个特殊的历史时段相联系。用更通俗的话来表述，人的知识来自对事物的观察，将其表

---

① 〔法〕福柯：《知识考古学》，谢强、马月译，生活·读书·新知三联书店，1998，第31页。同时参见张一兵《非连续性：反对总体性和目的论的新史学——福柯〈认知考古学〉中的历史观解读》，《马克思主义与现实》2015年第2期。

达出来就构成了陈述，而许多陈述整合起来，就形成了知识，即福柯所谓话语。近代的历史学家希望将这些知识整理成体系，看出其完整性、连续性和一致性，福柯概括道："思想史是一门起始和终止的学科，是模糊的连续性和归返的描述，是在历史的线型形式中发展的重建。"他认为，这些概括是虚妄的、牵强的。他提倡知识的考古学研究，便是想探究话语的构成，将原有的知识重新整理。他这样形容考古学与思想史的不同："考古学的描述却恰恰是对思想史的摒弃，对它的假设和程序的有系统的拒绝，它试图创造一种已说出东西的历史。"① 这里的"已说出的东西"，无疑指的就是话语，因为对事物的陈述和说法已经存在了。这也就是福柯上面所说的知识是一个"可确定"的领域，可以成为"考古"的对象。

确定了知识考古的对象，接着就是讨论如何具体实施。福柯的想法是挖掘话语构成的层层结构，即人们如何用陈述来描述所见的事物和事件。他指出这一考古的工作，其实需要考察四个层次：第一是事件层，第二是出现层，第三是派生层，第四是话语层。② 换言之，这是一个展现从陈述到话语的知识生成的过程，其路径是纵向的，而不是横向的，即不是将陈述积累起来的知识连贯起来考察。福柯所注重的恰恰是事件与事件、话语与话语之间的不连贯性，抑或断裂。他这样写道："考古学不认为能解释首要和最终的内容，也一定能解释所有其他的东西；恰恰相反，它认为相同、重复、不间断与断裂一样，问题多多。"③

福柯的《规训与惩罚：监狱的诞生》一开始就描写了一个历史的"断裂"。他描述了1757年，一个试图谋杀国王的罪犯如何在巴黎的教堂广场被四马分尸，场面十分血腥、残暴。然后他展示了80年后法国的一份囚犯作息表，其中显示监狱对囚犯进行文明的管理，多次要求他们洗手之类。易言之，在不到一个世纪的时间内，欧洲人废除了原来杀一儆百的公共处罚，代之以相对宽松的处罚，那就是将罪犯监禁，所以书的副标题为"监狱的诞生"。按照近代史家的写法，这一转变或许会被解释成历史的进步，

---

① 〔法〕福柯：《知识考古学》，第 175~176 页。

② 〔法〕福柯：《知识考古学》，第 221 页。

③ 〔法〕福柯：《知识考古学》，第 225 页，此处的译文根据英译本有所改动，参见 Michel Foucault, *Archaeology of Knowledge*, trans. A. M. Sheridan Smith（London：Routledge, 2002），p. 192。

体现了理性主义的高歌猛进，但福柯认为不然。他写这本书的意图是在历史表象断裂的背后，用考古深挖的手法，展示其深度的层次，那就是权力。福柯认为，从中世纪到近代早期，将重犯公开处决，或许除了希望起到杀鸡儆猴的作用之外，其实还有一个更为重要的目的：

> 公开处决并不是重建正义，而是重振权力。因此，在 17 世纪，甚至在 18 世纪初，公开处决及其全部恐怖场面不是前一个时代的挥之不去的残余。它的残忍性、展示性、暴力性，力量悬殊的演示，精细的仪式，总之，它的全部体制都蕴藏在刑法制度的政治功能中。①

《规训与惩罚：监狱的诞生》出版于 1975 年，与《知识考古学》相距六年。其间他在学术生活中出现的变化，或许可以解释他对权力的重视。首先是他学术上的成功。在出版了《词与物：人文科学考古学》之后，福柯变得名闻遐迩，他的其他著作也凸显了他渊博的历史知识。福柯对疯狂、疾病等"边缘问题"的关注，其实与法国年鉴学派的意图类似，后者也挑战近代史学，希望突破以政治、事件和人物为中心的历史书写模式。无怪乎福柯的《古典时代疯狂史》出版之后，尽管起初评价不一，但称赞他的人中就有年鉴学派的创始人之一吕西安·费弗尔（Lucien Febvre, 1878-1956）及其弟子、该学派第二代的大师级人物费尔南·布罗代尔（Fernand Braudel, 1902-1985）。②

1969 年福柯参选法兰西学院，布罗代尔等人也支持了他，最终他以微弱多数击败了其他竞争者，如年长于他的著名诠释学家保罗·利科（Jean Paul Ricoeure, 1913-2005）。福柯成为法国学术尊贵殿堂中的一员，并在之后发表了一系列演讲。同年他写作了《知识考古学》，在 1971 年又写了《尼采·谱系学·历史学》一文，注意到了权力与知识之间的关系，并开始用"谱系学"取代"考古学"作为研究的方法。③ 而在学术之外，福柯的

---

① 〔法〕福柯：《规训与惩罚：监狱的诞生》，刘北成、杨远婴译，生活·读书·新知三联书店，1999，第 53~54 页。
② 刘北成：《福柯思想肖像》，第 103 页。
③ 详见张一兵《谱系研究：总体历史链条断裂中显露的历史事件突现——福柯的〈尼采·谱系学·历史学〉解读》，《广东社会科学》2015 年第 4 期。

生活亦多有起伏。他与丹尼尔·德菲尔（Daniel Defert）建立了同性恋关系之后，曾希望对方到他所在的学校任教未果，因此两人于1966年去了突尼斯。1968年福柯回到了巴黎，正好赶上学生运动的"五月风暴"。福柯与学生们并肩战斗，多次上街示威，抗拒警察的干预。上述这些经历，有助于他切身体验权力的无孔不入。

福柯在《规训与惩罚：监狱的诞生》一书中意味深长地指出："如果这（写作此书）意味着从现在的角度写一部关于过去的历史，那不是我的兴趣所在。如果这意味着关于现在的历史，那才是我的兴趣所在。"① 换言之，福柯不想采取近代史家的立场，从现在的角度审视、总结过去。他想做的是，用历史来说明现在。他的《规训与惩罚：监狱的诞生》虽然从一个残暴的场面开始，似乎为了表现过去的黑暗、野蛮，其实他整部书的内容，是在描述和检讨权力形式的转换。如果公开处决罪犯昭示了国王或政府的权力，那么取消这一传统没有改变权力的性质。监狱的诞生只是一个内容，更重要的是整个刑法制度的逐渐形成以及支撑它的理论体系，使得权力渗透到社会的每一个角落，达到了无所不至的地步。《规训与惩罚：监狱的诞生》译成英文的时候，福柯特意指出书名应该用"规训"（Discipline）而不是法文的原文 Surveiller，其原意是"监视"。② 这一指示含义十分明确，那就是随着时代的演进，权力普遍化了，所有约束人的行为的举动，都展现了权力。福柯指出，现代国家对社会规范的各项规定，并通过学校教育和考试制度来落实，都是其中的显例。简言之，血淋淋的公开处死的确不见踪影了，但在现代社会，人们只要在行为上稍有过失，便会受到各级训诫和各种惩罚。

如果说《规训与惩罚：监狱的诞生》处理的主要还是公领域的权力——学校教育和各级考试均体现了知识与权力之间的密切关系——那么福柯未完成的最后一部著作《性史》，则将批判的矛头指向了人生活中私领域的权力。毋庸讳言，性和性生活是人生活中最私密的领域，应该是完全属于私人的，

---

① 〔法〕福柯：《规训与惩罚：监狱的诞生》，第33页。马学军、应星尝试借用中国史学的范畴研究福柯的史学思想，参见马学军、应星《福柯权力思想中的史观、史识和史法》，《人文杂志》2016年第10期。

② 刘北成：《福柯思想肖像》，第269页。

一般人也羞于向别人开口。但福柯指出，权力无所不在，在这一领域也发挥着作用。他的《性史》也从历史的"断裂"开始，其第一卷第一章题目为"我们是'另一类维多利亚时代的人'"。这是他的开头：

> 长期以来，我们一直忍受着维多利亚时代的生活规范，至今仍然如此。这位一本正经的女王还出现在我们性经验的徽章上，矜持、缄默和虚伪。
>
> 在17世纪初叶，人们对性还有几分坦诚。性生活不需要什么隐秘，言谈之间毫无顾忌，行事也没有太多的掩饰。时间一长，大家对这些放肆的言行也见怪不怪了。如果与19世纪相比较，对于这些粗野的、猥亵的和下流的言行的约束要宽松得多。那时，人们举止袒露，言而无羞，公然违反礼仪规范，裸体示人和随意做爱，对此，成年人开怀大笑，夹杂在大人们中间的小机灵鬼们也毫无羞耻和局促之感。①

显然，他用这个对比的方式，来形容自古典时代、理性时代以来人们在性观念上发生的巨变。不过他在之后笔锋一转，指出虽然在表面上人们对谈论性、性生活、性经验讳莫如深，但其实有关性的话语，自那时开始出现了一个爆炸式的增长。福柯从几个方面举例说明。比如因为性的禁忌，性出现在教士的守则中；性也进入了学校教育，对儿童、学生提供性的知识；而禁忌谈性又造成了性文学的流行。但福柯更关心的是性的话语与权力之间的关系。他指出在进入现代社会之后，国家发现有需要对人口进行管制，因此对生育率、婚姻率加以研究，制定法律、规则等。而现代医学也相应地对性活动做了大量的研究，试图揭示性生活的正常与否，等等。总之，现代的性话语形成了一个体系。福柯这样描述：

> 中世纪围绕着肉体和忏悔实践的主题组织了一种非常单一的话语。最近几个世纪来，这一相对统一的话语遭到了解体、分化、减少，而在人口学、生物学、医学、精神病学、心理学、道德、教育学、政治

---

① 〔法〕福柯：《性经验史》（增订版），佘碧平译，上海人民出版社，2005，第3页。

批判等领域里却出现了话语爆炸现象。……从 18 世纪以来，在理性话语对性的客观化与人人都努力说出自己的性的运动之间，出现了一系列的对峙、冲突、调整的努力，重新记录的企图。因此，我们不应该仅仅根据连续的扩张来讨论这一话语增长；我们必须从中看到这些话语中心的扩散、它们的形式多样化和维系它们的关系网的复杂分布。……围绕着性，形成了一张把性纳入到多样化的、特别的和强制性的话语之中的网络。①

这段话呈现了福柯研究《性史》的主旨，那就是从知识扩张的角度（注意不是知识连续的积累，而是爆炸式的增长），揭露其背后的权力关系，并指出这一权力关系无所不在、无所不至，让人无法摆脱、无从逃避。这也是他谱系学研究方法的典型表现。福柯对理性主义、现代社会的批判，可以说在此显露无遗，毫不留情。许多他的研究者猜测，福柯的这种与现代性绝不妥协的立场，可能与他同性恋的倾向及其个人的挫折经历有关（比如他考了两次才进入法国高师、参选法兰西学院有不少人反对等）。这些猜测有一定道理，但有待通过新的方法，如近年兴起的情感史的研究来进一步地论证。

不过有一点似乎无可怀疑，福柯作为一个学者，其生活和学术无法分开，而是相互作用。20 世纪 70 年代之后，福柯的国际声誉日隆，多次受邀访问美国、日本和其他国家。以美国而言，1971 年他在纽约州立大学布法罗分校担任法语访问教授，之后又访问了其他大学。到了 20 世纪 70 年代末 80 年代初，他几乎每年都到加州大学伯克利分校讲课和研究。该大学旁边的旧金山为美国同性恋活动的一个中心，福柯在那里如鱼得水，吸毒和参加各种性派对。② 他的《性史》第二卷和第三卷以快感、性爱为对象，讨论人们性活动的形式、观念及其自古代经中世纪以来的变化，反映了他那时生活的一个侧面。不过不幸的是，福柯的性爱活动，让他罹患了艾滋病。1984 年，年仅 58 岁的他猝然逝世，使他未能完成《性史》的第四卷。对于他早逝的原因，医院和友人都讳莫如深，可见那时的人虽然已经经历了 20

---

① 〔法〕福柯：《性经验史》，第 22 页。

② 参见 Didier Eribon, *Michel Foucault*, trans. Betsy Wing（Cambridge, MA: Harvard University Press, 1991），pp. 314-316。

世纪60年代的"性革命"，但对同性恋及其他"异于寻常的"性活动仍然三缄其口，忌讳公开谈论。① 由此或许可以说，福柯指出知识作为权力之手段，控制了人们的思维和行为，确有道理。

以上对福柯学术和思想的讨论，显然过于简略，但还是能看出他对当代史学的全面和深远的影响。在此我们对本章做一个简单的总结，权做一个结尾。

首先，福柯改变了近代历史学的主旨。自18世纪以来，西方的历史学循着启蒙运动思想家开拓的方向，试图发现和揭橥人类历史演化的规律。这种意图被福柯归纳为"大写的历史"而加以摒斥。他强调历史的断裂和突变，目的是指出历史一线进步、连续发展的理念，并不符合历史的实际，只是一种语言的构造系统。

其次，福柯虽然不是专业的历史学家，从未在大学讲授历史，但他的治学路径从广义上而言是历史的；至少福柯想通过考察历史的题材，来分析、解释现实。不过他与近代史家的区别也十分明显。从探寻历史规律的目的出发，近代史家热衷揭示历史活动的主线，因此将政治体制的建设和民族国家的构造，视为历史研究的主体。而福柯反对"大写的历史"，其选择研究的对象都是边缘的、异类的，如疯狂、疾病、身体、性等。饶有趣味的是，福柯所研究的这类题材，恰恰预示了自20世纪六七十年代之后史学界出现的诸多新潮，诸如医疗史、性别史、身体史、儿童史、情感史等。福柯继承尼采，挑战了以人为中心、本位的史学撰述，又在近年促进了"后人类史学"的研究。福柯对扩大历史研究的领域，功莫大焉！

复次，由于开拓了崭新的研究领域，福柯也相应地革新了史学的研究方法。近代史学的一个基础就是通过研究语言文字所记录的材料来获取关于过去的知识，文艺复兴以来文献学（philology）的兴起，在很大程度上奠定了近代史学方法的主要内容，其做法是通过文本的比较、文字的考订来确定文献的真伪，由此重建对于过去的知识。而福柯在《知识考古学》中指出，历史学那种依赖文献的做法已经过时了，需要做的是扩大史料的范围，将建筑、机构、规则、技术、物品、习俗等能承载记忆的东西都包含

---

① 刘北成：《福柯思想肖像》，第375～385页。

进来。① 他提倡用话语取代语言，通过考古学和谱系学的方法来考察话语的构成和网络，可以说直接导致了历史学中的"语言学转向"。换言之，自此之后，许多史家已经不再认为语言能透明、准确地记录史实，也不认为历史书写能心如所愿地重构有关过去的叙述了。

最后，福柯后期的著作，侧重揭示知识，特别是近代理性主义、科学主义所建构的知识体系背后的权力架构和网络。他尖锐地指出，没有一种知识是客观的。关于这一观点，他的立场和说法十分激进、明确，那就是：

> 我们应该承认，权力制造知识（而且，不仅仅是因为知识为权力服务，权力才鼓励知识，也不仅仅是因为知识有用，权力才使用知识）；权力和知识是直接相互连带的；不相应地建构一种知识领域就不可能有权力关系，不同时预设和建构权力关系就不会有任何知识。②

所以，知识和权力是一种你中有我、我中有你，水乳交融、密不可分的关系。一句话，权力就是知识。按照这样的思路，近代史学追求客观治史的高尚理想，被批得体无完肤、无从招架。回到本章开始所问的问题：福柯是一位史学家还是哲学家？克莱尔·奥菲尔的回答是，"福柯是一位写作历史的哲学家，并把历史改造成了哲学"。③ 这是颇为周全的评论。从现在的眼光来看，福柯这一旨在改造史学的历史哲学，其内核是彻底否定、完全拒绝近代史学的模式，显然有其偏颇、极端的一面。④ 但这种极端、激烈甚至荒唐、荒谬，却如一剂猛药，让西方人从以前对其文化中的历史意识沾沾自喜的状态中，蓦然惊醒，不得不重新出发。由此缘故，福柯是当之无愧的后现代史学之父。

---

① 〔法〕福柯：《知识考古学》，第6~8页。

② 〔法〕福柯：《规训与惩罚：监狱的诞生》，第29页。

③ Clare O'Farrell, Foucault: Historian or Philosopher? p. 130.

④ 有关福柯的历史哲学，还有余章宝《散乱的历史：福柯后现代主义历史观》（《史学理论研究》2001年第1期）；王京春《福柯心中的历史：一种非科学、非理性的历史哲学》（《高校理论战线》2008年第4期）；胡颖峰《论福柯的历史观》（《理论月刊》2012年第7期）等论文，视角和立场有所不同，可以参考。

历史等于历史学：海登·怀特

1998 年，波兰学者埃娃·多曼斯卡（Ewa Domanska）编写的《邂逅：后现代主义之后的历史哲学》一书，收录了她对海登·怀特（Hayden White，1928-2018）所做的一次访谈。其中多曼斯卡提出怀特的论著可以与后现代主义相联系，怀特却对此加以否定："研究这个问题的哈奇昂（Linda Hutcheon）一直认为我是一个现代主义者——我拘泥于现代主义。我同意这个看法。"[①] 不过有趣的是，细读哈奇昂的《后现代主义的诗性》一书，却发现她对怀特的论著花了不少笔墨，显然将之视为后现代主义思潮的一个主要研究对象。[②] 哈奇昂的书出版于 1988 年。一年之后，美国的《历史和理论》杂志刊登了荷兰学者弗兰克·安克斯密特（Frank Ankesmit）的《历史学与后现代主义》一文，正式将怀特视为历史学领域后现代主义思潮的主要代表。[③] 自此之后，怀特的名字便与后现代主义史学紧密相连、无法分开了。关于怀特是现代主义者还是后现代主义者的问题，本章还将在下面论及。

---

① 〔波兰〕埃娃·多曼斯卡：《邂逅：后现代主义之后的历史哲学》，彭刚译，北京大学出版社，2007，第 31 页。另参见王霞《最后一位现代主义者？——海登·怀特与后现代史学的纠葛》，《南京大学学报》2012 年第 6 期。

② Linda Hutcheon, *A Poetics of Postmodernism：History，Theory，Fiction*（London：Routledge，1988）.

③ Frank Ankersmit, "Historiography and Postmodernism," *History and Theory*, 28：2（May 1989），pp. 137-153.

不过，怀特与多曼斯卡上面的访谈显然值得注意，因为怀特在里面谈了他的求学经历，强调了自己在密歇根大学攻读博士学位期间，如何接受近代史学的传统训练。在差不多同时，他与英国后现代主义史学的鼓吹者基斯·蔑肯斯（Keith Jenkins）访谈的时候，还提到他曾在梵蒂冈学了两年古文书学（paleography）。① 怀特的经历与许多研究史学理论的人士不同，如蔑肯斯对政治理论感兴趣，其他人则往往有文学或哲学领域的背景。而怀特不但有着严格的史学训练，而且其博士学位论文与史学理论亦无关系，研究的是 1130 年欧洲教皇的分立事件，是一个纯粹中世纪教会史的题目。那么，作为正宗史学出身的怀特，是如何走上历史哲学的研究道路的呢？他的史学训练与他的史学理论探索，又有什么关系呢？

的确，目前对海登·怀特的研究，常常集中于他在 1973 年出版的《元史学：十九世纪欧洲的历史想象》一书以及之后的论著，② 而对他早年的求学经历，特别是他史学观念的渊源和兴趣的形成，关注较少。其实，怀特的治学经历，在很大程度上反映了战后美国教育界、史学界的重大变化，而怀特是这一代人中涌现的杰出之士之一。③

一 正统的史学训练

怀特出生于美国南部田纳西州的一个小镇，父母都没有受过多少教育。他的父亲后来在美国北部密歇根州的汽车之都——底特律的汽车工厂找到了工作，因此怀特在那里度过了中小学时期。作为工人子弟，他毕业之后

---

① 〔波兰〕多曼斯卡：《邂逅：后现代主义之后的历史哲学》，第 16 页；Keith Jenkins, "A Conversation with Hayden White," *Literature and History*, 7：1（1998），pp. 68-82.

② 中文学界亦大致如此，参见彭刚《叙事、虚构与历史：海登·怀特与当代西方历史哲学的转型》，《历史研究》2006 年第 3 期；陈新《历史、比喻、想象：海登·怀特历史哲学述评》，《史学理论研究》2005 年第 2 期；韩震、刘翔《历史文本作为一种言辞结构：海登·怀特历史叙述理论之管窥》，《社会科学战线》2009 年第 5 期。

③ 参见 Herman Paul, "A Weberian Medievalist: Hayden White in the 1950s," *Rethinking History*, 12：1（2008），pp. 75-102. 他所著的传记 *Hayden White: The Historical Imagination*（London: Polity, 2011）也讨论了怀特早年的求学经历。但中文学界几乎没有相关的研究。有关美国战后史学界、教育界的变化，可参见 Joyce Applyby, Lynn Hunt and Margaret Jacob, *Telling the Truth about History*（New York: W. W. Norton, 1995）。

参加了海军，借助美国 1944 年通过的《军人权利法案》（G. I. Bill），他得以享受退伍军人的福利，在底特律的韦恩州立大学上了大学，然后又去密歇根大学攻读博士学位，这同样是一所州立大学。在战后的美国，像怀特这样家中第一代的大学生相当多，其思想倾向和治学兴趣也与之前出生于精英家庭的大学生有着明显的不同。后者因家庭富裕，学术眼光也相应比较精英化，常常对杰出的政治家和军事家的生活和成就兴趣较浓。而像怀特这样普通家庭出身的学生，则有较强的社会参与意识和责任感，更属意经世致用的学问。怀特在访谈中承认："一直以来，我对于为何研究过去比之自身去研究过去要更有兴趣。……因此，这就向我提出了问题：研究过去的社会功能是什么？意识形态和宣传的功能是什么？"[1] 这一关怀是他转而研究史学史、史学理论的契机。

尽管抱有深刻、持久的社会关怀，学生时代的怀特不是活动家，而是在学问上下了苦功。作为一个中世纪史的研究生，他必须掌握几种欧洲语言，并如上面所说，他还努力专研了古文书学。他在大学任教之后，为学术杂志写了不少书评，包括德文和法文的专著，如米歇尔·福柯的《规训与惩罚：监狱的诞生》。1959 年，他还把意大利学者卡洛·安东尼（Carlo Antoni）的《从历史学到社会学》一书译成了英文，可见他能熟练驾驭主要的欧洲文字，尤其是意大利语。在写作博士学位论文期间，他在意大利搜集资料，接触了意大利学术思想，特别是贝奈戴托·克罗齐（Benedetto Croce，1866-1952）的史学理论，之后他与意大利学者如翁贝托·艾柯（Umberto Eco，1932-2016）等人也有密切的来往（晚年的怀特从加州大学退休之后，一年中有半年居住在意大利的博洛尼亚，而艾柯生前一直任教于博洛尼亚大学）。怀特在访谈中承认，他学习外语的经验，让他对语言的功用产生了格外的兴趣。[2]

1953~1955 年怀特在意大利访问的两年，对他完成他的博士学位论文显然十分重要，因为他在梵蒂冈查阅了档案文献，在原始资料的基础上重构

---

① 〔波兰〕多曼斯卡：《邂逅：后现代主义之后的历史哲学》，第 17 页。

② Keith Jenkins, "A Conversation with Hayden White," pp. 68-82. 台湾学者陈信治曾撰文讨论怀特与克罗齐的关系，参见陈信治《海登·怀特对于克罗齐评价的转变》，《新史学》第 24 卷第 4 期（2013 年 12 月）。

了教皇分立的历史。但从现在的眼光来看，怀特正是在那段时间深入接触了欧洲大陆哲学和文学，而他对这些思想的兴趣，早在韦恩州立大学读书的时候，便由于他的老师威廉·博森布洛克（William Bossenbrook）的影响而产生了。① 对于怀特这个工人子弟来说，博森布洛克对他毕业之后的职业选择以及从事学术研究，显然影响巨大，而怀特最终选择史学理论的研究，有可能是因为博森布洛克的老师是詹姆斯·汤普森（James Westfall Thompson，1869-1941）。汤普森是美国西方史学史专家，著有两卷本《历史著作史》（A History of Historical Writing）。怀特的勤奋、聪慧，让他成为博森布洛克最知名、最出色的弟子。1968 年，怀特为他的老师编了一本祝寿文集（Festschrift），题为"历史学的功用"。怀特在序言中写道，一个人遇上了博森布洛克这样的老师，很难不选择学术之路；同时，怀特又指出该文集的作者（均为高校教师），都在一定程度上"背叛"了老师的教诲，因为博森布洛克希望他们有经世的关怀，而不是仅仅成为大学教授。② 在一定程度上，怀特一生的治学倾向，都在落实他老师博森布洛克的教导，那就是不仅要成为一名纯粹的学者，而且要努力探讨、分析和发挥知识的社会功用。

怀特选择 1130 年教皇分立事件作为博士学位论文的研究对象，与他之后的史学理论研究以及早先大学时代对欧洲大陆哲学思想的兴趣，在学理上似乎没有太大联系，因为他不但使用了大量的档案史料，而且声称他的研究是为了"客观地"解释这一历史事件。但其实它们之间也存在隐含的关系。首先，怀特在后来的访谈中回忆道，他出生于一个新教家庭，对于天主教一无所知，所以选择这一题目，反映了他旺盛的求知欲。③ 他之后的研究涉及文学理论和哲学思想，如果没有求新、求知的欲望，无法做到。其次，他希望使用社会科学的方法，对这一宗教事件，像处理政治的或社

① Hayden White & Erlend Rogne, "The Aim of Interpretation is to Create Perplexity in the Face of the Real: Hayden White in Conversation with Erlend Rogne," *History and Theory*, 48：1 (Feb. 2009), pp. 63-75, 特别是 p. 64。

② Hayden White, ed., *The Uses of History: Essays in Intellectual and Social History Presented to William J. Bossenbrook* (Detroit: Wayne State University Press, 1968), p. 9.

③ Hayden White & Erlend Rogne, "The Aim of Interpretation is to Create Perplexity in the Face of the Real: Hayden White in Conversation with Erlend Rogne," p. 63.

会的历史事件那样，做出科学的解释。这自然有马克思主义的影响——怀特终其一生都自认是一个马克思主义者。同时，他也被马克斯·韦伯（Max Weber, 1864-1920）的"理想典型"理论吸引，并在写作中加以检测和使用。① 由此，这一博士学位论文的写作，与他对欧洲哲学和思想的研读，产生了密切的联系。上面已经提到，怀特在1959年翻译出版了意大利学者安东尼的《从历史学到社会学》。这本书的翻译，便是从他在意大利的时候开始的，他不仅与安东尼认识并有交往，还显然受到了后者的影响。安东尼书中有一章讨论了韦伯的思想，其整体内容则是分析自兰克学派之后德国历史主义的变迁，包括威廉·狄尔泰（Wilhelm Dilthey, 1833-1911）、恩斯特·特洛尔奇（Ernst Troeltsch, 1865-1923）、弗里德里希·梅尼克（Friedrich Meinecke, 1862-1954）、约翰·赫伊津哈（Johan Huizinga, 1872-1945）和海因里希·沃尔夫林（Heinrich Wölfflin, 1864-1945）等人。② 在德意志的学术之外，怀特那时还发表过有关克罗齐、柯林伍德（R. G. Collingwood, 1889-1943）等人的史学思想的论文。③

二 反思历史学的性质

从另一个角度来看，怀特选择教皇史来做博士学位论文，可以说是醉翁之意不在酒，其目的是尝试用理论来处理实际的历史。如他所言，他更感兴趣的是人们为什么和如何研究历史。对他而言，研究什么题目无关紧要，探究理论与实践、方法与内容之间的复杂关系才更重要。在怀特翻译的《从历史学到社会学》中，有他写的一篇译者导言，题为"论历史和历史主义"，其中简要回顾了德意志历史思维和历史主义的传统和变迁，反映了他在史学理论领域的兴趣和知识。更有意思的是，怀特对德意志历史主义的概括，显现了韦伯学术的影响。他用韦伯"理想典型"的理论，将历

---

① 参见 Herman Paul, "A Weberian Medievalist: Hayden White in the 1950s"。

② Carlo Antoni, *From History to Sociology: The Transition in German Historical Thinking*, trans. Hayden V. White (Detroit: Wayne State University Press, 1959).

③ 这些论文没有编入怀特自己所编的几本论文集，但收入 Hayden White, *The Fiction of Narrative: Essays on History, Literature, and Theory, 1957-2007*, ed. Robert Doran (Baltimore: Johns Hopkins University Press, 2010), pp. 1-67。

史主义分成了三种，分别是"自然的历史主义""形而上学的历史主义""美学的历史主义"。同时，这篇导言还展现了他如何推崇克罗齐的史学思想，赞扬他发挥了黑格尔的历史哲学，从真、善、美和致用四个角度揭示历史学的性质，也称赞克罗齐相对主义的历史观，把历史研究视为一个不断思考和探索的过程。[1] 怀特在这篇译者导言中展现的立场和思考，在一定程度上反映了他一生治学的追求。

《从历史学到社会学》出版之后，怀特顺利地到纽约州的罗彻斯特大学历史系任教，之后他又任教于康涅狄格州的维思大学（Wesleyan University）。这两所大学的思想史研究都享有盛誉，后者更是《历史和理论》杂志编辑部所在地。怀特开始任教的 20 世纪 60 年代，正是西方社会、文化剧烈转型的时期。作为一个年轻老师，怀特深深为当时青年学生表现出来的激情所鼓舞，这让他更相信史家们不该高高在上，躲在象牙塔中孤芳自赏，而是要思考历史学的性质，使其不断更新，跟上时代的步伐。

1965 年美国史学史家约翰·海厄姆（John Higham, 1920-2003）与两位欧洲史学史家利奥纳德·克里格尔（Leonard Krieger）和菲利克斯·基尔伯特（Felix Gilbert, 1905-1991）合著了《历史学》（*History*）一书，对西方史学和美国史学的发展和现状做了总结回顾。怀特与另外两位学者一起，在美国历史学会的《学会通讯》上为这本书分别发表了简短的书评。怀特的评论颇为尖刻，他指出这本书所概括的内容，过于陈旧，没有反映欧洲史学思想的新潮。更重要的是，他指出此书作者写作的初衷已经落伍，因为"当今史家面临的问题不是应该怎样研究历史，而是历史是否还值得研究的问题"。[2] 换言之，怀特希望那时的史学工作者重新思考历史学的性质；《历史学》一书希望通过回顾过去的成绩，指导史家应该如何治史，而怀特希望对这一过去加以批判，以求重新出发。

怀特年轻气盛，对海厄姆等人所著《历史学》一书的批评显得咄咄逼人。但这篇短评，不但得到了作者们的回应，而且引起了《历史和理论》

---

[1] Hayden White, "On History and Historicism," in Carlo Antoni, *From History to Sociology*, pp. xv-xxviii.

[2] Hayden White, Review of John Higham with Leonard Krieger & Felix Gilbert, *History*, *AHA Newsletter*, 3：5（1965），pp. 5-6. 笔者感谢赫尔曼·保罗（Herman Paul）提供了这篇书评的复印件。

杂志编辑的注意。曾经担任该杂志编辑多年的理查德·范恩（Richard Vann）
回忆道，他看到怀特的评论之后，便邀请他为《历史和理论》写一篇论文，
详细阐述一下他的观点。① 怀特欣然答应，一年之后便在该杂志上发表了
《历史的重负》这篇长文，正面阐述他对当代史学现状和未来的看法。从现
在的眼光来看，虽然怀特之后还有其他历史论著发表，但《历史的重负》
一文应是他走向史学理论领域的里程碑。

怀特在《历史的重负》中一开始便重申了他对海厄姆等人所著《历史
学》一书的批评，那就是历史学家不愿更新他们的知识。他用嘲讽的口吻
写道，史家们惯于采取费边式的拖延战略，对其他学科领域出现的新气象
熟视无睹，反而自得自满，认为历史书写既采用了科学的方法，又展现了
艺术的灵气，甚至认为"艺术和科学只有在历史中才能达到和谐的综合"。②
怀特指出，这其实是一种鸵鸟式的做法，无视邻近学科的新发展，同样也
忽视其他学科自19世纪末期以来对历史学所做的严厉批评。换言之，虽然
19世纪被人视为"历史学的世纪"，但怀特认为，其实在19世纪末和20世
纪初，西方已经有人预见性地指出历史学已经形同槁木，如尼采和雅各
布·布克哈特（Jacob Burckhardt, 1818-1897）。第一次世界大战爆发之后，
西方学术界出现了存在主义等思潮，更是对历史学发出了种种批评。这些
批评的产生，自然与当时欧洲和西方所经历的重大历史变迁有密切的关系，
但怀特同时指出，史家们在观念上的故步自封、方法上的陈旧保守也是重
要的原因。他写道：

　　历史学家在传统上认为，历史研究既不需要一种特定的方法论，
也不需要特殊的知识装备。通常所说的历史学家的"训练"就大部分
来说包括学习几种语言，熟练的档案工作，和一些固定的练习以便熟
悉该领域的标准参考书和杂志。此外，有一些有关人类事务的一般经
验，读一些邻近学科的论著，加上自制能力和"坐功"（Sitzfleisch），

---

① 根据埃娃·多曼斯卡1996年6月4日与理查德·范恩的电邮通信中范恩的回忆，怀特在
　 1966年春天到维思大学，两人首次见面，估计讨论了《历史的重负》这篇文章。笔者感谢
　 多曼斯卡提供这一材料。
② 〔美〕海登·怀特：《后现代历史叙事学》，陈永国、张万娟译，中国社会科学出版社，
　 2003，第33页。

就是所需要的一切了。①

有趣的是，怀特此处用了一个德文词"*Sitzfleisch*"，其本意是"臀部"，这里指的就是中文里所说的"坐功"，即俗话"板凳甘坐十年冷"的意思。怀特对史家工作特质的描述，基于他的亲身经历，所以至今仍然让人觉得颇为恰当。但他显然对此不满意，因为在他眼里，即使历史研究像斯图亚特·休斯（H. Stuart Hughes，1916－1999）所言的那样结合了科学和艺术，那也只是19世纪末的社会科学和19世纪中叶的艺术，仍然是过时的东西。不过如果读者细读休斯的论著，就会发现至少在科学方面，休斯希望史家吸收心理史学的方法，这在那时是比较先进的，并不过时。②

但怀特显然有一个相当不同的关注点。他说史家采用的是19世纪末的社会科学方法，指的是历史研究仍然希望在描述史实之后，揭橥历史演进的规律。而他最有兴趣的方面是，如何吸收和采纳自19世纪末期以来在文学和艺术领域出现的一系列新的趋势。《历史的重负》充分展现了怀特在文学和艺术方面的知识。这在大部分历史工作者中十分少见，而且即使是思想史家一般也不会对文学、小说有如此浓厚的兴趣。从怀特晚年的访谈中可以看出，他一直保持阅读（历史）小说的兴趣，对文学界出现的新气象十分关注。这是怀特与众不同抑或高人一头之处。③

《历史的重负》的重要性还在于指出了怀特后来在《元史学》中详细阐述的立场：历史书写和历史解释没有本质上的区别，前者并不能做到客观地"如实直书"。相反，怀特认为历史书写与文学、艺术对历史现象的描述、勾画一样，只是展现了该现象的一个方面。即使这一描述是正确的，也并不全面，因为有"许多正确的观点，而每一种都要求有其自己的再现

---

① 〔美〕怀特：《后现代历史叙事学》，第50页。此处译文有所修改，参见 Hayden White, "The Burden of History," in *Tropics of Discourse: Essays in Cultural Criticism* (Baltimore: The Johns Hopkins University Press, 1978), p. 40。

② 〔美〕怀特：《后现代历史叙事学》，第53页。休斯在1964年，即怀特写作此文之前不久，出版了《作为艺术和科学的历史学》（*History as Art and Science*）一书，中文译为《历史学是什么？科学与艺术之争》，刘晗译，北京师范大学出版社，2018。笔者为该译本写了一个导读，简要讨论了休斯的史学思想和方法。

③ Hayden White & Erlend Rogne, "The Aim of Interpretation is to Create Perplexity in the Face of the Real: Hayden White in Conversation with Erlend Rogne," pp. 69-75.

风格"。在这句话之后，怀特表述了他关于历史书写的一个关键立场：

> 这将使我们认真对待那些创造性的曲解，提供这些曲解的人都能以和我们一样的严肃性看待过去，但却怀着不同的情感和知识指向。因此，我们不应该再幼稚地期待关于过去某一特定时代或复杂事件的陈述与某些事先存在的"原始事实""相对应"。我们应该认识到构成这些事实本身的东西正是历史学家像艺术家那样努力要解决的问题，他用所选择的隐喻给世界、过去、现在和未来编序。①

这段话的正确理解就是，怀特不但将历史书写等同于客观历史本身，而且认为历史书写与艺术、文学创作（所谓"创造性的曲解"）一样，手段上没有本质的区别——历史书写无非史家选择某一种隐喻对某一段历史的"编序"而已。

三 想象——历史学之"元"

怀特《历史的重负》一文，虽然很长，但他显然意犹未尽。他的读者尽管不多，但其中不少人对他历史学无异于文学和艺术的"革命性"观点兴趣颇浓，因此建议他写成一本书。这就是后来让他名闻遐迩的《元史学》。② 1973 年出版的《元史学》一书有 400 多页，不免让人望而生畏。比这略早一些，怀特已经在一个文学批评杂志上发表了《历史的解释》一文，简要地阐述了《元史学》的内容。从现在的眼光来看，怀特在文学批评杂志上发表《历史的解释》这篇论文，对解读他的史学思想，具有一定的象征意义。如前所述，怀特有阅读文学批评和小说的习惯。在《历史的解释》中，他提到了 20 世纪最著名的文学批评家之一诺思罗普·弗莱（Northrop Frye，1912-1991）的理论。弗莱在《批评的剖析》一书中，根据情节和主题对文学写作做了分类，指出文学有喜剧、悲剧、浪漫剧和讽刺剧这些基本形式，此外，书中还使用了"mythos"这个词语，其意是"神话"，但弗

---

① 〔美〕海登·怀特：《后现代历史叙事学》，第 58 页。
② 参见〔波兰〕多曼斯卡《邂逅：后现代主义之后的历史哲学》，第 17~18 页。

莱用来指作品的隐含主题或主要情节。① 怀特对该理论很感兴趣，他虽然也用"mythos"，却更偏爱"plot"（情节），认为像文学、诗歌一样，历史书写同样包含了一个"情节结构"（plot-structure）。由此，他创造了动词"emplot"和名词"emplotment"，意为"情节设置或建构"，用来说明这一情节结构是由史家创造性地设置、构造出来的。② 这其实就是怀特在《历史的重负》中所说的"编序"。所以他在《历史的解释》中这样写道："一个历史学家构建的悲剧的情节，在另一个历史学家那里可能成为喜剧或罗曼司。"③

那么，是什么决定一个历史学家将其书写构建成一个悲剧抑或喜剧呢？怀特的回答参考了结构主义者克劳德·列维-斯特劳斯和思想史家科林伍德的论点，但他更倾向于弗莱的理论，那就是取决于一种写作的或"文学的常规"（literary conventions），而这一常规在史家或诗人的早年便已在其思想内植根。怀特这样描述：

> 历史学家与诗人一样，当孩提时听到第一个故事时就已经开始同化这些常规了。因此，历史叙述中存在着"规则"，即便不是"规律"的话。比如，米什莱不仅是一位"浪漫主义"历史学家，他还不断地编排法国大革命以前的历史，将其构建成一部"罗曼司"。而托克维尔则被视为是"现实主义"的，常与米什莱所谓的"浪漫主义"形成对照，其大部分原因是托克维尔决定将同期的历史构建成一部悲剧。对法国历史的这两种阐释之间的冲突并不是在所分析的、按编年顺序而形成的"事实"层面上发生的，而是在关于这些事实所构建的故事层

---

① Northrop Frye, *The Anatomy of Criticism*: *Four Essays* (Princeton: Princeton University Press, 1957), pp. 162-239.

② "emplot"和"emplotment"都是怀特创造的词汇，并没有收入一般的词典中，但"em/en-"这个前缀的意思是"put into"，即"投入"或"放进去"的意思，就是在历史书写中置入、构建一个情节。中文里有不同的译法，如彭刚在《邂逅》中译为"谋篇布局"，见该书第 22 页。而陈新将之译为"情节化"，参见海登·怀特《元史学：十九世纪的历史想象》，译林出版社，2004，第 6 页以降。本章采用"情节建构"和"情节设置"。

③ 〔美〕海登·怀特：《后现代历史叙事学》，第 75 页。译文根据英文有所改动，参见 Hayden White, *Tropics of Discourse*, p. 58。

面上发生的，因为每个故事都与众不同。①

鉴于怀特对文学批评和小说的兴趣，他对历史解释的分析便在意识形态等层面加上了写作风格和情节构造的面向。易言之，怀特认为历史学家著史所拥有的主观立场，不管是隐含的还是显现的，不仅由他们的政治意向、宗教信仰等决定，而且受到他们自孩提时代便养成的写作偏好和趣味的影响。

在《元史学》的导言中，怀特更将这一属于个人写作偏好的常规定义为历史书写的深层结构，并加以重点叙述。如前所述，怀特的史学观念的形成，受到了意大利学术思想特别是克罗齐的很大影响。而克罗齐史学理论的著名论点就是"一切历史都是当代史"，即不管史家处理的是哪段时期的历史，其书写本身必然反映了史家在他那个时代对过去的思考。同样受到克罗齐思想影响的英国思想史家柯林伍德对此观点做了发挥，提出"一切历史都是思想史"，即史家写作历史，均是历史思考的产物。在《历史的解释》中，怀特花了不少笔墨讨论柯林伍德的思想。显然，克罗齐和柯林伍德的史学思想，对他论证历史叙述等于历史解释至关重要。值得一提的是，他的《元史学》虽然洋洋洒洒，对柯林伍德却一笔带过，这还是因为克罗齐的关系。不过，《元史学》的副标题为"19世纪欧洲的历史想象"，怀特此处所用"想象"一词，正是柯林伍德提出来形容史家的工作的。怀特在《历史的解释》中也特别做了论述，可见柯林伍德对怀特影响之深。②

从《元史学》的写作结构来看，该书与《历史的重负》一文有许多关联。怀特在《历史的重负》中指出了19世纪末以来历史学和历史主义观念出现的危机，认为当今的史家不能熟视无睹。《元史学》一书分成三个部分：第一部分讲述了启蒙运动以来的历史哲学和史学思想的发展，以黑格尔为代表；第二部分描述了19世纪的四种"现实主义"的历史书写模式，其意图是交代在启蒙运动历史哲学影响下的历史研究及其代表人物，如米

---

① 〔美〕怀特：《后现代历史叙事学》，第76页。译文根据英文有所修改，参见 Hayden White, *Tropics of Discourse*, p. 59。

② 〔美〕怀特：《后现代历史叙事学》，第73~77页。

什莱（Jules Michelet，1798－1874）、兰克（Leopold von Ranke，1795－1886）、托克维尔（Alexis-Charles-Henri Clérel de Tocqueville，1805－1859）和布克哈特（Jacob Burckhardt，1818－1897）等；第三部分注重 19 世纪后期开始的对上述四种历史书写模式的批评和摒弃，以马克思、尼采和克罗齐的论著为对象。因此，从内容上看，《元史学》是一部史学思想史，讨论的是 18 世纪至 20 世纪初历史观念与书写的变迁。像怀特《元史学》这样内容比较全面的论著，在该领域并不多见，这是该书的一个贡献。

不过《元史学》的内容虽然比较全面，但并不能完全反映怀特广博的学识。如上所述，他很早就开始接触和阅读文学理论和小说，对西方学术思想的传统和新潮也十分熟悉，并有相关的论著，只是现在很少有人注意到这一点。[1] 例如，怀特是美国史学界甚至美国学术界最早介绍福柯学术思想的人之一。而在《元史学》一书中，他对当代的思想家（如他相当熟悉的卡洛·安东尼）没有多花笔墨，更没有详细讨论小说与历史书写的关系，与他在同期发表的许多论文取径比较不同。这些论文后来收入他于 1978 年出版的《话语的比喻》这本论文集中。[2]

怀特写作《元史学》，进一步阐述他在《历史的解释》等论文中提出的历史叙述等于历史解释的观点，这是该书另一个更为重要的贡献。在《历史的解释》中，他指出史家写作历史，会受到意识形态、解释模式和情节建构三方面的影响。而在《元史学》中，他借用了弗莱的论点，指出历史书写其实就是一种"言语结构"（verbal structure），只不过弗莱说的是小说，而怀特指的是历史著作，完全将史学与文学等同，显示了一个颇具争议的"革命性"的立场。怀特甚至直接将之作为《元史学》的一个基本理

---

[1] 参见 Willson H. Coates, Hayden V. White & J. Salwyn Schapiro, *The Emergence of Liberal Humanism: An Intellectual History of Western Europe* (New York: McGraw-Hill, 1966－1970), 2 vols. 在出版《元史学》的同一年，怀特还出版了一本小书，*The Greco-Roman Tradition* (New York: Harper & Row, 1973)。

[2] 参见 Hayden White, *Tropics of Discourse*, 此书的中文译名五花八门（如《话语的转义》《话语的地平线》等，让人觉得不是一本书），不过怀特本人也需要承担一定的责任，因为"tropics"这个词原为地理术语，而怀特想以它指"trope"（比喻）并将之名词化，让人颇为费解。此书名或许亦可译为《话语的比喻学》，因为将"tropic"加上"s"变成复数，往往有学科门类的意思。这应该是怀特的原意。而在之后的论著中，他改用了"tropology"，正是"比喻学"的意思。

论前提："我将从最明显的方面考察历史著作，即把历史著作看作以叙述散文话语为形式的言语结构，其目的是将过去的结构和过程变成一个模式或肖像，然后我想通过再现这些结构和过程来解释它们究竟是什么。"[①] 由是怀特交代了《元史学》写作的两个宗旨：一是论证历史著述无非言语结构的一种形式；二是通过详尽的描述、分析，重现这些形式的形成及其诸种表现。

从上述前提出发，怀特《元史学》一书选择研究的主要对象是八位：米什莱、兰克、托克维尔、布克哈特、黑格尔、马克思、尼采和克罗齐。前面四位可以说是史学家，而后面四位是哲学家。怀特不加区别地将他们并列处理，体现了他认为构建、解释和书写历史，史学家与哲学家的工作无异的主张。他从三个方面对他们进行了研究。首先，在历史解释模式上，他们的著作可分为形式论、机械论、有机论和情景论四种；其次，从情节的设置和建构考量，则有浪漫剧、悲剧、喜剧和反讽剧四类；最后，在意识形态的表述上，又有无政府主义、激进主义、保守主义和自由主义之区分。限于篇幅，本章无法详述，只能举例说明。如《元史学》指出米什莱有无政府主义的倾向，马克思显然是激进主义，兰克倾向于保守主义，而克罗齐属于自由主义。在阐述这些不同类型或形式的时候，怀特论及的对象其实超出了上述八位，还涉及19世纪许多重要人物。

尽管《元史学》从三个方面研究历史学家及其著述，但怀特的主要兴趣在于强调历史著述的"诗性"（poetics），因为如果仅从意识形态和历史解释这两个方面来考察，那么他在书中所处理的人物，都无法完全被置于一种类型或形式之下。而从文学形式即情节设置和建构的角度来观察，怀特认为他们之间的区别相对比较明显：米什莱的作品是浪漫剧的，兰克的作品是喜剧的，托克维尔的作品是悲剧的，布克哈特的作品是反讽剧的。更进一步，怀特强调历史叙述话语本质上是诗性的，因此他认为应该可以用欣赏、分析诗歌的方法来归纳、分类历史叙述。写作诗歌首先是运用想象，其次是用修辞学中的比喻或转义（trope）的手法将之展现。在怀特看

---

① 参见 Northrop Frye, *The Anatomy of Criticism*, pp. 15 - 19; Hayden White, *Metahistory: The Historical Imagination in Nineteenth-Century Europe* (Baltimore: The Johns Hopkins University Press, 1973), p. 2。

来，比喻大致有四种：隐喻（metaphor）、提喻（synecdoche）、转喻（metonymy）和讽喻（irony）。从比喻的角度来看，他认为黑格尔的作品有提喻的特点，马克思的作品是转喻的，尼采的是隐喻的，而克罗齐的是讽喻的。怀特的主张简单归纳起来就是：作者在收集了事实之后开始写作，当然希望能提出一个论点，也必然会有某种意识形态的倾向，但在写作的过程中，又会受到一种更深层次结构的制约，那就是叙述的比喻形式——他们或者采用了隐喻和提喻，或者采用了转喻和讽喻（当然交叉使用的也不少见）。这就是怀特所谓"元史学"中的"元"的层次，而这个层次，就是史学家、思想家对历史加以想象的产物。

想象显然无法凭空想象，于是怀特认为他们借助了上面不同的比喻方式。但是什么决定了一个史学家选择某种比喻方式呢？这就回到了他在《历史的解释》中提出的一个人在"孩提时代"便会同化某种书写常规的观点。在《元史学》中，他试图对此做进一步的阐释：当史学家面对一个历史研究对象的时候，其目的自然是对其做出描述和解释，但在此之前，史学家首先要将这个对象预设成一个有序的形象，其中的各个部分都自有关联。怀特认为这种"预设的形象构建"（prefigurative）的过程，体现了一种诗性，如同诗人写诗时运用想象对事物做比喻性的描述一样。[①] 而怀特关于史学家运用语言写作，因此自然受其结构制约的观点，又明显受到了列维-斯特劳斯、福柯、罗兰·巴特等人的影响。除了福柯自己否认，这些人都被视为语言学中结构主义学派的代表人物。他们的基本立场是，语言与所指事物的关系远不是透明的对称关系；语言的指称一定受制于自身的文化网络，而在这个网络中，语言只是符号，一定要置于这个文化网络中才能获得理解。怀特接受了这样的立场，又吸收了弗莱等人的理论，用比喻的各种方式来说明历史书写的既定语言结构。不过他最终并没有解释，究竟是什么让一个史学家选择某种比喻方式或语言结构来进行历史著述的。他用诗歌做类比，指出了"预设的形象构建"，有其启发性，但他没有讲明这个"预设"是由什么决定的。而且他对此没有进行论证说明，只是归结于

---

① Hayden White, *Metahistory*, pp. 30-31.

一种始自孩提时代的经验，难免带有神秘主义的色彩。①

四　重构"实用的过去"

怀特的《元史学》出版之后，在史学界几乎掀起了一场"革命"，因为怀特将历史书写与历史解释完全等同，并重申一种叙述形式和另一种叙述形式之间没有好坏之别，即历史著述并无真假，只有语言结构的表现形式之不同，让他名声大噪。对于熟悉战后文学批评理论和结构主义语言学的学者而言，他们对怀特的观点不会觉得陌生。从怀特后来在文学批评界拥有的声誉来看，他有关叙述特性和比喻形式的阐述，让他即使在文学批评界也占有一席之地。可是，对于不关心文学批评、强调文史分野的史学界同行而言，怀特从文学批评的角度讨论历史书写的形式及其与历史解释的关系，足以让他们大吃一惊。《元史学》出版之后的几年，西方的许多杂志都发表了书评，而《历史和理论》等杂志还发表了篇幅很长的评论文章，说明此书在学术界受到的重视。② 史学界的评论者几乎无一例外都会称赞怀特的新意，同时也表示他的概念及其文字表述十分难懂。如英国史学家彼得·伯克（Peter Burke），以后将以他的新文化史研究闻名于世，他在书评中指出怀特跨学科的取径使其《元史学》新意迭出，极富原创性，但他也承认此书难读。发表于美国史学界的权威刊物——《美国历史评论》和《近代史研究》上的书评，对怀特的创意也表示了高度的赞赏。③ 富有新意但文字艰涩，这是肯定《元史学》的书评者的基本意见。

当然，《元史学》的批评者也不少。有人直接指出，虽然怀特竭力创

---

① 最近如赫尔曼·保罗（Herman Paul）等人尝试指出史学家和学者的"角色"（personae）如何影响历史书写的形式，这是在怀特理论的基础上所做的进一步探索。参见本书的相关章节。

② John S. Nelson, Review of *Metahistory*, *History and Theory*, 14：1（Feb. 1975），pp. 74–91。另一篇长篇评论是 Adrian Kuzminski, "A New Science?", Review of *Metahistory* and *Style of History*, *Comparative Studies in Society and History*, 18：1（Jan. 1976），pp. 129–143。

③ Peter Burke, Review of *Metahistory*, *History*, 60：198（1975），pp. 82–83；Robert C. Carroll, Review of *Metahistory*, *Nineteenth-Century French Studies*, 4：4（Summer 1976），pp. 548–550；Michael Ermarth, Review of *Metahistory*, *American Historical Review*, 80：4（Oct. 1975），pp. 961–963；John Clive, Review of *Metahistory*, *Journal of Modern History*, 47：3（Sept. 1975），pp. 542–543.

新，但历史事件还是应该先于历史解释，不能本末倒置。还有的干脆指出，怀特将历史学等同于诗学和语言学，已经明显越界，无法苟同。值得一提的是，《元史学》还受到其他学科人士的关注，不过他们的评论与史学界同行相比，显得颇为不同。一位加拿大政治学家径直指出，他无法理解怀特的立场，因为按照怀特的观点，史学家治史不是取决于他的知识储备，而是取决于他的人生体验（taste）。[①] 而文学领域的评论则有不同的取向。一位评论者指出，怀特的理论借用了太多其他学者的论述，显得有点消化不良；另一位评论者则颇为正确地预测，怀特的著作对于大部分历史学家而言，将会难以接受，其言下之意就是怀特的所作所为更像一位文学批评家。[②]

上述这位评论者的预测，在很大程度上的确预示了怀特在《元史学》之后的地位和影响。在 20 世纪 70 年代，怀特已经转任加州大学圣克鲁兹分校，在那里担任历史意识研究部的讲座教授，培养史学理论方面的研究生。他与《历史和理论》杂志保持了密切的联系，经常在那里发表论文。同时，他还有许多论文发表于文学理论和批评的杂志上，被文学界人士视为"新历史主义"的代表人物。[③] 他的老友、《历史和理论》杂志的编辑理查德·范恩在 1998 年发表了《海登·怀特之反响》一文，详细回顾和检讨了怀特的影响，其中指出，怀特的跨学科取径，让他成为当代为人引用最多的一位史学家，不过在那些引用其观点的人中，只有为数不到 15% 的是史学界

---

① Joseph Amato, Review of *Metahistory*, *The Annals of the American Academy of Political and Social Sciences*, 423 (Jan. 1976), pp. 182–183; Gordon Leff, Review of *Metahistory*, *Pacific Historical Review*, 43: 4 (Nov. 1974), pp. 598–600; Frederick M. Barnard, Review of *Metahistory*, *Canadian Journal of Political Science*, 9: 2 (June 1976), pp. 366–367.

② Carl A. Rubino, Review of *Metahistory*, *MLN*, 91: 5 (Oct. 1976), pp. 1131–1135; Stanley Pierson, Review of *Metahistory*, *Comparative Literature*, 30: 2 (Spring 1978), pp. 178–181. 较为严厉的中文批评，可参见邵立新《理论还是魔术？评海登·怀特的〈玄史学〉》，《史学理论研究》1999 年第 4 期；王志华《唯物史观与后现代史观之间的论争》，《史学理论研究》2011 年第 1 期。

③ 参见王岳川《海登·怀特的新历史主义理论》，《天津社会科学》1997 年第 3 期。

人士。① 换言之，怀特是墙里开花墙外香。在 1989 年弗兰克·安克斯密特挑起后现代主义与历史学关系的争论之前，怀特的地位和影响主要在史学界之外。

怀特在出版了《元史学》之后，笔耕不辍，继续阐述历史叙述与语言（文学）形式之间的联系，然后再汇编成集。1987 年出版的《形式的内容：叙述话语和历史再现》和 1999 年出版的《形象的现实主义：拟态效应研究》便属于此类。这些论文集探讨的主题不一，很难简单概括其内容。但怀特写作的意图还是很明确的，那就是从历史认识论和本体论这两个方面，批判以兰克学派为代表的近代史学传统及其深远的影响。比如《形式的内容：叙述话语和历史再现》一书讨论了叙述和叙述性在历史著述和理论中的作用，强调历史书写一旦采用叙述这一形式，那就无法避免意识形态和宗教信仰的色彩。而在《历史解释的政治：学科和非崇高》一文中，怀特指出近代以来历史学的职业化过程，促使史学家采用平淡无奇的笔调写作，以求客观公正，其结果是抹平了"历史的崇高"（historical sublime），即突兀奇特、出人意料，让人啧啧称奇、叹为观止的历史现象。同样，在《德罗伊森的〈史学方法论〉：作为资产阶级科学的历史著述》一文中，怀特指出作为兰克史学在理论上的代表作，约翰·古斯塔夫·德罗伊森（J. R. Droysen, 1808-1884）的《历史知识理论》（Historik）一书显然不是客观史学的样板，而是反映了他所处时代的思想氛围。此外，《形式的内容：叙述话语和历史再现》还收入了怀特在福柯死前写作、死后发表的《福柯的话语：反人类主义的史学》一文，相对全面地介绍和分析了福柯的学术对当代史学的潜在和深远的影响。此文的副标题让人看到，怀特不愧是福柯在美国史学界的知音，因为福柯反人类中心主义的思想，直到近年

---

① Richard Vann, "The Reception of Hayden White," *History and Theory*, 37: 2 (May 1998), pp. 143-161. 怀特在中国的影响，也大致相似，先是文学界人士比较关注，如盛宁《新历史主义》，扬智文化事业股份有限公司，1995；盛宁《人文困惑与反思——西方后现代主义思潮批判》，生活·读书·新知三联书店，1997。史学界最早涉及怀特理论的，可参见王晴佳、古伟瀛《后现代与历史学：中西比较》，山东大学出版社，2003。

才为人密切关注。①

怀特《形象的现实主义：拟态效应研究》也收入了几篇颇为重要的文章，如《文学理论与历史书写》一文，详细论证了史学家借用文学理论的必要性。怀特指出，对于历史书写而言，反映历史真相其实没有那么重要；一部历史著作叙述的故事，让人更注意的往往是其描写的风格而不是其描写的内容。他引用安克斯密特的话形容道：许多经典的历史著作之所以伟大，并不在于告诉读者历史究竟如何发生，然后就到此为止，不再从事该方面的研究。相反，许多历史著作的伟大之处，在于它们刺激了人们对历史产生兴趣，使之愿意继续从事相关的研究。② 如同本章开头所说，怀特在访谈中承认，他对现代主义一直比较执着，而他所说的现代主义，主要指现代主义的小说，与 19 世纪的现实主义小说相对。他在《形象的现实主义：拟态效应研究》中对 20 世纪上半叶的文学批评史家埃里希·奥尔巴赫（Erich Auerbach，1892-1957）的文学史研究颇为欣赏。他认为奥尔巴赫的名著《拟态：西方文学对现实的再现》（*Mimesis：The Representation of Reality in Western Literature*）的可贵之处在于，作者虽然指出文学写作是现实的反映亦即拟态，但并不认为文学作品从古至今的发展是一个不断向现实接近的过程，而是姿态纷呈、各具形态（figuration）。怀特此书的书名用的是"figural"，其本意是"形象的"，该词与"figurative"同一词源，又有比喻的意思，因为要构建形象/形态，常常需要修辞的比喻。于是，名词"figuration"就有了双关的意思，可以是"形象的建构"，又可以指"形象的比喻"，比如"这个姑娘如花似玉""那个小伙体壮如牛"。怀特在写作此书的时候，选择不再采用"tropics"这个容易让人误解为地理术语的词来指比喻学，而更多采用"tropology"来指比喻的使用，也即比喻学。③ 从上面的论述可以看出，怀特借用文学理论，其意图是恢复或重建历史叙述中的形象，避免为了不偏不倚而让历史书写干涩无味的传统。走笔至此，需要

---

① Hayden White, *The Content of the Form：Narrative Discourse and Historical Representation* (Baltimore：The Johns Hopkins University Press, 1987), pp. 58-141. 有关福柯的学术对后人类主义史学的影响，参见本书的相关章节。

② Hayden White, *Figural Realism：Studies in the Mimesis Effect* (Baltimore：The Johns Hopkins University Press, 1999), pp. 1-42, 安克斯密特的引文在 p. 7。

③ White, *Figural Realism*, pp. 66-100.

提一下怀特曾提倡"影视史学"（historiophoty），1988年，他在《美国历史评论》上撰文比较叙述史学和影视史学之间的关系，之后该杂志开辟了"电影评论"专栏。①

怀特在出版《形象的现实主义：拟态效应研究》论文集的时候，已经从加州大学退休，之后被斯坦福大学比较文学系聘请为讲座教授，足见他在文学批评界受尊重的程度。不过，从20世纪90年代开始，他的理论被冠以后现代主义史学之名，在史学界引人瞩目，怀特已经不再是出墙的奇葩了。2010年，他的追随者罗伯特·铎然（Robert Doran）为他编辑了一部题为"叙述的虚构"的文集，收录了怀特1957~2007年没有收录到已出版的文集中的论文。② 2014年，怀特又出版了《实用的过去》一书，收录了五篇论文，其中同名论文《实用的过去》颇为重要。怀特此时已经84岁，在《实用的过去》一文及该书的"结束语"中，他回顾了自己一生的治学，提到了他的老师博森布洛克的教诲，指出他治学的宗旨，是力求突破所谓近代客观史学的模式，希望能复活历史学与现实生活之间的密切关系。他指出平铺直叙、不偏不倚的写法，近乎阉割了历史学的生命力，背叛了西方传统史学信奉历史学"为人生之师"（*magistra vitae*）的优良传统。怀特借用前辈学者迈克尔·欧克肖特（Michael Oakeshott, 1901-1990）的学说，认为其"历史的过去"和"实用的过去"的二分法颇具启发性：历史学家不应该只是希望重建历史的真实性而忘记了历史研究和书写的宗旨，那就是为人们的认同建构和现实生活提供有益的服务。鉴于近年来科技的进步和史学界出现的种种改革新潮，怀特指出有关过去的认知已经高度多元化，突破了职业史学家的藩篱。他认为或许"过去学"（pastology）一词方能概括今天世界上的人通过重构自己的记忆而不断塑造文化认同的现象。在这一情形下，如果历史学家能够清楚地认识到自己的治学为的是提供一个

---

① Hayden White, "Historiography and Historiophoty," *American Historical Review*, 93: 5 (Dec. 1988), pp. 1193-1199. 中国史学界由周梁楷首先提倡"影视史学"的研究，张广智等人之后多有论述，相关的争论可参见朱艳艳、慈波《关于影视史学几个问题的研究综述》，《沧桑》2010年第2期。

② Hayden White, *The Fiction of Narrative: Essays on History, Literature, and Theory, 1957-2007*.

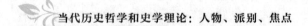

"实用的过去"，也许历史学才能重振生机。①

在结束本章之前，也许有必要再回到怀特最出名的《元史学》一书。他在书中分析了四种比喻的形式：隐喻、提喻、转喻和讽喻，而从他的行文来看，他特别偏好讽喻，或许与他曾心仪克罗齐有关，因为他认为克罗齐的史学可以用讽喻来形容。究其一生，怀特本身的治学也是颇具反讽意味的：他一生钟爱史学，矢志不渝，但他将历史等同于历史书写，甚至文学创作的观点，让许多史学家长期视其为历史学界的一个"异类"。更具讽刺意义的或许是，怀特一生推崇现代主义的文学和理论，但因否定历史事实与虚构之本质区别而被视为后现代主义史学理论的代表，他也因此成了当代最知名的一位历史哲学家和史学理论家。②

---

① Hayden White, *The Practical Past* (Evanston: Northwestern University Press, 2014), pp. 3-24, pp. 97-104.

② 参见 Marnie Hughes-Warrington, *Fifty Key Thinkers on History* (London: Routledge, 2000), pp. 350-357; Robert Doran, ed., *Philosophy of History after Hayden White* (New York: Bloomsbury Academic, 2013)；还可参见前引怀特的学术传记 Herman Paul, *Hayden White: The Historical Imagination*，以及黄芸《论海登·怀特的历史真实观》，《理论月刊》2009 年第 4 期。

叙述和经验：弗兰克·安克斯密特

　　本章题目中的"叙述和经验"，毋庸讳言指的是历史的叙述和经验。研究荷兰思想家弗兰克·安克斯密特的人大多认为，就安克斯密特有关历史的著述而言，叙述和经验是其中的两个重点。不过这还不是本章以此为题来分析和评价这位荷兰学者学术成就的唯一原因。细心的读者或许会指出，就历史的叙述和经验而言，似乎应该是历史经验在前而历史叙述、历史书写在后，也即先有历史经验的存在，然后史学家才会将之加以叙述。但有趣的是，从安克斯密特发表的论著来看，他的确是先研究历史书写中的叙述性，之后才研究历史的经验——前者以由其博士学位论文改写的、出版于 1983 年的《叙述之逻辑》为代表，后者则以他 2005 年出版的《崇高的历史经验》为标志。

　　更重要的是，叙述先于经验，还体现了安克斯密特早期史学理论研究的一个重要特点，那就是在历史学中，将历史叙述视作考察的对象，取代了历史事实本身。鉴于他的这一立场，他与海登·怀特等人一起，被视为历史学中后现代主义思潮的主要代表。不过在他出版《崇高的历史经验》之后，安克斯密特将其关注点从叙述转向了经验，试图探讨史学家跳过叙述这一工具，直接重现历史经验的可能。对于安克斯密特的这一转向，众人评价不一——虽有人认可，但更多的人认为这是他在史学理论上的一种"退却"，从 20 世纪末年的后现代主义退回到了 19 世纪末年的历史主义。① 总之，叙述和经验的顺序及其含义，在很大程度上可以反映安克斯密特治学的特点，值得着重探讨。

一 "欧洲的怀特"？

出生于 1945 年的安克斯密特，其学术生涯可谓一帆风顺，没有明显的波折和起伏。他的家庭在荷兰以从事纺织业闻名，家境殷实，即使在战后经济萧条的岁月中，安克斯密特的幼年生活仍然称得上衣食无忧。他原名富兰克林 · 鲁道夫 (Franklin Rudolf)，但在后来的正式出版物上，他一般只用缩写 F. R.，或者弗兰克 · 安克斯密特。中学毕业之后，安克斯密特考上了荷兰最老的大学——莱顿大学，主攻物理和数学。三年之后他应征入伍，虽然仅有两年，但这段从军的经历却让他转变了学习的兴趣。复员之后，安克斯密特转学格罗宁根大学，主修哲学和历史，从此他就没有离开过格罗宁根大学，直到 2010 年在教授任上退休。具体而言，1973 年，安克斯密特在格罗宁根大学获得硕士学位之后，便留校任教，然后花了八年的时间攻读博士学位，于 1981 年完成了博士学位论文，并再度留校执教直到退休。简言之，安克斯密特在格罗宁根大学度过了大半生，从学生一直到资深教授。

可是，如果我们由此视安克斯密特为一个不问世事、沉潜于书斋的纯粹学者，那显然有误；他其实不但关心政治，经常在报端发表时评，而且政见分明。自年轻时期开始，安克斯密特就是荷兰自由民主人民党的党员，并参与起草了该党的《自由主义宣言》。但在 2009 年他的政治态度有了明显的变化，他退出了自由民主人民党，指责其已经沦为新自由主义，而他自己的立场显然日渐保守。这一政治立场的转变，与他在史学理论上从叙述向经验的转变几乎同步，其间或许有某种联系，有待更深入的发掘。不

---

① Ewa Domanska, "Frank Ankersmit: From Narrative to Experience," *Rethinking History*, 13: 2 (June 2009), pp. 175-195; Peter P. Icke, *Frank Ankersmit's Lost Historical Cause: A Journey from Language to Experience* (New York: Routledge, 2012). 中文论文参见王晴佳《从历史思辨、历史认识到历史再现：当代西方历史哲学的转向与趋向》，《山东社会科学》2008 年第 4 期；彭刚《从"叙事实体"到"历史经验"：由安克斯密特看当代西方史学理论的新趋向》，《历史研究》2009 年第 1 期。

过笔者限于篇幅和才力，还是以安克斯密特的史学论著为主来加以讨论。

安克斯密特的学术兴趣兼顾哲学和史学，不过从他的研究路径来看，还是以前者为主，具体讨论历史著作的地方不多。同时，他的第一本著作，还有一些他之前学习物理和数学的痕迹，比如喜欢用公式、符号等。他以《叙述的逻辑》为书名，希望研究叙述背后的逻辑，也是一个旁证。安克斯密特《叙述的逻辑》是一部严谨、细致的著作，其主要内容是研究历史书写与历史实在之间的关系。安克斯密特自承，他的这部书想先综合以前有关叙述的理论，然后再提出自己的观点，所以结合了综述和论证。《叙述的逻辑》共八章，前面四章以综述现有的相关理论为主，从第五章到第八章，他具体阐述了自己的贡献。安克斯密特指出，他研究的主要对象是"历史叙述的逻辑结构"（logical structure of historical narrative），即历史书写所采用的叙述形式如何与其所描写的历史实在产生关系。值得一提的是，安克斯密特并不想讨论历史书写如何反映历史实在，而是力求深入探究叙述内部的逻辑结构如何影响历史叙述构建的形式和内容。[1]

安克斯密特在《叙述的逻辑》中首先指出，历史学的特征基本上由两部分组成：第一部分是历史研究，第二部分是历史叙述。在以往的史学史、史学方法的研究中，人们比较侧重第一部分，即历史学家如何研究以及采用什么样的方法研究，对历史学家如何叙述及其叙述的特点，即言与物的关系，少有研究。但路德维希·维特根斯坦（Ludwig J. Wittgenstein, 1889-1951）首先做了尝试，之后又有不少学者进一步阐发。安克斯密特的研究不但以叙述为主体内容，而且选择用"narratio"而不是英文中更为常用的"narration"来指称"叙述"，可能是因为"narratio"在修辞学中常用，它既有陈述的意思，又有抽象、思辨的层面，也即"叙述性"的含义。安克斯密特指出，他的具体研究对象是"历史叙述"，是叙述形式的一种，与历史小说有着邻近的关系，但又不相同。不过，他认为叙述其实没有真假、好坏的区别，或者更精确地说，叙述与真理没有必然的联系。安克斯密特的理由是，如果说叙述是为了反映历史真实，那么叙述必然与历史实在本身保持一致，只有这样，历史叙述才有可能将这种一致性反映出来。但他指

---

[1] F. R. Ankersmit, *Narrative Logic: A Semantic Analysis of the Historian's Language* (Hague: Martinus Nijhoff Publishers, 1983), pp. 1-29, 58-78.

出，事实上历史实在本身错综复杂，并不自然而然地呈现一致性。如果人们在历史书写中发现了历史的一致性，那可能是历史叙述逻辑的作为，也即史学家的作为。①

安克斯密特于是指出，历史叙述由两个部分组成："叙述主题"（narrative subject）和"叙述实质"（narrative substance），前者容易理解，指历史叙述针对的内容，后者是安克斯密特创造的词汇，是《叙述的逻辑》讨论的重点。例如，"文艺复兴""启蒙运动""冷战"就是"叙述实质"。也即史学家对某一段历史的高度概括，希望由此指出其代表性的特征，因此，"叙述实质"既与历史实在相符合，又展现了史学家的论点或解释。安克斯密特的"叙述实质"论点，是对威廉·沃尔什（William Henry Walsh, 1913-1986）"综合观点"（colligatory concepts）理论的推进和发挥（"colligatory"一词指"联结的""捆绑的"，这里可以解释为"综合、结晶"的意思）。沃尔什不仅影响了安克斯密特，也推进了《叙述的逻辑》一书的出版，安克斯密特则将此书献给了沃尔什。②

安克斯密特用"叙述实质"来概括历史叙述的目标，从逻辑上论证了他所谓历史叙述需要描述历史现象，同时又提供一种解释的看法，譬如将14~16世纪欧洲文化发生的一系列现象，综合解释为"文艺复兴"。就这一点而言，安克斯密特巧妙地回避了历史叙述是否对应历史实在的传统观念，指出其实质无非就是概括和解释，与历史实在并无关系。《叙述的逻辑》出版之后，得到了海登·怀特的激赏，他在《美国历史评论》上发表了积极肯定的书评，将其与保罗·利科（Paul Ricoeur, 1913-2005）的《时间与叙述》（Time and Narration）并列，称其对相关领域做出了"实质性的贡献"（substantive contribution）。怀特最后总结，鉴于历史主义的危机，史学家现在必须重新为历史学与科学抑或艺术的关系定位，因此《叙述的逻辑》对

---

① Ankersmit, *Narrative Logic*, pp. 19-26.
② Ankersmit, *Narrative Logic*, pp. 96-226. 关于安克斯密特"叙述实质"对史学的意义，参见 Peter P. Icke, " Frank Ankersmit's *Narrative Substance*: A Legacy to Historians," *Rethinking History*, 14: 4 (Dec. 2010), pp. 551-567；李恒《安克斯密特叙事实体理论探析》，《史学史研究》2013年第1期。

他们来说是一本"必读书"。① 对于刚出道的安克斯密特而言，怀特将其视为知己，在权威刊物上对他的处女作如此肯定，一定让他受到了许多鼓励。

但在史学理论的重要刊物《历史和理论》上，一篇由贝汉·麦克拉夫（C. Behan McCullagh）写的书评，将《叙述的逻辑》批得几乎一无是处。虽然评论者在一开始便承认，安克斯密特的立场会被一些人引为同道，但他指出安克斯密特的主要概念"叙述实质"，缺乏说服力。更重要的是，评论者认为《叙述的逻辑》从概念到概念，没有提供具体的历史叙述的事例分析，因此整体来说没有什么可取之处。② 另一个重要的评论者是史学史、思想史的专家唐纳德·凯利（Donald Kelley）。博学的凯利对《叙述的逻辑》也提出了委婉的批评：第一，安克斯密特的研究处理的是一个相对边缘的问题，将历史研究矮化了；第二，安克斯密特只提到法国结构主义语言学的研究，但忽视了西方学术的解释学传统。③ 所以，安克斯密特的处女作在史学界获得了几乎截然相反的评价。应该说，批评的一方更有道理，因为《叙述的逻辑》一书虽然结构严谨，但行文拖沓，论证抽象，编辑质量也差，并不是一部出色的著作。

不过，对于安克斯密特的学术发展而言，《叙述的逻辑》让他赢得了怀特同道的名号，这是十分重要的一步。他在《叙述的逻辑》一书中，虽然引用了怀特，但没有特别重视。而在这之后，他逐渐将怀特视为榜样，积极地推广怀特的思想。同时，安克斯密特在访谈中承认此书出版质量不行，他显然留意到麦克拉夫的批评。他在之后的论著中，一方面采用了简洁的笔调，另一方面又尽量沟通欧洲大陆和英美学界，希望达到更理想的效果。安克斯密特这一努力颇为成功。如同他在访谈中所说，《叙述的逻辑》其实集中反映了他在历史叙述理论方面的许多心得，之后的论著在这一领域其

---

① Hayden White, Review of *Narrative Logic*, *American Historical Review*, 89：4（Oct. 1984），pp. 1037-1038.

② C. Behan McCullagh, Review of *Narrative Logic*, *History and Theory*, 23：3（Oct. 1984），pp. 394-403.

③ Donald Kelley, Review of *Narrative Logic*, *Journal of Interdisciplinary History*, 15：2（Autumn 1984），pp. 317-318.

实没有太多新的突破。安克斯密特需要做的就是提炼概念、改进文风。①

二　代言后现代主义

的确，从安克斯密特在 20 世纪 80 年代发表的论著来看，他基本沿袭了《叙述的逻辑》的研究路径，以综述相关领域的学术发展为主，然后提出综合性的概括，落实沃尔什"综合观点"和他自己"叙述实质"的理念。在出版《叙述的逻辑》几乎同时，安克斯密特用荷兰文发表了《反思历史：现代历史哲学论点综述》（*Denken over geschiedenis*：*Een overzicht van moderne geschiedfilosofische opvattingen*），便是一例。也许是由于怀特的赏识和推荐，安克斯密特在美国的《历史和理论》杂志上开始发表论文，并在 1986 年主编了该刊的一个专辑《认识和叙述历史》。安克斯密特在为该专辑提供的论文中，提出英美史学界已经出现了一个两难的现象：一方面许多史学家仍然相信卡尔·亨佩尔（Carl Hempel，1905–1997）的"覆盖率模式"（Covering-Law Model），认为历史现象虽然错综复杂，但仍有规律可循；另一方面怀特和汉斯·凯尔纳（Hans Kellner，怀特教的学生）等人在历史叙述领域的新著，代表了一种"叙述主义的历史哲学"（narrativist philosophy of history），与相信"覆盖率模式"的"认识论的历史哲学"（epistemological philosophy of history）形成了明显的对立。② 安克斯密特的这篇文章，还是以综述的形式写成，其立场似乎颇为中立，但他通过对英美史学界所谓"两难处境"的概括性描述，凸显了怀特论著的重要地位和影响。因为怀特的名著《元史学》在 20 世纪 90 年代之前，虽然有影响，但尚不足以构成对英美史学界实证主义思潮的有力挑战。③

1989 年，安克斯密特又用英文写作了《历史书写中的现实效果》一文，十分简要地论述了结构主义语言学如何对近代史学传统产生了强有力的冲

---

① 弗兰克·安克斯密特与埃娃·多曼斯卡的访谈，参见〔波兰〕多曼斯卡编《邂逅：后现代主义之后的历史哲学》，第 66~67 页。

② F. R. Ankersmit, "The Dilemma of Anglo-Saxon Philosophy of History", *History and Theory*, 25：4（Dec. 1986），Beiheft 25："Knowing and Telling History：The Anglo-Saxon Debate," pp. 1–27.

③ 参见 Richard Vann, "The Reception of Hayden White," *History and Theory*, 37：2（May 1998），pp. 143–161，另见本书有关海登·怀特的一章。

击。安克斯密特在书的开始便指出，罗兰·巴特、海登·怀特和汉斯·凯尔纳的论著已经表明，史学界出现了新、旧两种史学，或者更精确地说是新、旧两种历史哲学。巴特和怀特等人所代表的就是新的流派，对以兰克为代表的近代史学形成了有力的挑战。安克斯密特在书中也适时地对他的批评者贝汉·麦克拉夫做了反击，认为后者将史学家对历史现象的描述，与画家作人物画或风景画相比较，并不成功。因为即使画家想逼真地作画，仍然需要取景并用一个画框将所画的对象置于其内。同样，史学家描述历史现象，尽管力求真实，也仍然会将其置于一个框架内。换言之，在历史书写之前，史学家首先需要对历史现象作一界定。①

上述两个例子可以说明，安克斯密特在发表了《叙述的逻辑》之后，其英文写作有了明显的提高，不但观点明确醒目，而且行文简练有力。他在 1989 年发表于《历史和理论》的题为《历史学和后现代主义》的文章，更是一个佳例。首先，安克斯密特的写作，落实了他沟通英美学术与欧洲大陆思想界之联系的想法，因为"后现代主义"这个概念，首先在欧洲大陆思想界出现和讨论。在英美学界，使用"后现代主义"这个术语来讨论文化思潮的论文，大都集中于文学批评界，所以安克斯密特是史学界最早使用这个术语来描述、分析史学思潮和书写变化的人。② 其次，安克斯密特在此文中也实践了他的"叙述实质"的理念，因为他在《历史书写中的现实效果》一文中，仅指出怀特等人，代表了一种新的历史哲学，与兰克学派所代表的近代史学（或现代史学，因为英文中的"modern"既指"近代"又指"现代"）相对。而在《历史学和后现代主义》一文中，他选用了"后现代主义"来概括怀特等人的挑战，十分醒目。

不过安克斯密特在《历史学和后现代主义》一文中，其实没有对怀特的理论本身花太多的笔墨，只是毫不吝啬地称赞"《元史学》为历史哲学领域近二十五年来最具革命性的著作"。他选择用其他事例来说明后现代主义

① F. R. Ankersmit, "The Reality Effect in the Writing of History: The Dynamics of the Historiographical Topology," in *History and Tropology: The Rise and Fall of Metaphor* (Berkeley: University of California Press, 1994), pp. 125–161. 此书中译本为〔荷兰〕安克斯密特《历史与转义：隐喻的兴衰》，韩震译，文津出版社，2005，第 154~202 页。

② 笔者在 JSTOR 中用 postmodernism 查阅了 1970~1989 年的论文，发现在安克斯密特之前，使用"后现代主义"这一术语的大都是史学界之外的人士。

对历史研究和历史书写的影响。他的文章以描述学术"产品过剩"这一现象出发，指出在当今的史学界，兰克学派所代表的史学传统已经过时了。兰克学派倡导历史研究以原始的、第一手史料为出发点，由此来重建历史事实，而由于学术"产品过剩"，现今的史学家必须先消化、掌握前人的成果，即二手资料，才能开展研究。安克斯密特于是指出，要解决这个问题，无非两个办法：一是像法国年鉴学派那样，不断开拓前人没有涉及的领域；二是改变历史思维方式，重新考量历史书写与历史实在之间的关系。依安克斯密特之见，按照年鉴学派的做法，"史学家们的确使自己再次有机会发现那种处于尚无侵蚀状态的历史"，但这只是暂时的，因为"不可计数的法国或别处的历史学家将扑向这些新选题"。① 所以他的结论就是，史学家必须采取第二种方法，那就是改变原有的历史认识和思维方式。

安克斯密特举了一个颇为有用的例子，来说明历史书写的目的是真实反映历史现象的传统观念与史学史的发展并不吻合：

> 史学史中那些巨著，那些托克维尔、马克思、布克哈特、韦伯、赫伊津哈，或者布罗代尔的著作，多次被证明为是新潮著作最有威力的兴奋剂，而不是终结某个信息谱系，仿佛那样，某个特定问题就一劳永逸地解决了："荒谬的是，一种解释越有影响，越是权威，它就会引发越多的作品。"…… 那些富有争议的事实才是真实的事实。②

许多读者也许不同意安克斯密特最后的那句总结，但可能不得不承认他作的史学史概括颇有道理。许多史学名著，往往起初富有争议性，激起了热烈的讨论甚至争论，引发了进一步的探索，最终成为经典。易言之，如果历史书写只是为了反映历史的真实，那么其他史学家看到这些史学巨著之后，为什么是希望踵事增华，而不是掷笔兴叹呢？

安克斯密特在《历史学与后现代主义》一文的末尾，作了两个比喻性的总结。第一，如果说以兰克为代表的近代史学试图发掘史实，翻开地上

---

① 〔荷兰〕弗兰克·安克斯密特：《历史学与后现代主义》，陈新译，载彭刚主编《后现代史学理论读本》，北京大学出版社，2016，第 153 页。
② 〔荷兰〕弗兰克·安克斯密特：《历史学与后现代主义》，第 156 页。

的瓦片即历史的表象来检查底下的东西，那么后现代主义的取径就是从脚下的瓦片踩向另一片瓦片，因此历史研究的方法就从纵深考掘变成了平面移动。在他看来，历史书写无非就是创造一种历史话语，与之前的话语互动而已。第二，安克斯密特将西方史学视为一棵大树。近代的史学家希望考察树干的走向，揭橥历史的规律，而现代的史学家则只注重考察片片树叶，并不关心它们原来在树上的位置，试图用这些树叶在现在的立场上重新编排，以适应当今人类文明的需要。[①]

《历史学与后现代主义》可以说是安克斯密特写得最好的一篇文章，不但论点鲜明，而且附以具体的事例说明。该文发表之后，立即引起了许多史学家的注意，纷纷发文商榷和反驳，然后安克斯密特又加以回应。[②] 他们的争论本身很难看出胜负，但让后现代主义理论进入了史学家的视野，从这个意义上而言，安克斯密特显然是成功的。他选择跟随海登·怀特，不断宣扬并且继续阐发怀特的理论，使他在 20 世纪 90 年代成为历史哲学、史学理论界的一位引人注目之士。怀特的弟子汉斯·凯尔纳在一次访谈中认为安克斯密特是当代最有争议的历史哲学家，而他所说的 "最有争议"，其实意谓安克斯密特是一位 "最富创意" 的史学理论家。[③]

安克斯密特声名鹊起，使他更有意在英文学界不断著述。1994 年，他出版了论文集《历史学和比喻学》，收录了他在历史叙述理论方面的数篇重要论文，除了上面提到的几篇之外，还有一篇《历史的再现》。1995 年，他与汉斯·凯尔纳主编了《新历史哲学》，其中收录了他的一篇文章，题为 "陈述、文本、图像"。在这篇文章中，他大量引用海登·怀特的观点，而

---

① F. R. Ankersmit, "Historiography and Postmodernism," *History and Theory*, 28：2（May 1989），pp. 146, 150.

② Perez Zagorin, "Historiography and Postmodernism：Reconsiderations"，*History and Theory*, 29：3（Oct. 1990），pp. 263-274；F. R. Ankersmit, "Reply to Professor Zagorin," *History and Theory*, 29：3（Oct. 1990），pp. 275 - 296；Georg Iggers, "Comments on F. R. Ankersmit's Paper, 'Historicism：An Attempt at Synthesis'，"*History and Theory*, 34：3（Oct. 1995），pp. 162-167；F. R. Ankersmit, "Reply to Professor Iggers," *History and Theory*, 34：3（Oct. 1995），pp. 168-173.

③ 〔波兰〕多曼斯卡：《邂逅：后现代主义之后的历史哲学》，第 55 页。为该书写了导言的美国思想史家阿兰·梅吉尔（Allan Megill）与笔者在 2005 年的交谈中，也认为安克斯密特为当代最富创造力的学者。

在《历史的再现》中，他与怀特一样，指出历史叙述其实与艺术创作更为接近。在这两本重要的史学理论著作中，安克斯密特强调英美史学界已经跟随哲学界和文学界，出现了一个"语言学的转向"（linguistic turn），而这一转向的启动者就是海登·怀特。更重要的是，安克斯密特认为通过这一"语言学的转向"，历史学得以重新与文学和艺术结盟，恢复了原有的生机和活力。《新历史哲学》一书，意在详细阐发他在《历史书写中的实在效果》一文中已经指出的历史哲学界所出现的新旧交替的现象，这一新潮便是受结构主义、后结构主义语言学启发，以"语言学的转向"为标志的历史叙述理论。值得一提的是，安克斯密特在书末附了一个详细的书目，回顾了19世纪后期以来历史哲学界出现的重要论著。他在其中提到了威廉·沃尔什，介绍了威廉·沃尔什的"综合观念"。但他在海登·怀特身上花了更多的笔墨，称怀特的《元史学》是这个领域"最有影响和最成功的"著作。[①] 由此可见，如果说在20世纪80年代，安克斯密特还是"欧洲的怀特"，那么到了20世纪90年代后期，他通过将怀特塑造为史学界后现代主义思潮的先锋，已经成为英美学界怀特的阐释者和后现代主义史学理论的代言人了。

三　经验和再现／表现

尽管如此，安克斯密特并不满足。1993年，他在与埃娃·多曼斯卡的访谈中提到，虽然他对怀特的"景仰与日俱增"，但他已经在史学理论领域耕耘了十五年，"厌倦感油然而生"，转而对政治理论感兴趣了。[②] 不过，也许是由于自己的学术惯性或别人的邀约，安克斯密特虽然有这样的想法，但此后仍有与历史叙述相关的论著问世。他说已经厌倦了史学理论，或许可以这样理解：他试图走出怀特的影响，建立纯粹属于自己的理论。他的这一想法在《历史学和比喻学》一书中就已经初露端倪。该书的最后一章

---

① F. R. Ankersmit, *History and Tropology*, pp. 61-67, 97-124; Frank Ankersmit & Hans Kellner, eds., *A New Philosophy of History* (Chicago: University of Chicago Press, 1995), pp. 212-240, 278-283.

② 〔波兰〕多曼斯卡：《邂逅：后现代主义之后的历史哲学》，第87页。

"历史主义与后现代主义：历史经验的现象学"，在收入该书之前没有发表过，估计写于他与多曼斯卡交谈的1993年。安克斯密特交代他写作这篇长文的意图是沟通历史主义与后现代主义，希望读者理解其实后现代主义对待历史的态度，只是比历史主义更为激烈、极端。文中他花了一些篇幅讨论"历史的经验"（historical experience），并以此为重点来比较历史主义与后现代主义。安克斯密特认为，"怀旧"（nostalgia）是一个很好的切入点，奥匈帝国的诗人尼古拉斯·雷瑙（Nikolaus Lenau, 1802–1850）的一首德文诗被他引为例证。雷瑙在诗中描述他如何思念曾度过了"我的青春最美好的一年"（*Meiner Jugend schönstes Jahr*）的地方，但真有机会再去那里的时候，他又感觉自己不知如何向人问候，"心情居然变得格外沉重"（*Doch im Herzen wird so schwer mir*）。雷瑙的心情与唐代诗人宋之问的"近乡情更怯，不敢问来人"十分类似。而安克斯密特则用这种复杂的心情，来说明"怀旧"这种经验，如何体现了史学家对待过去的不同态度。他指出历史主义和后现代主义的史学家都希望重构或联系过去。他们的不同之处在于，历史主义史学家如兰克希望在理解、感通过去（前人）的基础上，如实直书，这在事实上反而失去了历史的经验（因为"过去的经验与有关过去的一种经验无法等同"），而后现代主义史学家认为过去已经一去不复返，他们更致力于重建这一历史经验。①

安克斯密特在此处的论述还不是特别清晰，但"历史主义与后现代主义：历史经验的现象学"的写作，的确指出了他之后的研究方向，那就是以"历史的经验"为主题，力图构建自己的史学理论体系。他还认为，历史与政治经验有不少相通之处，因此进入21世纪之后，他在这两个方面都有论著出版。随着时间的流逝，安克斯密特对政治理论的兴趣越发浓厚。安克斯密特的荷兰同胞、写过海登·怀特学术传记的赫尔曼·保罗曾撰文指出，像怀特在大学时代受到老师威廉·博森布洛克的影响一样，安克斯密特也深受大学时代的老师恩斯特·考斯曼（Ernst Kossmann, 1922–2003）

---

① F. R. Ankersmit, *History and Tropology*, pp. 195–213. 这里安克斯密特所说"过去的经验与有关过去的一种经验无法等同"，原文是"since *past* experience can not be equated with an experience *of* the past"，引文见第200页。另参见苏萌《历史经验与"乡愁"：论安克斯密特的后现代历史经验理论》，《史学理论研究》2018年第1期。

的影响，安克斯密特对政治理论的兴趣，正是来自考斯曼的影响。① 而这一影响的主要体现，就是安克斯密特对历史主义一直持有的兴趣。当然，他无意回到兰克的史学传统，而是希望在新的思考基础上，重拾和重振历史主义。②

安克斯密特的这一努力，集中体现在他对历史经验的考察，其目的是讨论"历史的再现或表现"（historical representation），即史学家如何在时空已经改变的基础上，重新建立与过去的联系。Historical representation 的翻译比较困难，historical 可以指历史本身，也可以指真实的历史如何在历史学或历史书写中展现出来；representation 的翻译更为多样，哲学界常译成"表象"，但在这里有"再现"和"表现"双重含义，因为安克斯密特认为史学家的写作以再现历史为目的，但同时他又认为这一努力其实也是一种表现，独立于真实的历史。③ 他用"怀旧"来举例，表达的就是这个意思，因为史学家无法回到过去，只能在现在的立场上与过去建立某种联系。更重要的是，用"怀旧""思乡"来形容历史学家对待历史的态度，又体现了安克斯密特思想的另一个重要方面，那就是他的美学视角，因为对"怀旧"的描述和分析，可以在审美的立场上考察。换言之，即使过去一去不复返，但这种对过去的思念以及相应的表达、表现，可以给人以美感。由此，我们可以看到安克斯密特史学思考的全面性，他力图从真、善、美三个方面考察、分析历史叙述：历史书写以求真开始，其内容常有道德的价值，其行文的高下又属于审美的范畴。

安克斯密特在 1996 年出版了《审美的政治学：超越事实和价值的政治

① Herman Paul & Adriaan van Veldhuizen, "A Retrieval of Historicism: Frank Ankersmit's Philosophy of History and Politics," *History and Theory*, 57: 1 (March 2018), pp. 33–55. 考斯曼对政治理论的研究，可参见 E. H. Kossmann, *Political Thought in the Dutch Republic: Three Studies* (Amsterdam: Konninklijke Nederlandse Akademie van Weternschappen, 2000)。

② 参见陈茂华《安克斯密特的历史主义更新论》，《史学理论研究》2011 年第 3 期。

③ 安克斯密特《历史表现》一书的中文译者周建漳对"representation"的翻译有所讨论，参见〔荷兰〕安克斯密特《历史表现》，周建漳译，北京大学出版社，2011，第 16～17 页。有关安克斯密特的历史表现学说，参见 Eugen Zelenak, "Exploring Holism in Frank Ankersmit's Historical Representation," *Rethinking History*, 13: 3 (Sept. 2009), pp. 357–369；周建漳、朱志杰《历史叙述：从表现的观点看——安克斯密特"历史表现"观述评》，《厦门大学学报》2011 年第 1 期。

哲学》，但没太引起史学界人士的注意。不过对安克斯密特的治学而言，此书代表了一个重要的转折，即他的研究兴趣转移到了政治理论领域。此书的副标题特别重要，安克斯密特说要"超越事实和价值"，其实就是要超越"真""善"，从"美"的角度来研究政治理论。安克斯密特在序言中说，该书的写作渊源可追溯到 20 世纪 80 年代，即他写作博士学位论文的时候。他一直对历史主义充满兴趣，《叙述的逻辑》呈现的是 20 世纪后半期历史主义的思考和发展，而 19 世纪的历史主义既是一种历史哲学，又是一种政治哲学，于是此书的写作对他个人而言顺理成章。更重要的是，安克斯密特认为"历史的表现"即史学家如何书写、描述历史，与"政治的表现"即民主制下的政治家如何代表民意之间，有着许多相似之处。从历史主义的角度来看，史学家写作历史为的是忠实地表现历史，而代议制下的政治家也想在各种民意中间折中平衡，获得"中庸"（juste milieu），即尽量做到不偏不倚。从历史发展来看，这样的思考方式都是在 19 世纪，特别是拿破仑战争之后逐渐形成的。①

　　简单而言，安克斯密特比较和分析了政治表现和历史表现的相似之处。他从"再现/表现"的反映论讲起，指出那种认为"再现"就是"拟态"（mimetic），即尽量模仿所表现的对象、力求逼真的观点，并不适用于艺术和历史。他借用怀特的老同学、艺术理论家阿瑟·丹托（Arthur Danto，1924-2013）的理论，指出画家作画，比如风景画——安克斯密似乎特别喜欢 17 世纪荷兰画家的风景画，虽然要力求逼真，但观众喜欢画家的画作，并不是因为其画作与所画的对象之间没有区分、完全一致，而是因为画作与实在之间有明显的差异，这种差异构成了一种美，或者说，美体现于"再现"与"表现"之间。同样，历史书写的目的不是"如实直书"，将过去毫发无损地展现在历史著述中，而是让读者在清楚了解历史实在和历史书写之间存在差异的前提下，再现和表现史学家的才华。由此，历史书写需要从美学的角度来衡量。②

---

① F. R. Ankersmit, *Aesthetic Politics*: *Political Philosophy beyond Fact and Value* (Stanford: Stanford University Press, 1996), p. xiii.

② 参见陈书焕《风景画与"画像的转向"：以安克斯密特为基点的考察》，《文化艺术研究》2016 年第 1 期。

安克斯密特进而论证，代议制下政治家代表、申发民意，也应该从这一美学的、也即艺术的角度来考察。与史学家无法回到过去一样，政治家也无法对民意有一个全盘的了解。易言之，社会的民意与政治家的代议，如同画家作画、史学家著史那样，有一个明显的区隔和界限，无法达到一种完全吻合的"拟态"。他进一步说，代议民意就是"政治表现"（political representation），如果民意可以用"政治现实"来指称的话，那么这一"政治现实"恰恰是由于"政治表现"才存在的。所以"政治表现"即代议民意，在民主政府的政策制定过程中，构成了至为关键的一环。安克斯密特的分析，如同老子在《道德经》中所言："治大国若烹小鲜。"政府在综合民意基础上制定的政策，其成败、高下也需要从艺术、审美的角度来衡量。安克斯密特的结论是，在政治表现中，民意与政府之间的区隔，不能混淆（如同历史学中历史实在与历史书写的区别一样），有的政客为了蛊惑人心，宣称能直接代言、表现民意，却往往带来独裁的恶果。[1]

从《审美的政治学》出发，安克斯密特在 2001 年和 2002 年分别出版了两本姐妹作：《历史的表现》和《政治的表现》。两书均是论文集，都由斯坦福大学出版。他写这两本著作，为的是从"再现/表现"的角度沟通政治表现和历史表现，即政治学和历史学，因为他心仪的历史主义兼顾二者。但从"再现/表现"的角度来看，政治表现和历史表现之间还是有差异的。如上所述，安克斯密特认为在政治表现的过程中，民意和政治之间必须有所区隔，如此政治家代言、表现民意才能成立。但在讨论历史表现的时候，他却试图走出原来叙述主义的立场，希望史学家能超越或跨越语言和叙述这些中介物，直接感觉、描绘历史的实在。他在访谈中提到，在写作《叙述的逻辑》这一处女作的时候，他还未读理查德·罗蒂（Richard Rorty，1931-2007）的《哲学和自然之镜》，之后读了深感佩服。他认为罗蒂对传统认识论中主观和客观（心与物）二元论的批判，让他深有知己之感。此后，安克斯密特说他"一直在思考、讨论语言和世界［的关系］，但又不牵涉认识论"。[2] 罗蒂在解释他的书名的时候，说了这样一段话："决定着我们

---

[1]　F. R. Ankersmit, *Aesthetic Politics*, pp. 45–56.

[2]　Marcin Moskalewicz, "Sublime Experience and Politics: Interview with Professor Frank Ankersmit," *Rethinking History*, 11: 2 (June 2007), p. 252.

大部分哲学信念的是图画而非命题，是隐喻而非陈述。俘获住传统哲学的图画是作为一面巨镜的心的图画，它包含着各种各样的表象（其中有些准确，有些不准确），并可借助纯粹的、非经验的方法加以研究。没有类似于镜子的心的观念，作为准确再现的知识观念就不会出现。"① 罗蒂的这段话对安克斯密特显然有很大的启发。安克斯密特的"再现/表现"理论就受到了罗蒂"纯粹的、非经验的方法"的启发。罗蒂这里的"非经验的方法"，指的是直觉的、直观的、不通过多次实验论证的方法。罗蒂对认识论的批判立场深深影响了安克斯密特。

安克斯密特在《历史的表现》中，正式表达了走出海登·怀特史学理论，自己创建新的理论的意图。他在该书的"导言"和第一章"语言转向：文学理论与史学理论"中指出，由于历史学中较少有人关注历史叙述的问题，所以怀特等人就此问题考察分析时，必须借用文学理论的成果。不过怀特等人将历史叙述凌驾于历史实在之上的做法，也引来了不少批评。安克斯密特仍然承认在探讨历史叙述的问题时，文学批评理论必不可少，不过他同时指出这一借用会产生不契合的现象，因为历史学有自己的属性。② 毋庸赘言，安克斯密特的这番总结，目的是告诉读者他的写作意图，就是要建立属于历史学的理论思考。

安克斯密特史学思考的核心围绕着探究"经验"与"再现/表现"的关系进行。而谈讨这一关系的前提就是承认，历史书写需要与历史实在建立联系，也即需要通过叙述、书写来再现、表现历史实在。由此，安克斯密特试图与怀特分道扬镳，因为在怀特眼里，历史书写是一种"言语结构"（verbal structure），与历史实在没有真正的、实际的联系。③ 在《历史的表现》一书中，安克斯密特指出爱德华·吉本（Edward Gibbon, 1737-1794）、雅克布·布克哈特和约翰·赫伊津哈（Johan Huizinga, 1872-1945）为"历史表现"的样板。他写道，吉本的《罗马帝国衰亡史》（*The History of The Decline and Fall of the Roman Empire*）、布克哈特的《意大利文艺复兴时期的

---

① 理查德·罗蒂：《哲学和自然之镜》，李幼蒸译，商务印书馆，2003，第9页。

② F. R. Ankersmit, *Historical Representation* (Stanford: Stanford University Press, 2001), pp. 1-74. 中译本见《历史表现》，第1~77页。

③ Hayden White, *Metahistory: The Historical Imagination in Nineteenth-Century Europe*, p. 2. 参见本书有关怀特的一章。

文化》（*Die Kultur der Renaissance in Italien*）、赫伊津哈的《中世纪的秋天》（*Herffsttij der Middeleeuven*），这三本书的伟大之处就在于它们既勾画了一个历史时期，又用比喻的方式总结了这一个历史时期的特征，因为在安克斯密特看来，吉本的"衰亡"、布克哈特的"文艺复兴"和赫伊津哈的"秋天"都是比喻性的概括。因此，历史表现既指称、对应所描绘的历史实在，又对其"属性"（attribution）做了归纳和概括。① 对此，一些人可能认为安克斯密特将怀特的理论从前门送走，又从后门将之引进来了。易言之，安克斯密特仍然认为，历史书写主要是史学家的一种表现方式，而不是历史实在的展现。

四　冲出"语言的牢笼"？

如果说安克斯密特在《历史的表现》中表达了建立自己史学理论的意图，那么他在 2005 年出版的《崇高的历史经验》，则体现了他对自己的史学理论的实施。当然，该书仍然可见怀特的影子，安克斯密特自己承认他对"崇高"这一现象的重视，就是受到了怀特《形式的内容》中一篇文章的启发。② 他在《崇高的历史经验》导言中开宗明义，结构主义和后结构主义语言学对当今学术界，已经产生了太多的影响，人们对语言的重要性，有点过分强调，似乎除了语言及其结构之外，什么都不存在。安克斯密特认为当今的人已经束缚在"语言的牢笼"中了。他提倡要冲出这一牢笼，而他的手段就是诉诸"经验"。③

为什么"经验"能帮助人们摆脱"语言的牢笼"呢？安克斯密特以"崇高"为例，指出"崇高"是无法言喻的，是人们面对一些奇特的自然现象和人类行为时所产生的一种激动人心又无法用语言来形容的情感波动。由此可见，安克斯密特《崇高的历史经验》一书与其说是以"崇高"为研

① F. R. Ankersmit, *Historical Representation*, pp. 39–49.
② Hayden White, *The Content of the Form: Narrative Discourse and Historical Representation* (Baltimore: The Johns Hopkins University Press, 1987), pp. 71–75.
③ F. R. Ankersmit, *Sublime Historical Experience* (Stanford: Stanford University Press, 2005), pp. 2–5. 读者亦可参见此书的中文译本《崇高的历史经验》，杨军译，东方出版中心，2011，第 2~4 页。

究对象，毋宁说是用"崇高"来形容历史经验。他在访谈中说："如果哲学家目前对崇高感兴趣的话，那是因为在崇高当中，我们以这样一种方式经验了实在，而这种方式无法用我们现成的有关实在的经验及其知识的语言、理论、叙述主义、知性范畴或者其他什么东西来加以解说的。康德本人就是这样来界定崇高的。"① 这里的"经验"或许换成"体验"会更明白易懂。但安克斯密特的表述还是很清楚的，那就是历史的经验可以帮助人们突破语言的藩篱，因为在历史中，人们能够遇到一些无法用语言来有效描绘的奇妙现象，只有通过经验和体验来领会其背后的深刻含义。事实上，像海登·怀特已经指出的那样，近代以前的史学家就很注重的历史上那些奇特异常、令人惊叹的"崇高"现象，只是在近代史学建立之后，史学家被教导采用平淡无奇的笔调写作，由此而产生了"非崇高化"（de-sublimination）的历史书写。② 安克斯密特在写作《崇高的历史经验》时已经看到，20 世纪 70 年代之后逐渐兴盛的心态史、日常生活史和新文化史，在某种程度上就是一种向传统的回归，其内容是描述历史的经验。他以此为例，认为他的《崇高的历史经验》以"历史的经验"为对象，有史学史的发展为依据。③

那么，什么是"经验"呢？安克斯密特这样界定：

> 听到"经验"一词时，我们首先想到的是感官经验，即我们如何通过观看、倾听、品尝、触摸、嗅闻来感受这个世界。科学可以视为上述感官认知的扩展，这个事实又有助于我们在视、听等经验上建构我们对这个世界的经验。然而，本书将提出一个不寻常的论题，即还有一种"知性的经验"（intellectual experience），我们的心智同眼睛、耳朵和手指一样，也是经验的接收器。④

---

① 〔波兰〕多曼斯卡：《邂逅：后现代主义之后的历史哲学》，第 111 页。此处译文根据英文原文有所改动，参见 Ewa Domanska, *Encounters: Philosophy of History after Postmodernism* (Charlottesville: University of Virginia Press, 1998), p.93；张云波《安克斯密特论语言与崇高历史经验的关系》，《史学理论研究》2011 年第 3 期。

② Hayden White, *The Content of the Form*, pp.58-82.

③ F. R. Ankersmit, *Sublime Historical Experience*, p.3

④ F. R. Ankersmit, *Sublime Historical Experience*, p.7.

安克斯密特提出"知性的经验"为《崇高的历史经验》的主题，有其特殊的原因。因为一般的经验都是当下的，可以触摸和感觉的，与历史的经验不同，而后者所要经验的对象，已经一去不复返了，所以安克斯密特提出要将"心智"和"知性"也归于"经验"的属性。

那么史学家如何建构"历史的经验"，也即如何感受和经验过去，并将之再现、表现在写作中？安克斯密特的答案是回到19世纪历史主义的史学传统。但以他的同胞史家约翰·赫伊津哈为主要代表。他在《崇高的历史经验》中，以整整一章的篇幅，讨论了19世纪历史主义史学传统的代表赫伊津哈的成就。他讨论的重点是兰克等人已经提出过的"感通"（*Ahnung*）概念。这个德文词有多种含义，但主要意思是通过感觉经验来获得认知，这一认知并不完全是理性思考的结果，还是一种直觉的心领神会。安克斯密特认为赫伊津哈对中世纪的形象化的描写，是这一史学实践的典型。而要达到这一心领神会的境界，安克斯密特认为除了"看"，还需要"听"，因为后者更能让我们体会、体验过去。上文已经提到，安克斯密特对荷兰的风景画情有独钟，他指出赫伊津哈的《中世纪的秋天》就像是一幅风景画，读过《中世纪的秋天》的读者都知道，赫伊津哈在书中还细致地描绘了人们生活中各种嘈杂的声音。安克斯密特推崇赫伊津哈的作品，因为这是他心目中史学家"再现/表现""历史的经验"的样板。而这种"历史的经验"与真假无关，体现的是一种审美的价值。[1]

2012年，安克斯密特出版了《历史表现中的意义、真理和指称》一书，更为全面地介绍了他的以"经验"和"再现/表现"为主体的史学理论。此书内容全面，讨论了史学家如何通过经验认知过去，其写作如何对应其经验，其写作如何再现、表现其经验等诸多方面，可以视为安克斯密特史学理论的集大成之作。[2] 不过从原创性的角度来衡量，他的《历史的表现》特别是《崇高的历史经验》显然更胜一筹。而这三本著作可以视作安克斯密特自20世纪90年代后期以来，希望在超越海登·怀特等人的后现代主义的

---

① F. R. Ankersmit, *Sublime Historical Experience*, pp. 109-140.

② F. R. Ankersmit, *Meaning, Truth and Reference in Historical Representation* (Ithaca: Cornell University Press, 2012). 此书有中文版，参见〔荷兰〕安克斯密特《历史表现中的意义、真理和指称》，周建漳译，译林出版社，2015。

基础上，重新创建一种史学理论的尝试，是安克斯密特史学思考的系统体现。

如同本章开始所述，对于安克斯密特从"叙述"到"经验"的转变，学术界评价不一。海登·怀特的追随者埃娃·多曼斯卡对此表示出了某种失望，认为安克斯密特的努力并不成功。彼得·艾克则径直指出，安克斯密特的这一转变是一种"失败的退却"。[①] 而史学史专家格奥尔格·伊格尔斯在为《历史表现中的意义、真理和指称》所写的书评中指出，安克斯密特虽然有意重振以兰克为代表的历史主义传统，但并不代表他改变了其后现代主义的立场，而是换汤不换药，仍然诋毁史学家重现历史真实的可能性和必要性。伊格尔斯的批评得到了一些学者的赞同。[②]

总之，安克斯密特自20世纪80年代以来，在历史哲学、史学理论领域辛勤耕耘，不但支持和阐述了后现代主义、后结构主义对近代历史学的冲击和批判，而且在这之后不断探索，希望在重振历史主义传统的立场上，将史学理论的关注点从"叙述"转向"经验"及其"再现/表现"，从而突破语言的束缚。安克斯密特比较突出的贡献是他将历史书写从美学的角度加以评价，并以此沟通历史学和政治学，富有新意，值得肯定。不过，他的史学理论也存在两个明显的缺陷。一是他虽然想突破、超越语言的牢笼，但他的做法其实回避了语言的叙述功能，希望通过直观的经验和心智的体会来理解和书写历史，然而历史书写还是要通过语言，避而不谈显然不是根本的解决途径。二是他的史学理论虽然展示了他对史学新潮的关心，但就论证而言，基本上只是以近代的几位史家（布克哈特、赫伊津哈）为例，论据颇为薄弱单一，难以支持他的思考体系，最终也影响了他理论阐述的实用性和适用度。

---

① Ewa Domanska, "Frank Ankersmit: from Narrative to Experience"; Peter Icke, *Frank Ankersmit's Lost Historical Cause.*

② Georg G. Iggers, Review of *Meaning, Truth and Reference in Historical Representation, American Historical Review,* 118: 2（2013），pp. 473 - 474; Heikki Saari, "On Frank Ankersmit's Postmodernist Theory of Historical Narrativity," *Rethinking History,* 9: 1（March 2005），pp. 9 - 21.

历史、时代与人性：约恩·吕森

约恩·吕森(Jörn Rüsen) 1938 年生于德国杜伊斯堡，是当今国际史学理论界、历史教育界以及历史文化研究的代表性人物之一。他的著作已经被译成英文、中文、法文、俄文、西班牙文、葡萄牙文、意大利文等二十多种文字。吕森 1966 年在德国科隆大学以研究历史、哲学、德国文学和历史教育获得博士学位，1969~1972 年任德国布伦瑞克大学哲学助理教授，1972~1974 年任德国柏林自由大学史学理论研究副教授，1974~1989 年任德国波鸿大学历史系教授、主任，1989~1997 年任德国比勒菲尔德大学教授，跨学科研究中心主任，1997~2007 年任德国北威州埃森高等人文学科研究所主席。由于他在史学理论、历史教育和德国历史文化研究领域的杰出贡献，他于 2008 年获得德国北威州联邦颁发的荣誉勋章。

吕森在继承德罗伊森（J. G. Droysen，1808-1884）史学理论研究的基础上确立了自己完整的历史哲学（史学理论）体系，对时间概念、历史文化等主题都有着逻辑清晰的诠释。目前他主要进行跨文化的史学理论研究和新人文主义研究，力图探讨全球化语境中历史研究的伦理问题和普世价值关怀的可能性。本章将对约恩·吕森的个人生活履历和他的学术成就以及两者之间的关系加以简要综述，以期看到学者的现实生活与其思想特征之间的相互关系，进而对吕森的学术思想有着更深刻的理解。

一 学术与时代

吕森在二战后的学术研究是和新联邦的建立、发展相伴随的。吕森生于 1938 年，二战结束时年仅 7 岁。他的家乡杜伊斯堡在二战的炮火中化为瓦砾，他自己家的房子也被战火毁坏。吕森是家里的第三个孩子，往上还有两个哥哥，吕森和那一代德国人的命运并没有太大的区别，他也在二战中失去了父亲。在此之前，吕森的父亲是德国一个很成功的商人，家庭条件优越。战争不仅带走了吕森的父亲，而且让他们一家的生活一下子陷入了困顿。在如此艰难的情况下，吕森学业很优秀的哥哥只能辍学去找工作。吕森是幸运的，等他上中学时，新的联邦德国政府设立了扶持项目，吕森因而一圆大学之梦。

深知求学机会难得的吕森非常用功，后来得以进入当时西德非常有名的科隆大学就读。不过，生活困顿的吕森无力在科隆找到住所，他每天都要乘坐两个小时左右的火车从杜伊斯堡前往科隆。在火车上的时间也成为他每天的阅读时间，这个习惯一直被保留下来。吕森后来在埃森高等人文研究所担任主席期间，刚开始给他配有专车和司机，但吕森发现由于晕车而无法在后座上安心阅读，便又恢复以前的习惯，自己开车上下班。在上下班的途中，他总会在汽车上播放德国小说来听，这些卡带版的文学名著至今依然在吕森的图书馆中占据着一面墙壁。科隆大学是吕森学术生涯的起点，他跟随著名的历史学家特奥多尔·施德尔（Theodor Schieder, 1908-1984）学习历史，后来又遇到了黑格尔主义哲学家君特·霍尔默泽（Günter Rohrmoser, 1927-2008），后者对吕森历史哲学中的一些深层的、根本性的观点产生了重要影响。比如，对于那个时隐时现的"世界精神"，吕森用现代历史哲学的术语将之解释为元理性问题。[①] 君特·霍尔默泽后来走向了保守阵营，这与吕森本人所属的左派自由主义相对立，政治观点的分歧使吕森和这位对他影响至深的老师越走越远。

作为战后成长起来的一代人，吕森在此时已经开始面对一个后来成为

---

① 基于今日的学术语境，下文中的"历史哲学"与前文的"史学理论"为同一概念范畴。

历史哲学研究热点的问题，即德国人如何看待纳粹屠犹和那些曾经在纳粹体制中工作过的父辈。吕森敬重的老师特奥多尔·施德尔曾经是纳粹体制中的一员，如何看待并接受这个事实，已经成为一个展现在他思想中的问题。但是，战后的德国一片荒芜，如果新联邦政府不接受这些曾经在纳粹体制中工作过的人，战后重建将是一个问题。所以，特奥多尔·施德尔这些人进入了新联邦，并获得了一个很不错的教职直到终老。这就是吕森后来提出的三代人理论中的第一代人的"集体有意识的沉默"问题，但在当时并没有成为一个讨论的主题。而吕森这一代人成长起来后，开始不可避免地重新思考德国的民族认同和个人认同问题，因为伴随纳粹迷梦破碎一道而来的是德国历史文化连续性和代际认同的断裂。

20世纪70年代，吕森开始和其他的历史学家合作，这些人中有汉斯-乌尔里希·韦勒（Hans-Ulrich Wehler, 1931–2014）、于尔根·科卡（Jürgen Kocka）等后来被称为"比勒菲尔德学派"（Bielefeld School）的历史学家。正是这一代历史学家要求改变德国一直以来暮气沉沉的政治空气，寻求历史的自由和解放。吕森对德国保守派一向敬而远之，他向来都是政治自由主义和普世价值的倡导者，这也是他对哈贝马斯的哲学颇为推崇的原因。他甚至认为，哈贝马斯的哲学正是德国脱离"德意志独特道路"走向西方民主的表现。在比勒菲尔德大学的跨学科研究中心任职时，吕森开始对跨文化类型中历史思考和历史研究发生兴趣，并组织了中国、印度和阿拉伯世界的学者就历史思考的文化类型展开探讨。在此期间，吕森开始了和法国哲学家保罗·利科（Paul Ricoeur, 1913–2005）的学术交流，直到利科于2005年去世。吕森对利科颇有好感，因为利科的"政治的核心问题是自由"的观点与吕森一贯的政治立场颇为契合。

如今，吕森在国际历史哲学界的学术地位已经得到承认，但他在德国学术界和文化界的成就恐怕还有另外一层含义，即对德国历史和历史文化的接续和承继。如前所述，随着纳粹历史的终结，德国的文化传统和代际认同的链条亦被打碎。纳粹历史作为一个历史事实不仅是经验性的，而且成为一个"文明的断裂"［丹·丁纳（Dan Diner）语］、"意义的黑洞"（吕森语）以及"扎手的玻璃"［鲁特·柯律格（Ruth Klüger）语］。这段历史成为德国人集体记忆中的"创伤"（trauma），而在更大的层面上，吕森认为这是整个人类的受难。这也是扬·阿斯曼（Jan Assmann）的记忆理论在德国兴起的一个根本原因，随着经历过这段惨痛历史的人越来越少，这些本来应被记住的历史逐渐会被遗忘，历史记忆问题便凸显出来。战后的德国人无法获得自己的身份认同和代际认同，甚至家庭内部的代际关系和安全感也被打破了，因为他们无法认同自己的父辈是"凶手"或者"罪犯"。如何弥补这段历史的创伤、接续德国的历史文化成为吕森这一代历史学家的任务。当然，这是一个双向的关系，吕森以自己的学术研究直面德国的惨痛历史，弥合创伤，力图换取新的德国历史认同；同时，他们这一代历史学家所承担的民族文化使命，成就了他们今天的学术威望。在吕森的历史研究中，我们一方面可以看到他对历史意义和历史伦理问题严苛刻板、毫不让步的学术态度，另一方面也可以看到他对创伤、受难、历史无意义等历史哲学通常并不会涉及的"负面"论题的兴趣。

吕森在学术研究中是遵循着德罗伊森的道路前进的——这是一条介于历史和哲学之间的道路，但是德罗伊森的历史哲学并没有像他的老师黑格尔那样形成一个本体论的宏阔景象。德罗伊森以古代史研究享有盛誉，比如《亚历山大大帝史》（*Geschichte Alexanders des Großen*）、《希腊化时代史》（*Geschichte des Hellenismus*）等。但在战后的德国历史学界，德罗伊森对*Historik*（"历史知识理论"）的研究没有获得广泛的学术影响力。而正是吕森的研究，即作为成果出版的博士学位论文，使得德罗伊森这位被海登·怀特称为"古典的历史理论家"的思想在20世纪新的历史经验中被"激活"。怀特甚至认为，是吕森将德罗伊森带到了战后德国的历史学界，乃至国际历史哲学的话语体系中。[1] 无怪乎在1977年整理出版的德罗伊森的著作首卷本扉页上写着"献给约恩·吕森"（*Jörn Rüsen Gewidmet*）。[2]

一般认为，德罗伊森的研究分为两部分，即古代史研究和历史理论研

---

[1] 吕森的博士论文是 *Begriffene Geschichte：Genesis und Begründung der Geschichtstheorie Johann Gustav Droysens*（Paderborn：Schöningh，1969）。怀特的陈述见 Hayden White，"Review of *Historik* by Johann Gustav Droysen," *History and Theory*, 19：1（Feb. 1980），pp. 73-93。该文后来作为他的《形式的内容》一书第四章，并更名为 "Droysen's *Historik*：Historical Writing as a Bourgeois Science"。

[2] Johann Gustav Droysen, *Historik. Historisch-kritische Ausgabe*, ed. Peter Leyh, Bd. 1（Stuttgart-Bad Cannstatt：Frommann-Holzboog，1977）。

究，而吕森在他的博士学位论文中开创性地将德罗伊森的古代史研究诠释为黑格尔式的"世界精神"的展开，这从德罗伊森所创立的两个概念"*Hellenismus*"（希腊化时代）和"*Geisteswissenschaften*"（精神科学中历史世界的建构）中可以看出。后一个概念后来被狄尔泰（Wilhelm Dilthey，1833-1911）所继承，用以确立历史学的独特性。由此，在从黑格尔到德罗伊森再到吕森的这个学术传承中，原本作为形而上的哲学体系在德国新的历史经验中获得了现实的生命力。莱因哈特·科塞勒克（Reinhart Koselleck，1923-2006）曾开玩笑称吕森为"杜森"——Droysen-Rüsen-Drüsen——来表达对这个学术传承的敬意。[1] 由吕森所继承的德罗伊森的史学理论，即 *Historik* 这个概念体系，在一定程度上对历史学中的一个康德式问题做出了回答：历史学何以成为可能？吕森后来将德罗伊森的系统论、方法论和体裁论诠释为学科范型这个概念体系。正是由于学科范型中对历史意识的接受、对历史方法论的批判、对历史表现形式的分析以及对历史功用的回答，学科范型才成为历史教育领域中被广泛引用和流传一个概念。

2008 年，吕森在接受德国北威州久负盛名的荣誉勋章奖项时，时任该州总理的于尔根·吕特格斯（Dr. Jürgen Rüttgers）在颁奖词中说，吕森一方面专注于全球化时代的历史思考，另一方面不断推动他的家乡鲁尔地区公共领域内的文化思想建设，提升了该地区的重要性。2010 年，鲁尔地区获得了"欧洲文化都市"的荣誉，吕森则在申请过程中给予了强力的支持，提出了重要的建议。吕特格斯认为，吕森不仅在用头脑从事研究，而且在用一颗热爱这片他生于斯长于斯的土地的心从事研究。[2] 可见，吕森不仅是一位具有国际影响力的历史学家，而且在一定程度上也体现了新的德国公民对待历史与国家的态度，即作为新一代的德国人，如何接受并促进新联邦德国之下的个体、集体以及历史认同问题。

在吕森的历史哲学中，他非常强调历史意义和伦理问题，甚至认为历史思考的深层和最终导向是伦理的历史。当然，我们可以认为吕森的这个

---

[1] Frank Benseler et al., Hg., "Erwägen, Wissen, Ethik," im *Ethik und Sozialwissenschaften* (*Eus*) *Streitforum für Erwägungskultur* (Jg. 22/2011 Heft 4), S. 501.

[2] http：//www. kwi-nrw. de/home/_blog-rüsen% 20verdienstorden% 20nrw. html，最后访问日期：2018 年 10 月 21 日。

核心观点继承于德罗伊森。因为德罗伊森宣称，历史的思考就是伦理的思考，一个历史世界也是一个伦理世界。但另一方面，伦理性和"历史性"在吕森的个人生活认知和精神结构中无比坚硬——对一个经历了纳粹政权、东西德分裂又统一、柏林墙树立又倒下的历史学家和思想家来说，"历史"和"历史性"这些概念总是严肃、沉重而难以轻松应对的，来不得半点戏谑。但是，吕森在德国当代学术界所秉持的这些学术观点，比如对普世价值、人类共同体、历史理性、历史意义和伦理问题的坚持，很容易被一些受到后现代主义和后殖民主义影响的学者认为是固执、刻板而无趣的。不过，一旦涉及纳粹政权结束后的德国认同、代际关系、创伤等问题，所有这些学者对吕森学术工作的评价又变得认真起来，因为这些问题无不涉及"严肃的德国性"问题。

　　无疑，吕森的历史哲学体系就像德国这个民族一样，固执、刻板、严肃而无趣，当我们面对严肃的历史问题时，我们永远都可以从吕森这里找到路径和答案；但当我们想要消费历史和历史性，或者说消费历史性本身的"严肃性"时，我们似乎能透过他的文字听见他在皱着眉头说："*Nein, nein, das ist inkorrekt*。"因为在吕森体系中，历史性的严肃性背后就是历史真切、历史道德和对人性的思考。尤其是，当借助这些问题反观当代德国历史经验本身时，有谁能对纳粹战争中死去的父辈、罹难的犹太人以及东西德长期分裂所带来的痛楚进行轻佻的回答？也是在这个意义上，吕森批判怀特历史哲学将当代历史思考中的意义相对化，因为在怀特的体系中，历史意义是由现在的历史学家在文本结构中所发现和发明的。不过，有意思的是，随着时间的推进，并不是所有的德国学者都愿意全盘接受这些"可敬而不可爱"的、板着面孔的历史思考和历史哲学，吕森自己的学生伍尔夫·康斯坦纳（Wulf Kansteiner）后来就离吕森而去转投了怀特的阵营，倾向于后现代的理论和价值判断，现在也是一位研究大屠杀和历史记忆问题有影响力的学者。

　　纳粹大屠杀中的逝者已逝，随着时间距离的增大，我们开始用美学的、文化的、学术的各种方式处理、再审视大屠杀的这段历史。这些方式一方面慢慢消解了大屠杀的"痛感"，另一方面将其视为历史，认为这是发生在过去的事，和现在作为道德主体的"我们"是没有关系的。著名纪录片

《浩劫》（*Shoah*）的导演克劳德·朗兹曼（Claude Lanzmann，1925–2018）曾说："你所能犯下的最糟糕的道德和美学错误就是，在你的主体意识中将大屠杀视为属于过去。"① 源于此，吕森在论及大屠杀时不断返回到德国古典的历史哲学资源中，他引用黑格尔的"宿命的因果性"来说明存在于德国数代人之间的代际链条。"我们"本身属于历史链条的一环，那些前辈德国人在纳粹体制中犯下的罪责为"因"，作为后来的德国人，"我们"在自己的精神结构和意识机制中将这些历史事实视为预设性的、直接的和真实的存在，它们作为"宿命的因果性"的"果"而呈现于现在。所以，"我们"应该为"我们"的"宿命的因果性"负责。前辈人的错误和疯狂在"我们"这一代德国人手中，是绝对不能再继续下去的。吕森说："我们"在历史中既是一个行动主体，还是一个责任主体，更是一个道德主体。"我们"的行动决定了未来子孙后代的生活，"我们"就像参加接力赛的运动员，不过"我们"手中并不是接力棒而是火炬——人类未来希望的火炬。"我们"有能力让历史变得更好，反之，我们如果不作为，就会断送后代的未来。

二　学术生涯纵览

总的来看，吕森的学术研究具有一些阶段性特征。我们可以将他的学术研究分为四个阶段：20 世纪 60~80 年代初的学术奠基期；20 世纪 80 年代的学术黄金期；20 世纪 90 年代的学术拓展期；2000 年以后的学术生涯的系统化和结构化时期。

（一）20 世纪 60~80 年代初吕森的学术研究

1966 年，吕森从科隆大学毕业后在德国优秀学者奖学金机构（*Studienstiftung des Deutschen Volkes*）工作了三年，1969 年成为布伦瑞克大学的哲学助理教授，正式开始了其学术生涯。

1969 年吕森的博士学位论文《概念的历史：历史知识理论的起源和创

---

① Eelco Runia，*Moved by the Past：Discontinuity and Historical Mutation*（New York：Columbia University Press，2014），p. 3.

始人德罗伊森》出版。① 在该书中，吕森对德罗伊森与黑格尔的学术关系做了分析，并考察了早期历史编纂中的历史理论，同时对自由与历史的关系做了陈述，对历史作为文化实践所出现的问题和可能出路做了考察，最后对理性与历史的关系进行了讨论。

1976 年，吕森的首部系统性著作《新的历史学：历史理论研究》出版。② 该书提出要澄明并阐释传统的历史研究方法，这在当时史学社会科学化和历史时间多元化的学术背景下显得尤为重要。吕森认为，历史学应该把自己重新定位为"兼具目的性和组织性，通过回忆过去、理解现在、预见未来沟通这时间三维的一个本体性发展过程"。因此，历史学作为一门学科必须树立自己固定的学科标准以防被其他学科所同化。上述问题成为吕森 20 世纪 80 年代系列著作"三部曲"的主题——吕森认为史学理论（或历史知识理论）③ 是力图使史学对时兴思潮的影响保持开放并为历史研究设立自己的规则、准则、前提和目标一致性的一种方式，它与其说是一种研究方法毋宁说是一种思想框架（intellectual framework）。吕森在书中提出的下述五个问题成为"三部曲"的主要论述点：第一，人类对过去的普遍兴趣；第二，历史意识在指导人类生活时所扮演的角色；第三，我们关于过去的观念；第四，经验研究的展现方式；④ 第五，历史研究的实际功用或社

① Jörn Rüsen, *Begriffene Geschichte: Genesis und Begrundung der Geschichtstheorie J. G. Droysens* (Paderborn: Schöningh, 1969).

② Jörn Rüsen, *Für eine erneuerte Historik: Studien zur Theorie der Geschichtswissenschaft* (Stuttgart: Frommann-Holzboog, 1976).

③ 在吕森的著作中，theory of history（史学理论，德文 *Theorie der Geschichtswissenschaft*），*Historik*（历史知识理论，德文 *Theorie der Geschichte* 或 *Geschichtstheorie*），metahistory（元史学）具有同义性，只是在不同的语境中他会使用不同的概念，由于既成的学术翻译，这三个概念在中文语境中被翻译成了三个汉语短语。德文的 *Historik* 在英文中一般被翻译为 theory of history 和 metahistory，当然由于跨语言实践所导致的问题，这三个概念的外延具有相应的差别。而在中文语境中，metahistory 由于怀特的《元史学》一书的影响，几乎被等同于怀特意义上的后现代史学理论。胡昌智将 *Historik* 首次翻译为"历史知识理论"，这是一个恰切的中文翻译。

④ 吕森认为历史经验研究的展现方式，即我们通常所说的历史叙事，不仅仅是一种"诠释"（interpretation），同时也是一种"表现"（*Der Repräsentation*），这体现了他自称为"叙事主义者"的态度。吕森是通过汉斯·鲍姆加特纳（Hans Michael Baumgartner, 1933-1999）的介绍，接受了阿瑟·丹图（Arthur Danto, 1924-2013）的叙事哲学，认同了在历史思考内部存在一个叙事结构的观点。

会功能。

该书是吕森 20 世纪 80 年代三部曲的奠基之作，也可以看作他为后来提出完整的学科理论架构发出的倡言书。在该书中，他对当时新的社会背景和思想条件下历史学的学科性和科学规范重新提出讨论，他还特别指出，在面对历史学社会科学化的趋向时，历史研究要树立自己的学科标准和价值问题。

总体而言，吕森最初以哲学门径进入史学理论的研究领域，20 世纪 60~80 年代，是其整个学术生涯的奠基和形成时期，致力于反思传统历史学的学科判定标准。吕森在该阶段的学术研究，对其整个学术生涯的走向及学术视野具有根本性的影响。

（二）20 世纪 80 年代的"三部曲"①

20 世纪 60 年代末 70 年代初的学生运动浪潮在 80 年代趋于平息，吕森此时也进入其学术生涯的黄金时期。吕森史学理论体系的逻辑建构在这个阶段完成并得以确立。

1983 年出版的《历史理性，历史知识理论基础之一：历史学科的基础》，主要牵涉上述五个问题中的前两个问题，对历史思考在实际生活层面的构建做了论证，特别是对经验与历史、历史思考的主客观性，以及历史思考的真理性进行了分析，同时也对历史作为一门现代学科的概念规则和获知真相的能力做了考察。这本正文仅有 140 页的小书出版之后，共有德文和英文书评 19 篇。正是在这部书中，吕森将德罗伊森的历史思想在 20 世纪的历史经验和历史语境中重新加以思考和讨论，正因为如此，海登·怀特说吕森重新"激活"了德罗伊森。

1986 年出版的《重建过去，历史知识理论基础之二：历史研究的原则》，主要处理的问题是历史理论的结构和功能，即德罗伊森所谓的系统论（Systematik）文体，以及历史研究方法怎样使历史学形成一个自觉自律的学

---

① 即为 Jörn Rüsen, *Historische Vernunft. Grundzüge einer Historik* I：*Die Grundlagen der Geschichtswissenschaft* （Göttingen：Vanderhoeck & Ruprecht, 1983）；*Rekonstruktion der Vergangenheit. Grundzüge einer Historik* II：*die Prinzipien der historischen Forschung* （Göttingen：Vanderhoeck & Ruprecht, 1986）；*Lebendige Geschichte：Grundzüge einer Historik* III：*Formen und Funktionen des historischen Wissens* （Göttingen：Vanderhoeck & Ruprecht, 1989）。

科（*Eine autonome Disziplin*）。吕森在此认同并主张阿瑟·丹图的叙事解释，因为丹图比起怀特有更多的思想上的可能性。

该书的后半部分主要论证历史研究的方法论过程，它在实践操作层面分为启发（*Heuristik*）、批判（*Kritik*）和诠释（*Interpretation*）；在（思想）本质操作层面分为诠释（*Hermeneutik*）、分析（*Analytik*）和辩证综合（*Dialektik*）。吕森特别强调，历史学家在历史诠释阶段要意识到自己和过去的人在思维和行动上的差异；在分析阶段要揭示过去世界的人所感知到的世界和他们所在的实际世界之间的差异；在辩证综合阶段要认识到前述两种路径之间的不同。上述三个阶段，为历史学家形成自己的历史认同提供了重要条件。当然，这只是历史学家工作程序的一个层面，另一个层面则是历史学家的实践操作层面。首先，历史学家要提出问题并寻找相关材料，这就是启发过程；其次，历史学家需要以相关的辅助学科，如文献学和考古学对这些材料加以佐证，这就是批判阶段；最后，历史学家必须在这些研究"能教会我们什么"的基础上完成综合分析。

1989 年出版的《活的历史，历史知识理论基础之三：历史知识的形式和功能》，主要论述的是吕森学科范型理论在经验研究中的表现形式以及历史学的实践功能。该书分为两部分：前一部分主要是有关历史书写的形式问题，后一部分主要涉及历史知识的训诫教育（*Didaktik*）作用。在该书中，吕森提出，区分历史叙事与其他叙事的标准是历史在实践过程中指导实践生活的功能。吕森将人类生活中的时间感知和类型分为确定性、规律性、否定性、进化性，与这四种生活情感体验相对应的历史叙事形式分别是传统型、示范型、批判型、进化型。这四种历史叙事并非相互独立，而是存在辩证的关系，尤其是批判型叙事就贯穿于其他三种叙事类型之中。

20 世纪 80 年代的"三部曲"，其严密的论证和逻辑建构，不仅构成吕森学术生涯的核心，而且奠定了吕森在整个史学理论界的地位。该阶段的理论研究成果，也成为吕森 20 世纪 90 年代的学术转向以及其最终学术价值取向的立足点。

（三）20 世纪 90 年代以来吕森的学术研究及其特点

1993 年出版的《元史学研究》一书不仅是吕森对其 20 世纪 80 年代的

学术总结，也为其后来的学术转向进行了论证。① 《元史学研究》可以看作吕森学术体系中的一个总结和过渡。从该书的前言，以及由南非学者彼得·杜维纳吉（Pieter Duvenage）所作的长篇导论中可以看出，该书不仅对吕森 20 世纪 90 年代以前的学术研究作了批判性总结，而且提出了吕森在后期着力研究的跨文化问题。当然，这与他在 1989～1997 年在比勒菲尔德大学跨学科研究中心（ZiF）的工作是分不开的，这也是有学者认为他属于比勒菲尔德学派一员的原因。②

从跨文化的角度研究史学理论和人文主义是吕森后期学术研究的主要课题之一。③ 不过，吕森向跨文化研究的转变并不是学术研究的断裂性转折，而是一种内在的转向。因为从吕森史学理论体系的整体以及他的成长道路来看，德国理念论哲学传统对他影响至深，加上自己对纳粹的亲身感受和体验，让他对普世伦理和价值非常重视。甚至可以认为，吕森的整个思想体系都是以人文和伦理为主要价值取向的。如此看来，跨文化研究更像是其学术研究的表现和实现方式。

吕森的跨文化研究，一方面是全球化时代背景下自然而然的产物，它为全球化语境中不同文化的发展和认同做出了贡献；另一方面也是吕森本人经历及所处时代的产物，纳粹体制及其带给德国社会的创伤体验和认同

---

① Jörn Rüsen, *Studies in Metahistory* (Pretoria: Human Science Research Council, 1993).

② 相关论点可参见姜芃《史学理论研究的类型》，《史学理论研究》2008 年第 3 期。当然，与比勒菲尔德学派的代表性成员如韦勒、科卡以及科塞勒克相比，吕森并不是社会史和政治史的研究路数。对此笔者曾求证于他本人，他认为在时间跨度和学科机制上，自己与比勒菲尔德学派有相同之处，但在研究路数上并不如此。

③ 吕森在跨文化研究方面的主要成果，因涉及论题的全球性合作以及跨文化研究本身的需求，多以英文出版或发表，参见 Jörn Rüsen, ed., *Western Historical Thinking: An Intercultural Debate* (NewYork: Berghahn Books, 2002); Jörn Rüsen, "How to Overcome Ethnocentrism: Approaches to a Cultural of Recognition by History in The Twenty-First Century," *History and Theory*, 43: 4 (December 2004); Jörn Rüsen, "Crossing Cultural Borders: How to Understand Historical Thinking in China and West," *History and Theory*, 46: 2 (May 2007); Jörn Rüsen, "The Horror of Ethnocentrism: Westernization, Cultural Difference, and Strife in Understanding Non-western Pasts in Historical Studies," *History and Theory*, 29: 2 (May 2008); Jörn Rüsen and Henner Laass, eds., *Humanism in Intercultural Perspective: Experiences and Expectations* (Bielefeld: Transcript, 2009); Michai I. Spariosu and Jörn Rüsen, eds., *Exploring Humanity: Intercultural Perspectives on Humanism* (Göttingen: Vanderhoeck & Ruprecht, Taipei: National Taiwan University Press, 2012).

问题，成为他对跨文化史学理论和人文主义进行研究的内在动因。

在此，有必要对 20 世纪 90 年代以来吕森的其他重要著作做一简要介绍。1990 年，吕森的《时间与意义》一书出版。① 该书一方面论及一些当时的重要问题，比如"历史作为启蒙"（Geschichte als Aufklärung）② 在他们那一代人中所具有的特殊含义，以及历史思考在权力（Herrschaft）和解放（Emanzipation）之间的困境。另一方面，该书也对历史写作与理性、历史写作的学科性以及历史叙事的四种形式做了探讨。此外，吕森还在该书的最后对历史作为启蒙与后现代语境之间的关系进行了论证，这可以看作他对 20 世纪 80 年代"三部曲"著作中理论问题的延伸。

在 1994 年出版的《历史导向》中，③ 吕森处理了三大问题：历史意义形成的基础与维度；历史理性与历史学；历史意识、记忆与历史文化。具体来看，他以历史意识为开端，讨论历史研究与修辞和美学的关系、历史理论与当时社会史的新范式、历史研究的方法论问题，以及作为历史导向最终结果的历史文化的定义及其美学的、政治的和认知的维度问题。至此，吕森开辟了他学术研究中另外一个在公众中很有影响的领域，即历史教育。由于历史教育涉及作为个体的人的历史意识的形成、对历史知识的接受、在社会乃至时空关系中的位置与认同，以及个人对整个世界的知识体系的认知等问题，因而这一领域在本质上就和吕森对历史意识的研究结合起来，这也是该书作为"历史学习论丛"中的一部出版的原因。

（四）2000 年以来的研究趋向

2000 年以来，吕森的研究主题基本集中在四个方面：历史伦理、历史

---

① Jörn Rüsen, *Zeit und Sinn*: *Strategien historischen Denkens*（Frankfurt am Main: Fischer Taschenbuch, 1990）.

② 对于"历史作为启蒙"这个主题的研究，参见 Jörn Rüsen, Eberhard Lämmert und Peter Glotz, Hrsg., *Die Zukunft der Aufklärung*（Frankfurt am Main, 1988）。这个文集收录了战后德国代表性学者，比如哈贝马斯、丹·丁纳、卡尔-恩斯特·耶斯曼（Karl-Ernst Jeismann）、艾伯哈特·拉莫特（Eberhard Lämmert）等人对该问题的观点。同时也可以参见 Jürgen Kocka, *Geschichte als Aufklärung*（Göttingen: Vandenhoeck & Ruprecht, 1989）.

③ Jörn Rüsen, *Historische Orientierung*: *Über die Arbeit des Geschichtsbewußtseins, sich in der Zeit zurechtzufinden*（Schwalbach: Wochenschau Verlag, 2008）; Jörn Rüsen, *Historisches Lernen*: *Grundlagen und Paradigmen*（Köln: Böhlau, 1994）.

文化、大屠杀和德国的历史认同以及跨文化历史思考。很明显，21 世纪以来，吕森的研究主题从以前偏重理论建构转向对历史以及历史研究在整个人类社会中作为知识体系的作用、导向与普世性价值的关注。或者说，吕森将历史研究上升到一个更加哲学化和知识论化的层面。

首先应该提到的是吕森的一篇非常值得思考的论文《遵循康德：跨文化视野下欧洲人的普遍史观》。[①] 在这篇论文中，吕森认为哲学和人文科学应当在全球化语境中发挥重要作用：一方面需要用它们构建在承认差异条件下的人类认同的基本原则和可能；另一方面，需要用它们建立能够得到人类不同群体都认同的跨文化交流的范式。他以康德名文《世界公民观点之下的普遍历史观念》为蓝本，将 20 世纪以来全球化趋势中的人类历史经验置于康德的框架下加以重新诠释。这篇论文承袭了康德原文中的条目式的论述方式，详述了吕森本人对跨文化历史思考和普世价值的追寻。这篇写于 20 世纪初的论文在吕森所有的论文中并不算一篇被广为引用和传播的文章，但对于理解他后来提出的历史思考和历史伦理等概念却非常有用，这也从一个层面反映出他的历史思考受德国古典哲学影响之深。

这一时期，还应提到吕森的另外一部著作《打破时间之链》。[②] 在该书中，吕森主要讨论了历史意义和德国后纳粹时期的历史认同两大问题。从研究主题上来看，主要涉及历史意义与历史叙事、创伤与认同以及从历史和道德的角度去处理纳粹问题等，同时还讨论了民族主义、历史作为悲痛的工作（*Historisch Trauern*）以及历史研究的伦理等问题。

吕森在这一时期的另外一部重要著作是《文化造就意义》。[③] 该书分为三大主题："传统的恩荫"分析了康德和德罗伊森等思想家对现代历史思考的作用；"历史思考的动力"论述了德意志联邦共和国的历史文化记忆、历史文化的伦理以及历史意义在历史教育中的作用；"文化作为学科"考察了

---

① Jörn Rüsen, "Following Kant: European Idea for a Universal History with an Intercultural Intent," in *Groniek: Historisch Tijdschrift* 160 (Groningen: Stichting Groniek, 2003), pp. 359-368. 德文版参见 Jörn Rüsen, "Kant folgen: Europäische Idee einer allgemeinen Geschichte in interkultureller Absicht," *Forum Supervision* 11 (2003), S. 90-99。该文同时被收录在吕森的《文化造就意义》一书中，参见 Jörn Rüsen, *Kultur macht Sinn: Orientierung zwischen Gestern und Morgen* (Köln: Böhlau, 2006), S. 7-20。

② Jörn Rüsen, *Zerbrechende Zeit: Über den Sinn der Geschichte* (Köln: Böhlau, 2001).

③ Jörn Rüsen, *Kultur macht Sinn: Orientierung zwischen Gestern und Morgen* (Köln: Böhlau, 2006).

现代意义的历史文化作为一种研究的可能、文化与真理、时间与意义，以及宗教、乌托邦与历史思考和文化的关系。该书是吕森对他的"历史文化"概念的理论阐述和实践分析，由此他也将"历史文化"这个概念带入史学理论研究领域，使之成为历史思考的一个行之有效的手段。

在近年出版的《历史知识理论：历史学的学科理论》中，[1] 吕森以与德罗伊森同名著作的出版为自己在史学理论领域的研究做了一个阶段性总结。在该书中，吕森对历史思考的基础、历史的学科性特征，以及继承于德罗伊森的系统论、方法论、体裁论进行了理论分析；同时对历史文化的基础、历史在实践层面的问题，譬如历史学习、历史理解和人文性做了诠释；最后以对历史意义与历史无意义（*Sinnlosigkeit*）的发散性思考结束全书。该书对吕森前期在史学理论领域涉及的所有问题做了总结性阐发，体现了他在史学理论研究中系统而全面的思考。

以上，我们对吕森从步入学术界到进入 21 世纪以后的学术研究论题、著作与学术转向做了一个基本的概述。在此基础上，我们来对吕森史学理论研究的总体性特征加以总结。

三　历史与人性

最近有学者提出"历史哲学的回归"，并将埃尔科·鲁尼亚（Eelco Runia）的历史哲学视为"思辨的历史哲学"。其实德国思想体系中的历史哲学从未远去，从德罗伊森到吕森一直有所继承。而思辨与分析的二分法在很大程度上是分析历史哲学的自我区别和认知。当鲁尼亚提出他要回到一种"栩栩如生"的历史哲学时，确实给语言学转向之后，为叙事主义所主导的历史哲学带来了一丝新鲜空气。吕森对鲁尼亚的研究赞赏有加，因为后者在一定程度上又"返回"历史哲学的本身，开始重新思考历史的非连续性与连续性、过去与现在的关系、历史与伦理的联系，并且力图要回到"人类"本身。就像他在《为过去所感动》一书的导论中所引的兰克的话："人们为什么要学习历史？无疑是为了认识人类全部的生活。"[2] 但是，

---

[1]　Jörn Rüsen, *Historik：Theorie der Geschichtswissenschaft* (Köln：Böhlau, 2013).

[2]　Eelco Runia , *Moved by the Past：Discontinuity and Historical Mutation*, p. xi.

如果我们将鲁尼亚的研究视为历史哲学的"回归"的话，那么叙事主义历史哲学在一定程度上就是对历史哲学的"偏离"——而这事实上是一个假问题。按照何兆武的看法，我们不可能对假问题给出真答案，而只能对真问题给出假答案。① 这是因为，从来没有一个物自体般的"历史哲学"在自我演进，仿佛各个历史哲学家给出的理论诠释只是对其自身的注解。而历史哲学的真问题是，过去、现在、未来的时间关系和其中的伦理关系，历史的连续性和非连续性，历史的真实与虚构，历史意义、无意义和人类的理性机制，人类的受难和创伤，人类历史的未来走向乃至"我们是谁"，等等。这些问题在历史哲学的研究中具有一种永恒性，即使叙事主义历史哲学也必须去面对并回答。而像黑格尔、德罗伊森、吕森、鲁尼亚这样一代又一代的历史哲学家对这些问题的不厌其烦地回答和诠释，对人类本身而言，意味着什么？

上述这个问题最后被吕森引向我们自身的人性。但是，这不是一种光辉的、正面的人性，因为在他看来，仅仅一种正面积极的人性是狭隘的、有限的。如果把这个人性的问题与吕森的历史伦理观结合在一起看，我们会发现，吕森继承了德罗伊森的观点，即历史思考同时也是伦理思考，但并不意味着伦理的普遍实现。在德罗伊森那里，历史意义是一个普遍性的概念，而在吕森的体系中，历史意义不再具有普遍性。也就是说，吕森认为历史意义和历史伦理的部分实现是和人性的部分实现结合在一起的。但我们不能就此推论说，吕森的历史意义和历史伦理其实就是人性问题，因为这会将外在的真实的世界结构内化为对人类精神体系的思考，将吕森的历史哲学带入狄尔泰那样的生命哲学体系中。正如德罗伊森所指出的："历史主义在民族的特色中才见到人类的文化；人性的特征只表现在精神上众多不同的特质之上，而精神之特质形之与外、形之于历史而后才能为人所知；所以人性只能自纷纭的史事中才能吸取得到。"②

吕森历史哲学中对历史意义、历史伦理和人性的保留意见，在某种程度上是 20 世纪德国惨痛的、极端的历史经验所致，我们不可能将纳粹屠犹归入任何一种历史思考的诠释模式或意义类型中，更遑论积极的人性展现。

---

① 参见何兆武：《可能性、现实性与历史构图》，《史学理论》1988 年第 1 期。

② 德罗伊森：《历史知识理论》，胡昌智译，北京大学出版社，2006，引论第 12 页。

这种断裂的经验本身横亘在历史连续性中，甚至是一个超出人类理解能力和思考范畴的问题，吕森将这归入历史的创伤、无意义和人类的受难中。那么，一个带有创伤、断裂和无意义的历史思考，如何导向普遍的伦理和人性呢？这个历史思考的临界点本身就是人性和人类自我本身的临界点，是一个超出人类的经验、语言、理性等所有范畴的问题。那么，这些断裂和创伤如何才能有意义地呈现在人类历史中呢？吕森论证说，断裂和创伤的存在挑战着人类知识和人性界限，是作为历史中的黑暗地带而存在。正是这些黑暗地带的存在，对一个更具包容性的人性和历史伦理的论证才有可能，这就是"使人之为人"（*Humanisierung des Menschen*）。

所以，当吕森说"我们的事业就是勾画出人类知识的边界"时，其实也是勾画出"人性"的边界和局限。正是因为我们识别了人性的局限和黑暗面、历史的荒谬和无意义，我们才有可能创造一个更加美好而又光明的人类共同体的未来。不过，吕森显然并不是历史乐观主义者，他认为布克哈特是这些伟大的历史学家中唯一对"绝望和哀悼"做过表述的人，布克哈特赋予了历史以"人性的精神"（*Geist der Menschheit*），并认为其"浮动并交织在所有的事物表面，好像形成了一个它的新的住所"，因而，"历史在此成为一幕令人愉悦的戏剧，但上演的并不是同时代人的尘世生活"。[1]所以，吕森论证说布克哈特的历史并不是一个我们可以清晰认知的事物。吕森在此显然对发生于 20 世纪纳粹大屠杀的历史感到深深的悲悯，甚至有一丝绝望。因为，纳粹的历史和后来德国分裂的历史作为"创伤"，也存在于作为个体的吕森的精神结构中。吕森曾多次提到圣经中摩西受难的故事，发生在摩西身上的那些无以名状的受难经历，找不到任何一个诠释的出口。那么，在这种情形下，人类的自由和解放还是可能的吗？吕森将人类内在的冲突和矛盾、现实生活中的偶然性和断裂解释为康德的"非社会性的社会性"（*ungesellige Geselligkeit*）。因此，历史的自由和解放就是以人性为基础的自然禀赋的发展，这同样也为历史正义提供了一个思考原则。[2] 不过，这个历史的自由和解放势必是一个漫长的过程，因为人性总是部分地实现而不是全部地释放。

---

① Jörn Rüsen, *Historik*, S. 294–295.

② Jörn Rüsen, *Historik*, S. 295.

我们不愿意将吕森的历史哲学导向一个超验的层面，但吕森还是相当明确地暗示了一个超验的历史的可能性。这并不是说吕森沉浸于德国古典历史哲学的传统不能自拔，也不是说他闭门造车枉顾现代历史哲学的发展成果。吕森的历史超验的可能性是理性诠释的结果，但他并没有对此做出大量的论证，而只是在《历史知识理论》一书最后篇幅很短的"再次反思"（*Noch einmal*）中加以说明。在很大程度上，这是吕森为那些难以名状的人类受难和极端经验的一个自我期许和安抚，也是对他个人创伤的精神安抚。如此，吕森为那些无以名状的人类经验和受难留存了一个思想空间，但也是最后的空间。而这就是吕森对宗教和乌托邦思想的诠释，一种理性视角的诠释，所以他说："宗教和历史研究在逻辑上有着鲜明的区别，但我认为，在认知中历史研究和宗教是有关系的，这样才能解决世俗的职业历史研究和意义寻求之间的矛盾。深层的意义问题的寻求是需要反思宗教原则的，因为作为历史学家来讲，如果你不相信你所从事的工作后面有更深层的伦理意义的话，这会成为荒谬，成为无意义，而无意义则无生活。"①

吕森的史学理论研究从来不缺乏"历史性"，他的学术研究是和他本人的生活经历、东西德的割裂和统一、联邦共和国的建立与发展、德国人对纳粹态度的演变紧密联系在一起的——这也印证了他在学科范型中的论点：历史来源于生活、导向现实的人类生活。历史哲学和史学理论就产生于学术研究和人类实践生活的交织、沟通之中。也就是说，吕森的历史哲学与历史知识理论从未脱离现实的人类生活本身。

（尉佩云执笔）

---

① 约恩·吕森、尉佩云：《历史叙事、历史研究与历史伦理——访约恩·吕森》，《历史教学问题》2016 年第 1 期。

将欧洲地方化：迪佩什·查克拉巴蒂

作为后殖民史学的重要代表人物以及西方当代最活跃和最有影响的理论家之一，迪佩什·查克拉巴蒂（Dipesh Chakrabarty）在其漫长而又硕果累累的研究生涯中，对后殖民理论的进展做出了巨大的贡献，其中尤以2000年在其代表作《地方化欧洲：后殖民思想与历史差异》中提出的"地方化欧洲"观念最为著名。所谓的"地方化欧洲"，意在摒弃经由殖民主义而形成的各种欧洲中心主义观念，将欧洲从居于人类历史的中心位置，转移到不再具有普遍性的众多地方位置中的一处。查克拉巴蒂同时指出，将欧洲"地方化"并不是要简单地否认欧洲所代表的文化与价值观念，也不是以一种文化相对主义的立场反对欧洲文化价值观念中任何具有普遍意义的成分。"地方化欧洲"旨在思考，产生于特定时间和空间中的欧洲的文化价值观念，缘何借助历史的进程，逐渐超越其发源地，为欧洲之外的各个地方所接受。这其中既存在欧洲与非欧洲之间不平等的权力关系，也具有一定的历史合理性。"地方化欧洲"观念体现了一种悖论和紧张关系，或许这正是当今时代欧洲与非欧洲（或广义上的西方与非西方）之间复杂而纠结状态的真实表现。理解"地方化欧洲"观念，是认知和把握查克拉巴蒂思想与理论的关键。

一 作为庶民研究者的迪佩什·查克拉巴蒂

迪佩什·查克拉巴蒂 1948 年出生于加尔各答，印度裔的美国历史学家，早年学习理科，在加尔各答总统学院获得物理学学士学位，后来在印度管理学院加尔各答分校获得管理学硕士学位。印度管理学院参照美国商学院的模式建立，但与后者不同的是，它将历史学作为所有学生的必修课。正是在这里，查克拉巴蒂接触到历史，并学习了由印度马克思主义史学家巴伦德（Barun De，1932-2013）开设的印度近代史课程，由此对历史学产生了浓厚的兴趣。从加尔各答管理学院毕业后，查克拉巴蒂就职于一家苏格兰公司，担任人事部见习经理，但业余时间仍师从巴伦德学习历史，并立志成为一名历史学家。当时的加尔各答大学校风保守，不愿招收查克拉巴蒂这样没有历史学专业背景的学生攻读博士学位。不过，机缘巧合的是，查克拉巴蒂通过巴伦德结识了前来加尔各答造访的澳大利亚国立大学历史系教授安东尼·劳（Anthony Low，1927-2015），受到其赏识，终于在 1976 年底前往堪培拉跟随其攻读博士学位。[①]

马克思主义史学的基础、印度追求工业现代化的曲折历程以及个人在阅读 E. P. 汤普森（E. P. Thompson，1924-1933）《英国工人阶级的形成》时留下的深刻印象，让查克拉巴蒂选择孟加拉国的工人阶级作为自己博士学位论文的选题，这项研究最终在 1989 年以"再思工人阶级的历史：1890~1940 年间的孟加拉"为题出版。[②] 1980 年，尚在读博士的查克拉巴蒂遇到了借调到澳大利亚国立大学任教的、以研究印度农民运动著称的拉纳吉特·古哈（Ranajit Guha）。古哈当时正在酝酿一个以研究印度下层人民历史为方向的"庶民研究"（subaltern studies，亦译"底层研究"）计划，该计划旨在打破英国资产阶级史学和印度本土民族主义史学对印度下层人民历史的曲解，以一种反精英主义和反本质主义的方式重新书写印度农民和

---

① 查克拉巴蒂早年的求学经历，可参见他在 2014 年为澳大利亚历史学会创办的期刊《澳大利亚史学》所写的学术自述，Dipesh Chakrabarty，"Communing with Magpies," *History Australia*，11：3（2014），pp. 194-198。

② Dipesh Chakrabarty，*Rethinking Working-Class History*：*Bengal* 1890-1940（Princeton：Princeton University Press，1989）。

工人阶级的历史。① 受古哈的影响，加之与其相近的学术旨趣，查克拉巴蒂加入了这一研究群体，并成为庶民研究小组的创始人之一和中坚力量。1982年，在古哈的主编下，庶民研究小组的集体成果《庶民研究》（副标题为"南亚历史与社会文集"）第 1 卷出版。在 1983 年和 1984 年出版的《庶民研究》第 2 卷和第 3 卷中，已经在墨尔本大学任教的查克拉巴蒂相继发表长文《工人阶级生活和工作状况的认知条件：1890~1940 年加尔各答的雇主、政府和黄麻工人》和《等级文化中的工会：1920~1950 年的加尔各答黄麻工人》。② 这两篇文章均出自其博士学位论文，基本上奠定了日后正式出版的《再思工人阶级的历史》一书的主题和论调。

这之后，除了在 1985 年出版的《庶民研究》第 4 卷中发表了一篇带有讨论性质的短文外，③ 直到 1994 年出版的《庶民研究》第 8 卷中，查克拉巴蒂才发表了又一篇长文《殖民现代性的异延：英属印度时期公众对家庭生活的辩论》。④ 从这篇文章的主题和立意来看，它与之前查克拉巴蒂专注于工人阶级的研究路径发生了明显变化，开始转向对殖民现代性这一更大的主题，所运用的理论也从马克思主义的阶级分析法变为在当时颇为流行的德里达的解构主义。同时，查克拉巴蒂对"庶民"这一概念的理解也发生了改变。在原初的语境中，"庶民"主要指殖民地时期印度的农民和工人阶级，强调的是阶级属性，而此时"庶民"则指向生活在西方现代性之下的男男女女，突出的是文化身份。不仅如此，整个庶民研究小组对于"庶

---

① 关于庶民研究的兴起与发展，参见张旭鹏《"庶民研究"与后殖民史学》，《史学理论研究》2006 年第 4 期，第 82~92 页。

② Dipesh Chakrabarty, "Conditions for Knowledge of Working-Class Conditions: Employers, Government and the Jute Workers of Calcutta, 1890 – 1940," in Ranajit Guha, ed., *Subaltern Studies: Writings on South Asian History and Society*, Vol. 2 (Delhi: Oxford University Press, 1983), pp. 259 – 310; Dipesh Chakrabarty, "Trade Unions in a Hierarchical Culture: The Jute Workers of Calcutta, 1920–50," in Ranajit Guha, ed., *Subaltern Studies: Writings on South Asian History and Society*, Vol. 3 (Delhi: Oxford University Press, 1984), pp. 116–152.

③ Dipesh Chakrabarty, "Invitation to a Dialogue," in Ranajit Guha, ed., *Subaltern Studies: Writings on South Asian History and Society*, Vol. 4 (Delhi: Oxford University Press, 1985), pp. 377–380.

④ Dipesh Chakrabarty, "The Difference-Deferral of a Colonial Modernity: Public Debates on Domesticity in British India," in David Arnold and David Hardiman, eds., *Subaltern Studies: Writings on South Asian History and Society*, Vol. 8 (Delhi: Oxford University Press, 1994), pp. 50–88.

民"的理解以及研究方法也都发生了转变。在 1993 年的第 7 卷中，神话、象征这样的人类学概念开始进入庶民研究的领域中。而从 1996 年的第 9 卷开始，性别、暴力、种族、空间、表征、抵抗等社会学和文化研究中常见的分析范畴频频出现，与之前相对单一的阶级分析法形成鲜明对比。特别是，从《庶民研究》第 11 卷（2000 年）开始，文集的副标题放弃了沿用已久的"南亚历史与社会文集"，改为"共同体、暴力与性别"。而第 12 卷（2005 年）的副标题则定为"穆斯林、达利特人和历史的虚构"，关注的焦点为宗教少数派、贱民等阶级话语之外的边缘群体，因而具有更强的解构意味。

庶民研究的这一转向，与佳亚特里·斯皮瓦克（Gayatri Chakravorty Spivak）这样的后殖民理论家的参与有很大关系。在《庶民研究》第 5 卷中，斯皮瓦克发表了一篇分析印度著名女作家马哈斯薇塔·德维（Mahasweta Devi, 1926-2016）的小说《乳房给予者》（*Breast-Giver*）的文章，将女性主义视角和方法引入庶民研究中。[1] 1988 年，斯皮瓦克又发表了著名的长文《庶民可以说话吗?》，抨击庶民研究忽视了印度底层妇女，这对庶民研究小组重新反思何为"庶民"产生了极大影响。[2] 研究视角和理论的变化固然是造成这种变化的重要原因，但印度社会内部新涌现出的族群矛盾也是一个不容忽视的因素。20 世纪 80 年代，印度出现了一些右翼宗教组织，他们攻击的目标是基督徒和穆斯林这些宗教上的少数派，这种情况促使后期的庶民研究将视角转向比传统庶民的社会地位更加低下的、无人关注的、受到社会主流价值群体迫害的边缘人群。

可以说，大概从 1993 年的第 7 卷开始，庶民研究已经发生了明显转变。"庶民"这个之前明晰而确定的概念开始变得含混不清，似乎想以此将更为庞杂的社会现象和社会群体悉数纳入其中，它在文化上的象征意义已经大过了它在历史语境中的真实含义。由此，庶民研究一方面背离了早期以阶

---

[1] Gayatri Chakravorty Spivak, "A Literary Representation of the Subaltern: Mahasweta Devi's 'Stanadayini'," in Ranajit Guha, ed., *Subaltern Studies: Writings on South Asian History and Society*, Vol. 5 (Delhi: Oxford University Press, 1985), pp. 91-134.

[2] Gayatri Chakravorty Spivak, "Can the Subaltern Speak?" in Cary Nelson and Lawrence Grossberg., eds, *Marxism and the Interpretation of Culture* (London: Macmillan, 1988), pp. 271-313.

级分析见长的政治史和经济史研究；另一方面，它转向了更为复杂也更为广阔的文化领域，并试图借助现代性、民族国家、历史学、知识生产这些体现了现代西方霸权的概念，来重新思考殖民地印度与宗主国英国之间的，以及印度殖民地社会内部的错综复杂的关系。马克思主义的理论和方法虽然在庶民研究中式微，但后殖民主义这一糅合了多种理论来源也更具分析能力的研究方法，开始彰显其批判性和创造性兼具的理论力度。这一时期，查克拉巴蒂与沙希德·阿明（Shahid Amin）联合主编了《庶民研究》第9卷（1996年），并在1997年古哈主编的纪念庶民研究十周年的选集中重刊了自己的旧文《后殖民性与历史的诡计：谁为"印度"的过去说话？》。[①]《后殖民性与历史的诡计》一文最早发表在著名的学术期刊《再现》（*Representations*）1992年冬季号上，这篇文章之所以特意收录在这本纪念文集中，主要是因为它的原创性和对当时庶民研究的指导意义。在这篇文章中，查克拉巴蒂开始系统地运用后殖民理论来剖析欧洲的现代性以及欧洲现代史学对作为文化他者的印度的想象与虚构，他主张打破现代欧洲史学的那种线性的时间观和发展观，反对将印度的历史纳入被欧洲划定的发展阶段中，进而看到印度乃至非西方世界与西方在历史上的差异。这篇文章不仅为查克拉巴蒂轻松谋得芝加哥大学历史系的教职，而且构成了后来让他享誉学术界的名作《地方化欧洲：后殖民思想与历史差异》的思想与理论基础。

也正是从这篇文章开始，作为庶民研究小组主要成员的查克拉巴蒂，开始从对工业现代化进程中印度工人阶级生活和工作状况的考察，转向了对代表一种知识和权力形式的欧洲启蒙理性以及被认为更具普遍意义的欧洲现代性的批判。由于用后殖民理论代替了此前在庶民研究中占主导地位的马克思主义分析方法，查克拉巴蒂等人遭到了早期庶民研究成员中坚持马克思主义的历史学家，如社会史家苏米特·萨卡尔（Sumit Sarkar）的批评。在回应萨卡尔的批评时，查克拉巴蒂强调，保持对欧洲启蒙运动遗产的批判立场，并不是全然否定理性主义的传统。在查克拉巴蒂看来，启蒙

---

① Dipesh Chakrabarty, "Postcoloniality and the Artifice of History: Who Speaks for 'Indian' Pasts?" in Ranajit Guha, ed., *Subaltern Studies Reader*, 1986-1995 (Minneapolis: University of Minnesota Press, 1997), pp. 263-294.

运动的理性主义或者代表了启蒙理性精神的现代欧洲史学观念在描述非欧洲社会时，并不能体现启蒙精神所倡导的民主和平等的价值。因为在这场对话中人们只能听到欧洲的声音，且基本是以单向甚至强制的方式表述出来。作为形式上的对话者，非欧洲只是处于被描述的状态，没有机会为自己发声，也无法成为真正的历史主体。而庶民研究对启蒙理性和现代性的批判，目的就是让历史成为与"庶民"真正民主对话的手段。① 查克拉巴蒂的这一核心思想将集中体现在《地方化欧洲：后殖民思想与历史差异》这部书中。

二 "地方化欧洲"观念

1995 年，查克拉巴蒂离开了任教十年之久的墨尔本大学，前往芝加哥大学。用他自己的话来说，选择离开的原因有两点：一是墨尔本大学当时无人再教授印度史和南亚史；二是美国成为后殖民理论与后殖民批评的重镇，那里更适合发展自己的庶民研究理念。② 在芝加哥大学期间，得益于与霍米·巴巴、阿尔君·阿帕杜莱等后殖民理论家的交流，查克拉巴蒂发展了自己的思想，将后殖民理论进一步应用于庶民研究乃至一般意义上的历史研究中来。2000 年，查克拉巴蒂最重要的著作《地方化欧洲：后殖民思想与历史差异》出版。③ 这部著作超越了查克拉巴蒂之前的印度史和南亚史研究范围，将目光转向对作为欧洲思想内核的现代性、理性和整个欧洲现代历史观念的批判，试图将一直以来被认为是普遍精神的欧洲思想推向特殊位置，进而让非西方的历史叙述摆脱西方历史话语的宰治。

查克拉巴蒂在这部著作中提出了一个著名的命题——"地方化欧洲"。在查克拉巴蒂的理解中，"欧洲"并不是作为地理实体的欧洲，这样的欧洲从 20 世纪中期起就已经衰落，不再是世界的中心。这里的"欧洲"是一个

① Dipesh Chakrabarty, "Subaltern Histories and Post-Enlightenment Rationalism," in *Habitations of Modernity: Essays in the Wake of Subaltern Studies* (Chicago: Chicago University Press, 2002), pp. 20–37.

② Dipesh Chakrabarty, "Communing with Magpies," p. 203.

③ Dipesh Chakrabarty, *Provincializing Europe: Postcolonial Thought and Historical Difference* (Princeton: Princeton University Press, 2nd edition, 2008).

观念或想象的产物，它以一种陈旧和简易的方式深刻存在于人们的思维习惯和日常观念中。特别是当人们在看待和思考现代性尤其是政治现代性时，会不由自主地以"欧洲"背后所承载的那些先入为主的观念为出发点，而如果不诉之于这些源自欧洲的概念和分析范畴，人们在政治现代性这一问题上将无所适从。用查克拉巴蒂的话说就是：

> 诸如公民权、国家、市民社会、公共空间、人权、法律面前的平等、个体、公私之分、主体观念、民主、人民主权、社会正义、科学理性等概念无不承受着欧洲公共思想和历史的后果。没有这些和其他与之相关的在欧洲启蒙运动和19世纪期间达到其最高形式的概念，人们简直无法思考政治现代性。①

不过，让人感到反讽的是，尽管19世纪欧洲的殖民者在宣扬这些价值观念的同时又在实践中践踏了它们，尽管他们只是将这些价值观念应用于殖民地白人内部，但作为被殖民者的非西方人却要捍卫这些价值观念，因为缺少了这些价值观念，非西方人将无法发展他们的政治现代性，而从他们自己的传统文化中还找不到应对政治现代性的策略。

在从印度和非西方政治现实的角度揭示欧洲价值观念悖论的同时，查克拉巴蒂又分析了产生这一现象的思想和制度根源。在查克拉巴蒂看来，迄今为止，欧洲思想是唯一一个存活在现代大学的各个社会科学研究部门的传统，这是欧洲的价值观念对现代世界产生巨大影响的重要原因。这并不是说，现代大学中不再研究非西方的各种思想传统，而是说从现实应用的角度来看，这些非西方的思想传统只不过是一种死掉的学问，它们是作为一种历史现象被人们研究的。比如，很少有人会援引生活在13世纪的逻辑学家甘吉沙（Gangesa）、6~7世纪的语法学家和语言学家婆利睹梨诃利（Bhartrihari，约570~651）、10~11世纪的美学家阿毗那婆笈多（Abhinavagupta，约950~1016）的观点去解决现实问题。但对那些死去良久的欧洲思想家们来说，非西方的人们依然会对他们的思想进行阐释，好像

---

① Dipesh Chakrabarty, *Provincializing Europe: Postcolonial Thought and Historical Difference*, p. 4.

他们并不只属于他们自己的时代，还属于现代。查克拉巴蒂敏锐地指出："对我们来说，过去的欧洲思想家和他们的范畴从未死去。南亚的社会科学家会热烈地与马克思或韦伯争论，感觉不到有任何必要去历史地看待他们或者将他们置于欧洲思想的语境中。有时，尽管很少见，他们甚至会与这些欧洲理论家在古代、中世纪或现代早期的前辈争论。"①

当然，让欧洲人对自己价值观念的普遍性深信不疑，以及让后来的非西方人欣然接受这些观念，并从外部加固其普遍性的一个深刻原因，在于历史上从欧洲内部形成的根深蒂固的历史主义观念。这里的历史主义（historicism），与主要产生于18世纪德国的历史主义传统不尽相同。德国18世纪语境中的历史主义，主要是对法国启蒙运动及后来的拿破仑战争的一种反应。德国的知识分子和历史学家希望摆脱法国所提出的启蒙模式或现代性道路，结合德意志民族特有的历史文化传统，开辟一条德国自己的未来发展之路。因此，历史主义对于18世纪的德国人来说，意味着一种民族主义和特殊主义，是对普遍历史规律或历史发展的普遍性的否定。② 而查克拉巴蒂所谓的历史主义指的是这样一种观念：理解任何事物，都要将之作为一个整体，从其历史发展的过程中来考察。鉴于这一论断较为简单和含混，查克拉巴蒂在《地方化欧洲》导论中专辟一节"对'历史主义'这一术语的说明"，进行了更为详细的阐释：

> 我们可以说"历史主义"是具有如下特征的一种思考方式。它告诉我们，为了理解这世界上任何事物的本质，我们必须将之视为一个历史地发展的实体，也就是说，首先，它是一个个别的和独特的整体——至少是某种可能存在的统一体，其次，它还是某种随时间发展的东西。历史主义通常考虑到了这种发展的复杂和曲折；它试图在特殊性中发现普遍性，而且没有设置任何必要的目的论上的假定。③

---

① Dipesh Chakrabarty, *Provincializing Europe：Postcolonial Thought and Historical Difference*, p. 4.

② 对于德国历史主义传统法的讨论，可参见 Frederick C. Beiser, *The German Historicist Tradition* (Oxford：Oxford University Press, 2015)。

③ Dipesh Chakrabarty, *Provincializing Europe：Postcolonial Thought and Historical Difference*, pp. 22-23.

因此，历史主义意味着欧洲人将在其历史经验中发展形成的观念，作为一种普遍适用的事物，应用到欧洲之外的社会，但并没有考虑到不同地方在接纳这些观念时会表现出的不适。更为重要的是，非西方社会在接受这些源自欧洲的观念时，也不自觉地接受了这种历史主义的思维模式，即认为自我社会的发展是落后的，需要等待来自欧洲的进步观念打破其历史发展的瓶颈，或者说借助欧洲的思想观念创造一种欧洲历史发展模式的变体，来使自我的历史走向现代。正是在欧洲人与非西方人的共谋下，人类社会的发展路径被固定为一种"先从欧洲开始，然后波及其他地方"的模式。人类历史发展的多样性和多元性被结构化为一种单一的，带有明显目的性的普遍历史。历史主义使欧洲的发展模式不仅成为普遍性的，也成为合乎历史发展规律的，正如查克拉巴蒂指出的："正是历史主义，使现代性或资本主义看起来不仅是全球性的，更是随着时间的发展成为全球性的，从一处地方（欧洲）发源，然后向外扩散。"①

由此，查克拉巴蒂看到了欧洲价值观念在时间和空间上的局限性。他希望当人们——不论是欧洲还是非西方的知识分子——在审视欧洲的经验时，应当将欧洲放回到它的历史时间和地理空间中去。这就是他提出"地方化欧洲"的缘由。这里的"地方化"（provincializing）意思是摒弃欧洲在人类历史中的中心位置，将之恢复到其应有的作为一个"地方"（place）的位置。在《地方化欧洲》一书的"后殖民性与历史的诡计：谁为'印度'的过去说话？"一章中，查克拉巴蒂对这一观念展开了详细的论述。

查克拉巴蒂认为，将欧洲地方化或者去中心化，并非对以欧洲为代表的现代性、自由价值、普遍性、科学、理性、宏大叙事、总体性的简单否认。因而，地方化欧洲所代表的不是一种文化相对主义的计划。换句话说，不能将那些赋予欧洲以现代特性的理性、科学等观念仅仅视作一种欧洲的文化特殊性而加以排斥。以启蒙理性为例，查克拉巴蒂强调，问题的关键点不在于指出它本身也是非理性的，而是去说明这一理性是如何借助历史的进程，从原本对所有人来说并非不言自明的状态，逐渐超越其发源地，成为对所有人来说都是显而易见的现实。对于这种历史进程，查克拉巴蒂

---

① Dipesh Chakrabarty, *Provincializing Europe: Postcolonial Thought and Historical Difference*, p. 7.

提醒人们不能忘记以下两个事实：第一，欧洲成为现代的象征，虽然是欧洲帝国主义历史的内在组成部分，但这种情况是在全球历史的框架中形成的；第二，将欧洲的现代性等同于普遍意义上的现代性不只是源于欧洲人的推动，第三世界的民族主义者同样参与了这一进程。①

这里，查克拉巴蒂表现出了一种对"地方化欧洲"的矛盾态度。他一方面反对欧洲所代表的普遍性，另一方面又不主张非西方以一种文化民族主义的立场将欧洲特殊化。同样，他在指出必须将欧洲的历史置于"地方"的位置重新考察时，又不得不承认欧洲在现代世界取得优势地位的合法性或合历史性。当然，或许"地方化欧洲"本身就是一个充满悖论的命题，它所包含的内在的矛盾、冲突和紧张关系，或者欧洲与非西方之间的纠结状态，已经远非一种非此即彼的论证就能说得清楚。可能正是因为考虑到了这一复杂的状况，查克拉巴蒂在一开始就申明，"地方化"欧洲计划指的是一种尚不存在的历史。② 进而，查克拉巴蒂又指出：

> 地方化欧洲计划必须意识到它内在的不可能性。因此，它面对的是一种包含了绝望政治的历史。很明显，到目前为止，它不要文化相对主义，也不要返祖和本土主义的历史。它同样不是一种简单排斥现代性的程式，这在许多情况下意味着政治上的自杀。我要的这种历史，它在其叙事形式的每一个结构中，都有意让人们看到它压迫性的策略和实践，看到它为了将人类一体的所有其他可能整合进现代国家的计划中，在与各种关于公民权的叙事串通起来时所发挥的作用。③

可以看出，当无法一劳永逸地解决欧洲所体现的普遍性与特殊性兼具的矛盾时，查克拉巴蒂还是希望人们首先不能忽视欧洲在其历史进程中对非西方社会表现的强制性，进而对任何假历史之名而施行的普遍主义行为持审慎的态度。

---

① Dipesh Chakrabarty, *Provincializing Europe：Postcolonial Thought and Historical Difference*, pp. 42-43.

② Dipesh Chakrabarty, *Provincializing Europe：Postcolonial Thought and Historical Difference*, p. 42.

③ Dipesh Chakrabarty, *Provincializing Europe：Postcolonial Thought and Historical Difference*, p. 45.

不过，即便是在《地方化欧洲》得以再版的八年后，面对如何实施"地方化"欧洲的计划，查克拉巴蒂依然没有找到一个两全的办法。他在新版的序言中如是写道："确切地说，'地方化'欧洲是为了发现那些普遍性的欧洲观念，同时是如何以及在什么意义上从非常特定的思想和历史传统中产生出来，这些思想和历史传统不被认为有任何普遍效用。它将就思想如何与地方产生关系发问：思想可以超越其发源之地吗？地方可以为思想烙上其印记，以至于可以去质疑纯粹抽象范畴这一观念吗？"① 或许，查克拉巴蒂关于思想与地方之间关系的提问，在今天这个形式上已经全球化，历史学研究的各个领域都竞相出现"全球转向"的时代，依然有值得冷静思考的意义和价值。

三 "地方化欧洲"之争

"地方化欧洲"的一个普遍意义在于，它以印度近现代历史的特殊经验为例，试图寻找一条印度现代性的道路。查克拉巴蒂与庶民研究小组的其他同道一起，通过揭示庶民意识或者庶民主体的独特性，力图打破那种将印度近现代历史塑造成为什么是失败的，或者如何从失败走向成功的模式。现代性与理性，或者涵盖了这两个重要概念的历史主义就成为查克拉巴蒂重点批判的对象。不仅如此，查克拉巴蒂还指出，前现代的非西方国家在借鉴欧洲历史成功经验的过程中，逐渐将历史，其实是经过改造了的欧洲的大写历史，作为建构其现代性和民族国家的重要工具。这种将历史"历史主义化"的取向同样需要反思和否定。

虽然在反对欧洲经验的普遍性中，查克拉巴蒂持一种并非激进的保留态度，但他在解构这种欧洲中心主义的历史书写中的贡献却是开拓性的。可以说，自查克拉巴蒂的《地方化欧洲》之后，后殖民史学开始成为一种重新撰述非西方历史，进而对全球历史进行反思和论述的有力武器。就生活在自我历史传统和文化经验中的欧洲和西方历史学家来说，他们对查克拉巴蒂的上述努力大多持赞赏的态度，毕竟，从欧洲内部来清除欧洲中心

---

① Dipesh Chakrabarty, *Provincializing Europe: Postcolonial Thought and Historical Difference*, p. xiii.

主义的流弊，也是一些欧洲和西方学者的目的。不过，对于查克拉巴蒂的"地方化欧洲"观念，一些欧洲学者还是提出了反对意见。比如，德国学者卡罗拉·迪策（Carola Dietze）2008 年就在《历史和理论》上撰文，批评了查克拉巴蒂"地方化欧洲"的主要理论依据。

首先，迪策认为，查克拉巴蒂对历史主义这一概念的理解有误。在德国的语境中，历史主义可以指 19 世纪以来德国所出现的一种新的历史研究范式。而在英语的学术传统中，历史主义主要指各种历史元叙事。查克拉巴蒂正是在第二种意义上使用历史主义这一概念的。迪策进而指出，查克拉巴蒂对历史主义的批判，应当是对历史元叙事，比如历史进步主义、现代化理论等的批判，而不应当是对欧洲的历史研究范式乃至欧洲整个历史学科的批判。在欧洲的史学传统中，不乏对差异和多元化的尊重，书写一部平等的历史，欧洲历史学家同样做出了应有的贡献，因而不能一概否认欧洲的历史学实践。① 确实如迪策所言，20 世纪 80 年代以来，西方的史学研究范式发生了巨大的转变。后现代史学的兴起，同样对欧洲启蒙运动的理性主义传统进行了致命的解构，它意欲打碎大写历史的禁锢，发现欧洲历史内部的他者，恢复他们应有的主体地位，进而又将这一批判的视角转向了欧洲与西方世界之外，为重新看待和书写非西方的历史创造了新的条件。近年来，全球史的兴起，进一步瓦解了欧洲中心主义的史学理念。非西方的历史不仅得到应有的重视，而且在全球历史框架中处于更符合历史事实的位置。同时，全球史也为西方历史学家与非西方历史学家找到共识，提供了更多的可能。②

其次，迪策认为查克拉巴蒂对现代性的批判同样有失偏颇。在迪策看来，现代性迄今仍是一个没有得到恰当界定的术语，对于它的内涵以及它所体现出的价值，依然处于不断的认知中。欧洲人直到今天，仍在质疑现代制度在大部分欧洲社会中的有效性，并尝试对之予以更新。所以，现代性是一个动态的概念，不能以静止的态度去看待它。此外，现代性不仅是

---

① Carola Dietze, "Toward a History on Equal terms: A Discussion of *Provincializing Europe*," *History and Theory*, 47: 1 (February 2008), pp. 73-75.

② 参见 Dominic Sachsenmaier, "Global History and Critiques of Western Perspectives," *Comparative Education*, 42: 3 (August 2006), Special Issue: *Comparative Methodology in the Social Sciences*, pp. 451-470。

一个与分析过去相关的概念，而且是一个与人们对未来的预期相关的概念。如果彻底解构了作为一个历史问题的现代性，人们在展望未来时就缺少必要的参照，会有损于人们对未来做出重大抉择。[①] 迪策担心，对于启蒙现代性的解构，可能会让查克拉巴蒂走上一条极端历史主义的道路，即只有根据自己的标准而不是普遍的进步叙事的标准，才能公正地评价不同的时代和不同的民族。[②] 迪策认为查克拉巴蒂的"地方化欧洲"设想，将欧洲与非欧洲对立了起来。为此，她提出了将欧洲去中心化的三种研究模式：历时性研究、共时性研究和纠缠性研究（entanglement）。

历时性研究针对那些从属于现代化概念下的长期历史进程，比如全球化、民主化、科学化、帝国和民族形成、世俗化和城市化等。在历时性研究中，迪策强调了比较的视角，希望以之来看待发生在世界不同地区的这些相同过程，并认为比较的视角在某种程度上已经是欧洲的地方化了。比如在城市化研究中，比较的视角可以让人们发现，城市群的未来模式可以在拉美、非洲和东亚的大都市中看到，而不是欧洲。共时性研究则专门用来指比较研究，它明显具有一种消解欧洲中心的目的。第三种是纠缠性研究。所谓的纠缠性，指的是不同地区在某些过程或事件中处于一种相互依赖、彼此难以分割的状态。[③] 如果将迪策所提出的这三种研究模式综合起来的话，其实就是典型的全球史路径，涉及长时段、比较、联系和交织等因素。英国历史学家克里斯多夫·贝利的《现代世界的诞生》就是这样一部包含上述因素的代表作。该书的一个重要观点是，18世纪形成的中国、伊斯兰帝国和欧洲诸强并存的多中心的世界体系，对当时世界范围内结构相似的文化、政治制度的出现，起到了重要作用。[④]

针对迪策指出的将历史主义等同于历史学科，进而在反对欧洲历史主义的同时也反对欧洲史学实践的批评，查克拉巴蒂的回应是，自己并没有将两者混同，但历史主义与历史学科在构建民族国家的现代化叙事中，确

---

① Carola Dietze, "Toward a History on Equal terms: A Discussion of Provincializing Europe," pp. 76, 84.

② Carola Dietze, "Toward a History on Equal terms: A Discussion of Provincializing Europe," p. 79.

③ Carola Dietze, "Toward a History on Equal terms: A Discussion of Provincializing Europe," p. 82.

④ 参见 C. A. Bayly, *The Birth of the Modern World, 1780-1914: Global Connections and Comparisons* (Malden, M. A.: Blackwell, 2004)。

实有着共谋关系。在查克拉巴蒂看来，无论是历史主义还是历史学科，都是对过去的想象，两者在重塑过去时，共同维持着欧洲作为历史发展的标准和范本的支配性地位。① 二战后兴起的现代化理论，就可以看作一种新的历史研究范式和元历史叙事的结合。所以，《地方化欧洲》既是对欧洲18世纪以来的历史学科（同时也包括非西方国家在建构民族国家时所沿用的以欧洲历史学为蓝本的"新史学"）的批判，也是对作为一种关于历史的特定思维方式的历史主义的批判。关于现代性的批判问题，查克拉巴蒂强调，自己并不是要否认现代性的普遍意义，但问题在于人们在理解现代性时，总是首先赋予了它一种必然的和理想的典型形式。即便在论及非欧洲的现代性时，常见的做法是在现代性的理想型前加上否定性的前缀，比如非资产阶级的、非资本主义的、非自由主义的，等等。② 这种对现代性的理解非常根深蒂固，既存在于欧洲人的想象中，也存在于非欧洲人的思维中。对查克拉巴蒂而言，批判现代性，与其说是发现欧洲与非欧洲之间的纠葛，还不如说是描述它们之间的重叠。③ 也就是说，欧洲的现代性与非欧洲的现代性之间，最重要的不是对立，而是后者与前者的重合。这种重合之处可能就是非欧洲的现代性总是要摆脱前者，却又在实际中很难做到的一个原因。

对于批评者来说，查克拉巴蒂"地方化欧洲"观念要么是一种激进的解构，但并不能拿出替代性的方案；要么是一种充满悖论的构想——既然承认欧洲的普遍性，那么将之"地方化"的意义又何在？但对查克拉巴蒂来说，他既不是要去解构欧洲，也并不认为在承认欧洲的普遍性的同时将之"地方化"没有真正的现实意义。查克拉巴蒂在《地方化欧洲》一书的很多地方一再谈到启蒙理性的意义，以及启蒙遗产的重要性和普遍性。他所追求的，不是在欧洲的现代性之外寻找一种替代的方式，或者以现代性的多元性否认任何对现代性的单一理解。他所希望的，是对任何一种现代性——不论它是否表现为欧洲的模式，都能从批判的立场加以修正。查克

---

① Dipesh Chakrabarty, "In Defense of *Provincializing Europe*: A Response to Carola Dietze," *History and Theory*, 47: 1 (February 2008), p. 89.

② Dipesh Chakrabarty, "In Defense of *Provincializing Europe*: A Response to Carola Dietze," p. 92.

③ Dipesh Chakrabarty, "In Defense of *Provincializing Europe*: A Response to Carola Dietze," pp. 94-95.

拉巴蒂在《地方化欧洲》一书导论部分说过如下一段话，或许能体现和反映"地方化欧洲"观念的本质和价值："地方化欧洲不是一项排斥或摒弃欧洲思想的计划……在非西方国家中，欧洲思想在帮助我们思考政治现代性的经验中，既是不可或缺的又是并不充分的，因此地方化欧洲变成了这样一项任务，它探究的是这一思想——当前是每个人的遗产，对我们所有人都产生着影响——是如何有可能从边缘加以更新或者被边缘予以更新。"①

不难看出，在查克拉巴蒂的"地方化欧洲"观念中，欧洲的思想、观念与价值有着明显的地方属性，将欧洲地方化就是将欧洲从居于中心的特殊位置，转移到众多地方位置中的一处，避免对之做出普遍化的理解。然而，在全球化难以逆转的今天，包括思想在内的一切事物都具有一种流动性，而这种流动性正在逐渐消解着事物的地域性和地方属性。当查克拉巴蒂就思想与地方之间的关系发出思想能否超越其发源地的疑问时，在全球史学者看来，思想恰恰不会固着在其诞生之地，它独立于其发源地，生而国际，全球性和流动性是其内在的特点。② 尽管史学中的全球转向或空间转向对后殖民史学构成了挑战，但直至今天，查克拉巴蒂所谓的西方可以忽视非西方，但非西方无法忽视西方的"不对称的无知"（asymmetric ignorance）依然广泛存在国际学术体系中，并未发生实质性的改变。知识的生产依然与某些地方紧密勾连，并表现出对其他地方的压倒性优势。更为重要的是，当知识的流通越发显现全球性特点的同时，全球知识等级体系中的权力关系却没有被相应地削弱。因此，在全球性力量和地方性力量相互胶着且彼此角力的今天，"地方化欧洲"依然有其现实意义。

---

① Dipesh Chakrabarty, *Provincializing Europe: Postcolonial Thought and Historical Difference*, p. 16.

② David Armitage, "The International Turn in Intellectual History," in Darrin M. McMahon and Samuel Moyn, eds., *Rethinking Modern European Intellectual History* (New York: Oxford University Press, 2013), pp. 232-252.

冲突和秩序：塞缪尔·亨廷顿

在当今世界，弗朗西斯·福山（Francis Fukuyama）和塞缪尔·亨廷顿（Samuel P. Huntington，1927-2008）经常被人相提并论。的确，他们两人虽然对人类历史走向的观点有所不同，但他们不仅有师生之谊，而且亨廷顿最著名的一本书——《文明的冲突》，就是为了回应其弟子福山的《历史的终结及最后之人》。在西方近年出版的一本《历史哲学论集》中，福山因其《历史的终结》一书而名列其中。① 亨廷顿虽然不在书中，但从他一生的关怀和学术的倾向及其成就来看，也应该被视为当代的一位历史哲学家。

1989 年，这一年世界范围内所发生的种种重大变化（苏联的瓦解只是其中一项），尽管毁誉参半，但是在很大程度上成了当代世界历史上的一个转折点。在福山出版了《历史的终结及最后之人》之后的一年，亨廷顿在美国的《外交事务》（*Foreign Affairs*）杂志上发表了《文明的冲突?》一文，然后在 1996 年又将其扩展成一本书，题为《文明的冲突和世界秩序的重建》。从 1993 年的文章题目来看，亨廷顿尚未全面论证他的论点，而在三年后成书的时候，他去掉了问号，在书中充分展开了他的论述。亨廷顿的基本观点就是，冷战之后，世界产生了一个新的格局，原来以民族国家为基础的国际关系，已经转化为文明之间的关系。他认为在当今世界上，有七大或八大文明：中华文明、日本文明、印度文明、伊斯兰文明、西方文

---

① 参见 Robert Burns &Hugh Rayment-Pickard, eds., *Philosophies of History：From Enlightenment to Postmodernity*（Malden MA：Blackwell, 2000）, pp. 318-321。

明、东正教文明、拉美文明，还有可能存在的非洲文明。他提出这样的观察，基于他的另一个论点，那就是冷战后的世界，冲突的基本根源不再是意识形态，而是文化方面的差异，主宰全球的将是"文明的冲突"。而就冲突而言，其实这多个文明之间，以西方与伊斯兰文明为主，而在将来西方或许将与以中国文明为代表的东亚文明相对抗。亨廷顿此书，不但总结、概括了当今世界的格局及其历史的成因，而且对人类历史的走向，做出了某种预测。因此亨廷顿虽然没有像福山那样，提出自己的论著可以与19世纪黑格尔的历史哲学论述相比照，但从他论著的内容来看，却能代表19世纪以来思辨历史哲学在当代的延续和发展。

亨廷顿《文明的冲突和世界秩序的重建》的有些中文译本，将"世界秩序的重建"做了省略，由此亨廷顿以提出"文明的冲突"理论而闻名。西方学界也有类似的解读。但如果我们全面地看一下亨廷顿的治学人生，就应该看到他不但重视"冲突"也看重"秩序"。甚至，他对于"秩序"的建立及其有效性更为关注。

一　从军事到政治

亨廷顿于1927年出生于纽约的一个书香门第，其母亲为短篇小说家，父亲及其祖上则是出版家。他幼时学业出色，18岁便以优异成绩毕业于耶鲁大学。他之后从军，复员后到芝加哥大学获得硕士学位，然后又转学哈佛大学。1950年，亨廷顿23岁的时候获得了博士学位，并开始在哈佛任教。亨廷顿在哈佛任教时的同事之一是比他小一岁的兹比格涅夫·布热津斯基（Zbigeniew Brzezinski，1928-2017），两人对从全球范围的角度来考察世界秩序有着共同的兴趣。但九年之后，他们两人都未能在哈佛获得终身职，于是一同转去纽约的哥伦比亚大学政治系任教。亨廷顿于1957年出版了他的第一本著作《士兵与国家：军民关系的理论与政治》，虽有争议，但该书被视为相关领域的经典著作，在他逝世之后仍然为人所讨论。[1] 1961年他又出版了《共同的防御：国家政策的战略规划》，之后又与人在1962年

---

[1] 如James Kurth, "The Soldier, the State, and the Clash of Civilizations: The Legacy of Samuel Huntington," *Orbis*, 54: 2 (March 2010), pp. 320-334。

合编、合著了《军事政治的变化模式》。1963 年哈佛大学邀请他回去任教，并给予他终身教职。亨廷顿从此一直在哈佛执教直至 2007 年，共 44 年。他在退休之后的翌年因病去世。

从亨廷顿的成长经历来看，他的求学及在大学任教的初期，正好是冷战的开始。这种美苏两大超级大国对立、对峙的情势，似乎反映在他一生的治学路径中。亨廷顿的所有著作，几乎都围绕国际和国内的冲突及为了克服这些冲突而如何建立秩序这两个中心问题，而他的研究和考量，几乎都选择从两个常常是对立的方面出发，探讨它们之间的关系，以求对所处理的专题做出一种解答。他的《士兵与国家：军民关系的理论与政治》一书，从书名便可看出，他想处理的是现代国家中以文人为首的国家政权如何与军人所掌控的军队之间的关系。用简单的中文表示，亨廷顿考察的是国家中的"文""武"之间的关系。这就有一个历史的面向。比如在中国历史上，皇帝建立王朝之后，都必须面对这一关系。汉高祖刘邦诛韩信、彭越等功臣，史家有"鸟尽弓藏、兔死狗烹"的负面评价。而宋太祖的"杯酒释兵权"，让建立功勋的军事首领一律荣归故里，也是出于同样的考量，不过可能是比较人道的做法。据说亨廷顿写作《士兵与国家：军民关系的理论与政治》一书，也与美国杜鲁门总统与当时的军事重臣、二战的英雄道格拉斯·麦克阿瑟（Douglas MacArthur, 1880—1964）的冲突有关。当然，这个冲突的结果是麦克阿瑟失去了军权，回老家终老。

但这一"文"和"武"的关系，至少对亨廷顿而言，仍然值得重视和研究。他著作的第一部分，考察了军人政治在西方的兴起，对之做了一个历史的考察。而他的重点则放在了 20 世纪，因为这一阶段出现过武将即军人完全控制文人政府，导致大规模战争的例子。二战前的德国和日本便是一个证明。而在美国，亨廷顿认为虽然历史上似乎没有出现过这样军事主义笼罩一切的例子——美国内战期间林肯总统能统领北方的军队就是一个证明，但他还是认为，这一"文""武"关系在美国十分重要。他提出的理由是，在近代之后的美国，军人已经高度职业化，形成了他所说的"军事职业主义"（military professionalism），而这种职业化的军人，又发展出"保守的现实主义"（conservative realism）的思想倾向，因此与美国建立在商业经济上的自由主义社会，两者之间存在潜在的冲突。不过，亨廷顿的基本出发点是，虽然有潜在的冲突，但"文"和"武"的关系在任何社会和国家，都形成一种相互依赖的关系，所以有必要调和、平衡。而他也相信，这一平衡是可以做到的——此书的写作就是企图做一证明。

亨廷顿写作的取径是，对美国的"军事职业主义"及其"保守的现实主义"思想倾向，加以深入分析。而他的结论就是，与一般人的想法乃至二战时期德国和日本的事例相反，职业化的军人并不危险，相反他们倾向和奉行"保守的现实主义"。这一倾向认为，人性是险恶、非理性和软弱的，所以战争的危险随时存在，而这些职业军人则是其对立面。他们希望通过历史的教训、与国家的合作、避免冒险激进的政策和增强自身军力等方面，最大可能地避免战争冲突，保证国家的安全。因此亨廷顿认为职业军人的思想倾向是"现实主义的"，也是"保守主义的"。①

亨廷顿的这一分析，不但在当时，而且在当代，都是别出一格、颇为新颖的。因此《士兵与国家：军民关系的理论与政治》出版之后，产生了不少争议。但他的详细论证，却还是让不少人无法反驳他的结论。《士兵与国家：军民关系的理论与政治》虽然是亨廷顿的第一本书，但该书至少从两个方面指出了他之后的治学路线。第一，如同上述，他虽然以美国的现实政治为重，但同时又有一个历史的、比较的和全球的视野，而且比较侧重亚洲来作为对比或例证。第二，作为一个政治学家，他的研究总是具有一个现实的目的，以求为美国政府和政治今后的发展谏言。《士兵与国家：军民关系的理论与政治》的第三部分讨论了 1940～1955 年美国的"文""武"关系，指出自二战期间开始，由于参战的需要，美国的"文""武"关系原有的平衡被打破，表面上看起来双方高度配合、融合，但实质上表现为"文"的高度削弱，为"武"所控制，由此产生了亨廷顿所说的一个"危机"。而这一危机在战后仍然继续，艾森豪威尔将军于 1953 年当选总统就是一例。总之，在亨廷顿眼里，"文"和"武"之间不应该融为一体，而是需要相互制衡，以求达到一种"平衡"（equilibrium）。②

从另一个方面来看，亨廷顿所谓的"平衡"，其实就是秩序的同义语。

---

① Samuel P. Huntington, *The Soldier and the State: The Theory and Politics of Civil-Military Relations* (Cambridge MA: The Belknap Press of Harvard University Press, 1957), p.79.

② Huntington, *The Soldier and the State*, pp. 354-373.

也就是说，良好秩序的建立和维持，需要各方面的平衡。亨廷顿《士兵与国家：军民关系的理论与政治》一书的末尾，似乎表达了他希望加强"文"的方面的力量，其实并不然。他在 1961 年出版的《共同的防御：国家政策的战略规划》中同样认为，在 1945～1960 年，美国的"文""武"关系，即军政关系经历了一场危机。但他指出，这是军方在制定军事政策方面，将责任推给了总统和联邦政府，没有正确地履行自己的义务。① 这两本书的写作宗旨十分相似，那就是一个国家，主要指美国在军事防御方面，必须取得军政两方的合作和平衡。《共同的防御：国家政策的战略规划》一书写作的时候，冷战的局面已经完全形成。亨廷顿的考虑是如何在这样的世界局势下，让军事政策与国内政治携手——他也认为这两个方面必须配合、无法分割——以求达到良好的防御。但这个军事政策的目的是形成一种"威慑"（deterrent），而不是进犯，也即发动战争。由是可见，亨廷顿在这个阶段虽然主要研究军事，但他的目的是制止冲突，努力寻求建立一种秩序。

二　从政治到社会

我们把亨廷顿视为当代的一位历史哲学家，因为在他的早期著作中，他虽然倾向于研究一两个专题，但已经具有一种世界的、历史的眼光，其研究的目的是探究影响世界历史发展的因素。20 世纪 60 年代，亨廷顿回到哈佛教书之时，正是现代化理论盛行一时的阶段。当代著名史家林·亨特（Lynn Hunt）在其《全球化时代的历史书写》（2014）一书中指出，现代化理论是影响 20 世纪以来历史学走向的四大意识形态之一。② 亨廷顿在那段时间，显然对现代化理论也做了深入研究，并以此为视角在 1968 年写了一本影响深远的著作——《变化社会中的政治秩序》。这本书从题目到内容，都继承和发展了他的治学路线和关怀，那就是如何在世界历史不断变化的情势下，重建秩序。而此书与他以往著作的不同在于，亨廷顿虽然也讨论

---

① Samuel P. Huntington, *The Common Defense: Strategic Programs in National Politics* (New York: Columbia University Press, 1961), pp. xi-xii.

② Lynn Hunt, *Writing History in the Global Era* (New York: W. W. Norton, 2014), p. 13.

欧洲和美国，但将重点移到了发展中国家，探讨的是现在更多人比较熟知的"多样现代性"现象。此书的宏观视角、新颖观点和精湛分析，让亨廷顿跻身世界一流的政治学家的行列。他对现当代历史的观察及其对历史未来走向的展望和建议，则继承和延续了19世纪思辨历史哲学的传统。

首先，亨廷顿虽然为现代化理论所吸引，但他的研究视角和结论，却与当时流行的观点相左。现代化理论的出现，与西方特别是西欧在近代的崛起有着密切的关系。其根本的前提就是认为工业化、现代化代表了人类历史的美好走向，因此西方的道路就是正确的道路，值得全世界其他国家和地区遵循和效仿。从这一立场出发，许多学者包括马克斯·韦伯都试图探究西方崛起而其他地方未能崛起的原因。这一思想倾向，尽管有着浓厚的西方中心论，但应该说在学术界至今仍有余脉可寻。不过亨廷顿的《变化社会中的政治秩序》一书的取径就与这种立场相反。他指出在发展中国家，现代化的进程反而造成了社会的动荡，他从一贯重视的秩序出发，力图探讨如何帮助这些国家重建秩序，以促进整个世界的和平发展。

亨廷顿对一个国家内秩序的强调，在此书的起始就开宗明义、显露无遗，值得我们在这里长段引用：

> 各国之间最重要的政治分野，不在于它们政府的形式，而在于它们政府的有效程度。有的国家政通人和，具有合法性、组织性、有效性和稳定性，另一些国家在政治上则缺乏这些素质；这两类国家之间的差异比民主国家和独裁国家之间的差异更大。共产主义集权国家和西方自由国家一般都可归入有效能的国家的范畴，而不属于衰微的政治体制。美国、英国和苏联各具不同的政府形式，但这三种体制的政府皆能安邦治国；每个国家自成一个政治共同体，人民对其政治制度的合法性有过一致的共识。每个国家的公民及其领导人对社会公益和他们的政治共同体赖以立足的那些传统和原则，观点是相同的。三个国家都具备强大的、能适应的、有内聚力的政治体制；有效的政府机构、组织完善的政党、民众对公共事务和高度参与、文官控制军队的有效系统、政府在经济方面的广泛活动、控制领导人更替和约束政治冲突的一套合理而行之有效的程序。这三家政府享有公民的忠诚，从

而有能力去开发资源，征用民力，创制并贯彻政策。大凡苏共政治局、英国内阁或美国总统作出某项决定，通过国家机器来付诸实施的可能性是很大的。①

作为一个西方政治家，亨廷顿将美国、英国和苏联相提并论，认为它们的政府在治国方面的成就不分轩轾，不但显示他的独特见识，也说明他不愿人云亦云，而是坚持认为在国家乃至整个世界中，秩序的建立至关重要。换言之，亨廷顿在这里有挑战西方中心论的立场，并不认为西方的民主政体便一定代表了人类历史的光明前途。其实，亨廷顿对苏联和东欧的一党政体及其统治的有效性，一直有兴趣研究。他在之前曾与他的哈佛同学及曾经的同事兹比格涅夫·布热津斯基一同写过美国和苏联的比较研究。之后在 1970 年，亨廷顿又与人合编过相关的著作。② 当然，从另一个角度来看，也有人指出亨廷顿的西方中心思想，因为在书中，他将美国、英国和苏联作为成功的一方，而他所指出的失败的一方，则几乎都是亚洲、非洲和拉丁美洲的国家。在很大程度上，亨廷顿写作此书的一个主要动机，就是因为他看到战后这些地区的变化，特别是在西方现代化模式的影响下，这些亚非拉国家尝试走向现代化，却导致了一系列社会动乱、政局动荡的局面。他的宗旨是让读者吸取这些教训，以求重新建立政治秩序。因此他指出，《变化社会中的政治秩序》一书的基本论点是："在很大程度上，这是社会急剧变革、新的社会集团被迅速动员起来卷入政治，而同时政治体制的发展却又步伐缓慢所造成的。"③

亨廷顿为此做了不少具体分析。他不但对战后亚非拉国家政局动荡、军人夺权等例子做了量的统计，而且从质的角度做了几个方面的分析。比如他指出，在政治建设方面，现代化的结果应该是增强公民的政治参与意识，平衡社会各集团之间的利益，让政府和社会对所在国家的未来走向和

---

① 〔美〕塞缪尔·亨廷顿：《变化社会中的政治秩序》，王冠华等译，生活·读书·新知三联书店，1989，第 1 页。

② 见 Zbigniew Brzezinski & Samuel P. Huntington, *Political Power: USA/USSR* (New York: Viking Press, 1964) 和 Samuel P. Huntington & Clement H. Moore, eds., *Authoritarian Politics in Modern Society: The Dynamics of Established One-Party System* (New York: Basic Books, 1970)。

③ 〔美〕塞缪尔·亨廷顿：《变化社会中的政治秩序》，第 4 页。

政策制定，形成一种共识。但在实际操作中，事情显然没那么简单。亨廷顿指出，现代化的一个重要标志就是走向工业化，而早期工业化的一个结果就是城乡之间的差距扩大。早期工业化还会带来另一个结果，那就是经济在短期内迅猛发展，造成与其政治制度建设方面的脱节。亨廷顿引用了普林斯顿大学教授西里尔·布莱克（Cyril E. Black）在这之前两年出版的《现代化的动力：一个比较史的研究》（*The Dynamics of Modernization: A Study in Comparative History*）中的例子，指出世界上第一个建立现代化的英国，花了近两个世纪才建立起来相应的政治体制，之后的美国则花了近一个世纪，而在 20 世纪上半叶开始现代化的 26 个国家中，其中 21 个国家仅仅花了 29 年的时间。[1] 因此，战后亚非拉国家的迅速现代化，带来了几个重要的"差距"：城乡差距、贫富差距和政治参与率和政治影响力的差距，等等，而这些差距的存在，是社会动荡和政局更迭的重要原因。因为正是这些差距的扩大，许多民众产生了强烈的不满情绪。鉴于政治体制建设尚未完善，一方面，迅速崛起的"新贵"常常为非作歹，肆意腐败；另一方面，城市的兴起及其与乡村之间的差距则会导致"绿色革命"，由留守在农村的人口的不满情绪所激发。如果政府由于体制不健全而无法疏解这些不满，那就容易演化为暴力行为，使社会发生动乱。这时军人干政便有了机会。他们发动政变，推翻原有的政权，建立亨廷顿所说的"普力夺（praetorian）政体"（军事寡头政体），与"公民政体"相对。不过，与亨廷顿对秩序的重视相一致，他并不认为这样的军事独裁统治十分有效。相反，他认为这些军事寡头政体常常引起更多的社会混乱。[2]

亨廷顿对当时拉美政坛出现的军人政变、军事独裁的现象，如同他对苏联和东欧的社会主义国家有所研究一样，有着比较深入的研究。其实，他对秩序的对立面——暴力冲突，一直持有浓厚的兴趣。他在写作《变化社会中的政治秩序》一书之前，曾写有《世界政治中的暴力模式》一文，收入他自己主编的《军事政治的变化模式》中。[3] 从他早年的治学经历来

---

① 〔美〕塞缪尔·亨廷顿：《变化社会中的政治秩序》，第 43 页。

② "普力夺"政体的译法，见于中文译本，但其实从其字源来看，就是指军事寡头政体。参见〔美〕塞缪尔·亨廷顿《变化社会中的政治秩序》，第 73~86、175~240 页。

③ Samuel P. Huntington, ed., *Changing Patterns of Military Politics* (New York: The Free Press of Glencoe, Inc., 1962). 亨廷顿的论文收入此书第 17~50 页。

看，亨廷顿研究政治形式和政府行为，一直具有比较的、国际的眼光，但视野相对狭窄。但从编写《世界政治中的暴力模式》开始，他借助其他作者的研究，将视角扩展到了整个世界。而他的《变化社会中的政治秩序》，虽然题目上没有"世界"两字，但其涵括的范围，则具有全球比较的视野。一言以蔽之，亨廷顿的《文明的冲突和世界秩序的重建》一书的成功，不是一蹴而就，更非一时性起，而是展现了他长期浸淫于世界政治发展研究的成果。

从以上的叙述可以看出，亨廷顿在出版《变化社会中的政治秩序》的20世纪60年代，其治学生涯达到了一个新的高度，不但著述频繁，而且影响扩大〔如在1965年他入选美国人文和科学院的院士；1970年又与人一同创立了《外交政策》（*Foreign Policy*）杂志〕。作为哈佛教授，他应邀出任一些政府的顾问，如巴西和墨西哥，为这些政府出谋划策。他对一个国家政府维持秩序的重视，想来与这些经历有一定的关系，因为这些拉美国家，在那时都经历了不同程度的社会动乱。同时，20世纪60年代又是越南战争的高峰时期。亨廷顿在《变化社会中的政治秩序》中指出苏联政权在维持社会稳定上的有效性，也在一定程度上显示他并不完全支持美国政府参与越战、试图输出西方政体的做法。所以，亨廷顿的一生，有着矛盾的两面。他对重建和维持世界秩序的重视，使得他的论著为新保守主义所利用，作为美国干预其他国家政治的理由。而从亨廷顿本人的世界观、历史观而言，他并不认为美国和西方所建立的政体，一定就适合其他国家，更无意论证、强调美国充当"世界警察"的必要性和合法性。亨廷顿的理论常常为美国共和党人引用，但他一生都支持美国民主党，而且在70年代末期成为民主党总统吉米·卡特（Jimmy Carter）政府外交政策的顾问，这也是一个有趣的旁证。

亨廷顿的这一略显奇特的立场，在他出版于20世纪70年代及之后的一系列论著中，得到了比较充分的体现。比如他在1975年与人合写了《民主的危机》一书，而在翌年又与他人合著了《不易的抉择：发展中国家的政治参与》。前者如同其书名所示，讨论的是西方民主政体在那时所经历的危机，而后者则针对第三世界国家的政治问题。《民主的危机》一书的写作，源于美国政府一个"三方委员会"（Trilateral Commission）的合作研究。这个三方委员会由亨廷顿的老友布热津斯基牵头（此时布热津斯基已经加入了政府），研究的对象是西欧、美国和日本的三大民主政体在当时所面临的挑战。西欧的研究由米歇尔·克罗齐耶（Michel Crozier, 1922-2013）执笔、日本的部分由上智大学的绵贯让治（1931~2015）负责，而美国的部分则由亨廷顿执笔。此书的书名似乎表明西方的民主在当时遇到了一场危机，但三位作者在书中强调，他们主要想分析民主政体在现代社会的利弊及其如何应对一些新的问题。① 而《不易的抉择：发展中国家的政治参与》一书，关注的是世界范围内政府与社会互动的关系。亨廷顿从他一贯坚持的立场出发，一个政权的稳定，需要与广大的社会建立良好的关系，获取政策上的共识。因此，政治的参与度是问题的关键，决定了一个国家发展的程度。具体而言，他和合著者认为，政府只是与上层和中产阶级取得合作并不能保证国家的长治久安；政府更需要做的是让更为广大的民众参与政治，庶几才能获得真正理想的效果。更重要的是，他们还认为，发展中国家政权的稳定与否，还会影响整个世界局势，即影响世界历史的总体发展。②

更需要指出的一点是，亨廷顿对世界历史走向的看法，当然是从美国的利益和立场出发的，但他并不认为美国的政治制度对其他国家一定提供了最好的榜样。1981年他出版了《美国政治：不和的许诺》一书，即是一例。作为一个美国政治学家，亨廷顿用这样的书名，可谓惊世骇俗，因为显然他不但想批评美国政治制度的缺陷，而且想指出这一缺陷的根本原因。在他看来，美国是一个"不和"的政体，其根源就在于美国有一套约定俗成的政治教义或信条（creed）（自由、平等、个人主义、民主制、宪政主义等），而同时美国的国家机制又在实际操作的层面并不完全与其信奉的教条契合。由是，亨廷顿提出，美国的政治生活中出现了"IvI gap"（IvI即脱节或差异的意思），其内容就是信条和机制之间的脱节。这一脱节同时也反映了美国的政治理想和社会现实之间的矛盾，因此美国政治在他看来就必然是不和谐的、矛盾重重的。作为一个有世界眼光的学者，亨廷顿在书的最

---

① Michel Crozier, Samuel P. Huntington & Joji Watanuki, *The Crisis of Democracy: Report on the Governability of Democracies to the Trilateral Commission* (New York: New York University Press, 1975).

② Samuel P. Huntington & Joan M. Nelson, *No Easy Choice: Political Participation in Developing Countries* (Cambridge MA: Harvard University Press, 1976).

后指出，正是这一美国政治内在的"不和"（disharmony），所以美国的外交政策也会遇到一系列的挑战，不会一帆风顺。当然，亨廷顿深爱美国，他没有要他的读者自暴自弃。《美国政治：不和的许诺》一书的最后一句是："因为美国的现实总是不能跟上其理想，因此批评家们说美国只是一个谎言。他们错了。美国不是一个谎言；它只是让人失望。而它之所以让人失望，因为它同时又是一个希望。"① 换言之，如果没有希望，就不存在失望。亨廷顿的辩证结论，有点像查尔斯·狄更斯（Charles Dickens, 1812–1870）所说："这是光明的季节，这是黑暗的季节；这是希望之春，这是失望之冬。"

三　从社会到文化/文明

1977~1978 年底，应老友布热津斯基之邀，亨廷顿加入了卡特政府的国家安全委员会。虽然亨廷顿一直被视为美国政府的智囊人物——给美国出谋划策也显然是他笔耕不辍的重要原因——但纵观他的一生，亨廷顿仍然是学院中人，没有像布热津斯基和亨利·基辛格（Henry Kissinger）那样成为一个外交家。不仅布热津斯基，其实基辛格也是亨廷顿在哈佛的同学和同事。他们两人虽然都是移民出身，而且政见不同（布热津斯基是民主党而基辛格是共和党），但都为美国与中国外交关系的解冻和最后建交贡献了力量。与他们相比，亨廷顿没有完全脱离学界，而是以理论家的身份，以其著述的多产和影响力闻名于世。

从亨廷顿写作《美国政治：不和的许诺》一书开始，他的兴趣应该说已经从军事、政治和社会，转向了文化和文明。这里的"文化"，似乎包含两个含义：一个是上层建筑，另一个是大众心理。如亨廷顿讨论的美国政治的信条如自由、平等、个人主义等，应该属于上层建筑的范畴。但他在书中还讨论了大众心理和思维倾向，即一般美国人对于他所指出的"IvI gap"的反应。亨廷顿指出，从美国的历史来看，这一反应基本表现为四种：（1）理想主义：希望通过强化、落实这些政治的信条，克服这一理想与现

① Samuel P. Huntington, *American Politics: The Promise of Disharmony* (Cambridge MA: The Belknap Press of Harvard University Press, 1981), p. 262.

实的脱节；（2）犬儒主义：默认这一脱节，无思改变；（3）伪善假装：否认这一理想与现实的脱节；（4）自我满足：无视这一脱节现象的存在。① 由此，我们可以看到亨廷顿对社会和文化因素的重视。他之前认为，外交政策、军事策略与国内政治密切相关，现在他则开始关注文化传统和思维倾向了。毋庸讳言，这一兴趣为他之后写作《文明的冲突和世界秩序的重建》及他的最后一本书《我们是谁？美国国家认同的挑战》做了准备。

作为一个学者，亨廷顿的治学特点是谨慎和冷静；他的著书立说，基本都以政府的"诤友"面目出现，希望对政府的政策谏言，由此而常常采取一种批评的态度和立场。但他的《第三波：20世纪后期的民主化浪潮》可以说是一个例外。此书基于他应邀在美国南部俄克拉荷马大学的系列演讲写成，出版于1991年。亨廷顿此书的写作，可以说是一反常态，基调高昂，态度乐观，对世界历史的现状和走向持有一种颇为积极的观点。这也许与他在美国南部相对保守的大学演讲有关，但更重要的应该是1989年之后世界局势的重大变化。亨廷顿一生都在冷战的氛围中度过，而苏联和东欧在那时的解体，标志了冷战的结束，他一定感到十分振奋。

此书的乐观基调，在一开始就有充分的显露。亨廷顿在书的序言中指出，20世纪后期有30多个国家走向了民主化，形成了一个新的民主化的浪潮。他还交代，此书的写作方法，介于理论分析和历史陈述之间，以提供解释为首要任务。的确，他在书中回溯了民主化的历史演变，认为自19世纪初叶以来，世界范围内发生了三次民主化的浪潮。第一次最为持久，从1828~1926年，长达一个世纪。第二次发生在1943~1962年。在这两次民主化浪潮之间，发生了亨廷顿所说的两次"反民主化浪潮"，分别是在1922~1942年和1958~1975年。②

亨廷顿指出，他所谓的第三波民主化浪潮，起始于1974年4月葡萄牙的一场政变。这场政变推翻了一个独裁者，但有趣和重要的是，与一般军人领导的政变相反，这次的政变在葡萄牙没有换来另一个独裁或军事寡头政权，相反，葡萄牙走上了民主政体建设的道路。而且，在这之后，巴西、

---

① Samuel P. Huntington, *American Politics: The Promise of Disharmony*, p. 64.

② Samuel P. Huntington, *The Third Wave: Democratization in the Late Twentieth Century* (Norman: University of Oklahoma Press, 1991), pp. xiii-xvii, pp. 1-26.

希腊等其他国家也纷纷走向了民主化。① 由此，民主化形成了一个浪潮，声势浩大，掀开了世界历史新的一页。然后他在书中，具体分析、解释了以下五个方面：（1）何谓"民主化"；（2）"民主化"的成因；（3）"民主化"的过程；（4）"民主化"的演变；（5）"民主化"的未来。在成因方面，亨廷顿注重从经济的发展方面进行分析，但同时，他注意到了宗教的因素，指出了世俗化的影响。② 这一分析显然有助于他在 20 世纪 90 年代写作《文明的冲突和世界秩序的重建》。

如上所述，亨廷顿的《第三波：20 世纪后期的民主化浪潮》总体展现了作者乐观的世界观，虽然在书的最后，他指出了民主化浪潮所遭遇的挑战。③ 饶有趣味的是，对亨廷顿而言，他对于世界历史的乐观态度有点昙花一现。此书出版之后，他显然又回到了他的老路，再次用谨慎、批评的立场来分析世界历史的发展态势。1993 年他在《外交事务》上对弗朗西斯·福山《历史的终结和最后一人》的评论以及 1996 年出版《文明的冲突和世界秩序的重建》，便是一个显例。

《文明的冲突和世界秩序的重建》一书，因其影响甚大，内容人们比较熟悉，此处不想多花笔墨。亨廷顿的主要立场与他的学生福山相反，1989 年冷战结束之后，在弥漫西方的乐观气氛中，他以一种"众人皆醉我独醒"的姿态，指出虽然民族国家的发展似乎正在逐渐走向同质化，但其实民族国家已经不再是当代历史的主角了。相反，他借用了 H. D. S. 格林威（Greenway）的"亲缘国家"（kin-country）理论，指出国家之间由于宗教、文化等因素，出现了抱团联合的现象。由此，文明而不是民族国家，才是划分当今世界的方法和角度，而民族国家的衰落，本身就体现了西方文化霸权的式微。亨廷顿的这一立场，与其弟子福山的看法几乎南辕北辙（当然福山在近年也有不少改变，我们将在有关他的专章进一步讨论）。

也许是出于师生关系，亨廷顿在评论福山《历史的终结及最后之人》

---

① Huntington, *The Third Wave*, pp. 3-5.
② Huntington, *The Third Wave*, pp. 46-108.
③ Huntington, *The Third Wave*, pp. 280-316.

的时候，只是亮出自己的观点，没有对福山的观点表示明确的异议。[1] 但在写作《文明的冲突和世界秩序的重建》的时候，他在第一部分即开宗明义，指出西方人的盲目乐观，其认为自己的文明已经成为一种"普世文明"的看法实在过于天真了。他略带嘲讽地写道："只有幼稚的妄自尊大才会导致西方人假设非西方人会通过获得西方商品而变得'西方化'。试想，当西方人把他们的文明等同于充气饮料、褪色的裤子和油腻的食品时，关于西方，这告诉了世界什么呢？"[2] 所以他认为，现代化与西方化并不相同，即使非西方地区效仿西方模式的现代化，也没有表明当代世界历史呈现了一个趋同的演变形势。

以此为立足点，亨廷顿在书的第二部分描述了西方的衰落，第三部分讲述了文明秩序的兴起，第四部分讨论了此书的核心部分——文明的冲突，然后在第五部分预测了一下文明的未来，即回到了此书的起始，再度分析了西方与非西方世界之间的关系。因此，像亨廷顿之前的许多著作一样，《文明的冲突和世界秩序的重建》一书结构完整、编排合理、论证充分、行文流畅。但更重要的是，他的观点鲜明，视角独特，让人（特别是西方的知识人士）有茅塞顿开的感觉。既然讨论文明之间的冲突，那么首先要界定什么是文明。但有趣的是，亨廷顿在这方面不想指出自己的看法。他的讨论参考和借用了前人的论著，归纳了文明的几大特征，诸如文明是文化的扩大和实体、文明有其持久性、文明的边界不固定，等等。然后他指出在当代世界，主要有下列文明存在：（1）中华文明；（2）日本文明；（3）印度文明；（4）伊斯兰文明；（5）西方文明；（6）拉丁美洲文明。[3] 这些文明之间的关系，特别是西方文明与其他文明之间的关系，显然是他关注、讨论的重点。

为什么要以文明为单位而不是以国家为单位分析世界历史呢？亨廷顿在发表于《外交事务》的评论中已经用这样简单明了的语言做了解释："欧

---

[1] Samuel P. Huntington, "The Clash of Civilizations?" *Foreign Affairs*, 72: 3 (Summer 1993), pp. 22-49.

[2] 〔美〕塞缪尔·亨廷顿：《文明的冲突和世界秩序的重建》，周琪等译，新华出版社，1998，第46页。

[3] 〔美〕塞缪尔·亨廷顿：《文明的冲突和世界秩序的重建》，第29~31页。

洲的共同体具有使自己区别于中国的共同体或阿拉伯共同体的文化特征。然而阿拉伯人、中国人和西方人都不是任何一个更大文明实体的一部分。他们自身构成了文明。"① 然后在写作《文明的冲突和世界秩序的重建》一书时，他将后面的一句改动了一下："然而中国人、印度人和西方人都不是任何一个更大文明实体的一部分。他们自身构成了文明。"② 两处写作的不同是，亨廷顿将"印度人"取代了"阿拉伯人"。这一改动也许是他考虑到在中东地区，即使是穆斯林的话，其中也有信仰的差异。当然，印度也在相似的程度上如此。但虽有改动，亨廷顿上述表达的意思颇为明确，就是中国人、印度人、西方人或阿拉伯人，都有长久的文明，代表了文化的实体，所以他们的存在无法用现代国家来代表。他想强调的是，民族国家产生于西方，但在当今世界，这一组合人类共同体的形式，已经不再有效，需要取而代之的是以文明为单位的人类各团体。

亨廷顿《文明的冲突和世界秩序的重建》的中心论点就是，当今世界的挑战，不是国家之间的冲突，而是文明之间的冲突。而这些冲突，源自文化传统、宗教信仰、经济模式、政治制度乃至生活习惯。当然，这些文明都有作为代表的核心国家，附以其他的边缘国家，因此有些看起来是国家之间的矛盾和冲突，在亨廷顿看来其实反映的是文明之间的沟壑。而且，一个文明体系下的国家之间，虽然也有矛盾和冲突，但从近年的发展态势来看，这一现象有所减弱。中东国家之间逐渐形成联盟是一个例子，而中国与日本的关系则是另一个。亨廷顿预言，随着中国崛起并成为世界性大国，日本将会甚至已经调整它与美国和西方的关系，转而与中国合作，向中国靠拢。③

总之，亨廷顿《文明的冲突和世界秩序的重建》一书，以其丰富的学识，举出大量的例子来描述和论证他的观察。此书就像一部警世箴言，提醒整个世界，历史从那时开始进入了一个新的阶段，必须有新的思维和新的政策来应付。他在书的结尾写道：

---

① Samuel P. Huntington, "The Clash of Civilizations?" *Foreign Affairs*, p.24.
② 〔美〕塞缪尔·亨廷顿：《文明的冲突和世界秩序的重建》，第26页。译文有相应的改动。
③ 〔美〕塞缪尔·亨廷顿：《文明的冲突和世界秩序的重建》，第263~266页。

　　和平与文明的未来都取决于世界各大文明的政治、精神和知识领袖之间的理解和合作。在文明的冲突中，欧洲和美国将彼此携手或彼此分离。在文明和野蛮之间的更大的冲突，即全球性的"真正的冲突"中，已经在宗教、艺术、文学、哲学、科学、技术、道德和情感上取得了丰硕成果的世界各伟大文明也将彼此携手或彼此分离。在正在来临的时代，文明的冲突是对世界和平的最大威胁，而建立在多文明基础上的国际秩序是防止世界大战的最可靠保障。①

所以，亨廷顿在此处点出了此书的关键，那就是指出世界历史今后的走向。他对这一走向没有明确的观点，但他的终极关怀还是国际"秩序"的建立，以求世界的和平发展。《文明的冲突和世界秩序的重建》充分展现了亨廷顿的睿智，不过虽然他一辈子重视秩序，但 2001 年"9·11"事件的发生，确是对世界秩序的一大破坏。而更为可悲的是，亨廷顿虽然指出了"文明的冲突"的可能，但美国却猝不及防、损失惨重。

　　如果说《文明的冲突和世界秩序的重建》是亨廷顿给整个世界的一部箴言，而且颇为准确地预测了世界历史的走向，那么他的最后一部书《我们是谁？美国国家认同的挑战》，则是献给美国人的警世之作。从一定意义上，我们可以认为此书是从文明的角度，重新审视美国的历史和现状。亨廷顿的基本立场是，由于全球化的影响，文明间的交流和冲突，已经渗入美国的政治生活和社会构成之中，因此对美国人已有的国家认同意识形成挑战。如同他在书的最后一节的标题所示："世界中的美国：世界的、帝国的还是民族的？"美国在他眼里，已经是整个世界的一个缩影——"世界成了美国，但美国还是美国"。② 对于美国人应该如何回答"我们是谁？"的问题，亨廷顿希望所有的美国人做出自己的解答。

　　纵观塞缪尔·亨廷顿的一生，他是当代世界为数不多的几个以全球的、比较的眼光，对世界历史的发展和走向做出种种思考并不断进行阐述、分析的学者。他的思考基本都以美国的利益为出发点，但其思考和分析的对

---

① 〔美〕塞缪尔·亨廷顿：《文明的冲突和世界秩序的重建》，第 372 页。
② Samuel P. Huntington, *Who Are We? The Challenges to America's National Identity* (New York: Simon & Schuster, 2004), pp. 362–366.

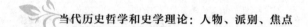

象，又经历了三个转变，即从军事政策、军事战略的考量，转而注重考察军事与政治之间的种种联系，然后又从政治转向社会，最后从社会扩大到文化和文明。上述这些转变，表明亨廷顿的治学路径和研究视野不断扩展。他在晚年写作的《文明的冲突和世界秩序的重建》一书，无疑是他一生成就的最高峰。自然，他的论点本身，也即文明是否就是当今世界冲突的主要形式，可以让人质疑和商榷。但他却正确地预感到了国际的冲突，已经转化成了文明之间的冲突。亨廷顿在此书论证中所展现的渊博学识、世界性的眼光和对人类历史的关怀和解析，远远超出了他作为一个政治学家的本业。一言以蔽之，亨廷顿足以被视为当今世界的一位思辨历史哲学家，其影响力至今仍经久不衰。

历史的终结？弗朗西斯·福山

　　作为本书收入的当代两位著名的思辨历史哲学家，塞缪尔·亨廷顿和弗朗西斯·福山有师生之谊；在后者求学哈佛大学的时候，亨廷顿是他的老师之一。显然，福山之后的写作，也可以显现亨廷顿影响的痕迹。不过，他们两人的学术生涯和观点，却大相径庭，有着明显的差异。例如，亨廷顿虽然被许多人视为影响美国政府外交政策的智者，但他一直在高校执教，真正为美国政府工作的时间不足两年。与之相对照，福山从求学时开始，就在不同程度上涉足政界或智库机构，只是出版了《历史的终结及最后之人》之后才进入教育界。从他们的世界观、历史观来看，两人的观点和立场也迥异。在一次与中国学者的访谈中，福山提到亨廷顿是对他的学术影响最大的三个人之一，不过他不同意亨廷顿的观点。① 的确，与亨廷顿的谨慎冷静、矜持保守的学术态度相对，福山则显得乐观自信、激情澎湃。当然，亨廷顿与福山最大的不同，是他们两人对 1989 年之后的世界历史走向，做出了几乎截然相反的预测。前者准确地预测了西方与伊斯兰文明之间冲突的升级；2001 年 "9·11" 事件的发生，就是一个印证。而福山认为苏联、东欧垮台之后，世界将进入一个大同世界。②

---

① Li Yitian, Chen Jiagang, Xue Xiaoyuan & Lai Hairong, "Democracy, Globalization and the Future of History: A Chinese Interview with Francis Fukuyama," *International Journal of China Studies*, 3: 1 (April 2012), pp. 95-107, 提到亨廷顿的地方在第 97 页。

② 有关亨廷顿与福山的不同，有不少论著，或可参见 Stanley Kurtz, "The Future of 'History': Francis Fukuyama vs. Samuel Huntington," *Policy Review*, 113 (June & July 2002), pp. 43-58。

毋庸赘言，我们说福山乐观、自信，主要依据是他在 1992 年出版的成名作——《历史的终结及最后之人》。换言之，福山与他的老师，在获取知名度方面，也显出了不小的差异。亨廷顿的《文明的冲突和世界秩序的重建》是他众多著作中最出名的一部，而他写作该书的时候，已年近古稀。相反，福山可谓少年得志、一举成名，他出版《历史的终结及最后之人》的时候，刚及不惑之年。《历史的终结及最后之人》出版之后，一时洛阳纸贵，成为《纽约时报》的畅销书，又赢得了《洛杉矶时报》的图书奖，风行一时。当时有些学者指出，福山暴得大名，但可能只有"十五分钟的知名度"，很快就会被人忘却。[①] 与这些预言相反，福山在《历史的终结及最后之人》之后，著述不断，推陈出新，成为当今世界一位活跃而又知名的思想家。他的"历史的终结"的论点，也让人将他视为一个"后历史"（posthistory）的现代历史哲学家。[②]

一 历史如何终结？

从弗朗西斯·福山的名字可以看出，他是一个日裔美国人，于 1952 年生于芝加哥。他的祖父辈自 20 世纪初年来到美国，靠做一点小生意生存下来。像许多移民家庭一样，他父亲这一辈开始接受良好的教育。他父亲虽然与所有日本人甚至日裔美国人一样，在二战中曾被关入集中营，但之后仍努力上进，获得了芝加哥大学的博士学位，并在宾州州立大学任教。他母亲生于日本，其父是京都大学的经济学教授和大阪市立大学的校长。福山是独子，幼时主要在芝加哥、纽约的曼哈顿和宾州州立大学的校园长大。在这样的知识家庭成长，福山自小学业优秀，不过不会讲日语。他本科读的是康奈尔大学的古典系，其老师之一艾伦·布鲁姆（Allan Bloom, 1937-1992）对他影响甚大。布鲁姆在 1987 年出版了《日益封闭的美国心智》

---

① 参见 Ralf Dahrendorf, *Reflections on the Revolution in Europe: In a Letter Intended to Have Been Sent to a Gentleman in Warsaw* (New York: Times Books, 1990)。

② 见 Robert Burns & Hugh Rayment-Pickard, eds., *Philosophies of History: From Enlightenment to Postmodernity*, pp. 318-321。杨生平也认为福山代表了"后历史"的史观，但视角不同，参见杨生平《一种值得关注的新历史观：福山的后历史世界理论》，《中国特色社会主义研究》2004 年第 6 期。

（*The Closing of the American Mind*）一书，对美国的高等教育提出尖锐批评，成为当时的一本畅销书。[①] 但布鲁姆对他的影响，那时主要还是在学业方面，比如福山在康奈尔大学，专修了希腊语，可以阅读亚里士多德和柏拉图的原著。[②] 更值得一提的是，通过布鲁姆，他读到了亚历山大·柯耶夫（Alexrandre Kojève，1902-1968）对黑格尔哲学思想的解读，留下了深刻的印象。福山写作《历史的终结及最后之人》的时候，就许多次提到柯耶夫，将之与马克思相提并论，认为马克思是 19 世纪黑格尔哲学的主要诠释者，而柯耶夫是 20 世纪黑格尔思想的最伟大的诠释者。[③] 福山在书中对世界历史的看法，包括他的书名，在许多地方都受到了柯耶夫的启发，我们将在下面再论。

大学毕业之后，福山上了耶鲁大学比较文学系攻读硕士，并在巴黎待了半年，随法国两位后现代主义的先驱罗兰·巴特（Roland Barthes，1915-1980）和雅克·德里达（Jacques Derrida，1930-2004）学习。但他与两位接触之后，却对他们的思想及其对现代性的批评，失去了兴趣。福山从巴黎回到美国之后，转而到哈佛大学攻读政治学的博士，从学于塞缪尔·亨廷顿等人。他的《历史的终结及最后之人》的写作，在很大程度上可以说是针对后现代主义历史观做出的批评。所以，我们上面提到罗伯特·伯恩斯（Robert Burns）和休·雷蒙-皮卡德（Hugh Rayment-Pickard）两人在编辑《历史哲学论集》的时候，将福山与米歇尔·福柯等人放在一起，视他们为"后历史"的思想家，显得有点误解了福山的历史哲学。

福山获得博士学位之后，进入了著名的智库兰德公司（RAND Corporation）任职。他在写作《历史的终结及最后之人》之前，给公司写过一个分析苏联在伊拉克的报告，虽然没有用阿拉伯语，不过能娴熟地使用

---

① 此书的中文译本是《美国精神的封闭》，战旭英译，译林出版社，2007。

② Li Yitian, Chen Jiagang, Xue Xiaoyuan & Lai Hairong, "Democracy, Globalization and the Future of History: A Chinese Interview with Francis Fukuyama," *International Journal of China Studies*, 3: 1 (April 2012), p. 97.

③ 〔美〕弗朗西斯·福山：《历史的终结及最后一人》，黄胜强等译，中国社会科学出版社，2003，第 74 页。不过此处的译文（包括书名）不甚准确，读者可以参照此书的英文原版 Francis Fukuyama, *The End of History and the Last Man* (New York: Avon Books, 1992), p. 65.

法语，显示他在耶鲁大学经受了良好的比较文学训练。① 这篇报告与他在哈佛大学的博士学位论文类似，说明福山对苏联体制及其在世界范围的影响力，有着颇为深入的理解。他也与人合编过相关的著作。② 他在柏林墙倒塌之后写作《历史的终结及最后之人》，起因也与他在兰德公司的工作有关，虽然他在正式写作（包括写作发表于 1989 年的同名文章）的时候，已经离开了该公司。显然，他认为苏联的垮台和冷战的结束，标志着一个时代的结束，代表了西方意识形态的"凯旋"（triumph）。这是他在 1989 年写作同名文章时的用法，③ 也是后来扩展成书的一个出发点。

但《历史的终结及最后之人》一书的内容，远远超过了作为一个智库报告的规模和标准。福山虽然年轻，未及四十，却在几个方面为写作准备了条件。一是前述他对苏联体制和马克思主义的了解；二是他对德国古典哲学特别是黑格尔历史哲学的深入体会；三是他对后现代主义思维的不满及对当代政治、历史和未来走向的关怀。他在写作《历史的终结?》一文的时候，虽然题目有一个问号，但其实态度坚决、笔调坚定，显现出往往在一种年轻学者身上才有的高度自信。当然，与他年迈的老师亨廷顿相比，福山显然还没有那么博学，对世界军事、政治、社会和文化都有兴趣和专攻。福山的取径是借助他比较擅长的哲学功底，从意识形态方面对世界历史的现状和发展，做出深入的分析和预测。

具体而言，福山认为 20 世纪的历史显现了两种意识形态的交战，那就是自由主义和专制主义之间的此起彼伏；前者以西方世界为代表，后者则以苏联和中国为代表。他指出，冷战的结束，被有些人认为是资本主义制度的胜利。福山并不同意。他认为从历史经验来看，资本主义作为一种经济制度，与民主制度之间不一定有必然的关联。福山以东亚经济在战后的发展及中国改革开放之后的经济改革为例，其成就让世界瞩目。他强调这些地区的经济蓬勃发展，并不是采取了资本主义的制度之后才产生的结果。

---

① 见 Francis Fukuyama, *The Soviet Union and Iraq since 1968* (Santa Monica CA: Rand Corporation, 1980)。这本小册子内部发行，读者对象是美国空军。

② 见 Andrzej Korbonski & Francis Fukuyama, eds., *The Soviet Union and the Third World: The Last Three Decades* (Ithaca: Cornell University Press, 1987).

③ Francis Fukuyama, "The End of History?" *National Interest*, 16 (Summer 1989), pp. 3–18.

福山的做法是，另辟蹊径，从意识形态的角度来考察、分析世界历史的演化。由是他可以引入康德、黑格尔的历史哲学及马克思、柯耶夫等人对其的解读和发展。他认为"历史的终结"的概念，由黑格尔提出，其含义是指人类在掌握了科学技术之后，不再受自然界的制约，而能充分运用理性，自由掌握自己命运的时刻。显然，黑格尔的界定，与福山想说的只是有些联系。所以福山借用黑格尔的提法，还得通过两个解读者，一个是马克思，另一个是柯耶夫。福山认为，马克思的历史观，特别是将共产主义视为人类历史发展的前途的观点，实践了黑格尔"历史的终结"的概念。而柯耶夫虽然在美国并不知名，但在福山眼里，柯耶夫是在当今世界复活了黑格尔哲学思想的一个重要人物。他的理由是，黑格尔曾将 1806 年的耶拿会战，视作世界历史的终结，因为拿破仑一世在该战役中，击败了普鲁士王国的军队，将法国大革命的理想付诸了实践。这一看法在许多黑格尔的研究者中，并不特别受到重视。但柯耶夫则不然。福山指出，柯耶夫在解读黑格尔的《精神现象学》的时候，指出黑格尔的论点基本正确，因为耶拿会战至少在原则上代表一个新兴的、自由民主的思想，已经正在走向胜利，即将取代以前的封建主义。而更重要的是，柯耶夫还认为，自此之后，世界历史虽有起伏，但基本沿着这一走向演变。①

其实，福山所谓的自由主义，可以与现代性相比拟，指的是现代社会或现代化背后的思想渊源。而他认为，这一思想倾向，代表了世界历史发展的走向。在一定意义上，他认为苏联、东欧及中国的社会主义建设，也大致朝着这个方向行进。不过自由主义与专制主义的区别仍然是明显的，而柏林墙的倒塌和苏联的崩溃，加上中国的改革开放，显示这一区别已经不复存在。福山的所谓"历史的终结"就是在这个意义上建立的。因此我们在上面说他反对后现代主义，也正是体现在这个方面，尽管他指出"历史的终结"，常常被人们误以为是指现代社会的结束和"后现代"社

---

① 有关柯耶夫对黑格尔《精神现象学》的解读，参见 Alexandre Kojève, *Introduction to the Reading of Hegel: Lectures on the Phenomenology of Spirit*, ed. Allan Bloom, trans. James H. Nichols, Jr. (Ithaca: Cornell University Press, 1969)。另见 Francis Fukuyama, "The End of History?" pp. 4-5。刘小枫的《"历史的终结"与智慧的终结：福山、科耶夫、尼采谈"历史终结"》（《贵州社会科学》2016 年第 1 期）讨论了福山历史观的思想渊源。

会的来临。① 实际上，后现代主义强调历史走向的多元性和相对性，现代主义的历史观则指出人类历史将会殊途同归、百川归海。福山在《历史的终结?》一文和《历史的终结及最后之人》一书中，都坚持了这样的历史观，也即他所谓的"普遍史"的形成和演化。这一"普遍史"指的是一个历史观念的普遍性，已经为世界上的人所接受和遵循。

福山这样写道：

> 随着人类走进本世纪的岁末，专制主义和社会主义计划经济这两大危机只留下惟一的一个竞争者作为具有潜在的全球价值的意识形态，那就是民主制度。它是个人自由和民权的学说。法国和美国革命两百年之后，自由和平等的原则已经证明它不仅是持久的，而且也是可以复活的。

然后他又观察到，在 20 世纪 90 年代，民主制度虽有发展，但并没有普及。对这一现象，他的解释是：

> 我们所看到的胜利不是如此多的自由行为，而是自由主义的思想，即在世界绝大多数地区，目前还没有任何一种自称放之四海而皆准的意识形态能与自由民主相抗衡，而且除了人民民主之外，还没有一个普遍适用的合法性原则。②

福山这一解释，显示了他《历史的终结及最后之人》一书的主旨和内

---

① 参见 Howard Williams, David Sullivan & E. Gwynn Matthews, *Francis Fukuyama and the End of History* (Cardiff: University of Wales Press, 1997)，特别是该书的结论部分，第 160~178 页。福山本人在回应别人的批评的时候，也指出他的立场与后现代主义颇为不同，参见 Francis Fukuyama, "Reflections on the End of History, Five Years Later," in Timothy Burns, ed., *After History? Francis Fukuyama and His Critics* (Lanham, MD: Rowman & Littlefield Publishers, 1994), pp. 259–262。

② 〔美〕弗朗西斯·福山：《历史的终结及最后一人》，第 47、50 页。中国学界较早全面介绍福山的是陈启能先生的《历史终结了吗？评福山的历史终结论》（《史学理论研究》1997年第 3 期），对福山的历史观念提出了不少批评。美籍学者谢幼田则从中国儒家文化的立场批评了福山的西方中心的历史观，参见谢幼田《从中国文化看福山的局限》，《孔学堂》2017 年第 1 期。

容——他所归纳的"历史的终结"，主要指的是在意识形态的领域，自由主义的思想在全世界已经凯旋，并将进一步走向全面的胜利。

不过我们比较《历史的终结?》一文和《历史的终结及最后之人》一书，可以明显看出福山的态度已经有所变化。他在发表《历史的终结?》一文之后，可谓一炮打响。但他在意识形态上宣告西方的凯旋，让学界的不少人士感到他的论点过于极端、自信，因此提出了许多批评。这导致福山在写作《历史的终结及最后之人》一书的时候，其自信程度有所收敛。举例来说，他在《历史的终结?》一文的最后，略带矫情地写道，因为历史已经走向了终结，人们在意识形态上已经达到了统一，让他产生了纠结和复杂的心情。

> 在后历史的阶段，将不再有艺术和哲学，只有保存人类历史博物馆的努力。我自己觉得，也看到我身边的人，都对过往的历史有一种强烈的怀旧感。事实上，这一怀旧感将继续支持着竞争和冲突，即使在后历史的阶段，还会持续好一段时间。尽管我承认这一趋势的无可避免，但我对1945年以来欧洲创造的文明及其在北大西洋和亚洲的延伸，心里仍有浓浓的不舍之感。也许，在这个历史终结的时刻，看到未来的好几个世纪将会无所事事，这一期待将会重启历史向前的车轮。[1]

福山的这一写法，如同一个拳击赛中获胜了的选手，友善地伸手拉起倒在地上的对方那样，显示出一种得意的、胜利者的大度。不过在《历史的终结及最后之人》的书末，他的这种得意扬扬的笔调没有出现。相反，他的文笔虽然同样带有文学色彩，但口气变得相当谨慎，甚至略显低沉：

> 柯耶夫相信，历史本身最终将证明自己的合理性，也就是说如果有足够多的马车入城这一情景会使任何有理性的人看到后，都必得承认只有一条路和一个终点。让人怀疑的是我们现在是否就处在这个节

---

[1]　Francis Fukuyama, "The End of History?", p. 18.

点上，因为无论近年来自由主义革命在世界范围内如何蓬勃兴起，我们现在所能得到的关于马车的走向的证据仍然不足让我们得出明确的结论。在我们最后的分析中，我们也无法知道即使大多数马车最终都将到达同一个城镇，而车上的人会不会环顾一下新的环境之后，觉得这个环境并不如意而将目光投向一个新的、更遥远的征途。①

换言之，福山在《历史的终结及最后之人》的结尾，不但自信感减弱了不少，甚至还指出了他崇拜的柯耶夫的某些不足。

如果说福山写作《历史的终结及最后之人》，在立场上有所修正，也是因为他的论点的确有不足之处。比如他强调西方意识形态——自由主义的凯旋，但即使在20世纪八九十年代，中东伊斯兰世界也显然是个例外。至少从外部的立场来看，穆斯林对西方的文化"侵略"，恨之入骨。而福山的《历史的终结?》和《历史的终结及最后之人》，虽然提到宗教和民族主义会挑战自由主义的普遍性，却对穆斯林对西方文明的抵制尽量避而不谈。这与亨廷顿注重中东文明的做法，几有天壤之别。由此他误判了90年代之后世界局势的发展，可以说是在意料之中。另外，福山的论点还有一个潜在的问题，那就是如何看待东亚的崛起。他在《历史的终结及最后之人》的书中指出，中国的改革开放，标志了中国人接受了自由主义，抛弃了专制主义。显然，他的论断颇为牵强。②

二 人类的本性

尽管如此，福山之后还是坚持了唯心主义的视角来总结、概括世界历史的进程和走向，认为意识形态和文化因素，将是引导历史演进的主要动力。他在《历史的终结及最后之人》一书中，已经强调黑格尔的历史哲学中，人类追求被"承认"的欲求，是推动历史发展的一个持久的动力。③ 福

---

① 〔美〕弗朗西斯·福山：《历史的终结及最后一人》，第382页。但译文有误，此处做了必要的修改。参见 Francis Fukuyama, *The End of History and the Last Man*, p.339。
② 〔美〕弗朗西斯·福山：《历史的终结及最后一人》，第38~43、114~116页。不过译文有删节。参见 Francis Fukuyama, *The End of History and the Last Man*, pp.23-38, 101-108。
③ 〔美〕弗朗西斯·福山：《历史的终结及最后一人》，第161~172页。

山在其第二本著作《信任：社会美德与创造繁荣》中，继续将其发挥，从文化、思想和伦理的层面探讨历史发展的动因。在与中国学者的访谈中，福山自承《信任：社会美德与创造繁荣》是他个人最喜欢的一本著作。[①] 这也许是因为此书有不少与东亚相关的内容，但从学理上而言，他或许也的确需要补充一下他自己对东亚文明的知识，不能将东亚的现代化，完全归结于西方文明的影响。

《信任：社会美德与创造繁荣》一书的内容，看起来似乎不具世界性的规模，但实际上讨论的问题同样有全球意义。福山写作此书，似乎是想回归他自己文化的传统，即从东亚的历史经验出发来讨论现代化的问题。显然，日本在战后的经济复苏和起飞、亚洲四小龙的崛起和中国在近年的迅猛发展，是所有关心世界前途的人都无法回避和忽视的现象。福山在《历史的终结？》和《历史的终结及最后之人》中，几乎没有考虑东亚经济发展背后的文化、文明的因素。如我们上面所引，他视其为欧洲文明在1949年之后的"延伸"。而他写作《信任：社会美德与创造繁荣》则纠正和补充了上述看法。如书名所示，福山认为经济发展有文化和社会的因素，即人与人之间信任度强弱的问题。他将欧美的大部分国家归为"高信任度"的社会，而中国、韩国、意大利乃至法国是"低信任度"社会的代表。前者的特征是有较强的社团、社群意识，而后者则从家族出发构建其社会关系。这两类社会的差别在于，前者会出现各种中间团体，如教会、工会、俱乐部和各类民间组织，其角色是在国家与民众之间调停。而在后者的社会中，这类组织即使存在，其作用也可有可无，因为那里的人对这些组织缺乏信任感，由此一来，政府的权力往往比较强大、强势，对经济生活直接干预。福山对日本的看法是，日本虽然处在东亚，却更像"高信任度"的社会，所以日本的经济发展，与东亚其他地区、特别是中国，大相径庭。[②]

---

① Li Yitian, Chen Jiagang, Xue Xiaoyuan & Lai Hairong, "Democracy, Globalization and the Future of History: A Chinese Interview with Francis Fukuyama," p. 106.

② 〔美〕弗朗西斯·福山：《信任：社会美德与创造经济繁荣》，彭志华译，海南出版社，2001。需要指出的是，此书的中文书名与英文原名不太对应，因为福山的"繁荣"并不仅仅指经济的繁荣，参见 Francis Fukuyama, *Trust: The Social Virtues and the Creation of Prosperity* (New York: Free Press, 1995)。

《信任：社会美德与创造繁荣》一书出版四年之后，福山又出版了《大分裂：人类本性与社会秩序的重建》，其内容与前书有相似之处——两本书可以说是姊妹篇。不过福山处理的对象有所不同。他在《信任：社会美德与创造繁荣》一书中虽然没有明言，但显然认为"高信任度的社会"优于"低信任度的社会"。这就是说，西欧、北美加上日本，胜于中国、韩国、意大利、法国等国家。他的衡量标准是"繁荣"（prosperity）。大致而言，西欧、北美和日本的确比其他地区更为繁荣，但韩国和中国近年的经济发展也同样十分强劲，由此对福山的理论提出了挑战。而在《大分裂：人类本性与社会秩序的重建》一书中，福山的笔锋一转，针对的是以美国为首的西方世界所面临的社会问题。他所谓的"大分裂"指的是自20世纪50年代以来西方世界经济走向了"后工业化的时代"，但在社会的层面，却出现了犯罪率提高、生育率下降、离婚率飙升、人口走向滑坡、人们对社会、政府和未来的信任和信心大幅减弱的趋向。福山的意思是，西方的工业化已经进入了转型期，而社会秩序和道德水准却没有相应地跟上，以致引发了这一"大分裂"的现象。①

像《信任：社会美德与创造繁荣》一样，福山写作《大分裂：人类本性与社会秩序的重建》是想为全世界的社会提供解决问题的出路和方向。他虽然从小不讲日语，对日本的了解也相对肤浅，但他在写作这两本书的时候，却对日本社会持有比较肯定的态度。在《信任：社会美德与创造繁荣》中，他指出日本的社会属于"高信任度的社会"，与东亚其他社会不同。而在《大分裂：人类本性与社会秩序的重建》中，他指出西方社会所面临的"大分裂"，也即社会秩序的礼崩乐坏，在日本和韩国尚未发生。②不过他也指出，在现代世界，这一趋向无可避免，重要的是寻找解决问题的方法。福山的立场是，人与人之间建立联系和形成组织，这是人的本性，而这些组织构成了社会秩序。而社会秩序需要"社会资本"来维持。福山

---

① 〔美〕弗朗西斯·福山：《大分裂：人类本性与社会秩序的重建》，刘榜离等译，中国社会科学出版社，2002，第3~8页。福山原书的书名是 *The Great Disruption: Human Nature and the Reconstruction of Social Order*（New York: The Free Press, 1999）。他用"Disruption"的意思是想表现社会秩序的破坏或瓦解，所以他指出了重建的必要和可能。因此书名译为"大瓦解"应该更为精确一点，当然"礼崩乐坏"应该更为通俗易懂。

② 〔美〕弗朗西斯·福山：《大分裂：人类本性与社会秩序的重建》，第174~176页。

对"社会资本"的定义是：

> 社会资本可以简单地定义为一个群体其成员共有的一套非正式的、允许他们之间合作的价值观或准则。如果该群体的成员开始期望其他成员的举止行为将会是正当可靠的，那么他们就会相互信任。信任恰如润滑剂，它能使任何一个群体或组织的运转变得更加有效。[①]

由此可见，福山写作《大分裂：人类本性与社会秩序的重建》一书，其实是从另一个角度阐述"信任"的重要。他所指出的西方社会的"大分裂"，指的就是西方人在后工业化社会，失去了人与人之间的相互信任。因此他强调，克服"大分裂"的方法，就是增强人与人之间的信任度，从而提高社会资本，重建社会秩序。而在书的最后一部分，他指出这一重建是可能的，因为建立信任，让人与人之间的交往遵循一种公认的道德准则，是人类历史演化、进步的一个基础。[②]

福山写作《大分裂：人类本性与社会秩序的重建》的时候，他已经渐渐进入学界，出任乔治·梅森大学的讲座教授，然后又任教于约翰·霍普金斯大学著名的外交学院，近年他又转任斯坦福大学国际研究（International Studies）的教授。显然他因《历史的终结及最后之人》一举成名，成了一位受人追捧的学者，被视为能从理论的层面分析当代世界及其未来发展的思想家。而福山的理论分析，其取径是唯心主义的，注重的是思想、文化、道德、信仰等上层建筑的因素，如何指引了人类历史的前行。而归根结底，福山认为上述这些思想、文化、道德行为的建设，来自人类本性，因为人之为人，必然会与他人联系和交往，组成群体，而在群体交往和活动的时候，则需要寻求建立一种规则和秩序。

三 "后人类"历史的前景和挑战

从上述这些著作可以看出，福山的历史观和世界观基本都还是正面和

---

① 〔美〕弗朗西斯·福山：《大分裂：人类本性与社会秩序的重建》，第18页。
② 〔美〕弗朗西斯·福山：《大分裂：人类本性与社会秩序的重建》，第329~352页。

乐观的。换言之，在 2001 年"9·11"事件发生之前，福山一直持有与塞缪尔·亨廷顿不同的看法，认为世界历史的路程虽有起伏，但最终会走向大同，建立良好的秩序，因为人类本性使然。不过他也有忧虑和怀疑的时候。1999 年，即他发表《历史的终结？》一文的十年之后，福山写了一篇旁人不太注意但十分重要的《再思：试管瓶中的最后之人》的文章，同样发表在《国家利益》杂志上。从文章的题目可以看出，他对十年之前的自信满满，有所反思和修正。而他的依据是，现代科技、特别是生物科技的长足发展，让科学家可以改变基因。对于福山而言，这一发展的结果是，科学可以改变人类的本性。如此一来，他论证人类必然走向大同的预测，就受到了强有力的挑战。①

在"9·11"事件发生之后的 2002 年，福山出版了《我们的后人类未来：生物科技革命的结果》一书。他在书的序言中交代，此书的写作就是《再思：试管瓶中的最后一人》一文的延伸和扩展。或许是受到"9·11"事件发生之后笼罩美国的悲观情绪的影响，福山在书的第一章便表现出了悲天悯人的情绪。他以两本在 20 世纪著名的"反乌托邦"（dystopia）著作为例，用以描述当今世界所面临的严峻挑战。一本是乔治·奥威尔（George Orwell, 1903－1950）的《1984》，另一本是阿道司·赫胥黎（Aldous L. Huxley, 1894－1963）的《美丽新世界》（*Brave New World*）。前者我们比较熟悉，后者则需要稍微介绍一下，与福山此书的关联性也更强。阿道司·赫胥黎是《天演论》一书的作者托马斯·赫胥黎（Thomas Huxley, 1825－1895）之孙，是英国著名的小说家。《美丽新世界》一书用讽刺的笔调，想象地描绘了一个崭新的、由人类科技创造的世界，其中人类的培植都依据了既定的模式，达到了完美的"社会控制"：有的生来就是领导、精英阶层；有的则处在社会的底层，一辈子劳作。因为他们的基因被改造了，这些不同阶层的人都会安居乐业、各守其职，其社会的箴言是"共有、统一、安定"，世界因此而永享太平。值得一提的是，赫胥黎《美丽新世界》一书的书名可以有不同的译法，因为"brave"一词具有不同的含义：除了"勇敢""美丽"之外，还有"面对"的意思，所以有人将之译为《勇敢面

---

① Francis Fukuyama, "Second Thoughts: the Last Man in a Bottle," *National Interest*, 56 (Summer 1999), pp. 1-20.

对新世界》。而这个书名的原文出自莎士比亚的《暴风雨》，描述了基本与世隔绝的米兰达用井底之蛙的腔调赞美她生活的世界。赫胥黎用来作为书名，其嘲讽的意味昭然若揭。

福山的《我们的后人类未来：生物科技革命的结果》一书以《1984》和《美丽新世界》为首章，体现了他写作上力求引人注目的手法，但也反映了他本人真实的忧虑。福山在书中注重的是当代神经药理学的发展，特别是"百忧解"（Prozac；其药理的名称是 Fluoxetine）和"利他林"（Ritalin；其药理的名称是 Methylphenidate）这两味药的生产和普及。前者治疗忧郁症，后者则针对多动症。福山指出，这两味药的研制及其成功，本身体现了科技的成果，但它们代表了一种潜在的危险后果，那就是让赫胥黎指出的"社会控制"得以最终实现。① 而这一"社会控制"成功的代价就是，人类的本性被扭曲、被改造，人类的历史由此走向了一个"后人类"的方向。对福山而言，这样的前景十分让人忧虑，因为如同《美丽新世界》一书所想象的那样："在这样的一种社会，每个人都受到了软性的专制统治，虽然健康、快乐，却不再知道希望、恐惧和斗争意味着什么"。② 对于人类科技所带来的这样一种后果，福山的希望是从现在开始，政府就必须对科技的研究，加以控制，以防不堪设想的后果。

在"9·11"事件发生之后至今，福山又出版了许多新著，至今仍毫无封笔的迹象。限于本章的篇幅，我们对此无法一一详论。不过就总体而言，这些新著基本反映了他历史观、世界观的一个明显变化，那就是对世界历史的未来发展，没有像从前那样乐观、自信。③ 在很大程度上，我们可以这样观察，他的学术立场已经渐渐向他的老师亨廷顿靠拢，认为历史不能自然而然地走向世界太平和大同，而是需要为了这一崇高目标，不断做出努力。这方面的例子有他在 2004 年出版的《国家政体建设：21 世纪的治国与世界秩序》和 2006 年主编的《民族国家的重建：阿富汗和伊拉克及其他》

---

① Francis Fukuyama, *Our Posthuman Future*: *Consequences of the Biotechnology Revolution* (New York: Farrar, Straus & Giroux, 2002), p. 53.

② Fukuyama, *Our Posthuman Future*, p. 218.

③ 刘仁营、肖娇的《福山放弃"历史终结论"了吗？金融危机背景下的争论与思考》（《西南大学学报》2016 年第 5 期），对此有所讨论。

两本书为代表。^① 前者指出，西方文明与中东文明之间的冲突，其主要原因在于，中东地区国家的政治权力相对薄弱，而这些弱的政体造成这些国家无法有效地对待和处理社会矛盾，进而影响了国际秩序和世界和平。而后者则以阿富汗和伊拉克为例，探讨美国对这两国侵略之后，如何应对随之而来的民族国家建设问题。2008 年福山又主编了《落后：解释拉美与美国发展的差距》一书，亦从民族国家建设的角度，探讨美国与拉美经济成败的原因。^② 福山写作、编辑这些书的主因是希望通过强化民族国家，促进世界和平。不过，他的历史观仍然以西方中心为基调，认为非西方地区和国家的出路，就在于效仿西方的政体，积极促进国家的机制，而其结果不但可以有助社会稳定，也能帮助重建"9·11"之后的世界秩序。

饶有趣味的是，福山的政治立场在西方学界看来，显然是保守主义的——在他出版了《历史的终结及最后之人》之后，许多人视他为新保守主义的代表人物——而新保守主义的特点就是强调西方文明的优越，并证明西方和美国向其他地区推进西方文明，不但有理，而且必需。但在"9·11"事件发生之后，福山对美国政坛的新保守主义，不仅保持了距离，而且多有批评。他在 2006 年出版的《十字路口的美国：民主、权力和新保守主义的遗产》一书，就是一个显例。此书依据他在耶鲁大学做的系列讲座写成，其宗旨是检讨乔治·W. 布什政府的外交政策。此书还有一个英国版，题目更为醒目：《声讨新保守派：右派错在哪里？》。^③ 福山的主要论点是，布什政府及其幕僚所推行的新保守主义对世界秩序的重建没有益处，反而带来了坏处。其原因在于新保守主义一方面认为西方的民主政治优于其他政体，但在其外交政策上却又太务实，不愿帮助非西方国家建立健全、

---

① Francis Fukuyama, *State-Building*: *Governance and World Order in the 21ʰ Century* (Ithaca: Cornell University Press, 2004) 和 Francis Fukuyama, ed., *Nation-Building*: *Beyond Afghanistan and Iraq* (Baltimore: Johns Hopkins University Press, 2006). 笔者在翻译这两本书的书名时，力图做一些区分，因为中文里的"state"和"nation"都可以译为"国家"，但福山的用法希图对两者有所区别，前者注重政体、机构的建设，而后者强调的是国家的民族共同性。

② Francis Fukuyama, ed., *Falling Behind*: *Explaining the Development Gap between Latin America and the United States* (Oxford: Oxford University Press, 2008).

③ Francis Fukuyama, *After the Neo Cons*: *Where the Right Went Wrong* (London: Profile Books, 2006). 此书的书名用的是一个双关语，"after"在这里可以指"之后"，也可以指"声讨"。

有效的民主制度，而是得过且过，只要这些国家愿意支持美国，便对他们的政体睁一只眼闭一只眼。对于这样的新保守主义，福山认为有损世界秩序与和平的建设。他的希望是让自由主义的意识形态，推广到整个世界。他在《十字路口的美国：民主、权力和新保守主义的遗产》结尾明确指出：美国已经是世界上唯一的超级大国，而其执行的仁慈的霸权政策，却犯了一个致命错误。如果不将美国的评判和愿望明白无误地表示出来，那么便是一种短视的行为，而这样做的结果就是让这个单中心的世界持续动荡不安。① 换言之，福山坚定地认为，美国已经当然地成为世界的核心，其霸权的地位毋庸置疑，而美国应该做的是，更为积极坚定地推行其价值体系，主导整个世界的发展。从福山的这一观点来看，他的保守主义更胜于布什政府及其幕僚。而从另一个角度来看，他还是坚持了他在《历史的终结及最后之人》中已经表述的立场，那就是西方的自由主义放之四海而皆准，将会是今天的世界继续往前的指引。

上面已经提到，福山近年开始向亨廷顿靠拢。这主要表现在两个方面：一是像亨廷顿一样，他重视世界秩序并希望寻求重建这一秩序的办法——他强调全球范围民族国家的重建和他批评新保守主义的外交思想和政策，都与此相关；二是他逐渐重视政治和政体，希望从这个视角来构建世界的和平和秩序。如果上述论著反映的是第一个方面，那么他最新出版的三本书则表现了第二个方面。福山在 2011 年和 2014 年分别出版了《政治秩序的起源：从前人类的时代到法国革命》和《政治秩序的兴衰：从工业革命到民主的全球化》两本书——前者更在扉页上写明是为了纪念塞缪尔·亨廷顿。② 这两本书就像姊妹篇，从全球范围描述了现代政治的缘起和兴衰。概而言之，福山试图在两本书中比较各类政体，也恰当地承认这些政体在不同程度上呈现一定的有效性。但他最终看法仍然是，民主政体虽然不是至高理想，但它仍然代表了世界历史的一个走向，因为民主政体对每个人的

---

① Francis Fukuyama, *America at the Crossroads: Democracy, Power, and the Neoconservative Legacy* (New Haven: Yale University Press, 2006), pp. 193-194.

② Francis Fukuyama, *The Origins of Political Order: From Prehuman Times to the French Revolution* (New York: Farrar, Straus & Giroux, 2011); Francis Fukuyama, *Political Order and Political Decay: From Industrial Revolution to the Globalization of Democracy* (New York: Farrar, Straus & Giroux, 2014).

平等尊重负责，有着一种普遍的吸引力。

2018 年福山出版了《认同：追求尊重和仇恨政治》，阐述了他对当今世界和人类历史未来走向的最新看法，值得我们关注。此书的出版，距他《历史的终结?》一文的发表和《历史的终结及最后之人》一书的出版，已近三十年。前面已经指出，面对其间世界局势发生的诸多变化，福山的立场和观点已经有所调整，其最大的不同是他之前的乐观、自信，似乎已经为冷静、谨慎甚至小心翼翼所取代。但福山的总体历史观是否也有了根本改变呢？他的《认同：追求尊重和仇恨政治》给我们提供了重要线索。根据这个线索，我们可以得出的结论是：福山对人类历史的走向，其基本立场没有什么改变。他在书中指出，自从他的《历史的终结及最后之人》出版之后，许多批评者误解了他的意思，而这个误解就是对他使用的"终结"（end）一词没有充分的体会。福山写道："'终结'一词的意思不是'终止'，而是'目的'或'目标'。"① （的确，学过英语的人都知道，"end"这个词的确有多重含义，不仅仅指"终止"或"终结"）相反，福山试图指出，由于冷战的结束，世界历史似乎朝着一个方向前进了。换句话说，他的意思是人类历史自那时开始，循着一个共同的目的前行、发展了。

福山承认，他写作《认同：追求尊重和仇恨政治》的目的是重申自己在《历史的终结及最后之人》的观点。在这个意义上，他显然没有改变他的基本历史观。但此书的写作，还有一个现实的目的，那就是解释近年来世界发生的事件，如英国的脱离欧盟和美国唐纳德·特朗普成功当选总统。福山希望从学术上对这两件有点出人意料的事件做一分析。他的取径，还是从《历史的终结及最后之人》出发，从人希望被承认来解释此类历史事件的发生。《历史的终结及最后之人》有一章题为"精神的起落"，其英文原文是"The Rise and Fall of *Thymos*"，其中"*Thymos*"是希腊语，原意指人的精神、情感状态，可以译成"精神"，但其意思与中文的"志气""志向"相类。在这一章中，福山又用了两个希腊词："*Megalothymia*"（"优越意识"）和"*Isothymia*"（"平等意识"）。前者指的是人希望成为人上人，而后者指人希望得到平等的地位和待遇。这两个词都反映了人希望得到别

---

① Francis Fukuyama, *Identity*: *The Demand for Dignity and the Politics of Resentment* (New York: Farrar, Straus & Giroux, 2018), p. xii.

人、社会承认的志向和愿望。黑格尔在其《历史哲学》中指出这一获得"承认"的欲望是人类历史的动力,而福山借用了这个观念,认为在民主政体下,这一获得"承认"的欲望最容易实现,因此他指出民主政体的凯旋,代表了人类历史的一个共同方向和目的。①

福山写作《认同:追求尊重和仇恨政治》,将这两个意识或精神状态从个人转到了国家政治。他指出希望得到别人或社会的尊重,是人之本性和常情。政府的存在和社会的规则,都需要建立在这一认知的基础之上。福山认为,国与国之间的关系,乃至世界秩序的维护,都需要遵循这一原则。不过他关注的主要方面,还是认同政治对民族国家秩序和政治的影响。他指出,获得承认、得到尊重的欲望,是个人或群体之认同的基础。但在当今世界全球化的潮流之下,这一认同受到了挑战,其主要表现为外来移民与本地居民之间产生的矛盾。前者虽然移居他国,但仍然希望保存自己原有的文化、宗教,即获得承认和尊重。而后者对于外来移民的这一欲求,已经产生了诸多不满,认为这些新移民的要求,损害了他们原有的认同。于是,如此书的副标题所示,福山使用了"仇恨政治"来分析、描述族群之间的矛盾和冲突。他的观点是,正是这些认同之间的碰撞和冲突,而不仅仅是经济方面的原因,才能全面解释英国的脱欧和特朗普之当选美国总统。但虽然此类问题似乎无法用一种办法来解决(他在书的末尾指出当今世界的认同政治其实出现了一个两极分化的趋势),但他还是坚信,人类的历史走向最终还是能百川归一。②

总而言之,福山在 1989 年发表《历史的终结?》一文和在 1992 年出版《历史的终结及最后之人》一书之后,一举成为当今世界学术界和政坛上的理论家。这一地位的获取,让他邀约不断,其研究和写作也获得了许多帮助,因而能著述众多,著作等身。在他出版的诸多论著中,有些也反映出了他新的研究成果和学术思路。譬如他的《我们的后人类未来:生物科技革命的结果》一书,就是一例。而他的其他著作,则有时显得新意欠缺、

① 〔美〕弗朗西斯·福山:《历史的终结及最后之人》,第 161~238 页;Francis Fukuyama, *Identity: the Demand for Dignity and the Politics of Resentment*, pp. xii-xiii.

② Francis Fukuyama, *Identity: the Demand for Dignity and the Politics of Resentment*, 特别是 pp. 3-11, 163-184。

老调重弹，甚至让人留下他已经江郎才尽的印象。福山在他最新的著作《认同：追求尊重和仇恨政治》一书的序言中也承认，他在书中的许多观点，与《历史的终结及最后一人》相比颇有类似之处，为此他对读者抱有些许歉意。[1] 作为一个理论家，福山对当代历史哲学的贡献，主要体现在两个方面，一是他重振了18、19世纪以来思辨历史哲学的传统，让人重新关心世界历史的规律和走向（与其老师亨廷顿相比，福山的著作更受到哲学家的重视，就是一个明证）；[2] 二是他对人类社会的现状和未来发展执拗的、持续的关注和思考。毋庸讳言，他的不少结论不免有臆测、简单和武断之感，但同时在不同程度上亦具有启发和思考的价值。

---

[1] Francis Fukuyama, *Identity: the Demand for Dignity and the Politics of Resentment*, p. xv.

[2] 如同本章所述，福山不仅名列当代的历史哲学家，而且让人重新拾起了对历史的终结和未来趋向的兴趣。参见上引 Howard Williams, David Sullivan & E. Gwynn Matthews, *Francis Fukuyama and the End of History*; Timothy Burns, ed., *After History? Francis Fukuyama and His Critics* 和 Gregory Elliott, *Ends in Sight: Marx/Fukuyama/Hobsbawm/Anderson* (London: PlutoPress, 2008)。至于研究福山历史思想的论文，更是不计其数。

·第二部分　派别·

观念史和思想史

对思想的研究几乎涵盖所有已知的知识领域，比如历史思想、政治思想、经济思想、宗教思想、文学思想、军事思想、数学思想，等等。思想研究可以是对观念体系的理论分析、对经典文本的考辩解读、对精英思想的探究阐释，也可以是对信仰世界的感知和重构、对日常经验的反思和自省、对大众心灵的挖掘和再现。在西方学术界，表示思想史研究的术语主要有两个，一个是"观念史"（the history of ideas），一个是"思想史"（intellectual history）。作为两门学科和两种学术研究领域，观念史和思想史都各自存在了很长时间，都有相应的学术组织、代表性刊物以及相关的学者和研究著作。但是，就当前的研究现状而言，虽然两种表述方式依然存在，但观念史和思想史之间已经没有本质区别，其研究方法和研究对象日渐趋同。很少有学者会像之前那样，从定义上对双方做出具体的划分。相反，不少学者在其研究中交替使用两种表述方式。不过，观念史和思想史，尤其是前者，都有各自不同的起源和谱系，回顾两者的兴起与发展，对于我们理解这两门学科或研究领域不无裨益。

一　洛夫乔伊与观念史的创立

阿瑟·洛夫乔伊（Arthur O. Lovejoy，1873-1962），美国哲学家，早年接受纯正的哲学教育，曾在美国多所大学担任教，1910~1938年，长期执教于约翰·霍普金斯大学。1922年，洛夫乔伊在约翰·霍普金斯大学成立了观念史学社（The History of Ideas Club）。1936 年，洛夫乔伊出版了《存在巨链：对一个观念的历史的研究》一书，该书的问世标志着观念史这一学科的诞生。1940 年，洛夫乔伊创办了著名的《观念史杂志》（*Journal of the History of Ideas*），这本刊物发行至今，在国际学术界产生了巨大影响。1964 年，洛夫乔伊去世两年后，国际观念史学会（International Society for the History of Ideas，ISHI）在宾夕法尼亚大学成立。

观念史的理论与方法集中体现在洛夫乔伊 1936 年出版的《存在巨链：对一个观念的历史的研究》一书中。在这本书中，洛夫乔伊探讨了西方哲学史或思想史上一个十分重要的观念，即"存在之链"（the chain of being）。所谓"存在之链"，是指世界上的万物按照由高级到低级的顺序在自然界中的排列，位于最顶端的则是上帝，往下依次是天使、人类、动物、植物、物质和虚无。洛夫乔伊重点考察了"存在之链"这一观念从古希腊到 18 世纪的发展与演变，其研究路数无疑是从传统的哲学史中脱胎而来，但与哲学史有着很大的不同。在洛夫乔伊看来，哲学史研究的是各种哲学体系、流派、学说和主义，观念史研究的是构成这些哲学学说和哲学体系的最小的成分，即洛夫乔伊所谓的"单元观念"（unit-ideas）。[1] 这里的单元观念很像分析化学中的元素，小到不能再分割。哲学史上的各种主义，如唯心主义、浪漫主义、理性主义、先验主义、实用主义等，因其是复合物而不是单一物，故不能被称作单元观念。原因在于，这些主义代表的不是一种学说，而是相互冲突的几种不同的学说，并且这些学说的主张者也分属不同的个人或群体。此外，每一种主义都是从各不相同的动机和历史影响中衍生出来，可以被分解成更为简单的要素，这些要素常常以奇怪的方式组合在一起。比如，基督教就不是一个单元观念，因为基督徒们的信仰方式相差甚远且彼此冲突；再有，任何一个基督徒或基督教教派都有一套非常混杂的观念。这些观念之所以能够被结合成一个聚合体，有着单一的名称，甚至被认为是一个真正的统一体，乃是高度复杂和奇怪的历史过程的结果。[2]

在《存在巨链》一书中，洛夫乔伊列出了五种类型的单元观念：

[1] Arthur O. Lovejoy, *The Great Chain of Being: A Study of the History of an Idea* (Cambridge and London: Harvard University Press, 2001), p. 1.

[2] Arthur O. Lovejoy, *The Great Chain of Being: A Study of the History of an Idea*, p. 6.

（1）含蓄的或不完全清楚的假定，或者或多或少未被意识到的思维习惯；（2）逻辑论证的主题；（3）各种对形而上学激情的感知；（4）神圣的词语或短语；（5）特定的命题和原理（比如所谓的"存在之链"）。① 尽管如此，洛夫乔伊对单元观念的界定依然是模糊的和不确定的，对于人们了解什么是单元观念并无真正的帮助。芬兰哲学家、美国哲学学会前任主席雅各·亨迪卡（Jaakko Hintikka，1929-2015）就指出，洛夫乔伊的单元观念充斥着太多的解释和变体，很难加以应用。亨迪卡进一步强调，洛夫乔伊在《存在巨链》中提出的另一单元观念"完满原则"（Principle of Plenitude），即在宇宙的秩序中"所有的可能性"都能够化为现实，即便以洛夫乔伊自己的标准来看，也不能称作单元观念，因为其蕴涵并不能脱离形成它的概念和理论环境。② 不过，洛夫乔伊对单元观念的模糊界定，在很大程度上也是有意为之，或者不如说是由单元观念的性质决定的。

洛夫乔伊认为，单元观念就像化学元素，一方面不可再分，另一方面，它可以和其他观念结合在一起形成新的样态，并以不同的方式存在历史上的各种思想观念和思想体系中。单元观念的这种特性，使之很难被辨认，研究者在没有充分认识单元观念这种外在的异质性之前，是不能轻易下结论的。因而，对单元观念做出明确的界定是困难的，也是不可取的。不过，观念史研究者的任务在于"清除它们（指单元观念）的模糊性，列举出它们各种各样的意义上的细微差别，考察从这些模糊性中产生的观念的混乱的结合方式"。③ 洛夫乔伊之所以大费周折地将单元观念作为其观念史研究的根基，主要是出于对传统哲学史研究的不满。在洛夫乔伊看来，传统的哲学史研究存在以下三个弊端：第一，大量前后关联的论证和观点过于庞杂，让研究者无从下手，即便将之纳入学派或主义的框架中加以分类和简化，看上去依然混乱和复杂；第二，每一个时代都会出现新的哲学思想或观念，但它们大多是从一些老问题引申出来的，原创的并不多见，它们的大量存在遮蔽了在本质上真正独特的哲学观念；第三，哲学家性格各异，

① Arthur O. Lovejoy, *The Great Chain of Being: A Study of the History of an Idea*, pp. 7-15.
② Jaakko Hintikka, "Gaps in the Great Chain of Being: An Exercise in the Methodology of the History of Ideas," *Proceedings and Addresses of the American Philosophical Association*, 49 (1975-1976), pp. 25, 27.
③ Arthur O. Lovejoy, *The Great Chain of Being: A Study of the History of an Idea*, p. 14.

所研究的问题的侧重点亦不相同，或者从相同的前提中得出的结论也有所偏差，这就让人们很难把握哲学问题的实质。而从单元观念入手，可以从各种哲学体系庞杂的表象背后看到问题的本质，进而从整体上更容易把握和理解哲学史。[①] 正是出于这一目的，洛夫乔伊才提出了观念史的研究路径，建议从单元观念入手研究思想史，对单元观念进行艰难的正本清源，他将这一工作称作哲学语义学（philosophical semantics）。

在提出观念史研究的基本单位"单元观念"后，洛夫乔伊又总结了观念史研究的两种特性，跨学科特性和跨民族特性，并认为这两种特性体现了观念史的创造性和活力。洛夫乔伊指出，单元观念之所以难以辨析，很大的一个原因是它们存在于不同的学科中："相同的观念常常出现在（有时则相当隐蔽）思想世界最多种多样的领域之中。"若要将单元观念分离出来，历史学家就必须去探索单元观念出现于其中的全部历史领域，不论这些领域是哲学、科学、文学、艺术、宗教或是政治学。[②] 如果缺乏对单元观念的跨学科综合考察，人们就无法完全理解它们，甚至识别它们。此外，只有将单元观念置于多学科的背景下，人们才能看到这些观念在历史中的意义，它们与其他观念的相互作用、冲突和结合，人们对其各种各样的反应，进而才能把握观念的实质。

在学科的专业化业已形成且日渐深化的趋势下，洛夫乔伊提出对观念史进行跨学科和综合研究无疑是难能可贵的。洛夫乔伊曾认定：观念史不是那种高度专门化思想的研究对象，在一个思想被专门化的时代，观念史的研究是难以进行的。[③] 即便是对弥尔顿的诗歌这样的主题所进行的观念研究，也不能仅限于英国文学这一领域，而是要综合哲学史、神学史、英语之外的宗教诗歌史、科学史、美学史和风格史等众多领域的知识。[④] 因此，在《观念的史学史》一文中，洛夫乔伊对观念史的研究范围作了更为具体的划分，列出了观念史研究的十二种类别，它们是：哲学史、科学史、民俗学或人种志的一些分支、语言史的一些分支尤其是语义学、宗教信仰和神学教义的

---

① Arthur O. Lovejoy, *The Great Chain of Being*: *A Study of the History of an Idea*, p. 4.

② Arthur O. Lovejoy, *The Great Chain of Being*: *A Study of the History of an Idea*, p. 15.

③ Arthur O. Lovejoy, *The Great Chain of Being*: *A Study of the History of an Idea*, p. 22.

④ Arthur O. Lovejoy, "The Historiography of Ideas," *Proceedings of the American Philosophical Society*, 78: 4 (Mar. 31, 1938), p. 533.

历史、文学史、比较文学、艺术史和艺术风格演变史、经济史和经济理论史、教育史、政治史和社会史、社会学的历史性部分或知识社会学。① 在这种划分下，观念史研究几乎覆盖了人文社会科学的所有领域。

在论及观念史的跨学科特性时，洛夫乔伊曾对观念有过这样一个评价："观念是世界上最具迁徙性的事物。"② 同样，这句话也适用于观念史的跨民族特性。在以往的哲学史或思想史研究中，对于观念的考察往往是历时性的，即追溯并梳理古往今来观念在人类思想中的变化与发展，但在共时性上，即观念在某一时期不同地区间的联系却关注不够。与历史学偏重历时性研究不同，人类学向来重视不同社会和文化之间的共时性研究。洛夫乔伊认为，从人类学最宽泛的意义上来看，历史学也是它的一个分支，因为历史学家尤其是思想史学家所考察的根本问题，不外乎人类的本质和行为，尤其是人类的思想行为，包括个体和群体兴趣、意见及品位的形成，以及这些兴趣、意见及品位发生变化的次序与规则。③ 而人类思想行为的形成与变化，存在许多共通性事实，因此对观念的共时性或跨民族考察就显得十分必要。洛夫乔伊同样以弥尔顿的诗歌研究为例，来说明共时性或跨民族研究在观念史中的重要性。洛夫乔伊指出，要想认识到弥尔顿风格或思想的独到之处，就必须对其诗歌中出现的同样观念在其他地方，尤其是在他同时代的诗人、思想家中的展现有一个广泛和直接的认识。当诗人提出一个总体观念时，若不去考察这一观念在其他地区和文化中的表述就想理解其特有的品质，是完全没有可能的。④

观念所蕴含的跨民族特性，让洛夫乔伊形象地将观念比作"进入国际贸易中的商品"，⑤ 以此来强调观念所具有的那种充满活力的流动性。然而，对于观念的历时性研究，甚至不惜以分期来将观念的历时性明确和固定下来的做法，在给观念带来时间上的连贯性的同时，却造成了观念在空间和地域上的割裂，这对于全面地理解观念并无助益。对此，洛夫乔伊反对观

① Arthur O. Lovejoy, "The Historiography of Ideas," pp. 530-531.
② Arthur O. Lovejoy, "Reflections on the History of Ideas," *Journal of the History of Ideas*, 1: 1 (Jan., 1940), p.4.
③ Arthur O. Lovejoy, "Present Standpoints and Past History," *The Journal of Philosophy*, 36: 18 (Aug. 31, 1939), p.484.
④ Arthur O. Lovejoy, "The Historiography of Ideas," pp. 532-533.
⑤ Arthur O. Lovejoy, "The Historiography of Ideas," p. 532.

念史史学家按时段来划分自己的研究对象或者以某一时段的专家自居："我们不应该有研究文艺复兴的教授、研究中世纪晚期的教授、研究启蒙运动的教授、研究浪漫主义时代的教授，以及诸如此类的教授。"① 洛夫乔伊甚至认为，观念在时间上的差异甚至大于观念在地域或空间上的差异。也就是说，观念在一个国家、一个民族、一个文化区域内不同时间段上所显示出来的差异，比不同国家、民族、文化之间在同一时期所表现出的差异要更大。

在 20 世纪三四十年代人文社会科学诸学科日渐成熟和细化、方法论上的民族主义大行其道之时，洛夫乔伊能够提出观念史研究的跨学科和跨民族理路，确实具有相当的前瞻性。借助单元观念在人类各个思想文化领域内的存在，以及单元观念跨越各个民族国家的旅行性，洛夫乔伊至少在理论上成功地将观念史塑造成一门提倡综合研究的新学科，也因而吸引了更多的学者参与到观念史的实践中来，使之成为 20 世纪上半叶北美人文研究中的显学和主流。

二 思想史的兴起及其对观念史的修正

与观念史相比，思想史作为一门学科和一种研究的出现则要晚很多。一般认为，在美国，历史学家佩里·米勒（Perry Miller，1905–1963）于 1939 年出版了《新英格兰精神》（*New England Mind*）一书，是美国第一部可以被称作"思想史"的严肃的学术著作。但在当时，"思想史"（intellectual history）这一术语并没有普及开来，它作为史学研究的一个领域，也是在该书出版之后才逐渐确立起来。② 在英国，直到 1969 年，苏塞克斯大学才成立了思想史专业，并于 1972 年和 1982 年又相继设立了思想史的讲师和教授职位，思想史作为史学研究领域中的一个分支学科初具雏形。③ 1994 年，在伦敦大学伯贝克学院的历史学家康丝坦斯·布莱克威尔（Constance Blackwell）的组织下，国际思想史学会

---

① Arthur O. Lovejoy, *The Great Chain of Being: A Study of the History of an Idea*, p. 18.
② Felix Gilbert, "Intellectual History: Its Aims and Methods," *Daedalus*, 100: 1 (Winter, 1971), p. 80.
③ John W. Burrow, "Intellectual History in English Academic Life: Reflections on a Revolution," in Richard Whatmore and Brian Young, eds., *Palgrave Advances in Intellectual History* (Houndmills: Palgrave Macmillan, 2006), p. 9; Richard Whatmore, *What Is Intellectual History?* (Cambridge: Polity Press, 2016), p. 26.

(International Society for Intellectual History, ISIH) 成立，地址设在牛津大学历史系。1996 年，学会开始定期编写通讯《思想史动态》（*Intellectual News*）。2007年，《思想史动态》停办，学会的期刊《思想史评论》（*Intellectual History Review*）正式创刊。至此，一个学科形成的诸多条件，如研究人员、研究专业、学会、期刊等均已出现，思想史作为一个学科完全成熟。

与观念史研究者不同的是，思想史的研究者基本为历史学家，因而更加注重思想或观念的历史语境和发展脉络。正是出于这一原因，许多有着史学背景的思想或观念的研究者对于洛夫乔伊的观念史研究方法表达了不满，尤以研究政治思想史著称的英国剑桥学派的学者昆廷·斯金纳（Quentin Skinner）为代表。昆廷·斯金纳在剑桥大学开始其学术生涯，主要从事现代早期欧洲政治思想史研究，对马基雅维利和霍布斯的研究尤为独到。斯金纳的研究理念深受剑桥大学同事彼得·拉斯莱特（Peter Laslett）、波考克（J. G. A Pocock）、约翰·邓恩（John Dunn）的影响，即注重从社会和历史背景中去分析政治思想的形成与发展。斯金纳反对洛夫乔伊式的恒久不变的观念，认为任何观念都是一定条件和环境的产物。当时代和环境改变时，观念也会发生相应的变化，并产生出新的意义。不仅如此，观念的变化还表现在阐释者的主观性上。阐释者在对一种观念做出理解、解释和发扬时，总是会将自己的经验、意愿和目的加入其中，这样，观念距离其产生的时间越长，就越会远离其本义，衍生出更多含义。针对洛夫乔伊的观念史，斯金纳批评道："不存在这样一种单元观念的历史，只存在一种单元观念被不同时期的不同历史施动者（agent）所运用的历史。"[1] 观念史研究的目的不是去发现那些永恒存在的观念，而是去消解后来人附加于观念之上的种种言外之意，尽可能展现观念原初的本义，或者在历史的脉络中去探询观念的曲折变化。这就需要研究者搁置自己的立场，深入到观念产生的语境之中，去历史地理解观念，理解观念在不同时期的变化。这里所谓的语境，就是指观念产生的特定的环境、背景和条件，它受制于一定的时间和空间，是历史的产物。斯金纳的这种观念史研究方法，通常被称作"语境主义"（contextualism）。

---

[1] Quentin Skinner, "Rhetoric and Conceptual Change," *Finnish Yearbook of Political Thought*, Vol. 3 (Jyväskylä: University of Jyväskylä, 1999), p. 62.

语境主义要求对历史中的观念做到"具体情况具体分析"。那些包含着某种观念的学说、思想都是特定历史条件下的产物，不能以超越时代或时代错置的方式对之进行理解。对此，斯金纳明确指出："任何陈述必然是特定时刻特定意图的反映，它旨在解决特定的问题，因此也仅限于它自己的情境，试图超越这一情境的做法只能是幼稚的。"① 作为一名实践中的历史学家，斯金纳在自己的研究著作中，也努力践行着上述原则。在对 17 世纪英国的自由观念，亦即新罗马自由理论的考察中，斯金纳试图再现这一历史上一度占有重要地位，后来却因现代自由主义的兴起而逐渐衰落的自由传统。在斯金纳看来，现代自由主义建立以来，其理念尤其是消极自由理念成为对自由主义最普遍和最正统的理解。但这种对自由主义的单一理解，却使人们忘记了自由观念的其他可能。斯金纳希望借助对新罗马自由理论的考察，让自由这一观念重新回归到自身的历史性之中，去展现它的多种可能。斯金纳因此建言：

> 通过重新进入我们已经失去的思想世界，去质疑这种自由霸权（指现代自由主义——引者注）。我试图在新罗马自由理论最初形成的思想和政治语境中定位它，考察这一理论本身的结构和前提，并借助这种方式，如果我们愿意的话，去再次思考这一理论要求我们在思想上忠实于它的可能性。②

斯金纳的这一理念，不仅有助于人们重新理解现代自由主义产生之前的自由观念，同时也让人们看到在历史语境中重构某些观念的意义与价值。

在撰写经典著作《现代政治思想的基础》时，斯金纳同样不满足于仅仅论述重要政治思想家的重要观念，而是将目光投向思想和观念背后的语境上。既然观念总是产生于特定的社会，那么理解观念的前提就要了解观念诞生于其中的社会及其语境。因而，斯金纳撰写此书的重点不在于考辨经典著作和与之相关的观念，而在于揭橥这些观念在语境中的发展和变化。

---

① Quentin Skinner, "Meaning and Understanding in the History of Ideas," *History and Theory*, 8: 1 (1969), p. 50.

② Quentin Skinner, *Liberty before Liberalism* (Cambridge: Cambridge University Press, 1998), p. x.

诚如斯金纳指出的：

> 如果我们希望理解早期社会，我们就需要尽可能完全用设身处地的方式来发现这些社会中不同的心态，这一点无疑已经成为近来历史编纂学中的常识。但如果我们作为政治观念的研究者，仍旧把主要的注意力集中在一些人身上，而他们讨论政治生活问题的抽象和睿智的程度是其同代人无法比拟的，那么我们就很难期许我们能够达到上面提及的那种对历史理解的程度。另一方面，如果我们把这些经典文本置于恰当的思想语境中，我们或许就能为历史上各种各样政治思想的产生描绘出一幅更真实的画面。对于我所描述的这种研究方法，我认为很值得为之呼吁，因为如果它能成功实践，它就会让我们写出一部具有真正历史特点的政治理论史。[①]

也就是说，观念史只有借助语境主义，即将观念、思想和文本放在意义在其中发生变化的社会语境和话语框架中，才能真正具有一种历史感，才能得到正确的理解和解释。

以历史语境主义为方法，昆廷·斯金纳倡导的思想史研究方法给观念史范式带来了巨大的冲击，使后者无论在方法还是实践上都显得有些落后与过时，或者说并不是适合历史研究的特点。这种对传统观念史质疑的潮流，从政治思想史领域开始，逐渐扩散到一般意义的思想研究领域。研究者认识到，对于思想或观念的历史考察必须要将之纳入一定的社会、制度和文化语境中，才能做出一种立体的而非平面的理解。从 20 世纪 60 年代开始，一批有影响和原创性的思想史著作，都将思想或观念产生的背景和语境放在重要的位置上。比如，彼得·盖伊（Peter Gay，1923–2015）在其名著《启蒙运动：一种解释》中，就一反以往研究只注重启蒙思想家著作和言论的常态，转向对启蒙思想家日常行为、人生经验和社会环境的关注，凸显了启蒙哲人作为普通人的一面及其思想的复杂性。[②] 卡尔·休斯克

---

① Quentin Skinner, *The Foundations of Modern Political Thought*, Vol. 1: *The Renaissance* (Cambridge: Cambridge University Press, 1978), p. xi.

② Peter Gay, *The Enlightenment: An Interpretation*, 2 vols (New York: Random House, 1966, 1969).

（Carl E. Schorske，1915-2015）的《世纪末的维也纳》也有异曲同工之处，作者运用弗洛伊德的精神分析理论，分析了19世纪末维也纳的文学家、建筑家、画家和音乐家从童年到成年的成长经历和时代背景，研究了他们创作的诗歌、小说、建筑、绘画和音乐中所透露的感伤与期望。作者发现，19世纪末维也纳知识分子在思想观念上呈现惊人的一致性，即在政治上反对资产阶级自由主义秩序，在文化上反对资产阶级庸俗的文化。由此，作者成功地归纳和把握了世纪末这一特定时期的思想脉络和历史趋势。[1]

近年来，思想史研究的内涵日趋丰富，几乎所有主题都可以从思想史的视角切入，思想史因此与许多临近的学科，如观念史、概念史、文化史、心态史等，有着不同程度的交叉与重合。诚如史华慈（Benjamin Schwartz，1916-1999）所言："'思想史'一直是人文研究中特别模糊不清的领域。这个名词有各种不同的用法，每个用法本身都相当正确，但是彼此间的内容却有极大差异。"[2] 在实践中，鉴于研究者学科背景或学术训练的不同，思想史大致遵循着两种路径。一种偏重"思想史"中"思想"的一面，即将历史上的思想作为一种独立存在的实体加以考察，侧重于从文本上去解读思想或观念、阐发思想或观念背后的意义与价值、探询不同思想体系或观念之间的比较与关联等。此类思想史通常具有较强的理论色彩，研究者多来自哲学、政治学、文学批评、人类学等领域。另一种偏重"思想史"中"史"的一面，致力于考察思想产生的时代根源和历史背景、追踪思想的起源与流变、剖析思想与社会的互动等。此类思想史的研究者一般为历史学家。从下面两本风格迥异的有关马克思的思想史专著中，可以看到两种研究路径的具体差异。一本是《理性的负担：马克思为什么反对市场和政治》，另一本是《卡尔·马克思：一个十九世纪的人》，作者分别是阿兰·梅吉尔（Allan Megill）和乔纳森·斯珀伯（Jonathan Sperber）。

两部著作的相同之处是，它们在史料上都重点参考了近年来陆续出版的《马克思恩格斯全集》历史考证版第二版，即 MEGA2，并都努力纠正了

---

① Carl E. Schorske, *Fin-De-Siècle Vienna: Politics and Culture* (New York: Vintage Books, 1980).

② Benjamin Schwartz, "The Intellectual History of China: Preliminary Reflections," in John K. Fairbank, ed., *Chinese Thought and Institutions* (Chicago: University of Chicago Press, 1957), p. 15.

以往研究者对马克思思想的歪曲和误读。不同之处在于，一部着眼于马克思的思想本身，另一部专注于马克思的个人经历及其与时代的关系。《理性的负担》一书从分析"理性"这一概念的内涵入手，结合马克思的相关言论，论证了马克思是一位典型的理性主义者，他后来之所以提出反对市场和政治的主张，原因就在于两者皆不符合理性的标准，因而被马克思排除在对未来社会的构想之外。该著的一大特点是借助对马克思早期著作的文本分析，试图从逻辑上去解释马克思思想形成的内在原因。① 《卡尔·马克思》一书则将马克思置于19世纪欧洲这一特定的历史背景中，通过诸多丰富的细节，比如马克思的家庭环境、求学经历、恋爱婚姻，以及他的社会交往、政治参与等，力图还原一个更加丰满和真实的马克思。同时，书中还穿插了大量对马克思同时代人，如拿破仑三世、俾斯麦、亚当·斯密、达尔文的关联性描写，以尽可能地展现19世纪欧洲复杂多样的思想样貌，从而为理解马克思的思想和行动提供了一个有迹可循的背景。②

　　不过，两种思想史的路径并非泾渭分明、截然分开，研究者也不会因自己的学科背景而将自己局限在某一种研究路径之内，只是根据研究的需要或个人的偏好，在"思想"或"历史"的一方有所侧重而已。比如，史学领域中的思想史研究就同时存在这两种路径，像多米尼克·拉卡普拉（Dominick LaCapra）、马丁·杰伊（Martin Jay）、阿兰·梅吉尔这样的历史学家，其思想史著作就偏重对思想或观念的理论评析。③ 当然，理想的思想史著作，应当是对上述两种路径的综合，既重视思想本身的内在理路，也

① Allan Megill, *Karl Marx: The Burden of Reason (Why Marx Rejected Politics and the Market)*, (Lanham, MD: Rowman & Littlefield, 2002).

② Jonathan Sperber, *Karl Marx: A Nineteenth-Century Life* (New York: Liveright, 2013).

③ 多米尼克·拉卡普拉的代表著作参见 Dominick LaCapra, *Rethinking Intellectual History: Texts, Contexts, Language* (Ithaca, NY: Cornell University Press, 1983); *History and Memory after Auschwitz* (Ithaca, NY: Cornell University Press, 1998); *Writing History, Writing Trauma* (Baltimore: Johns Hopkins University Press, 2001)。马丁·杰伊的代表作参见 Martin Jay, *The Dialectical Imagination: A History of the Frankfurt School and the Institute of Social Research*, 1923–1950 (Berkeley and Los Angeles: University of California Press, 1973); *Songs of Experience: Modern American and European Variations on a Universal Theme* (Berkeley and Los Angeles: University of California Press, 2004)。阿兰·梅吉尔的思想史著作除了《理性的负担》外，还可参见 Allan Megill, *Prophets of Extremity: Nietzsche, Heidegger, Foucault, Derrida* (Berkeley and Los Angeles: University of California Press, 1987)。

善于挖掘思想存在其中的外在语境和历史脉络。

三　思想史的全球转向

最近十年来，在全球史的影响下，思想史研究中出现了"全球转向"，一种被称作"全球思想史"（global intellectual history）的研究理念和实践兴起。全球思想史注重从长时段和大尺度的视角考察思想或观念在全球场域的流动，要求消除以往思想史研究中的种族中心主义，也希望打破近代以来西方与非西方之间不对称的思想和知识等级体制。全球思想史强调思想在全球空间移动时与不同的地方经验所发生的交融、碰撞、混杂、变形等复杂现象，同时也注重从以往被认为是边缘和底层的视角去重新审视思想传播的另一种可能。①2016年，由英国思想史学者理查德·沃特莫尔（Richard Whatmore）担任主编的《全球思想史杂志》（*Journal of Global Intellectual History*）问世，由著名的泰勒-弗朗西斯出版集团（Taylor & Francis）出版。

全球思想史的提倡者和实践者当数哈佛大学历史系的大卫·阿米蒂奇教授。大卫·阿米蒂奇（David Armitage）早年师从昆廷·斯金纳，专治现代早期英国政治思想史，并接替斯金纳担任"语境中的观念"丛书主编。2012年，阿米蒂奇在《欧洲观念史》杂志发表《什么是大观念？思想史与长时段》一文，呼吁思想史要重新回到长时段和大尺度的研究中来，去研究人类思想中的大观念。所谓的大观念，指的是过去三百年以来，在人类政治、道德和科学词汇中占据重要位置的那些概念，它们有着悠长的历史，且不断经受着人们对之的价值评判。②可以看出，这里的"大"有两层含义，一是观念本身的重要性，二是观念所承载的漫长的时间跨度。尤其是第二点，它构成了阿米蒂奇所设想的对观念或思想进行历史研究的核心特

---

①　关于全球思想史的研究理念和研究路径，可参见两本代表性的文集 Darrin M. McMahon and Samuel Moyn, eds., *Rethinking Modern European Intellectual History* (Oxford: Oxford University Press, 2014)，以及 Samuel Moyn and Andrew Sartori, eds., *Global Intellectual History* (New York: Columbia University Press, 2015)。

②　David Armitage, "What's the Big Idea? Intellectual History and the *Longue Durée*," *History of European Ideas*, 38: 4 (December 2012), p. 497.

征。阿米蒂奇认为，当前思想史或观念史的研究视野在不断萎缩，有一种退化到短期主义的危险。在阿米蒂奇看来，造成这一后果的一个重要原因是，剑桥学派尤其是昆廷·斯金纳对语境的过分强调，束缚了研究者应有的视野。语境主义将思想或观念限定在特定的历史语境，也就是特定的时间和空间内，以此来反对洛夫乔伊的那种没有变化的观念的历史。不过，其缺点却在于，研究者可能只关注某一特定语境，而忽视了发生在这一语境之前和之后的类似的语境，其研究视野因而显得愈发狭窄。为此，阿米蒂奇提出，在研究观念时，必须建立一种连续的语境主义（serial contextualism），也就是说，观念将不再被限制在单一的语境内，因为语境本身也有一个发展、延续和变化的过程。[1]

2007 年，阿米蒂奇出版了《独立宣言：一种全球史》一书，以美国《独立宣言》为切入点，践行了他所提出的全球史思想的理念。阿米蒂奇首先将《独立宣言》置于 18 世纪的大西洋世界中，以此来说明《独立宣言》并不仅仅是一个"地方产物"，更是国际性力量甚至全球性力量的产物。比如，《独立宣言》在结构和措辞上有着典型的 18 世纪国际法的逻辑。同时，其内容和形式受到了 1581 年《荷兰誓绝法案》（*Dutch Act of Abjuration*）的影响。由此可见，《独立宣言》自诞生那刻起，就已经与一个更广泛的思想世界联系在一起，它体现了不同民族和国家之间观念的互动，以及大西洋世界国际社会观念的变化。[2] 2017 年，阿米蒂奇又出版了《内战：观念中的历史》一书。在该书中，阿米蒂奇以政治思想中的一个重要观念"内战"为例指出，当前的历史学家热衷于研究特定语境中的内战，比如英国内战、美国内战、西班牙内战等，很少有人将内战视作一个世界范围内跨越时间的连续现象。因此，人们在特定语境和时段中获得的关于内战的经验，无助于他们去了解到底什么是内战。[3] 为此，阿米蒂奇运用长时段和多语境的综合视角，梳理了从古罗马到至今为止人类 2000 年的内战现象，对蕴含在"内战"这一政治概念中的观念史做出了全面而深入的考察。据说，作者最

---

① David Armitage, "What's the Big Idea? Intellectual History and the *Longue Durée*," p. 498.

② David Armitage, *The Declaration of Independence: A Global History* (Cambridge, MA: Harvard University Press, 2007).

③ David Armitage, *Civil Wars: A History in Ideas* (New York: Alfred A. Knopf, 2017), pp. 17-18.

近正在撰写一部关于"条约"的全球思想史。

然而有趣的是，这种新的全球思想史实践，恰恰可以在曾经遭人诟病的洛夫乔伊的观念史那里找到理论上的支持和写作上的灵感。洛夫乔伊在发表于 1938 年的论文《观念的史学史》中明确指出：许多单元观念都有着它们自己漫长的"生命史"（life history），对观念的研究，就是对其整个生命史的研究。① 也就是说，任何重要的观念，其本身都有一个漫长的发展史，而对这种观念的研究，就要从整体上研究其全部历史，而不是某个时间段的历史。尽管语境主义者批评洛夫乔伊对观念在历时性上的不加限定显得大而无当，但是其中所蕴含的朴素道理却十分契合对观念研究的长时段视角。不仅如此，洛夫乔伊一再强调不要将观念限定在民族国家的框架内，而是揭示其跨越国界的流动性，对于当前从大尺度上研究观念的历史同样有启发意义。在全球化日渐深入的当下，思想观念跨越边界的现象非常普遍。考察一种思想或观念从原生地向其他地方的传播，以及在这一过程中思想或观念在新的语境中的遭遇——不论是接受也好，抵制也罢，抑或是为了适应新的语境发生了某种变形——将成为当前思想史研究的一种新思路。或许正是如此，有学者指出，在当前以大尺度和长时段为特征的思想研究中，洛夫乔伊的那种不受语境限制的、跨区域的和跨学科的观念史似乎又重新焕发了生命力，正迎来在新形势下的回归。②

作为一个新兴的研究领域，全球思想史体现了思想史与全球史的结合，是传统的思想史或观念史研究在满足史学界对长时段、宏大叙事需要的基础上的革新。全球思想史所展现出的一些理论和方法提醒我们去关注如下一个重要问题，即思想与时间和空间之间的关系。时间让我们看到了思想产生与传播的脉络，而空间则让我们看到了思想的流动与变形。全球思想史所要讲述的，或许是让人们跳出思想的狭隘主义和地方主义，这样才能理解思想的本质，更好地发现思想的活力和创造性。

---

① Arthur O. Lovejoy, "The Historiography of Ideas," pp. 538, 539.
② Darrin M. McMahon, "The Return of the History of Ideas?" in Darrin M. McMahon and Samuel Moyn, eds., *Rethinking Modern European Intellectual History*, pp. 14-31.

史学史

史学史作为一门学科史，不仅考察总结历史学的演变，而且对历史研究的方法进行反思。早在 16 世纪，法国学者朗瑟罗·拉·波佩利尼埃尔（Lancelot Voisin de la Popelinière, 1541–1608）便根据著史体裁的变化来总结以往历史著述的演变，并首次将其作品命名为《史学史》（L'histoire des histoires），之后也有一些论述史学发展的相关著作，但对史学史的系统研究则出现在 19 世纪中叶以后。① 19 世纪随着西方史学职业化的发展，史学史作为一门研究领域得以确立，并出现了一些总结、概括前人史学研究的史学史著作，如德国学者爱德华·富艾特（Eduard Fueter, 1876–1928）的《近代史学史》与英国学者乔治·古奇（George Peabody Gooch, 1873–1968）的《十九世纪的历史学和历史学家》便是其中代表。② 但这些著作大多基于对经典史家及其作品的考察，以期概括近代西方塑造的史学模式的形成和影响。

百科全书或相关专业词典对某一词条的定义往往可反映时人对这一概念的普遍认知，若我们考察 20 世纪 60 年代《观念史辞典》中赫伯特·巴

---

① Lancelot Voisin de la Popelinière, *L'histoire des histoires* (Paris: Iean Hovzé au Palais, 1599); Ludwig Wachler, *Geschichte der historischen Forschung und Kunst, seit der Wiederberstellung der litterärischen Cultur in Europa* (Göttingen: Johann Friedrich Römer, 1813).

② 〔英〕乔治·皮博迪·古奇：《十九世纪历史学与历史学家》，耿淡如译，商务印书馆，1998；Eduard Fueter, *Geschichte der neueren Historiographie* (München und Berlin: Druck und Verlag von R. Oldenbourg, 1911)。

特菲尔德（Herbert Butterfield，1900-1979）所写的"史学史"词条，便可对当时人们如何理解和研究"史学史"窥见一二。巴特菲尔德梳理了自古代至今的历史作品及其所反映出的历史观念，重在考察西方史学的变迁，其关注对象也多为经典史家的经典作品。① 随着时代变迁，学术观念、方法的更新，一些概念需要被重新定义和解释，旧有的《观念史辞典》已不再适应当下需求，2004年《观念史辞典》得以重新修订，其中"史学史"词条由致力于推广史学史全球化的加拿大学者丹尼尔·沃尔夫（Daniel Woolf）撰写。与巴特菲尔德不同，沃尔夫更具全球视野，他不仅关注西方史学的发展，非洲、古代印度、东南亚甚至美洲的传统史学也在他的考察范围之内。② 从两位史家所写的"史学史"词条，我们便可看出在近四十年间，无论是视角还是方法，史学史研究都发生了天翻地覆的变化，那么为何会有这些变化？当下史学史研究又呈现何种特征？

　　近四十年来史学史的变化，反映了人们新的历史观念和不同以往的史学实践，而这一切的发生都与兴起于20世纪六七十年代并迅速席卷整个学术界的后现代思潮密切相关。虽然现在来看，后现代思潮已经开始退却，但风暴之后的大海已不再是过去的大海，在后现代风暴冲击下，人们开始审视一些按传统观念看来不证自明的问题，后现代的一些思想潜移默化地影响了学者的研究路径，在历史学中亦是如此。我们可以从两个层面理解后现代思潮对历史学的冲击：一方面，后现代思潮冲击了自近代以来所形成的历史观念，批判"宏大叙事"（master narrative）和"西方中心论"，并且受福柯微观权力学影响，开始关注权力关系在历史话语建构中扮演的角色；另一方面，在后现代思潮影响下，历史研究出现了"语言学转向"，史学家认识到历史书写的背后存在一套叙事结构，历史学家不仅无法真正做到客观治史，甚至我手写我心也成为一种奢望，历史书写不再是过去事实（fact）的集合，而只是对于过去的参照点（referent）的集合，这些参照点

---

① 李亦园主编《观念史大辞典》（自然与历史卷），幼狮文化事业股份有限公司，1987，第107~165页。

② Daniel Woolf, "Historiography," in Maryanne Cline Horowitz, ed., *New Dictionary of the History of Ideas* (New York: Thomson Gale, 2005), pp. xxxv-lxxxviii.

相互映照构成意义之网。① 这两个层面的冲击在史学史研究中亦可看到，具体表现为：传统史学史的宏大叙事被打破，史学史研究呈现"去中心化""去权威化""去经典化"的趋向，史学史研究的对象、范围、视角和材料也都发生了巨变。在这种情况下，史学史一方面越做越大，出现了"全球转向"，人们开始用全球史的视角看待史学观念的流动，各种类型的全球史学通史频出；另一方面，史学史越做越小，它不再只是宏观综合，而是涉足各种专题研究，并与思想史、学术史甚至社会史相结合。总而言之，史学史研究在方法、材料和视野上都发生了巨变，而这些变化不仅反映了历史学内部观念的变化，也折射了社会思潮的变迁。②

一　研究方法的更新：社会史、文化史的挑战

正如余英时指出思想史研究存在"内在理路"与"外在理路"两种路径，史学史研究亦然。早期史学史研究多重视史家的继承、嬗递关系，通过研究史家的思想观念，探讨历史学自身的发展变化，若借用章学成《校雠通义》中的一句话，便是"辨章学术，考镜源流"，③ 这可被视为史学史研究的"内在理路"；而史学史研究的"外在理路"指史学的变化并不仅是内部自然生长的结果，而是与外部环境，诸如社会变迁、邻近学科的冲击，交相互动所致，因此史学史也会关注历史研究与社会变迁的关系。如德裔美国学者格奥尔格·伊格尔斯（Georg Iggers，1926-2017）的《德意志的历史观念》（又译为《德国的历史观》）结合德国的社会背景，从思想史层面

① 关于后现代思潮对历史学的冲击，可参见王晴佳、古伟瀛《后现代与历史学：中西比较》，山东大学出版社，2006；彭刚《导论》，彭刚主编《后现代史学理论读本》，北京大学出版社，2016，第1~17页。
② 国内外均有学者对史学史研究现状进行总结与反思，如 Georg Iggers, "*Reflections on Writing a History of Historiography Today*," in Horst Walter Blanke, Hrsg., *Dimensionen der Historik. Geschichtstheorie, Wissenschaftsgeschichte und Geschichtskultur heute* (Köln: Böhlau, 1998), S. 197-205; Franziska Metzger, *Geschichtsschreibung und Geschichtsdenken im 19. und 20. Jahrhundert* (Bern: Haupt Verlag, 2011), S. 34-41；邓京力：《史学史研究的当代趋向：史学比较与全球视野》，《学术研究》2008年第3期；范丁梁：《近二十年德国史学史研究之新气象》，《史学理论研究》2015年第4期。
③ 余嘉锡：《目录学发微·古书通例》，中华书局，2017，第7页。

论述"德意志特殊道路"（*Sonderweg*）这一问题，德国史家莱因哈特·科塞勒克（Reinhart Koselleck, 1923-2006）从近代社会转型角度出发，探讨历史意识转变。[①] 但无论内在理路还是外在理路，他们的研究均遵循传统史学史研究方法，即对经典历史学家的史学作品做文本考察。但 20 世纪 60 年代以来随着新兴史学思潮的兴起，史学史研究引入社会史、新文化史的理念和路径。一方面，史学史研究考察历史学家的职业生涯、社会背景、交往圈如何影响了历史知识的生产；另一方面，考察知识生产与知识消费的互动，即读者的需求如何影响史学作品的生产，而史学作品又如何改变了读者的观念。对此许多学者提出史学史研究的新路径，如德国史家吕迪格尔·布鲁赫（Rüdiger von Bruch, 1944-2017）的"作为社会史的历史编纂史"（*Historiographiegeschichte als Sozialgeschichte*），弗兰奇斯卡·梅茨格（Franziska Metzger）主张的"从文化史的视角研究史学史"便是对这种研究路径的概括。[②] 虽然社会史与新文化史之间存在一定区别，前者侧重于分析社会结构，而后者则更偏向研究文本背后的象征意涵，早期受两股思潮影响的史学史研究也呈现这一特征，但是近些年来两股思潮日趋合流，形成所谓的社会-文化史（socio-cultural history），即英国史家彼得·伯克（Peter Burke）所说的一种杂交类型的历史学，[③] 当下史学史研究亦受其影响。

受社会史思潮影响，史学史研究者将历史著作视为史学家有目的生产的产品，并将其放在社会结构的背景下去分析。早在 20 世纪 80 年代，德国史家沃尔夫冈·韦伯（Wolfgang Weber）便借助社会科学方法，研究历史学科内部的人际网络如何影响史学观念的生成与传播。韦伯通过考察 1800～1970 年德国以师生关系为基础的历史学人际网络，解释了历史主义史学理

---

① 〔美〕格奥尔格·伊格尔斯：《德国的历史观》，彭刚、顾杭译，译林出版社，2014；Reinhart Koselleck, *Futures Past: On the Semantics of Historical Time*, trans. Keith Tribe（New York: Columbia University Press, 2004）, pp. 26-42.

② Rüdiger von Bruch, "Historiographiegeschichte als Sozialgeschichte. Geschichtswissenschaft und Gesellschaftswissenschaft," in Wolfgang Küttler, Jörn Rüsen und Ernst Schulin, Hrsg., *Geschichtsdiskurs*, Bd. 1（Frankfurt am Main: Fischer Taschenbuch Verlag, 1993）, S. 257-300; Franziska Metzger, *Geschichtsschreibung und Geschichtsdenken im 19. und 20. Jahrhundert*, S. 17-19.

③ 彼得·伯克：《什么是文化史》，蔡玉辉译、杨豫校，北京大学出版社，2009，第 133～134 页。

念如何在德国学术界推广传播。① 但由于史料本身的局限性，建构人际网络在具体研究中面临着极大的困难，因此这种研究路径在史学史研究中并未成为大宗。而从机构史、期刊史的角度来考察和描述史学知识的生产与流布成为史学史研究的一大热点。早在 20 世纪 80 年代，便有学者开始考察职业化以来所兴起的研究机构的历史，但是他们只是将关注点从史学家转移到史学机构，在研究方法上与传统研究并无二致。② 20 世纪 90 年代后，随着福柯的"微观权力学""知识考古学"在史学界的影响逐渐扩大，人们日益认识到权力不仅表现在政治层面，而且弥散于社会的各个领域，即使是看似客观的知识生产也与权力存在共谋关系。受此观念影响，史学史家开始关注机构背后学术权力的运作。西文中的"discipline"不仅具有学科意义，而且表示规训，学科规范的制定，不仅是学科专业化的表现，更是一种规训历史学家的方式。③ 就史学组织机构化与史学活动规范化之间的互动而言，一方面，机构对人员具有塑造作用，使其适应学科的日常工作，以此维护学科的连续性和稳定性；④ 另一方面，历史学家的活动也对学科组织结构的形成与发展影响深刻。历史学专业期刊作为历史学从业者表达学术观点、赢得学术共同体承认的主要阵地，也受到了史学史家的关注。对于历史期刊研究，早年多关注其推广与发行，分析它们的规模和不同专栏的发展，如玛格丽特·施蒂格（Margaret F. Stieg）描绘了西方几大著名历史期刊发展的历史，并将其放在各国史学职业化的背景下去分析比较。⑤ 受福柯

① Wolfgang Weber, *Priester der Klio: Historisch-sozialwissenschaftliche Studien zur Herkunft und Karriere deutscher Historiker und zur Geschichte der Geschichtswissenschaft* 1800-1970 (Frankfurt am Main: Peter Lang, 1984).

② 〔美〕彼得·诺维克：《那高尚的梦想："客观性问题"与美国历史学界》，杨豫译，生活·读书·新知三联书店，2003；Reimer Hansen und Wolfgang Ribbe, Hrsg., *Geschichtswissenschaft in Berlin im 19. und 20. Jahrhundert: Persönlichkeiten und Institutionen* (Berlin und New York: Walter de Gruyter, 1992)。

③ 关于学科与规训的关系参见〔美〕沙姆韦、〔美〕梅瑟·达维多《学科规训制度导论》，载〔美〕沃勒斯坦等著《学科·知识·权力》，刘健芝等编译，生活·读书·新知三联书店，1999，第 12~42 页。

④ Lutz Rapheal, "Organisational Framework of University Life and Their Impact on Historiographical Practice," in Rolf Torstendahl and Irmline Veit-Brause, eds., *History-Making: The Intellectual and Social Formation of a Discipline* (Stockholm: Coront Books, 1996).

⑤ Margaret F. Stieg, *The Origin and Development of Scholarly Historical Periodicals* (Alabama: The University of Alabama Press, 1986).

等人影响，当下史学期刊研究则试图揭示期刊背后的权力关系，通过考察期刊发表文章的偏向、作者与编辑的背景，进一步分析编辑与投稿人之间的互动如何影响了史学走向，如德国史家卢兹·拉斐尔（Lutz Raphael）的研究揭示了文章的接受与否、期刊专栏的设置这些表层现象背后所蕴藏的学术理念，并试图回答文章格式和结构这些看似技术层面的要求，又如何推动学术规范的塑造。[①]

与社会史视野下的史学史研究不同，受新文化史影响的史学史研究则更关注文本背后意涵的建构过程，其中在历史书写建构认同这一方面，表现最为明显。受当下认同政治的影响，历史学家如何在其作品中建构和想象自己的族群认同和文化认同，这一问题成为当下史学史研究中的一个热点。其中两方面的学术思潮刺激史学史研究者们去关注这一问题，其一为后殖民主义对西方知识传统中"自我"和"他者"建构的剖析，尤其以爱德华·萨义德（Edward W. Said, 1935-2003）的《东方主义》（Orientalism，又译为《东方学》）一书最为知名；另一方面，身份认同（identity）在 20 世纪后期人文社会科学的不同领域受到普遍关注，族群认同（ethnic identity）又是其中的一大核心问题。在这双重因素刺激下，史学史研究者也开始关注历史作品中如何通过"他者"塑造"自我"。1980 年法国学者弗朗索瓦·阿尔托格（François Hartog）出版《希罗多德的镜子》一书，通过分析希罗多德对斯基泰人、埃及人和亚马逊女人族的"倒置"（inversion）描述，指出希罗多德建构了一种"他者"，成为希腊人认识自身文化特性的一面镜子。[②] 随后阿尔托格又出版《奥德修斯的记忆》（Memories of Odysseus: Frontier Tales from Ancient Greece）一书进一步阐释了这一解释框架。虽然阿尔托格的这一解释受到许多历史学家的诘难，但毋庸置疑，这

---

① Lutz Raphael, "Anstelle eines 'Editorials' Nationalzentrierte Sozialgeschichte in programmatischer Absicht: Die Zeitschrift 'Geschichte und Gesellschaft. Zeitschrift für Historische Sozialwissenschaft' in den ersten 25 Jahren ihres Bestehens," *Geschichte und Gesellschaft*, 26: 1 (Jan.-Mar., 2000), S. 5-37.

② François Hartog, *Le miroir d'Hérodote: Essai sur la representation de l'autre* (Paris: Gallimard, 1980), 英译本参见 *The Mirror of Herodotus: The Representation of the Other in the Writing of History*, trans. Janet Lloyd (Berkeley and Los Angeles: University of California Press, 1988)。

一研究框架影响了后世对历史作品的理解。① 历史书写中的他者研究如雨后春笋般层出不穷，并成为史学史研究的一大热点。史学史与认同政治的结合不仅体现在他者研究中，而且表现在历史人物形象和史学概念的流变之中。如斯特凡·戴维斯（Steffan Davies）分析了自席勒以来历代作家和史家如何根据时代不同需求构建华伦斯坦（Albrecht von Wallenstein, 1583 - 1634），而这一塑造又如何与德意志民族认同相勾连。在书中戴维斯着重分析在德意志统一过程中，大德意志派历史学家与小德意志派历史学家如何在史学职业化的规范下，通过研究华伦斯坦来表达自己的政治诉求。② 不同于戴维斯研究历史人物形象如何被构建，马丁·鲁尔（Martin A. Ruehl）则关注近代德国学术界对"文艺复兴"（Renaissance）这一史学概念认识的变化，鲁尔并不是仅从学理上讨论这一变化，而且是将其放在德意志民族建构这一宏大背景去讨论，分析不同时期学者对"文艺复兴"的认识如何受现代性、民族建构的影响而发生变化。③

　　但值得注意的是，虽然社会史视野下的史学史与新文化史视野下的史学史在研究路径上存在差别，但目前来看两者已经渐趋合流，受此影响一种社会-文化史的史学史研究开始形成。以史学作品的阅读史为例，史学史研究不仅研究具体文本的内容，还开始探讨文本生成过程中作者与读者以及市场的互动。法国著名思想家罗兰·巴特（Roland Barthes, 1915-1980）曾提出"作者之死"这一命题，他宣称一旦作者将作品交给公共领域，作者自己便不复存在了。这一讨论也影响了书籍史研究，人们开始从以作者为中心的探究，转向以读者为基础的分析。历史著作作为书籍的一种，自然也受到这一路径的影响，学者开始意识到读者不再是被动的接受者，历史知识的传播也不是作者到读者的单向线性传递，而是一种双向互动的过

---

① 阿尔托格的解释遭到了许多学者的质疑，如贝尔纳在《黑色雅典娜》中便认为，希罗多德的目的并非去塑造一个"他者"，而是去寻找希腊文明的埃及和腓尼基起源。参见〔英〕马丁·贝尔纳《黑色雅典娜：古典文明的亚非之根》第一卷，郝田虎、程英译，吉林出版集团有限责任公司，2011，第82~83页。

② Steffan Davis, *The Wallenstein Figure in German Literature and Historiography*, *1790 - 1920* (London: Modern Humanities Research Association and the Institute of Germanic and Romance Studies, University of London, 2009).

③ Martin A. Ruehl, *The Italian Renaissance in the German Historical Imagination*, *1860 - 1930*, (Cambridge: Cambridge University Press, 2015).

程。如何从作者与读者互动的角度研究历史知识的生产和传播，成为当下史学史研究的一大热点。在其中，大部头的历史著作备受学者关注，如 18世纪英国业余史家集体编纂的《普世史》（*Universal History*）便进入研究者的视野之中。意大利学者圭多·阿巴蒂斯塔（Guido Abbattista）从出版史的角度，分析了这部集体工程如何生成，以及在这一过程中，编者和出版商、读者又是如何进行互动。① 而德国学者马库斯·康拉德（Marcus Conrad）从跨国史的维度，分析了这部普世史在德国的编译和传播，以及在这一出版过程中，译者如何与读者、学术界进行互动。②

二　研究材料的扩充：超越传统史料

随着19世纪历史学成为一门独立学科，各种指导历史研究的方法论书籍相继出现，其中以德国史家伯伦汉（Ernst Bernheim，1850-1942）的《史学方法论》（*Lehrbuch der historischen Methode*）和法国史家朗格诺瓦（C. V. Langlois，1863-1929）、瑟诺博司（Charles Seignobos，1854-1942）的《史学原论》（*Introduction aux Études Historique*，又译为《历史研究导论》）最为知名。朗格诺瓦和瑟诺博司在该书开篇便提出历史由史料构成，无史料斯无历史矣，③ 当时史料主要指是文献材料。在客观治史原则的指导下，历史学形成了一套严格的史料等级体系。使用原始档案，如实书写历史，成为当时史学家的准则。史学史研究自然受其影响，研究者认为只有文献史料中才蕴含历史意识，同时他们也更倾向于关注经典史家的权威作品，认为它们在真实性上要高于其他作品。然而，在后现代思潮的冲击下，史料开始被认为是一种文本，换言之，所有文本都可被看作史料。在这种观念影响下，近年来史学史研究试图超越传统史料，扩大史料范围。一方面，研究者开始关注传统文献资料之外的史料所蕴含的历史意识；另一方

---

① Guido Abbattista, "The Business of Paternoster Row: Towards A Publishing History of The Universal History (1736-65)," *Publishing History*, 17 (1985), pp. 5-50.

② Marcus Conrad, *Geschichte (n) und Geschäft: Die Publikation der "Allgemeinen Welthistorie" im Verlag Gebauer in Halle* (1744-1814) (Wiesbaden: Harrassowitz Verlag, 2010).

③ 〔法〕朗格诺瓦、〔法〕瑟诺博司：《历史研究导论》，李思纯译，中国人民大学出版社，2011年，第3页。

面，研究者开始聆听那些曾经被主旋律所压抑的低音，少数族裔史家、女性史家、业余史家等边缘群体的著作也被纳入史学史家的视野之中。

早在 20 世纪 80 年代，诺维克在《那高尚的梦想》一书中便使用了大量历史学家书信、美国历史学会档案等材料，来展现当时美国历史学界的图景，对于当时通常只用史学著作作为研究材料的史学史界来说仿佛是一股清流。近些年，史学史研究的材料进一步扩充，不仅包括书信、日记，而且教科书、图像、流行小册子甚至口述都成为当下史学史研究所使用的材料。如德国中世纪史家汉斯·格策（Hans-Werner Goetz）在考察中世纪盛期历史意识时，便从多样化的材料中发掘历史意识，他不仅关注传统的中世纪史学著作和神学著作，而且研究诗歌、图像中所蕴含的历史意识。[1] 此外，格策通过奥托（Otto von Freising，约 1114–1158）《双城史》（*Chronica sive Historia de duabus civitatibus*，又称《编年史》）中所绘奥古斯都、查理曼和奥托一世的系列插画，借以分析当时人的历史时间意识，并以此进一步讨论"帝国传承"（*translatio imperii*）这一中世纪史学史中的核心问题。[2] 美国史家安东尼·格拉夫顿（Anthony Grafton）的《什么是旧史学》一书将目光主要放在近代早期讨论"史艺理论"（*ars historica*）的小册子中，即时人讨论如何阅读、写作历史的读物。通过研究这些读物，格拉夫顿分析了近代早期历史观念的转型，即历史从修辞之艺转向批判之艺。[3] 历史教科书作为一种传播历史知识的重要媒介，也进入史学史家研究视野之内。人们认识到历史教科书不仅承载传播知识的功能，而且是塑造民族认同的工具，探讨如何通过历史教科书所构建的单一叙事来塑造学生的集体记忆和爱国

---

[1] Hans-Werner Goetz, *Geschichtsschreibung und Geschichtsbewußtsein im hohen Mittelalter* (Berlin: Akademie Verlag, 2008), S. 31.

[2] 对奥托《编年史》中历史意识研究，可参见 Hans-Werner Goetz, "The Concept of Time in the Historiography of the Eleventh and Twelfth Century," in Gerd Althoff et al., eds., *Medieval Concepts of the Past: Ritual, Memory, Historiography* (Cambridge: Cambridge University Press, 2002), pp. 139 – 166; Hans-Werner Goetz, *Geschichtsschreibung und Geschichtsbewußtsein im hohen Mittelalter*, S. 208–216。

[3] Anthony Grafton, *What Was History? The Art of History in Early Modern Europe* (Cambridge: Cambridge University Press, 2007).

情感，成为当下研究的一大主题。① 受后现代思潮一切历史书写都只是文本的影响，史学史家不仅研究那些"信史"，曾经被视为"伪史"打入另册的作品也开始受到学者们的关注。② 史学史研究中的文献中心取向也开始动摇，人们开始发掘非书面材料中的历史意识，中世纪流传的口述传说开始受到学者关注。③

　　经典史家的史学作品曾经是传统史学史研究的核心材料，史学史家们通常对那些名家名作，尤其对职业化之后的男性历史学家的著作如数家珍，仅关注时代的高音却忽视了被高音所掩盖的各种多元化低音，如女性史家、少数族裔史家、大众史家等边缘化史学群体如何书写历史。20世纪60年代随着民权运动的兴起，边缘群体崛起，他们不仅要在当今社会上发声，而且要在历史叙事的舞台上寻求自己的一席之地，这一诉求反映在历史研究中便出现了各种形式的自下而上看历史，如美国史研究中"复数的美国革命"（American Revolutions）便是其中一例。④ 这一诉求也投射到史学史研究中，照亮了那些长期被忽视、被边缘化的群体。如何展现历史书写中的多元叙事成为当下史学史研究一种新趋向，因此边缘群体的作品也成为史

---

① 当下历史教科书研究已成为史学史研究的一大热点，历史教科书作为一种"记忆之场"（sites of memory）成为塑造集体记忆的重要工具，教科书也是记忆争夺战的主要战场，因此学界对历史教科书的研究也多从历史记忆的角度出发进行研究。如 Mario Carretero, *Constructing Patriotism: Teaching History and Memories in Global Worlds* (Charlotte: Information Age Publishing, Inc., 2011)；Laura Hein and Mark Selden, eds., *Censoring History: Citizenship and Memory in Japan, Germany, and the United States* (New York: M. E. Sharpe, 2000)。值得一提的是，2011年由德国奥格斯堡大学与华东师范大学于上海联合举办了"1945年以来世界史的呈现：亚洲与德国欧洲教科书叙事特点的比较"，在会议上就历史教科书相关问题展开了充分探讨，后将会议论文结集出版，参见孟钟捷、（德）苏珊·波普、吴炳守主编《全球化进程中的历史教育：亚欧教科书叙事特征比较》，上海三联出版社，2013。在国内也有相关学者对历史教科书展开研究，如刘超《历史书写与认同建构：清末民国时期中国历史教科书研究》，社会科学文献出版社，2016；李孝迁《"制造国民"：晚晴历史教科书的政治诉求》，《社会科学辑刊》2011年第2期；李帆《清季的历史教科书与线性历史观的构建》，《吉林大学社会科学学报》2015年第2期。

② Katrina B. Olds, *Forging the Past: Invented Histories in Counter-Reformation Spain* (New Haven and London: Yale University Press, 2015).

③ Shami Ghosh, *Writing the Barbarian Past: Studies in Early Medieval Historical Narrative* (Leiden: Brill, 2016), pp. 222-236.

④ 关于新美国革命史学中"复数的美国革命"，可参见李剑鸣《意识形态与美国革命的历史叙事》，《史学集刊》2011年第6期。

学史研究的重要材料，历史学家试图从这些材料中发掘多样化的历史叙事。以近代德国史学研究为例，传统史学史多关注以柏林大学为中心奉行兰克史学方法的职业史家群体及其著述，忽视了存在于同时期的其他历史书写者及其作品，如天主教史家、大众史学家以及犹太裔史家的观念和作品。90年代以来，史学史家开始关注那些"历史书写的竞争性叙事"（*konkurrierende Narrative der Geschichtsschreibung*），① 比如倾向奥地利的大德意志道路的史学家们如何书写德国历史，② 天主教史家如何在面向大众的历史书写中回应社会变迁。③ 近几年，一些学者也开始讨论犹太人如何通过历史书写塑造犹太认同，④ 这方面研究改变了近代德国史学史的格局。

　　受女权主义思潮影响，曾经仅研究男性历史学家的史学史备受攻击，人们试图发掘那些被掩盖的女性史家在历史书写发展中的意义。早在 20 世纪 90 年代美国女性史健将芭妮·史密斯（Bonnie Smith）便曾追溯了自 18世纪以来的女性史家写史传统，并指出这一传统如何随着职业化的兴起而衰落。⑤ 自此以后各种研究女性史家的论著频出，甚至引入种族视角关注少数族裔女性史家在职业化史学中的历史。⑥ 2005 年出版了由玛丽·斯庞贝格（Mary Spongberg）等人主编的《女性历史书写指南》一书，该书仿照传统史学史指南，但是完全从女性视角出发，企图以女性为主体重构史学史。⑦由此可见，关注女性史家不仅是对传统史学史的补充，而且是要以女性为主体重新书写史学史。史学史研究者通过使用这些新材料，试图呈现出于

---

① Franziska Metzger, *Geschichtsschreibung und Geschichtsdenken im 19. und 20. Jahrhundert*, S. 37.

② Thomas Brechenmacher, *Großdeutsche Geschichtsschreibung im neunzehnten Jahrhundert: Die erste Generation* (1830-48) (Berlin: Duncker und Humbolt, 1996).

③ Siegfried Weichlein, "'Meine Peitsche ist die Feder', Populäre katholische Geschichtsschreibung im 19. und 20. Jahrhundert," in Wolfgang Hardwig und Erhard Schütz, Hrsg., *Geschichte für Leser Populäre Geschichtsschreibung in Deutschland im 20. Jahrhundert* (Stuttgart: Franz Steiner Verlag, 2005), S. 227-257.

④ Ulrich Wyrwa, Hrsg., *Judentum und Historismus: Zur Entstehung der jüdischen Geschichts wissenschaft in Europa* (Frankfurt am Main: Campus Verlag, 2003).

⑤ Bonnie G. Smith, *The Gender of History: Men, Women, and Historical Practice* (Cambridge: Harvard University Press, 1998).

⑥ Julie Des Jardins, *Women and the Historical Enterprise in American: Gender, Race, and the Politics of Memory, 1880-1945* (Chapel Hill: The University of North Carolina Press, 2003).

⑦ Mary Spongberg et al., *Companion to Women's Historical Writing* (New York: Palgrave Macmillan, 2005).

异于主流历史叙事的多样化图景。

材料的扩充不仅是为传统史学史研究增添几块砖瓦，而且是从地基上对其研究主导范式的一次颠覆。从史学史的研究材料中，我们可以看到传统史学史研究的背后存在一条明显的主线，即从历史到史学的线性发展，其中职业化史学成为这条发展脉络的高潮。在这一主线的指导下，史学史研究更多关注职业史家，抑或采用一种"辉格史观"（Whig Interpretation），用现代职业化之后形成的史学观念去评判过去的史家及其作品。而在后现代思潮影响下，史学史研究的材料获得了极大的扩充，史学史家不再去论证从历史到史学的单线发展，而是希望去展现一种曲折、复杂的多元化图景。

三 研究视野的拓展：从非西方到全球

近代以降，随着启蒙运动、工业革命在西欧的开展，加之殖民扩张，西欧从偏居一隅的蛮荒之地迅速成为世界中心。在这一背景下，许多欧洲学者开始为西方的崛起寻求理论依据，各种形形色色的西方中心论应运而生，这种优越感投射到历史研究中，便形成了"非西方地区不存在历史"的偏见。在西方学者看来，中国、印度等地虽然传统悠久，却缺乏历史意识。早在 20 世纪 80 年代，杜维运（1928~2012）、许冠三（1924~2011）等史学家曾撰文反驳西方史家炮制的"中国无史论"，强调中国传统史学中的批判传统和历史意识。[①]

与中国、印度这些拥有悠久历史编纂传统的文明古国不同，非洲部分地区由于缺乏书面记载，因此被西方学者视为没有历史的大陆，如英国史家亚瑟·牛顿（Arthur Percival Newton, 1873-1942）曾认为非洲"没有历史，历史是从人类有文字记载时才开始的"。[②] 20 世纪 50 年代，受民族解放运动影响，一些非洲历史学家开始反思"非洲无史论"，如由联合国教科文

---

① 杜维运：《与西方史家论中国史学》，东大图书公司，1981；Hsu Kwan-San, "The Chinese Critical Tradition," *The Historical Journal*, 26：2 (1983), pp.431-446。
② 〔布基纳法索〕基-泽博主编《非洲通史》（第一卷），中国对外翻译出版公司，2013，第7~8页。

组织组织编纂的《非洲通史》、伊巴丹学派便是这一思潮的代表。一方面，他们寻找西方殖民者到来之前的书面材料，指出从 15 世纪开始非洲便存在以书面为载体的历史记载，如当时在撒哈拉以南非洲所出现的土著人用阿拉伯文所写的历史文献。① 另一方面，则开始发掘非洲本土资源中反映历史意识的传统，其中口述传统受到众多非洲史学者的关注，而如何发掘非洲口述传统则成为史学史研究的重点。早在 40 年代，尼日利亚的肯尼斯·戴克（Kenneth Onwuka Dike，1917-1983）便曾在尼日尔河三角洲地区收集口述材料用于撰写博士学位论文，而后一些西方学者受其影响，开始关注口述材料，扬·范西纳（Jan Vansina，1929-2017）便是其中代表。② 20 世纪 60 年代范西纳出版了《口述史学方法论》（*De la tradition orale：essai de methode historique*）一书，被翻译为英文、西班牙文、意大利文、阿拉伯文等，后又出版《作为历史的口述传统》一书，在国际学界广受关注。范西纳认为口述资料是未被写出的信息，保存在一代代的记忆中。尽管它在当下被讲出，但它包含来自过去的信息。③ 而史诗、民谣、民间故事、目击者的叙述这些口述传统中也存在历史意识。虽然范西纳主张发掘非洲口述传统，将口述资料用于非洲史研究之中，但口述资料只是为证明非洲存在历史意识，抑或说是仍然采用使用书面资料的思维方式研究口述传统。受后现代史学的影响，历史表现（historical representation）、经验（experience）成为热词，人们不仅关注历史本身，更关注历史意识形成的过程。如何将古老的口述传统与后现代史学相融合，成为当下非洲史学史研究的重心之一，这一研究路径由非洲学者率先进行尝试，如 20 世纪 90 年代埃比戈贝里·乔·阿拉戈（Ebiegberi Joe Alagoa）出版《非洲史学实践》一书，阿拉戈在介绍了非洲的口述传统、内部文献传统、伊斯兰传统和西方传统之后，

① 〔捷克〕赫尔贝克：《十五世纪以来的文字资料》，基-泽博主编《非洲通史》（第一卷），第 77~101 页。

② 根据范西纳自传，范西纳对口述材料的关注受到戴克的影响，但是我们并不能就此认为其史学思想仅受戴克等非洲本土学者的影响，在其自传中还提到其他思想资源，如欧洲中世纪研究中对口述材料的关注。参见 Jan Vansina, *Living With Africa* (Madison：University of Wisconsin Press, 1994), pp. 7, 41, 48。

③ Jan Vansina, *Oral Tradition as History* (Madison：University of Wisconsin Press, 1985), pp. 11-12. 国内非洲史研究对非洲口述传统关注颇多，可参见刘伟才《范西纳的非洲史研究》，《世界历史》2016 年第 6 期。

对非洲史学的未来进行展望，阿拉戈坚信口述传统与叙事主义历史哲学的结合，将成为非洲史学的新方向。[①] 口述传统固然重要，但并非非洲史家所唯一依赖的资料，如何从本土出发，去聆听非洲史学中多元的声音，成为近些年研究非洲史学史的西方学者所热议的话题。2005 年约翰·菲利普（John Edward Philip）编辑出版论文集《书写非洲历史》（*Writing African History*），其中不仅关注口述资料而且对于当时的阿拉伯文材料、殖民者记录等都有所涉及。[②]

史学史研究不仅开始关注非西方史学，而且受全球化的影响，试图从全球视角下考察史学史。自 20 世纪 60 年代以来，世界各地的交流日益紧密，苏东剧变、两级格局瓦解，世界由半球化迈向全球化时代。现如今，全球化可谓世界的主旋律，这一趋势也反映到史学研究之中，即开始出现大批从全球的角度研究人类历史的著作。但是，直到 21 世纪初，从全球的角度研究史学本身发展的通史性著作却几乎没有，如恩斯特·布莱萨赫（Ernst Breisach，1923-2016）的《史学史》（*Historiography*: *Ancient*, *Medieval*, *and Modern*）、唐纳德·凯利（Donald Kelley）的"史学史三部曲"（*Faces of History*; *Fortunes of History*; *Frontiers of History*）都是基于西方史学的发展来论述。直到 2008 年，由伊格尔斯和王晴佳合著，穆赫吉参著的《全球史学史》填补了这一方面的空白。[③]《全球史学史》以"全球化"和"现代化"为主线，采用平行叙述的方法展现了自 18 世纪以来，西方、伊斯兰世界、印度、东亚世界各

---

① 〔尼日利亚〕埃比戈贝里·乔·阿拉戈：《非洲史学实践：非洲史学史》，郑晓霞、王勤、胡皎玮译，张忠祥、郑晓霞校，上海社会科学院出版社，2016，第 110~111 页。

② John Edward Philips, ed., *Writing African History* (Rochester: University of Rochester Press, 2005). 口述传统是非洲史学史关注的重点，但并非全部。如何书写民族历史也是非洲史学史的重心，尤其是对 60 年代独立运动后非洲民族史学的研究。关于这方面研究可参见 Boghumi Jewsiewicki and David Newbury, eds., *African Historiographies*: *What History for Which Africa* ? (Beverly Hills: SAGE, 1986); Lidwien Kapteijns, *African Historiography Written by Africans*, *1955-1973*: *The Nigerian Case* (Leiden: Afrika-studiencentrum, 1977); Caroline Neale, *Writing Independence History*: *African Historiography*, *1960-1980* (Westport: Greenwood, 1985); Toyin Falola and Saheed Aderinto, *Nigeria*, *Nationalism*, *and Writing History* (Rochester: University of Rochester Press, 2010).

③ 早在 2006 年，德国学者马库斯·沃尔克尔（Markus Völkel）便出版《全球视角下的历史书写导论》一书，从全球视角简要概述了世界各地的史学传统，但该书在更大程度上属于导论性质的介绍性读物。参见 Markus Völkel, *Geschichtsschreibung*: *Eine Einführung in globaler Perspektive* (Köhl: Böhlau, 2006).

自的内在变化和相互关系。该书主要关注在西方史学近代化冲击下，非西方国家如何基于传统和现实需要有选择性地吸收和改造西方史学思想。① 该书一经问世，便受到学界热议。2017 年《全球史学史》又出版了英文修订版，一方面，扩展了拉丁美洲和非洲史学部分，并增添了俄罗斯和南非史学；另一方面，回顾了近十几年的史学趋势，加入了环境史等新内容。② 自 2008 年《全球史学史》出版以来，学界日益关注如何从全球视野下书写史学史，丹尼尔·沃尔夫于 2011 年出版了《全球史学通史》一书，该书将研究范围进一步扩大，追溯至前近代时期不同文明中历史意识的产生之时，试图通过描述人类既往的历史意识与历史知识形成，描绘一幅历史意识在全球范围内交互发展、互动融合的多元化图景。③ 沃尔夫还在牛津大学出版社主持了一项更为庞大的项目，即五卷本的《牛津历史著作史》。在 2011 年，这部由众多知名学者合作编纂的、涵盖全球的皇皇巨著问世。该书分为五卷，由 150 篇专论构成，含括整个人类史学文化传统，甚至连一些在传统史学史中不受重视的地区史学史也得以囊括其中。④ 而且编者尽量不采用传统的古代、中世纪、近代这种具有西方中心论色彩的历史分期模式，关注于各地区的史学传统，主张一切历史文化都有同等的价值。

诚然，现如今学者不仅关注关注如何从本土视角出发，发掘非西方的史学传统，反思西方中心论宰治下的传统史学史研究，而且关注如何从全球视野下考察史学知识的流布。若我们借用后殖民史家迪佩什·查克拉巴蒂的"地方化欧洲"（Provincializing Europe）观念，可以看到现今史学史研究也在经历一场"把欧洲史学范式地方化"的革命。而这一变化是内外冲击下，人们开始反思传统史学史研究的一种表现。一方面，在全球化时代下，史学史研究面临新的需求和挑战；另一方面，后现代思潮的冲击打破了传统史学史研究中的宏大叙事，当破除西方中心论的迷思后，如何在全球化时代下书写史学史，成为当今学界热议的话题。

---

① 〔美〕格奥尔格·伊格尔斯、〔美〕王晴佳、〔美〕苏普里娅·穆赫吉：《全球史学史：从 18 世纪到当代》，杨豫译，北京大学出版社，2011。

② Georg Iggers, Q. Edward Wang and Supriya Mukherjee, *A Global History of Modern Historiography* (London: Routledge, 2017).

③ Daniel Woolf, *A Global History of History* (Cambridge: Cambridge University Press, 2011).

④ Daniel Woolf, ed., *The Oxford History of History Writing* (Oxford: Oxford University Press, 2015).

四 从历史编纂学到历史知识学

当我们从方法、材料和视角三个维度考察当下史学史研究后，可以发现当下史学史研究经历了一次"范式转移"。在后现代思潮的冲击下，传统的史学史研究中所蕴含的宏大叙事被打破，史学史从历史编纂学的历史（the history of historiography）转向历史知识学（historiology）。相较于历史编纂学来说，历史知识学这一概念更具包容性和动态性，概念的边界也更为模糊和具有弹性。由于历史知识学这一概念内涵复杂，且不同学者对此定义不一，[①] 因此我们可以从两个层面去理解，以期概括当下史学史研究的趋向。其一，不同于历史编纂学，历史知识学在研究对象上更具有包容性。传统史学史研究仅关注史学作品，从历史编纂学（historiography）这一名称上我们便可看出它的文献中心取向。[②] 而历史知识学的研究对象为一切承载历史知识的载体，因此不仅是史学作品而且图像、口述等蕴含历史意识的载体，均可作为它的研究材料。[③] 其二，若借用福柯的"知识考古学"，历史知识学则可看作一种历史知识的考古学。传统史学史多研究史学家的作品中所蕴含的史学思想，将史学著作看作静态的文本，忽略了史学著作作为一种产品被生产、流布、接受的过程。在福柯看来知识是"层累中形成"的，知识的形成是一个动态的历史过程，而这一过程的背后其实存在权力的运作。历史知识作为一种被制造的知识，也存在从生产到接受的动态过程，而如何被生产，又在何种背景下被接受、被改造，这背后所蕴藏的权力关系，正是当下史学史研究的热点。正如亚历山大·格朗达齐

---

① 不同学者对 historiology 的理解不同，本文所指 historiology 主要强调其历史知识学的层面，即对静态的历史编纂学的修正。而美国思想史家阿兰·梅吉尔将其理解为史学理论，或历史书写的哲学，并提出四种不同类型的 historiology，即分析型、诠释型、观念型和叙事-语言学型。参见 Allan Megill, "Historiology/Philosophy of Historical Writing," in Kelly Boyd, ed., *Encyclopedia of Historians and Historical Writings* (Chicago: Fitzroy Dearborn Publishers, 1999), pp. 539-543。

② Historiography 起源于古希腊语 |στοριογραφία，为历史（|στορία）与书写（γραφία）的组合，因此在德语中该词（*Historiographie*）与历史书写（*Geschichtsschreibung*）通用。

③ Q. Edward Wang, "How do we Globalization the Study of Historiography? Reflections on the Legacy of Georg G. Iggers (1926-2017)," *Storia della Storiografia*, 73: 1 (2018), p. 22.

（Alexandre Grandazzi）所指出的，历史知识学应研究"物的历史"（*historia rerum*）而非"已存之物"（*res gestae*）。①

纵观当下史学史研究的新趋势，不难看出它有以下三个特点。在方法上，史学史与社会史、文化史相结合，从静态的文本分析转向形象的塑造、知识的生产与消费等动态过程。在材料上，史学史研究材料进一步扩充，史学史不仅研究体大思精的史学名著，而且关注当时流行的小册子、通俗读物；不仅重视名誉学林的史学名宿，而且视角向下去发掘那些被压抑的低音，大众史学家、女性史家、少数族裔史家等曾经的边缘群体也从边缘走向中心，进入史学史家的视野。在视野上，史学史不再只是以西方史学为中心的史学史，非西方的史学史也开始受到重视，且越来越具有全球维度。一言以蔽之，当下史学史研究的诸种变化均可在"历史知识学"这一范畴中，找到自己的位置。

虽然在后现代思潮的冲击下，史学史研究的方法、材料与视野都得到了更新，但传统的史学史研究路径并未被完全抛弃。若借用诺维克对20世纪70年代后美国史学趋势的论断，我们也可以用"以色列没有国王"来形容当下的史学史研究现状，② 即在史学史研究中并未出现一种主导性的路径。在当下，传统史学史研究与最新的史学史研究并存，在专题研究中，一些经典史学家、经典史学命题仍然是当下研究的热点。近代德国史学中最为经典的"历史主义"，现如今仍有不少学者对此进行探讨，如沃尔夫冈·凯莫哈（Wolfgang Kämmerer）关于梅尼克（Friedrich Meinecke，1862-1954，亦译为迈内克）历史主义的研究，便是其中一例。③ 近些年，史学史著作所面向的读者面也进一步扩大，不仅面向专业史家的史学史研究专著频出，而且出现了一些面向初学者和普通知识人的史学史入门读物，如德国出版的"大学袖珍读物"（Uni-Taschenbücher）系列便收录了三本与史学

---

① Alexandre Grandazzi，"The Future of the Past：From the History of Historiography to Historiology，" *Diogenes*，38：151（Sep. 1990），p. 57.

② 《士师记》中曾言"那个时代的以色列没有国王，各人自行其是、自以为是"。参见〔美〕彼得·诺维克：《那高尚的梦想："客观性问题"与美国历史学界》，第783页；王晴佳《"以色列没有国王"——当代史学的多元趋势》，《社会科学报》2011年2月17日。

③ Wolfgang Kämmerer，*Friedrich Meinecke und das Problem des Historismus*（Frankfurt am Main：Peter Lang，2014）.

史相关的普及读物,[①] 法国出版的"我知为何?"（*Que sais-je?*）系列也收录了两本同名的史学史读物,[②] 相较于史学史研究专著，这类书籍更为通俗易懂。作为一种研究历史学的历史的反思性学问，史学史研究比其他历史研究更易于吸收新理论，对于其他学科的研究方法更具有包容性。在当下的史学史研究中，我们可以看到呈现出了一种兼具全球视野的同时，又不失地方特色，更具包容性的多元图景。

若我们回顾当代的史学史研究，可以发现这些技术层面变化的背后，是后现代思潮冲击下史学史研究所呈现出来的多元状态。一般而言，影响作品进入史学史谱系的是历史研究最终走向史学职业化这条主线。当这条主线被打破，史学史研究模式变得更为开放，历史编纂学走向了历史知识学。人们逐渐意识到史学史发展并非单线性发展，而是存在各种支流，因此当下许多研究者开始关注职业化之外的其他声音，如口述材料、大众历史书写等。值得注意的是，这些研究仍然存在一种职业化史学与其他历史书写之间的二元对立。当我们试图将"欧洲史学范式地方化"的同时，或许我们还可以进一步追问"是否只存在一种模式的职业化?"众所周知，职业化史学发源于德国，其模式至今仍被学界沿用，即客观治史与解释。但是，若我们从全球视角观察，在历史传统中其实存在各种原职业化（proto-professionalization）的形态，如中国的史官传统、西欧中世纪的宫廷史学等。这些形态所承载的功能与西方职业化史学有所不同，更多作为一种保存记忆的形式。虽然这些形态在当下看似已经消亡，但是它们却或明或暗地以一些其他形式存在，如当下流行的公众史学便可被看作原职业化潜藏的一种形态。如何跳脱西方职业化观念的宰治，从保存记忆的角度看待这些传统社会中所存在的原职业化形态以及当下盛行的一些新的史学研究形式，或许是今后史学史研究要关切的一个问题。

（张一博执笔）

---

① Markus Völkel, *Geschichtsschreibung: Eine Einführung in globaler Perspektive* (Köln: Böhlau, 2006); Franziska Metzger, *Geschichtsschreibung und Geschichtsdenken im 19. und 20. Jahrhundert* (Bern: Haupt Verlag, 2011); Stefan Jordan, *Theorien und Methoden der Geschichtswissenschaft* (Paderborn: Ferdinand Schöningh, 2009).

② Charles-Olivier Carbonell, *L'historiographie* (Paris: Presse Universitaires de France, 1998); Nicolas Offenstadt, *L'historiographie* (Paris: Presse Universitaires de France, 2011).

女性史与性别史

　　20 世纪六七十年代的第二波女权运动，使很多女性历史学家受到了感召，纷纷转向女性史研究。不过，女性史的书写绝非始于 20 世纪 70 年代，据芭妮·史密斯（Bonnie Smith）考证，西方从 18 世纪 50 年代到 20 世纪 50 年代一直都存在女性史家写史和女性史的书写传统，但这一传统在 19 世纪历史学职业化以后衰落了，被贬低为"业余"的历史。与之相比，20 世纪六七十年代受第二波女权运动感召而兴起的现代女性史，则有正规的学院背景，这与高校女生入学率的大幅增长有关。[1] 随着女性教育水平的提高，很多女性进入高校和科研机构，女性学者在美国大学的影响力与日俱增。1974 年，女教师在美国大学全职教师中的比例是 22%，如今，这一比例是 42%；1974 年，女教师在美国大学全职教师中的比例是 22%，如今，这一比例是 42%。[2] 娜塔莉·戴维斯（Natalie Z. Davis）20 世纪 60 年代曾在多伦多大学开设一门女性史课程，她与另一名女性史家吉尔·康威（Jill K. Conway, 1934-2018）合作，将过去几个世纪以来的女性史书写状况，以史家传记的形式汇编成册。[3] 路易斯·蒂利（Louise A. Tilly）和琼·斯科特

---

[1]　参见 Georg Iggers，"Reflections on the Historiography of the Twentieth Century from the Perspective of the Twenty-first Century," *Historein*, 16: 1-2 (2017)，p. 154。

[2]　焦姣:《伯克夏妇女和性别研究大会的前世今生》,《澎湃新闻》2017 年 6 月 13 日, https://www.thepaper.cn/newsDetail_forward_1703873，最后访问日期: 2019 年 8 月 7 日。

[3]　Bonnie G. Smith, "Women's History: A Retrospective from the United States," *Signs*, 35: 3 (Spring, 2010), p. 726.

（Joan W. Scott）则表示，她们在 20 世纪 70 年代早期分别受所在单位的委派，为学生开设一门女性史课程。开课的目的就是回应彼时高潮迭起的女权运动。①

为了推动女性解放，争取女性在政治与经济上的平等地位，女性史必须从历史的角度揭示男女不平等的根源，这就意味着历史学不能仅仅把关注点放在男性身上，而应该把女性也包括进来，因此，有关女性的史料被大量地发掘出来，呈现出历史上丰富多彩的女性经验，短短十多年时间，女性史便积累了丰厚的研究成果，这就是"她史"（her-story）。

一　从"她史"到性别史

1. "她史"的得失

20 世纪七八十年代的西方女性史研究路径主要被概括为"她史"。提倡书写"她史"的女性史家对传统史学②忽视女性和女性经验的态度感到不满，她们希望把女性的历史补充到历史书写当中，让女性在历史中变得"可见"（visible）。这个时期出版的文集有冠以"使其可见"（becoming visible）标题的，③足见"她史"的基本治学思路。

"她史"大致分为三种类型：（1）撰写历史上的杰出女性，凸显女性对历史的重大贡献；（2）挖掘有关女性的新史料，从妇女视角出发，重新评价诸如欧洲文艺复兴、美国民主革命、技术革命等事件的历史意义；（3）基于女性生活的结构和女性文化的特点，力图使妇女史从传统史学研究的架构中脱缰出来，以探讨形成女性主义思想意识的根基。如父权制的研究、女性文化研究等，都属于此种类型。④

这三种类型的"她史"对忽视女性和女性经验的传统史学进行了批判，并对排斥女性的原因进行了分析，说明了从单一的男性视角撰写历史的局

---

① Louise A. Tilly and Joan W. Scott, *Women, Work and Family* (New York: Routledge, 1987), p. 1.
② 本章所称"传统史学"指的是以男性为主导、以兰克史学为代表的现代职业史学。
③ 参见 Renate Bridentha, ed., *Becoming Visible: Women in European History* (Boston: Houghton Mifflin, 1977).
④ 鲍晓兰：《美国的妇女史研究和女史学家》，载鲍晓兰主编《西方女性主义研究评介》，生活·读书·新知三联书店，1995，第76页。

限性，同时也为历史增添了女性的面相，大大丰富了历史书写的面貌。作为一种业已成熟的女性史方法，"她史"本身已具有相对完整的体系和学术逻辑，也积累了许多质量上乘的研究成果，但问题在于，女性主义史学是一种以女权运动为终极导向的治史方法。艾伦·杜波依斯（Ellen DuBois）曾表示，较之于女权主义本身，任何学术都是存在缺陷的。[1] 女性史家所思考的问题从不停留于如何书写一部完美的女性史，而是着眼于如何让女性史服务于女权运动的政治诉求。在这一角度下，"她史"存在明显的局限，正是由于这些局限，女性史书写逐渐陷入瓶颈。

首先，"她史"把女性视为一个稳固的整体，忽视了女性之间在阶级、种族、族群、政治、宗教以及社会经济状况等方面的差异。这样一来，"女性"就被视为一个明显区别于其他群体的单一类别，最终，女性史被削减为一部没有差异的历史。斯科特认为，这样的女性史没有把女性置于特定的时空中去认识，没有基于她们所处的不同环境去解释她们的差异和多样性，[2] 这样的女性史未免失之过简，也不能体现女性的历史主体性。

其次，为了矫正传统历史书写忽略女性的偏颇，使女性的经验不至于被埋没在历史的烟尘中，"她史"刻意突出女性经验的特异性。这样一来，就造成了男性和女性历史的割裂。娜塔莉·戴维斯称，这类女性史扭曲了其历史背景，将女性与男性分开考察，很少谈及性别角色在社会生活和历史转变中的作用，因此这类女性史对主流的历史书写和历史分期产生不了什么影响。[3]

试举一例来分析"她史"的得失。琼·凯利（Joan Kelly, 1928-1982）发表于 1977 年的文章《妇女有文艺复兴吗?》是"她史"的一个经典范例。该文旨在发掘中世纪女性不为人知的历史经验，并从女性经验出发对传统的历史分期节点文艺复兴，进行重新评价。在传统史学观念中，文艺复兴意味着宗教蒙昧的终结和人文主义的回归，因而具有进步的历史意义，但

[1] Louise A. Tilly, "Gender, Women's History, and Social History," *Social Science History*, 13：4 (Winter, 1989), p. 441.

[2] 〔美〕琼·斯科特：《女性主义与历史》，载王政、杜芳琴主编《社会性别研究选译》，生活·读书·新知三联书店，1998，第 360~366 页。

[3] Natalie Z. Davis, "'Women's History' in Transition: The European Case," *Feminist Studies*, 3：3/4 (1976), p. 83.

凯利认为，这种历史评价并没有把妇女的遭遇考虑进来。事实上，妇女没有文艺复兴。文艺复兴对女性来说非但没有带来进步，反而意味着社会与个人选择面的收缩。①

凯利解释到，中世纪贵族女性拥有继承权，一定程度上还可以参与家族产业的管理，也能够引领宫廷的文化时尚。无论从经济地位还是文化影响力上讲，中世纪女性都比文艺复兴以后的女性优越。女性地位在文艺复兴时期发生了一次滑坡，因此，女性并没有分享文艺复兴所带来的历史进步。那些在传统上被表彰为人类进步的重要历史时期（如古典时期的雅典、文艺复兴时期和法国大革命等），恰恰意味着女性地位的降低。就此而言，必须对有关历史分期的概念进行重新界定，重新评价其历史意义。凯利的研究的确动摇了对文艺复兴的历史评价，但需要注意的是，她在《妇女有文艺复兴吗?》一文中实际上并没有改变"中世纪/文艺复兴"的两分法，她所强调的是根据男性和女性各自不同的经验，对"文艺复兴"应有不同的评价。因此，正如戴维斯所言，"她史"并没有成功地挑战传统的历史分期。

尽管《妇女有文艺复兴吗?》仍然算得上是"她史"的一部经典佳作，但女性史家们明显感觉到，单靠凸显女性的历史角色，并不能对主流的历史书写产生多少冲击。"她史"常常沦为"纳入史"（integrating history）或"贡献史"（contributing history）。②"她史"将女性的生活简单地置入到既定的史学框架中进行考察，这种做法被戏称为"添加与搅拌"（add and stir）。女性史陷入了一种尴尬处境——与其上乘的研究质量相比，女性史却很少受到史界主流的重视。到 20 世纪 80 年代，女性史家开始总结 70 年代以来女性史发展的经验和教训。琼·斯科特认为，单纯描述女性的经验，做大量的案例研究，这并不能撼动主流史学的根基，女性史必须尽早进行综合和理论化。③ 只有大胆发明、采用新的理论和概念工具，才能为女性史研究开辟新的出路。

---

① Joan Kelly, Women, *History and Theory*: *The Essays of Joan Kelly*（Chicago and London: The University of Chicago Press, 1984）, p. 20.

② 鲍晓兰：《美国的妇女史研究和女史学家》，第 77 页。

③ Joan W. Scott, "Gender: A Useful Category of Historical Analysis," *The American Historical Review*, 91: 5（December, 1986）, p. 1055.

正当此时，"社会性别"（gender）的概念进入到历史学家的视野当中。据考证，这一概念最初由英国社会学家安·奥克利（Ann Oakley）于1972年提出。[1] 女性主义者使用这一概念，主要是为了对生理性别（sex）和社会性别做出明确划分，以此对抗性别不平等的生理决定论。早期的女权主义者曾用男女之间的生理差异来解释女性的弱势地位，突出男性对女性的压迫。但是后来，女权主义者逐渐认识到生理决定论的弊端——它是本质主义的，也是单因论的。[2] 并且，男性也可以用生理决定论来使对女性的压迫合理化。早在20世纪40年代，西蒙·波伏娃便宣布，仅仅是男女之间的生理差异，并不足以造成历史上与当下男女地位的不平等。真正造成女性地位低下的，从来都是社会因素。到20世纪70年代末，女性主义者已经非常确定，必须从社会关系的角度看待性别问题。例如，琼·凯利在1979年提出"社会-性别"（socialsex）的"双视角"（doubled vision）理论，呼吁把"性别"和"社会"同时作为历史考察的范畴，形成双重视角。[3] 这里，"社会-性别"的定义已部分地接近"社会性别"，但还算不上是完整意义上的概念创新。由于历史学家急于打开新局面，因此"社会性别"以其简明晓畅的特性获得了更广泛的青睐。在这一背景下，琼·斯科特于1986年发表了《社会性别：一个有用的分析范畴》一文，吹响了史学革命的号角。

2. 性别史的兴起

自20世纪80年代末、90年代初开始，女性史逐渐从"她史"转向"社会性别史"研究。斯科特总结道，以往的女性史家主要使用三种理论立场来研究女性史：父权制理论、马克思主义理论和精神分析理论。这三种理论各自取得了一些成就，但也存在一定的缺陷，因此制约了女性史的进一步发展。因此，斯科特认为，必须形成女性主义自己的理论。她使用"社会性别"这一概念工具，目的就是围绕这一概念形成一整套历史分析和

---

[1] 夏小娜：《戴维斯妇女史研究的社会性别视角》，《国外社会科学》2009年第5期，第136页。

[2] 〔美〕南希·弗雷泽、〔美〕琳达·尼克尔森：《非哲学的社会批判——女权主义与后现代的相遇》，载李银河主编《妇女：最漫长的革命——当代西方女性主义理论精选》，中国妇女出版社，2007，第110页。

[3] Joan Kelly, "The Doubled Vision of Feminist Theory," in Joan Kelly, *Women, History and Theory: The Essays of Joan Kelly* (Chicago and London: The University of Chicago Press, 1984), pp.51-64.

女权批判的理论和方法论。

她赋予"社会性别"有两方面的定义：（1）社会性别是基于两性差异的社会关系的构成要素；（2）社会性别是指涉权力关系的基本方式。概而言之，就是要把"社会性别"视为社会关系的一种组织模式，把"社会性别"视为权力关系的隐喻。

斯科特提倡社会性别史，正是出于对"她史"等传统女性史书写的不满和反思。在她看来，"她史"着意补充和呈现妇女的经验，分析妇女受压迫和排斥的原因，前者回答了"What"的问题，后者回答了"Why"的问题，但是唯独"How"的问题被女性史家忽略掉了。作为一名福柯主义者，斯科特认为传统女性史书写缺少了对权力运作的考察。要揭开性别压迫的奥秘，就必须分析有关社会性别的权力运作细节。为此，斯科特特意强调要从四个方面把握社会性别的社会关系属性，即文化象征、规范化定义、社会性别与社会组织和制度的关系，以及主体身份的建构。与此同时，也要理解权力是如何在社会性别这个场域中被建构和被表达出来的。例如，女性史家可以从社会性别的角度去理解民族-国家的建构，理解男-女二元对立的性别秩序是如何巩固和维持民族-国家政权的。概而言之，女性史家可以通过把社会性别作为一个分析的范畴，来解构传统的社会性别体系，并把界定社会性别的权力拿回自己手中。

我们必须指出，尽管斯科特一再指出"她史"的不足，但她心目中所期待的并非一种更加完美的"她史"。她所推崇的社会性别史学实际上是女性主义史学的重新定向，它诞生于传统女性史的母胎当中，与女性史有不少重叠，但它的研究范围明显比传统女性史更广，研究方法取径也明显不同于传统女性史。因此，社会性别史可以算得上是一个新兴的范式。

3. 性别史的作用与影响

性别史所带来的明显改变首先在于，它将男性纳入考察视野中，扩展了女性史研究的范畴，纠正了"她史"把女性史和男性史割裂开来的偏颇。

以"她史"为主导的女性史研究最终形成了与以男性为主导的主流史学分庭抗礼的局面。路易斯·蒂利曾引用一名男性史家的评论："现在我们已经知道女性参与了法国大革命，可是那又有什么不一样呢?"① 自成体系的"她史"很难让男性史家吸收她们的研究成果。而针对男性主导的传统主流史学忽视女性经验的问题，有些男性史家辩解道："那是因为女性从来也不曾在历史上扮演过真正重要的角色！"一开始，这句话让女性史家哑口无言。的确，女性大多数时候都缺席了诸如红衣主教会议、英国议会、哥伦布和麦哲伦远航等重要场合。但是，这些事件与女性没有直接联系，并不代表它们和社会性别没有直接联系。

在引入社会性别概念之后，女性史家便可以回答道："尽管女性的确缺席了这些历史场合，但是社会性别可没有。"② 社会性别史家如今已经意识到，男性也是社会性别的一种，社会性别史的新任务就是要将男性进行"社会性别化"。因此，男性也被纳入历史考察的范围，"男性气概"和"女性气质"成为并列的历史范畴。正如娜塔莉·戴维斯在 1975 年的文章中所说："研究阶级的历史学家不应该只关注农民，女性史也不应该只研究女性。"③ 既然女性史家无法让男性史家充分重视她们的研究成果，那么女性史家就要改变工作方式，自己去掌握男性史领域的话语权。这样一来，她们的批判意见就不会再被置若罔闻。

其次，社会性别史新方法的使用也让女性史打破了一些传统的禁忌，真正进入到史学研究的全领域，打破了学术上的性别隔离。女性缺席了重要的历史场合，不代表女性与权力毫无关系。这就是为什么琼·斯科特要一再强调政治史研究。像政治、军事史这类在传统的观点看起来非常不女性化的历史，如今也可以从社会性别史的角度进行分析和解读。当然，并非只有传统的政治军事史与权力有关，社会性别史所理解的权力，也是一种弥散性的、毛细血管化的权力，社会性别就是权力关系的一种表征体系。所以，有了社会性别史，女性史家就不再缺乏过问政治、军事史的资格，同时，对于社会关系和权力所渗透的其他领域，社会性别史家也要一一涉

---

① Louise A. Tilly, "Gender, Women's History, and Social History," *Social Science History*, 13: 4 (Winter, 1989), p. 439.

② Judith M. Bennett, *History Matters: Patriarchy and the Challenge of Feminism* (Philadelphia: University of Pennsylvania Press, 2006), p. 18.

③ Natalie Z. Davis, "'Women's History' in Transition: The European Case," *Feminist Studies*, 3: 3/4 (Spring-Summer, 1976), p. 90.

足。这就意味着，社会性别史提出了一条截然不同于"她史"的"进军主流"（mainstreaming）的思路。它并不仅限于去争得历史学会的座席，而且旨在动摇整个传统史学体系的根基。

4. 质疑的声音

值得注意的是，社会性别史并非是对传统女性史即"她史"的替代。事实上，在英文学界（特别是美国学界）的语境中，"社会性别史"这一概念是与琼·斯科特的后结构主义女性史主张紧密联系在一起的。并非所有女性史家都同意用后结构与后现代主义的方法去研究女性史，她们的质疑主要集中在两点——对外来理论的不信任和对非经验实证方法的拒斥。

首先，有些学者认为，女性史家滥用后结构主义、精神分析与历史认识论等相关理论，等于是在替男性的权威背书。[1] 这些男性理论家很多都抱有厌女症的态度——福柯根本就不关心女性问题，而拉康则把男性视为完美的模板，将女性视为是心理发育不健全的人类。一旦这些理论被运用到女性史研究中，就会造成对女性的不利。其次，先预设理论框架再套用史料，这本身也不符合历史研究的法则，这会使女性史研究失去经验主义的根基。琼·斯科特提出社会性别史的主张并大力倡导后结构主义，很快就卷入到与其他女性史家无休无止的方法论之争当中。如果女性史研究一再地纠缠于热门焦点问题，那么真正的女性史谁去研究呢？这一点依然会使得女性史研究丧失扎扎实实的经验基础。

女性史界至今仍存在对社会性别史的疑虑，因此，我们不能简单地讲述一个社会性别史替代"她史"的故事。事实上，正如女性本身并非一个同质的整体，女性史学界也远非步调一致。尽管大部分女性史家无法忽视社会性别史的浩大声势，但也有不少女性史家始终坚持用自己的独门秘籍做研究，用自己坚信有效的方法推动女权的进步。因此，在英语学界，"女性史"和"社会性别史"总是并列出现，有时写成"女性/社会性别史"。这二者存在一定程度的重合，但并不能取代彼此，传统的女性史方法在社会性别史转向之后也远未消失。

不过，"社会性别"这一概念已经变得深入人心，即使不赞同或反对斯

---

[1] Judith M. Bennett, *History Matters*: *Patriarchy and the Challenge of Feminism*, p. 23.

科特的女性史家，也会采用"社会性别"这一概念。20 世纪 90 年代以后，一些女性史家旗帜鲜明地反对斯科特的社会性别史方法，毫不留情地批评她的治学理念，另一些女性史家并不明确表示支持或反对，但她们无疑也吸收、内化了社会性别史的基本内涵和预设。总之，女性史界对斯科特的社会性别史主张或支持或反对，但是都绕不过这一理论主张。

自 20 世纪 70 年代以来至今，女性史不光发生了社会性别史的转型，而且受到历史学界其他思想潮流和研究方法的影响。女性史在 20 世纪 80 年代中期以前主要受社会史影响，80 年代以后转而与后现代主义和新文化史结合。其他史学范式多多少少也批判性地吸收、内化了社会性别史的方法和理念，这些问题都值得我们了解与注意。以下将会介绍 20 世纪 70 年代以来的几类有代表性的女性史和社会性别史研究。

二 女性史与社会史

女性史在 20 世纪 60 年代末 70 年代初兴起，这也正是社会史方兴未艾的时候，因此，在 20 世纪 80 年代中期以前，女性史研究很多是在社会史的框架下进行的。它的治学理念受社会史影响，方法论也大致来源于社会史。社会史为女性史"提供了研究群体和日常生活细节的计量方法，和来自社会学、人口统计学、人种学等跨学科方法，提供了研究诸如家庭关系、人口出生率、性别关系等历史现象的概念化工具"。[1]

很多我们熟悉的女性史家都受训于社会史门下。路易斯·蒂利是女性社会史的杰出代表，她对 E. P. 汤普森（E. P. Thompson, 1924-1993）推崇备至，并一直致力于为社会史方法辩护。蒂利认为，社会史的长处在于能够提出问题和分析问题，擅长采用描述与分析相结合的方式来研究和书写女性史。社会史本身已经存在一些亟待解决的"大问题"，例如阶级的形成、原工业（proto-industry）的兴起和衰落、劳动的性别分化、社会福利制度变化的背景、形式和服务对象等。[2] 女性史不一定要一一回答这些"大问题"，但也需要同这些普遍性问题进行对话，这正是女性史不至沦落到边缘

[1] Judith M. Bennett, *History Matters: Patriarchy and the Challenge of Feminism*, p. 23.
[2] Louise A. Tilly, "Gender, Women's History, and Social History," p. 455.

的关键。总之，女性史研究既补充了社会史，也改变了社会史。

蒂利在 1978 年与琼·斯科特合著《女性、劳动和家庭》一书。[1] 斯科特在转向后现代主义的社会性别史之前，也曾是一位严肃的劳工史家。《女性、劳动和家庭》一书主要介绍和对比了英法两国在前工业时代、工业化过程中和工业化成熟阶段的家庭经济，着意突出女性在家庭经济中所扮演的角色。该书是一部典型的社会史作品，反映出社会史和女性史的有机结合。蒂利和斯科特写作此书的起因，是她们当时卷入了一场论战，论战的核心问题是工业城市里非婚生子比率的提升是否意味着女性的解放。论战吸引了许多历史学家的参与和关注，也开启了性史研究（history of sexuality）的新话题。这种牵涉面巨大的论战表明了女性社会史的巨大产能和非凡创造力。

女性社会史的成就震撼了整个历史学界。1982 年，英国左翼历史期刊《历史工作坊杂志》（History Workshop Journal）将副标题由"一份社会主义史家的期刊"改为"一份社会主义和女性主义史家的期刊"，强调女性主义的理想和要求不能够被简单地归入社会主义的标签之下。这就表明，女性史家已经完成了把"性别"与"阶级"并置为历史分析范畴的任务。主流社会史学界对性别问题引起了高度重视，不再试图把女性的问题笼统地包含在传统的学术框架里，这无疑是女性学术史上具有里程碑意义的胜利。

由此可见，社会史和女性史在批判传统史学的时候站到了一起。自下而上的左翼运动和女权运动，都是 20 世纪 60 年代末和 70 年代激进思潮的一部分，它们有着共同的目标——对传统史学展开批判，拓展历史学的题材和领域，让历史能够包含更丰富的人类经验，让历史变得丰富多彩。

三　女性史与后现代主义

从 20 世纪 80 年代中期开始，社会史范式逐渐衰落，因此，女性史也慢慢告别了历史人口学和社会史的传统。[2] 事实上，斯科特对社会性别史的构

---

[1] Louise A. Tilly and Joan W. Scott, *Women*, *Work and Family* (New York: Routledge, 1978).

[2] Elizabeth H. Pleck, "Seeking Female Sexual Emancipation," *Social Science History*, 38: 1/2 (Spring/Summer, 2014), p. 107.

想，在一定程度上也来源于她对社会史与"她史"的反思与批判。在她看来，书写"她史"的女性史家都是"分裂主义者"（separationist），而女性社会史家都是"统合主义者"（intergationist）。这主要是因为"她史"割裂了男性史和女性史，而女性社会史则把女性史纳入社会史的既定框架中。社会史显而易见的问题在于：（1）太过偏重描述，分析力不足；（2）社会史太过偏重结构，忽略了个体的主观能动性，它"把人的主观能动性削减为经济的功能，使社会性别成为经济的诸多副产品之一"。① 的确，社会史需要进行大量的个案研究，描述是社会史家书写女性史的一个重要技能。但是，大量案例研究之后无法进行综合的问题也确实存在，这一点得到了路易斯·蒂利的承认。② 至于分析力不足的问题，尽管社会史擅长数据分析、因果关系分析和结构分析，但这些都不是斯科特想要的，斯科特所指的分析是话语分析。

斯科特希望用话语分析的方法来弥补社会史的不足，若要进行话语分析，就不能仅仅把目光聚焦于经济数据，而应该更多地关注语言问题。与强调经验的社会史相比，后现代主义更强调语言："对语言的分析可以了解社会关系是如何被理解的，如何运作的，其制度是如何被组织起来的，生产关系是如何被经验的，集体认同是如何建立的。"③ 因此，话语分析也是一种社会关系和权力关系的分析。把社会性别作为历史学的一个分析范畴，对斯科特来说便意味着用话语和语言分析对既定的性别概念和性别秩序进行分析和解构。

斯科特不仅对社会史的方法论不满，她对女性社会史的批判也上升到了认识论高度。总体而言，社会史是一种以实证为基础的历史研究方法，社会史家普遍坚持历史事实的可认识性。正如蒂利所称，社会史家相信通过证据的发掘和批判，他们便能够获得有关过去的些许知识（并非全面的和精确的知识）。④ 而后现代史家却对此持怀疑态度，他们认为历史知识并不能等同于历史真相，无论如何，历史知识不过是一种人为的建构，多多

---

① Louise A. Tilly, "Gender, Women's History, and Social History," p. 451.
② 参见 Louise A. Tilly, "Connections", *The American Historical Review*, 99：1 (Feb., 1994), p. 1.
③ Joan W. Scott, "Deconstructing Equality-versus-Difference：Or, the Uses of Poststructuralist Theory for Feminism," *Feminist Studies*, 14：1 (Spring, 1988), p. 34.
④ Louise A. Tilly, "Connections", p. 2.

少少总是反映了建构者的意志，反映了社会的权力关系。社会性别也是一种人为建构的知识，是政治、文化和历史的产物，因此，对社会性别进行话语分析就显得尤为重要。概而言之，就社会史家和后现代史家在历史认识论方面的分歧而言，前者或许可以被称为"实在主义者"（realist），后者则是"怀疑主义者"。

针对后现代主义者对历史真实的怀疑主义态度，社会史家推出了历史"经验"的范畴。他们认为，历史是人类过往的一些经验，而这种经验是实实在在、不可磨灭的。"经验"是历史不可削减的基础。因此，社会史家口中的"经验"几乎可以等同于"事实"。斯科特却表示，经验并不能被简单地等同于事实，因为这样做是忽略了经验所在的背景和语境。① 就其实质而言，"经验"不过是一种话语，充斥着意识形态内涵，反映了社会权力关系。因此，历史学家就不应该满足于把"经验"视为历史考察的终点。在斯科特看来，"经验"并非自在之物，应该对之进行批判性检验，将之历史化。历史学家必须把"经验"视为话语并对之进行分析，以便揭示出更多不为人知的历史面相，破解性别压迫的密码。

值得注意的是，很多人认为，后结构主义与后现代主义只是一种批判与解构的思潮，并不具备建构能力，但笔者更倾向于认为，后现代主义建构性的一面还需要到新文化史中去寻找。

四　女性史与新文化史

从 20 世纪 80 年代开始，西方史学界出现了"文化转向"。很凑巧的是，美国新文化史最为人所熟知的两大棋手——娜塔莉·戴维斯和林·亨特都是女性。她们虽然不是典型意义上的女性史家，但她们的新文化史研究也触及女性和社会性别史话题，不知不觉中改变了女性与社会性别史的面貌。

戴维斯的专业领域是近代早期法国的社会文化史，她对该时代的女性史和女性生活多有关注。她的论文集《法国近代早期的社会与文化》收录

---

① 参见 Joan W. Scott, "The Evidence of Experience," *Critical Inquiry*, 17: 4 (Summer, 1991), pp. 773-797。

了两篇以女性为主题的文章，一篇是《城市妇女和信仰变化》，另一篇是《女性支配》。[①] 前者考察了宗教改革和新教运动对妇女的信仰和生活所产生的影响，后者考察了"性别反串"的社会文化现象，反映出近代早期女性的社会角色和地位。女性是理解近代早期欧洲社会生活的关键要素之一，因此，戴维斯对女性的关注，不只是出于女性的同情心理，也来源于一名历史学家的敏锐触觉。

在成名作《马丁·盖尔归来》中，戴维斯大胆推测女主人公贝特朗接纳假冒的马丁为自己的丈夫并非被后者所蒙蔽，而是在冒名顶替案中起到了共谋的作用。尽管没有直接证据能够证明这一点，但是历史学家的这种笃定，反映了她对 16 世纪法国南部朗格多克地区的经济生活和社会风俗的深入了解。概而言之，戴维斯通过女性来了解社会生活，也通过对历史背景与社会生活的解读，来理解女性的处境。

戴维斯表示，尽管她在 20 世纪 70 年代曾经非常积极地参与到女权运动中，但是在一开始，她并没有把女性史作为自己的学术生涯的专门领域。但是在研究过程中，她不断地碰到有关女性的话题，她才慢慢认识到，女性作为一种社会性别角色，也和阶级、种族等社会角色一样重要。正如琼·凯利所言，必须把性别作为一个独立的研究范畴，到 1995 年，戴维斯终于出版了一部完全以女性为主角的专著——《边缘的女性：17 世纪的三个实例》。[②] 该书主要讲述了 17 世纪三名欧洲女性（一名犹太裔德国商人、一名法国天主教传教士、一名荷兰裔德国昆虫学家）的故事。戴维斯意识到，女性尽管身居社会边缘，但是历史学家通过聚焦边缘人物，却能够起到去中心化的作用。历史学若要去除白人男性中心的视角，就需要把视角移向更广阔的非西方世界。

新文化史的另一名棋手林·亨特在研究法国大革命的文化史过程中，也敏锐地意识到社会性别元素在塑造社会运动、推动历史进程中所起到的微妙作用。她在《法国大革命事情的家庭罗曼史》中对法国大革命进行了

---

① 〔美〕娜塔莉·泽蒙·戴维斯：《法国近代早期的社会与文化》，钟孜译，中国人民大学出版社，2011。

② Natalie Zemon Davis, *Women on the Margins: Three Seventeenth-Century Lives* (Cambridge: Belknap Press, 1997).

一番有趣而发人深省的性别化解读。① 受到弗洛伊德（Sigmund Freud，1856-1939）、勒内·基拉尔（René Girard，1923-2015）等精神分析学家的影响，林·亨特解读了革命时期政治和文化领域中反映出来的性别隐喻，从而揭示了大革命的权力结构。她发现，人们多多少少把旧制度下的专制王权视为专横的"父权"，而公民们"弑父"夺权，在兄弟之间分享权力，并建立起共和制度，则形成了革命精神和启蒙价值中所宣称的"博爱"（fraternity）。就此看来，"博爱"实质上乃"兄弟之爱"，无怪乎革命后建立的新政权把女性公民排除在外，拒绝与其分享权力。总之，法国大革命完成了一个从父权到男权之间的权力交接，在这一过程中，女性没有分享到多少权力。

林·亨特的新文化史研究把斯科特提倡的社会性别理论付诸实践。她曾说过，近一两百年来以现代主义为导向的历史学在很大程度上缺失了权力具体运作的细节，而文化分析能够细致地扫描社会生活的各个不同层次，为传统宏大叙事所照顾不到的地方补充细节。这种微观取径的文化史方法无疑增加了社会性别史的分析与批判能力。

五 芭妮·史密斯的女性史研究

芭妮·史密斯的学术生涯横跨第二波女权和第三波女权高潮，与前文所提到的任何一位女性史家都不同的是，芭妮·史密斯从一开始就目的明确地投身于女性史领域。她的方法论体系无法被归类到社会史、后现代主义和新文化史中的任何一个流派，她是一个集大成者的角色，勇于进行跨学科试验，富于史学革新精神。

芭妮·史密斯的社会性别史研究以批判职业史的男性化和探索历史学的多样性见长。她在20世纪80年代写的文章旨在发掘和梳理19世纪历史学职业化以前的女性业余史家的成就，她认为女性业余史家在社会史和文化史方面的实践领先于男性史家，职业化以前的史学也更加丰富多彩。职业化之后的史学在题材和内容上比较局限，在研究方法和历史表现手法上

---

① 〔美〕林·亨特：《法国大革命时期的家庭罗曼史》，郑明萱、陈瑛译，商务印书馆，2008。

也相对单一，而且处处充满了男性文化的隐喻。

受社会性别思潮的影响，芭妮·史密斯从20世纪90年代开始用"社会性别"来分析历史学界的性别关系，揭开了职业史学男性化的秘密。她主要从男性史家的成长经历、求学经历和家庭生活（婚姻与性）三个方面入手，分析职业史家男性身份与职业身份的塑造，以及他们如何用性别隐喻的手法在史学领域建立起男性统治，使之成为男性主导的学术领地。

在一篇题为"什么是历史学家？"的论文中，芭妮·史密斯讲述了历史学家如何从幼齿学童慢慢成长为知识精英的经过。[①] 她发现，对19世纪的男性史家来说，通往职业生涯的道路，同时也是男性身份的塑造。男性身份和职业身份相互认同、相互塑造。

芭妮·史密斯对学术领域的"男性气概"研究明显体现出社会性别史的特点，这与20世纪80年代末以来女性史的学术潮流是一致的。但是，芭妮·史密斯的研究并没有停留在后结构主义的批判层面上，她是一个有着建构雄心的历史学家，因此，除了批判男性主导的职业史学，芭妮·史密斯还致力于探索历史学的多样性。她始终相信，优秀的历史作品并不一定诞生于职业史家之手。与兢兢业业的职业精神相比，天才的智慧火花在某个瞬间的迸发，一样可以产生好的史学作品。对芭妮·史密斯来说，斯塔尔夫人（Madame de Staël, 1766–1817）就是这样一位历史的"天才"。

在《历史与天才》一文中，芭妮·史密斯描绘了斯塔尔夫人的两种独特的历史体验——"迷醉的历史"（narcotic history）和"情欲的历史"（erotic history）。斯塔尔夫人通过吸食鸦片而获得了非凡的历史与思想洞察力，获得了迷醉的历史体验。而当斯塔尔夫人徜徉在古罗马的历史遗迹之间，用手触摸它们的时候，她得以与她幻想出来的古人进行深交，这就使她获得了一种情欲的历史体验。

不同于职业史家，斯塔尔夫人并不需要假借档案来获得"历史的真相"，也并不把历史视为一种追逐真相的游戏。她只是用身体去触碰历史、体验历史，把自己变成一座嫁接古今的桥梁。不同于职业史家强调"超脱"

---

① Bonnie G. Smith, "What is a Historian?" in Bonnie G. Smith, *The Gender of History: Men, Women, and Historical Practice* (Cambridge, Mass.: Harvard University Press, 2000), pp. 70–102.

（即主体超然于历史研究的客体之外），斯塔尔夫人把主体融入客体之中。"迷醉的历史"和"情欲的历史"都强调主客体的圆融。在这种意义上，历史就能够获得更大的完整性。总体而言，芭妮·史密斯所说的"迷醉的历史"和"情欲的历史"来自浪漫主义和精神分析学，具有浓厚的文学色彩。

芭妮·史密斯虽然吸收、内化了琼·斯科特的社会性别分析方法，但她并不同意斯科特对"描述性"女性史学的看法。以斯科特为代表的批判主义女性史家认为，若想成就女性史的革命性力量，就不能在男性史学的框架里书写女性经验史，但芭妮·史密斯不同意这一点，她始终相信，由女性史家所书写的历史（无论是女性史还是其他范畴的历史），本身就已经内含着一种批判的力量。芭妮·史密斯虽然批判了学术领域的男性统治，但是令人诧异的是，她对非职业史学的建构和设想，又充满了女性色彩，换句话说，她认同于女性气质和女性身份，她为此而感到骄傲。这种性别认同本身就是女权批判的出发点和立足点。

六　小结与展望

20 世纪 80 年代末以来，女性史的社会史属性有所下降，取而代之的是女性史与后结构主义及新文化史等史学流派的合流，诞生了社会性别史、男性史与男性气概研究、性史等新的分支。如果我们把 80 年代以后影响女性与社会性别史的思潮概括为广义上的"后现代主义"的话，那么我们会发现，女性与社会性别史的发展与后现代主义的理念有许多重合之处。

后现代主义批判了历史的宏大叙述，代之以局部、零散的经验。正是局部、零散的经验，构成了后现代的合法性。受后现代主义思潮影响，女性史致力于发掘与呈现被埋没的女性的多样化经验，并对性别、阶级、种族、族群、宗教等差异范畴进行分析和解释。后现代女性史相信，社会压迫是建立在差异化的基础上，因此，女权主义者们研究差异、表达差异，甚至认同于差异。她们希望在差异认同的基础上消灭压迫，概而言之，女权主义走向了一条"求同存异"的道路。这在逻辑上不无悖论，但在实践中却得到了广泛的支持与认可。

有别于早期女权主义的宏大叙事，后现代思潮下的女权叙事主体是多样化、差异化的。例如，黑人女权无法认同于白人女权，后殖民女权批判白人女权的自大，等等。女性不再满足于被囊括在一个"女性"的共同身份之下，因此早期父权制研究和"男性压迫女性"的女权宏大叙事，早已无法满足当代女权主义者的要求。对她们来说，女性的主体身份是复数形式的。在后现代的视角下，她们深知权力是弥散性的、毛细血管化的，因此，女性史研究的手法无疑应该更加精细化、有针对性。

就当下而言，女性的共同身份早已无法构成女权主义的全部合法性，事实上，今天女权主义的合法性一定程度上也建立在差异性的基础上。琼·斯科特在 20 世纪 90 年代中期号召对差异进行研究，[1] 这个口号今天依然行之有效。近些年来，女性史与社会性别史主动拥抱了全球化转向，[2] 这一转向显然意味着差异化研究的进一步扩大和深入。

（林漫执笔）

---

[1] 参见 Joan Wallach Scott, ed., *Feminism and History* (Oxford: Oxford University Press, 1996)。

[2] 例如，芭妮·史密斯编辑了三卷本全球社会性别史，参见 Bonnie G. Smith, ed., *Women's History in Global Perspective*, Vol. 1-3 (Champaign: University of Illinois Press, 2004-2005)。

后现代主义

后现代主义是二战之后逐渐兴起、自 20 世纪 70 年代之后开始流行的思潮，其内容丰富、广泛，触及了建筑、文学、艺术、哲学和教育等诸多方面。自 20 世纪 90 年代以来，后现代主义也对近代历史学产生了巨大的冲击，其影响一直延续至今。本章的写作将主要分为两个部分，第一部分简要地描述后现代主义的渊源和特征，第二部分讨论后现代主义对现代历史学的影响，以历史观念和历史方法为考察重点。

一　现代和后现代

为了理解后现代主义的渊源，似乎首先需要了解一下现代主义、抑或历史上的"现代"（modern）及"现代性"（modernity），不过这并不容易。大致而言，许多人承认自文艺复兴开始，西方历史逐渐进入了一个新的时代——比如德文里的"近现代史"，便是"*neue Geschichte*"，其中的"*neue*"是"新"的意思。从政治领域来看，这个"新时代"出现了几次革命，如发生在 16、17 世纪荷兰的独立、英国的革命及内战和 18 世纪后期美国的独立战争和法国大革命。这些诉诸暴力的政治变动，标志了民族-国家在欧洲（首先在西北欧）的兴起。此后这一治理国家的形式逐渐向全球扩展，至今仍是当代世界主要的政权形式。民族-国家的建立与资本主义的兴起差不多同步进行，并在许多方面支持了资本主义的发展，比如对外殖民扩张、争夺原材料和建立海外市场等等。同时，这一现代化的过程又得到了科技发展的推动，并反映在哲学思想的层面。17 世纪的科学革命，改变了人们的世界观、宇宙观，而 18 世纪的启蒙运动，又将科学革命的成果在思想层面加以提炼和推广，建立了诸如相信历史不断进步的历史观，并将这一进步归因于理性主义、科学主义的不断扩张。比如亚当·斯密（Adam Smith，1723-1790）的《国富论》（*The Wealth of Nations*）就主张自由贸易，提出人的利己行为反映了一种理性的行为，而国家的职能是保护这种利己主义，鼓励竞争来促进经济的发展。

从字源上来看，"modern" 源自拉丁文 "*modo*"，其意是 "今天的"，因此英文里的 "modern" 包含了 "近代和现代"，也即表示上述的那个 "新时代" 自开始之后一直延续至今。在这个意义上，人们提出 "后现代" 这个词汇，可以表示一个新的历史时期的来临。比如美国思想家詹明信（Fredric Jameson）著有《后现代主义：晚期资本主义的文化逻辑》（*Postmodernism, or the Cultural Logic of Late Capitalism*）一书，指出后现代是资本主义发展的一个新阶段。事实上，"后现代" 这个词汇在最初出现的时候，就有着这样的意思。比如英国史学家阿诺德·汤因比（Arnold Toynbee，1889-1975）在其巨著《历史研究》（*Study of History*）中，便尝试使用 "后现代" 这个称呼来描绘 20 世纪 70 年代之后的世界，其含义是西方文化为其他地区渐渐接受，同时 "现代" 的意思也有所变更，不复往日了。这两个例子其实也有助于揭示 "后现代主义" 的另一个意思，那就是在新的立场上，对 "现代" 和 "现代性" 进行反思和批判。这一反思和批判，不一定强调当今世界已经进入了一个 "后现代" 时期，其主要关注的是在经济、政治和文化诸领域，源自 17、18 世纪的西方模式是否仍然适用于今天的世界。而在思想界，这一反思的对象主要是启蒙运动所建立和推广的理性主义、科学主义及其普遍性，后者特别重要，因为如果相信源自西方的理性主义、科学主义是放之四海而皆准的真理，那么西方的历史发展模式就必然成为其他地区和文明的发展方向了。

就对 "现代性" 的反思而言，19 世纪末的德国思想家弗里德里希·尼采是先驱者之一。但对 "现代性" 做出普遍的反省和批判，基本是在一战之后。换言之，一战的爆发，对西方文明是一大冲击，极大地影响了其自信心，使人怀疑其文明模式的普遍性和适用性。大战甫一结束，德国历史思想家奥斯瓦尔德·斯宾格勒（Oswald Spengler，1880-1930）就出版了《西方的没落》（*Der Untergang des Abendlandes*）一书，对西方以民族国家为单位研究历史和基于西方历史的三段论历史思维——古代、中世纪和近现代——做了嘲讽和批评。德国哲学家马丁·海德格尔质疑了近代启蒙思想的真理观以及主体、客体两分法的思考方式。海德格尔的思想在二战之后影响进一步扩大，比如流行于战后欧洲的存在主义思潮，亦突出了人的主体性，质疑了科学主义的适用性。到了 20 世纪 60 年代，西方经历了一个文化大变动、思想大转变的时期，其标志为学生运动、反战运动和女性主义的蓬勃兴起。而在思想界则有存在主义、结构主义和后结构主义等思潮的流行，进一步批判了作为近代西方哲学基石的形而上学本体论和主、客两分的认识论。还需要指出的是，始自 19 世纪中期的马克思主义，以其对近代资本主义毫不留情的批判，对全球范围的思想界影响至深。

后现代主义的兴起，在建筑学领域表现比较明显。战后由于重建家园的需要，现代主义的建筑模式风行一时，其特点是最有效地利用土地面积，强调实用性，导致许多建筑方块平整、千篇一律，牺牲了个体性和多样性。那时建筑师的口号是"少即是多"（Less is more），也即造价便宜是其追求的目标。而批评者认为"少即无趣"（Less is bore），希望建造富有特色、符合当地环境的建筑，使得各个社区各具特色。① 这是建筑学领域的后现代主义观念和实践。但在文学和艺术界，现代主义和后现代主义的界限比较难以区分。就总体而言，19 世纪的小说和艺术，基本以逼真地反映现实、实在为主要目标，而到了 19 世纪晚期和 20 世纪初期，已经出现了突破这一现实主义传统的探索，主张艺术和文学创作不是为了再现生活，而是希望展示个人的内心感受。绘画界的印象主义、抽象主义和超现实主义等画派和小说界的象征主义、意识流小说等的实践，都是典型的表现。在现代主义小说中，不但人物变形、故事荒谬，而且结局也常常是绝望的。这些强调主观感受、无视客观的、实在的倾向，与后现代主义异曲同工，均在不同程度上挑战了近代思想界尊奉的形而上学和心和物、主和客两分的传统思维方式。

---

① Margaret Rose, *The Post-Modern and the Post-Industrial：A Critical Analysis*（Cambridge：Cambridge University Press，1991），pp. 101 – 149. 另见 Lawrence Cahoone, ed., *From Modernism to Postmodernism：An Anthology*（Malden MA：Blackwell Publishing，2003），pp. 6-7. 此书的导言对后现代主义有比较简单、全面的介绍。

文学、艺术界的现代主义、后现代主义的探索，与结构主义语言学不但同时，而且参考、借鉴了后者对语言与实在之间关系的新认识。结构主义语言学的开创者费迪南·索绪尔（Ferdinand de Saussure，1857–1913）区分了"语言"和"言语"，认为语言作为公众交流的手段，形成了其独特的结构，既有历时性，又有共时性，造成语言的"能指"（signifier）与其所指称的对象——"所指"（signified）之间形成一种不对称、不确定的关系。路德维希·维特根斯坦的《逻辑哲学论》也深刻地指出了语言与事物之间，并不存在相互对应的关系。二战后的法国，结构主义语言学有了长足的发展，以克劳德·列维-斯特劳斯、罗兰·巴特、米歇尔·福柯和雅克·德里达的论著为代表；列维-斯特劳斯将之运用到人类学，而福柯则用之于历史学，均产生了巨大的影响。这些探索到了20世纪70年代被称为"语言学的转向"，其特点是以不同的方式证明，形而上学没有意义，人所生活的世界并无外在的实在——即使实在倘若存在，也与人生没有什么联系。福柯的《词与物：人文科学考古学》一书和德里达的名言"文本之外无外物"便是这种思维的具体表述，意思就是人生之外，并无外部世界的存在。于是，主观和客观、语言和事物的认识论被彻底解构了——人的语言和文本与外部世界没有根本的联系。他们的这些表述被称为后结构主义，而后结构主义与后现代主义形成了一枚硬币的两面，相辅相成。

20世纪70年代末，后现代主义逐渐形成为一个思潮，以三本著作为标志：查尔斯·詹克斯（Charles Jencks）的《后现代建筑的语言》（*The Language of the Post-Modern Architecture*）、让-弗朗索瓦·利奥塔（Jean-François Lyotard，1924–1998）的《后现代的情境》（*La Condition postmoderne：Rapport sur le savoir*）和理查德·罗蒂（Richard Rorty，1931–2007）的《哲学和自然之镜》（*Philosophy and the Mirror of Nature*）——罗蒂的书名虽然没有出现"后现代"的称呼，但他在书中指出，由于海德格尔、维特根斯坦的深远影响，西方哲学界出现了一个"反基本主义"（anti-foundationalism）的潮流，其特征就是否定语言与事物、主观与客观之间可能存在的一致性，并否认寻求这种一致性的必要。① 换言之，外部世界混沌一片，毫无秩序，而以往的思

---

① Lawrence Cahoone, ed., *From Modernism to Postmodernism*, p. 7.

想家希图通过主观努力来认识人周围的世界，近乎徒劳，需要改弦易辙，从认识世界转而认识人生。而里欧塔的论证更为明确：近代思想家希望探求、论证能解释世界现象的"宏大叙事"或"元叙述"（诸如历史不断进步、科学可以解释万物和人将获得绝对自由，等等），不但显得不切实际，而且已经陈旧过时了。

二　后现代主义的特征

后现代主义涉及诸多方面，很难简单概括。西方人士的介绍和概括，还牵涉外文的翻译，更增加了困难。[①] 这里试图采用中文的词汇，从"表里""表象""表现""表述""表演"五个方面简要讨论一下后现代主义的特征和实践。第一是"表里"的问题。利奥塔在《后现代的情境》中指出后现代主义摒弃了"宏大叙事"和"元叙述"的企图，罗蒂又在《哲学和自然之镜》中提出要改造以前的认识论，意思就是后现代主义质疑、挑战和抛弃了近代哲学"由表及里"的认识世界的方式。自科学革命以来，西方人士如弗朗西斯·培根（Francis Bacon，1561-1626）等人指出，人的认识活动是通过观察事物的现象，然后加以搜集、综合、考察和分析，最终达到一种系统和整合的认识。这种"由表及里"的认识过程，其中的"里"便可以理解为"元叙述"，也即深藏于事物现象背后或形而上的规律。后现代主义认为这些规律是不存在的。

第二是"表象"的重要。如果人们的认识不经过由表及里，抑或表里之间没有联系，那么认识便停留在表象。自 20 世纪初埃德蒙德·胡塞尔提出现象学以来，不少思想家紧随其后，不断探讨表象的含义和特征。胡塞尔认定，人的认识始自感觉经验，但也终于感觉经验，但这一感觉经验与

---

① 克里斯托弗·巴特勒认为后现代主义有下列的表现："反宏大叙事和元叙述、主张解构、符号是系统的、文字游戏、作者之死、提倡隐喻、意识形态的怀疑主义、重写历史和攻击科学"，参见 Christopher Butler, *Postmodernism: A Very Short Introduction* (Oxford: Oxford University Press, 2002), pp. 13-43。劳伦斯·卡洪也从哲学的角度，对后现代主义做了五个方面的描述，参见 Lawrence Cahoone, ed., *From Modernism to Postmodernism*, pp. 9-12。中文方面的相关论著可以参见王晴佳、古伟瀛《后现代与历史学：中西比较》，山东大学出版社，2003，第 21~37 页。

上面"由表及里"的"表"并不完全一样，还包含更多的认知活动，比如回忆、感受、想象、判断等。现象学家注重探讨意识生成的过程，认为意识的产生与外在的客体没有必然的联系，而是通过人的经验、体验乃至某种先验的直觉，所以必须将注意力放在分析和概括人的意识活动本身。于是，自笛卡尔以来的认识论立场便摇摇欲坠了，而现代社会的发展，生活节奏极度加快，也让人被表象的光怪陆离、转瞬即逝所吸引。甚至，按照法国学者让·波德里亚（Jean Baudrillard, 1929-2007）的说法，今天的人们已经被变化多端、色彩斑驳的表象所迷惑、吞没和异化，根本无暇顾及和思考表象背后的实体、实在了。

第三是表现。按照近代哲学的主观、客观两分法，认识的目的是尽量逼真地重建、再现实在，但如果如上所说，表象背后没有实在，那么这一再现也无从说起。许多后现代主义的思想家指出，其实再现就是表现，甚至表现先于再现，也就是人的认识、知识，都是人自主思考、感受、表达的结果，与实在无涉。福柯的《词与物：人文科学考古》否认真理的绝对性、历时性，指出每个时代都有其"认识型"（épistémè）。而德里达强调"文本之外无外物"，人应该关注的便是文本的创作和制造。弗兰克·安克斯密特借用了美学的理论，从审美和艺术的角度指出，如果仅仅为了逼真地再现实在，其目的是抹平实在和表现的区别，但艺术家作画，观众欣赏的并不一定是极度逼真的再现，而是艺术家自我表现的创作之美。在文学中，比喻的优美与否往往体现了作者的才华，也让读者获得一种感同身受的经验，但比喻的使用既是为了再现，更是为了表现。

第四是表述，即对语言和文字的重视，将语言视为独立的自我系统。从结构主义语言学开始，人们已经认识到人的意识活动一旦诉诸语言，便受其控制，也即语言虽然能帮助指称现象，但言与物的对应程度是相对的。后结构主义更强调，语言的指称行为，是一种绝对的比较过程，根本无法达到最终的确定性。比如就"愤怒"而言，一种语言中往往有许多术语来形容。这些不同的术语用作区分一个人"愤怒"的程度，比如"愤怒异常"和"愤愤不已"，但对听众和读者来说，往往因人而异，只是根据自己的经验来领会和了解这里"异常"和"不已"的程度。所以后现代主义者认为，这些形容词的使用，归根结底只是一种文字的游戏，与实际形容的"愤怒"

程度的关系并不紧密。罗兰·巴特于是指出，作者一旦完成一部作品，那么作者本人也就"死亡"了，其作品有待读者的评判和体会，所以读者"诞生"了。除了强调语言的开放性，后现代主义也指出语言对人的思维有压迫性，因此尝试突破语言的控制，比如玩弄文字游戏、写作"反小说"等等。

第五是表演。根据以上讨论，我们可以看到后现代主义、后结构主义注重的是人如何勾画和描绘其生活的周围世界。而既然没有形而上学所认定的"元叙述"，也即放之四海而皆准、超越时空所限的真理，那么人对其周围世界的描绘，就在一定程度上成了一种表演，即使是相同的内容也会根据不同的场景而调整、变更。利奥塔在其《后现代的情境》一书中已经指出，对于知识的普及和接受而言，"表演性"（performativity）至关重要，而决定"表演性"的高下、成败与知识本身无涉，而是与权力相关。换言之，认知过程或许是为了寻求某种意义，但这一意义与其说是发现，毋宁说是表演出来的。但因为是表演，因此必然有一定的场地和背景，所以将认知视为表演，突出的是相对主义的思维，而这种相对主义又是为了突显人的主体性。简言之，人的行为和表演界定了人，而不是人的自然属性。美国女性主义学者茱迪斯·巴特勒（Judith Butler）借用了表演的概念，强调男女性别之差，并不是先天的，而是人根据自己生长的环境、特别是与身边其他人（如同表演中的观众、听众）的互动中逐渐建构起来的。

三　后现代主义挑战近代史学

以上后现代主义的理念和实践，在本体论和认识论这两方面都对近代历史学的传统模式形成了巨大的挑战。就本体论而言，18、19世纪的历史哲学探索，其目的是发现和揭橥人类历史演变的规律，而后现代主义否认形而上学，认为外在世界混沌一片、杂乱无章，所以探索历史规律、希望发现人类历史内在的一致性，基本只是一种徒劳，不如加以放弃。这一立场冲击了主观、客观两分的认识论，突出了人的主观性、主体性。而在同时，后现代主义又指出人的主体性受到了语言结构、文化传统和意识形态的种种限制，其所制造的文本、提供的解读没有绝对性，只是相对的、暂时的，读者、听众和观众可以对之自由理解、发挥和再造。由此，以兰克学派为代表的近代史学模式，以批判、核实和解读文献资料作为历史书写的出发点，并通过叙述重建历史事实和实在，便丧失了其立论的前提和基础，完全可以被弃置一旁了。

虽然后现代主义对近代史学的模式具有摧毁性的打击，但史学界对后现代主义的关注，相对要迟于其他学科。1973 年海登·怀特出版《元史学：19 世纪欧洲的历史想象》一书，现在被视为史学界后现代主义的代表作，但怀特本人迟至 20 世纪 90 年代后期，仍然认为自己更是一位"现代主义者"。① 因为他之写作《元史学》，借用了现代主义的文学理论，强调从形式主义的视角来考察、分析历史叙述的表现。他指出历史书写借用了比喻的各种形式，建构了史学作品的情节，展现了史学家、思想家的历史想象。怀特的形式主义，与后现代主义反形式、反叙述的做法，有所不同。但在同时，怀特指出历史书写无非一种"言语结构"的构建、整合，并不是为了，也没有反映、再现历史的实在，又的确与后现代主义所持的立场十分一致。

在《元史学》出版的 20 世纪 70 年代初期，后现代主义作为一种思潮，刚刚在学术界、思想界冒头，所以怀特此书的写作，与他推崇的罗兰·巴特和米歇尔·福柯等人的论著一样，倡导和推动了后现代主义的思考方式。1989 年荷兰史学理论家弗兰克·安克斯密特在史学理论的权威刊物——《历史和理论》上发表了《历史学与后现代主义》一文，正面论证历史学家必须直面后现代主义，引起了不小的反响。怀特的立场和观点，由于安克斯密特的介绍而为大部分史学家所熟悉，也获得了其中一些人的认可。② 安克斯密特在 1995 年与汉斯·凯尔纳一起主编了《新历史哲学》（*A New Philosophy of History*）一书，从各个角度检讨近代史学传统的缺失和落伍，提倡用新的理念、方法和手段研究历史。安克斯密特本人在这方面亦有不少新的论著和探索，使其成为在怀特之外提倡后现代主义史学批评的又一位重要的理论家。

---

① 〔波兰〕埃娃·多曼斯卡：《邂逅：后现代主义之后的历史哲学》，第 31 页。

② F. R. Ankersmit, "Historiography and Postmodernism," *History and Theory*, 28：2（May 1989），pp. 137-153. 读者可以参考本书有关怀特和安克斯密特的章节。

后现代主义对近代史学传统的批评，之所以在 20 世纪 90 年代的史学界逐渐形成风气，是因为一些激进人士加以竭力推广的结果。英国的基斯·翦肯斯（Keith Jenkins）便是其中十分活跃的一位。翦肯斯在 1991 年出版了一本小册子，取名为《历史学的再思考》（*Rethinking History*），目的是取代爱德华·卡尔（E. H. Carr, 1892-1982）的《历史是什么?》（*What Is History?*）。卡尔的《历史是什么?》虽然出版于 1961 年，但因其言简意赅、立论平实，长期以来一直是英美大学历史系讲授诸如史学概论、史学方法论课程的主要教材，影响甚巨。但翦肯斯则强调，卡尔的书从立论到方法均已过时，因为后现代主义的理论冲击，历史学的性质、立场、理念和方法都必须而且已经经过了一番新的洗礼。例如卡尔虽然承认历史研究呈现出主观和客观之间的互动，是"过去和现在之间永无止境的对话"，但他还是重视史学必须从搜集史料、重建事实出发。在翦肯斯眼里，卡尔的问题在他忽视了历史叙述的层面，没有看到史家在获得了所谓历史事实之后，在写作中仍然受制于其所运用的语言和叙述方式。1995 年翦肯斯又出版了《论"历史是什么?"——从卡尔和艾尔顿到罗蒂和怀特》一书。然后在 1997 年，他主编了《后现代主义史学读本》（*The Postmodern History Reader*），大力提倡、宣传从后现代主义的立场研究历史的重要和必要。由于这些著作，不但怀特、安克斯密特等人的名字为历史工作者所熟知，而且大大提高了他们对后现代主义史学观念的兴趣。

翦肯斯《论"历史是什么?"——从卡尔和艾尔顿到罗蒂和怀特》一书，其目的是用具体案例阐明当代史学从现代到后现代的转变。他以爱德华·卡尔和杰弗里·艾尔顿（Geoffrey Elton, 1921-1994）代表现代史学，而让理查德·罗蒂和海登·怀特代表后现代史学。卡尔和艾尔顿都是外交、政治史家，但两者对于史学的性质意见颇为不同。在卡尔《历史是什么?》出版之后，艾尔顿曾出版《历史学的实践》（*The Practice of History*）来抗衡，反对卡尔的相对主义立场。艾尔顿坚持认为，只要史家从档案史料出发，坚持不偏不倚的立场，便能重现历史的真相。在他们四人之中，翦肯斯显然更钟情罗蒂和怀特，认为他们开创了历史学思考的新路。他的主要观点就是，从史学史的眼光来看，卡尔和艾尔顿代表的现代主义的史学，其目的是希望重建史实，揭示历史发展的内在逻辑和规律。但他们的观点不仅显得陈旧——卡尔和艾尔顿的书都初版于 20 世纪 60 年代，有更新的必要，而且已经不符当今时代的需要了。翦肯斯直截了当地指出，当今世界已经进入一个后现代时期，而近代历史学的观念和方法都代表了资产阶级的利益和立场，其目的是证明资本主义社会是历史发展的必然趋势。翦肯斯指出，这是一种"大写历史"，也即历史的"宏大叙事"或"元叙述"。而时代的发展已经使得这种"大写历史"垮台了。①

翦肯斯认为，虽然罗蒂不是一个职业史学家，但他的哲学代表了后现代主义的思维，有助史学家理解从现代到后现代的变迁。而怀特的论著虽然在史学界较少关注，但在他眼里却代表了后现代主义的史学思考。翦肯斯在书中对怀特的观点做了如下归纳：（1）历史解释与其说是对事实的发现，不如说是一种建构发明；（2）由于历史学有虚构、想象的成分，所以真实的历史并不存在——历史的真相也不是被发现的；（3）史学即元史学，因为历史的叙述必须采用修辞、比喻的手法。② 这一简单归纳，或许怀特本人也不会完全同意，但怀特为此书写了高度肯定的推荐语。翦肯斯的特点就在于用简洁明了的语言，不无夸张地突出怀特和罗蒂的历史相对主义立场。在出版了上述著作之后，翦肯斯又编辑和写作了不少论著，竭力推广后现代主义史学观念。但他的多产也使其著作缺乏理论深度和原创性，主要以强化、宣传怀特等人的理论为己任。

翦肯斯也有其同道，那就是其英国同胞艾伦·蒙斯洛（Alun Munslow）和贝佛利·索斯盖特（Beverley Southgate）。他们像翦肯斯一样在普通大学任教，对后现代主义挑战近代史学的正统模式充满了兴趣。而且他们也像翦肯斯一样，不但创作多产，而且写作风格明快，力图用后现代的思维颠覆近代史学的根基，同时尝试用新的方法研究历史。蒙斯洛在这方面用力甚勤，特色比较明显。1997 年，他与任教于美国加州理工学院的罗伯特·罗森斯通（Robert A. Rosenstone）等人一起，创办了《历史学的再思考：历史与实践杂志》（*Rethinking History*：*The Journal of Theory and Practice*）。2004 年，他又与后者将杂志上发表的论文挑选出版，主编了《历史学再思考的

---

① Keith Jenkins, *On What is History? From Carr, Elton to Rorty and White* (London: Routledge, 1995), pp. 1-14.

② Jenkins, *On What is History?* p. 19.

实验》，展示他们将后现代思维诉诸实践的成果。同年蒙斯洛又与吉斯·蓊肯斯主编了《历史学性质读本》（*The Nature of History Reader*），希图呈现经过后现代主义冲击之后历史学的改变。2000 年，蒙斯洛主编了《劳特里奇历史学词典》（*The Routledge Companion to Historical Studies*），由当今世界最大的出版公司劳特里奇出版。2006 年此书又印行了增订版。总之，蒙斯洛与蓊肯斯一样，是国际史坛推广后现代主义的两位主要人物。他们的热情尝试，展现了后现代主义史学的一种实践。

四　后现代主义史学现状

的确，如果就后现代主义史学的实践而言，蒙斯洛创办的《历史学的再思考：历史与实践杂志》代表了当今国际史坛理论探讨的先锋。蒙斯洛已退休，杂志的主编现由曾任教于芬兰的卡勒·皮莱能（Kalle Pihlainen）、英国的帕特里克·芬内（Patrick Finney）和美国的詹姆士·戈德曼（James Goodman）三位接任。皮莱能曾在欧洲几所大学任教，现在尚无固定的教职。他在 2017 年出版了两本著作，均以更新历史学的功用为目的。他主要的关注点是在记忆研究蓬勃兴起、公众史学日益发达的今天，学院派的史学家应该如何应对，以求更好地展现历史书写的功能和社会效应。[1] 皮莱能的兴趣与帕特里克·芬内有共鸣，后者是研究国际关系史出身，近年的兴趣是从公众记忆出发，研究二战的历史。芬内的研究反映了外交史、军事史中的"文化的转向"，其关注的重点已经从研究政治家、外交家和军事家如何策划战争的起源和发动，转向战争期间普通士兵和民众的经验及战后社会的重建和对战争的回忆。[2] 詹姆士·戈德曼是一个文化史家，任教于美国罗格斯大学的历史系，同时还是该校写作系和美国研究部的教授。他的著述介于文史之间，其选择的写作对象往往是现代或当代的事件，与常规史家的做法明显不同。[3]

---

[1] Kalle Pihlainen, *The Work of History: Constructionism and a Politics of History*（London: Routledge, 2017）；*Futures for the Past*（London: Routledge, 2007）.

[2] 帕特里克·芬内的个人网页：https://www.aber.ac.uk/en/interpol/staff-profiles/listing/profile/pbf/.

[3] 詹姆士·戈德曼的个人网页：https://sasn.rutgers.edu/about-us/faculty-staff/james-goodman。

《历史学的再思考：历史与实践杂志》自 1997 年创刊以来，发表了不少史学理论的论文，研究、探讨海登·怀特、弗兰克·安克斯密特等人的史学理论对历史学和其他学科的影响。同时，该杂志还发表了许多后现代史学实践的论文，其特点是长短不一、题材新颖、史料多样。限于篇幅，本章仅想列举《历史学的再思考：历史与实践杂志》最近的几个特刊，略作介绍和评论，以求一窥该刊的宗旨和内容。2011 年，《历史学的再思考：历史与实践杂志》编辑了《公众史学和通俗史学》，其中收入了不同国家和地区（如加拿大、中国、古巴和中东地区），涉及妇女、宗教、建筑等几个方面的论文。澳大利亚的华裔小说家和史学家张思敏（Hsu-ming Teo）也为该期提供了一篇题为"历史小说和历史的小说"的评论文章。张思敏出生于东南亚，任教于悉尼大学的历史系和英文系，讲授、研究文化史，但又发表小说，并在近年获得了澳大利亚的文学奖，是英语文学界知名的华裔人士。① 张思敏的研究和兴趣，显然与主编之一詹姆士·戈德曼颇为相似，也显示《历史学的再思考：历史与实践杂志》力求打通文史的学科界限。

2012 年《历史学的再思考：历史与实践杂志》出版了《情感的风格：概念和挑战》的专辑，也有相似的国际规模，论文以新加坡的跨国婚恋和意大利法庭中的情感表现等为研究对象，探讨情感在历史和人生中的作用。② 同年该刊还编辑了《作为创意写作的历史学》的第三个专辑，由詹姆士·戈德曼主持。这期的主旨是研究历史著述的对象，也即读者的构成及其特点。而这里的读者，又是历史书写作为一种表演的对象或观众。该期薛恩·敏金（Shane Minkin）的一篇有关埃及犹太人葬礼的文章，便是一例。该文处理的是一个犹太人在埃及死后的事情。因为埃及当地所余的犹太人已经不多，而犹太人的葬礼又有一定的习俗，比如必须及时安葬入土等，死者的葬礼便只能由埃及人代办。于是这一葬礼就有了表演的性质，向当地人展示犹太的习俗和文化，而此一事例又能帮助呈现犹太社群与埃及社

---

① "Public and Popular History," *Rethinking History*, 15：2（May 2011）. 张思敏的文章见：Hsu-ming Teo, "Historical Fiction and Fictions of History," pp. 297－313。另可参考张思敏的个人网页：https：//www. mq. edu. au/about_us/faculties_and_departments/faculty_of_arts/department_of_english/staff/associate_professor_hsu-ming_teo/#research。

② "Emotional Styles：Concepts and Challenges," *Rethinking History*, 16：2（May 2012）.

区之间的复杂人际关系。①

　　作为本章的结尾，我们或许可以介绍一下《历史学的再思考：历史与实践杂志》的两位创刊主编蒙斯洛和罗伯特·罗森斯通在 2004 年主编的《历史学再思考的实验》一书，具体观察一下信奉后现代主义的学者，如何贯彻和实践后现代主义对历史学的改造。此书由两位主编分别写了导言，罗森斯通介绍了自己如何从传统的历史写作方式，尝试采用新的方式，并获得了学界的一些好评，而蒙斯洛指出了后现代主义史学实践的可能和必要。此书由三部分组成：（1）自我反思（Self-Reflexive）；（2）众说纷纭（New Voices）；（3）微小模型（Miniatures）。第一部分收入的论文题材多样，但都具有一个重要的特点，那就是摒弃了传统历史书写中的第三人称的形式，而是用第一人称展现作者的声音、反思和回忆。这里的历史叙述，不按照时间的顺序，而是跳跃反复，穿越了过去和现在。比如一位名叫东澄子（Sumiko Higashi）的日裔美籍历史教授，用第一人称的身份，从几张旧照片开始，回忆和分析了自己的家世和如何在洛杉矶长大，以现身说法的方式，讲述了 20 世纪亚裔美国人的经验。②

　　此书第二部分和第三部分的作者，也大多在他们的文中以第一人称的身份出现，直接介入历史叙述。第二部分中詹姆士·戈德曼提供了一篇题为"断电"的论文，其中没有征引文献，而是用简短的句子、形象的语言，描述 1977 年美国东部和加拿大部分地区大规模断电之后的情况，展现了不同人的声音和表现：惊慌失措、乘机作乱、无所适从、幸灾乐祸等等，读来更像是一篇现实主义的短篇小说或报告文学。③ 第三部分的论文，大多十分简短，不像历史叙述，只是历史事件的"截屏"。呈现这些"微小模型"，即历史的瞬间、片断，其目的看来是挑战传统历史著作中采用的那种按部就班、娓娓道来的叙述方式。所以，《历史学再思考的实验》一书，有助于我们了解后现代主义对近代史学的强烈挑战。

---

① "History as Creative Writing," *Rethinking History*, 14: 1 (March 2010); Shane Minkin, "Simone's Funeral: Egyptian Lives, Jewish Deaths in Twenty-First-Century Cairo," pp. 71-89.

② Alun Munslow & Robert A. Rosenstone, eds., *Experiments in Rethinking History* (London: Routledge, 2004), pp. 13-84.

③ Alun Munslow & Robert A. Rosenstone, ed., *Experiments in Rethinking History*, pp. 209-222.

对不少历史读者来说，《历史学再思考的实验》所展现的方式和手段或许有点极端。显然，这些后现代主义的史学实验最终是否会让人接受，还有待时间的考验。以提倡后现代主义史学观念为宗旨的《历史学的再思考：历史与实践杂志》，其所发表的论文的内容和形式，并不都像《历史学再思考的实验》那样摒弃注释、抵制叙述，等等。最后值得一提的是，虽然《历史学再思考的实验》一书的作者和《历史学的再思考：历史与实践杂志》的投稿者，代表的是史学界的新锐，但他们所提倡的理念和实践，也为主流史家乃至史学名家所采纳。艾伦·蒙斯洛在2003年出版了《新史学》一书，其内容大致重述了后现代主义对近代史学的挑战，新意不多。但他在导言中提到了娜塔莉·泽蒙·戴维斯的《边缘的女性：17世纪的三个实例》(*Women on the Margins： Three Seventeenth-Century Lives*) 和西蒙·沙玛 (*Simon Schama*) 的《风景和记忆》(*Landscape and Memory*) 两本著作，指出两书都与近代史学不偏不倚、客观陈述的主张相反，而是选择在书写中呈现作者的立场和思考，与叙述中的人物和事件产生了不同层次的互动。[①]由此看来，后现代主义史学，对一般史家而言也并不遥远，而对于熟读《史记》的中国读者而言，司马迁"太史公曰"的形式，更不会觉得过于陌生。总之，后现代主义希望挑战和摒弃的是近代以来所建立的历史研究和书写的模式，抵制和推翻其压迫性和普遍性，而一旦将这一模式撇之一旁，那么历史学或许会迎来更为多元、多样的发展方向。

[①] Alun Munslow, *The New History* (London：Routledge, 2003), pp. 4, 13.

后殖民主义

　　殖民主义在全球范围内的集体退却，并没有完全改变殖民者与被殖民者之间原有的矛盾，殖民主义的种种后果依然延续在前殖民地和所有强调自身与西方霸权之张力的国家的政治、经济、文化体制甚至大众心理之中。后殖民主义正是对这种状况的反应，它强调了前殖民地国家或广义上的第三世界继续"解殖"的迫切性和现实意义，力求消解以西方为中心的文化政治格局，重新界定第三世界的文化身份及其民族文化的前景。后殖民主义明确的实践感和它所表现出的强烈的"反话语"（counter-discourse）特征，使之成为当前学术研究中最具影响力、扩展最迅速的领域之一，涉及文化与帝国主义、殖民话语与西方对非西方的文化再现、第三世界的文化自主性、全球化与民族文化认同等重大问题。

　　与其同宗后现代主义一样，后殖民主义的主要理论也来自后结构主义以及对西方宏大叙事的批评。不同于后现代主义的是，如果说前者代表了詹明信所谓的西方晚期资本主义文化逻辑的话，① 那么后殖民主义则体现了全球资本主义阶段第三世界的文化逻辑。阿里夫·德里克（Arif Dirlik，1940-2017）在将"后殖民"置于全球资本主义的语境中加以考察后，对之作了三个层次的划分：（1）对前殖民地社会现实状况的一种真实描述，在这种情况下它有着具体明确的指称对象，如后殖民社会或后殖民知识分子；（2）一种对殖民主义时代之后全球状况的描述，在这种情况下它的用法比

---

① Fredric Jameson, "Postmodernism, or, the Cultural Logic of Later Capitalism," *New Left Review*, 146 (July-August, 1984), pp. 53-92.

较抽象，缺乏具体的所指，与它企图取而代之的第三世界一样，意义模糊不清。（3）描述一种关于上述全球状况的话语，这种话语的认识论和心理取向正是上述全球状况的产物。① 根据这一划分，结合 20 世纪 80 年代末以来后殖民的具体实践，当前的后殖民语境更多地指向第一世界与第三世界之间的全球性关系状态。

一 后殖民主义的语境及理论

就某些概念而言，直接、确切地为之下定义有时很难做到，后殖民主义因其在理论和实践上的多重性，使人们面临这样的困境。巴特·穆尔-吉尔伯特（Bart Moore-Gilbert）等人也认为，许多后殖民批评采取的完全是一种自我定义法，即研究者划定一个学术的、地域的或政治意义的圈子，然后围绕各自要展开的主题确定其范围。对于后殖民主义，不去问"是什么"，而是问"何时""何地""何许人""为什么"或许更有意义。②

从历史上来看，"后殖民"这一术语在二战之后即已出现，政治学家和经济学家通常用其指称殖民主义之后的历史时期。从最初带有连字号的使用形式"post-colonial/post-colonialism"可以看出，它具有明显的历时性，后殖民中的"后"字意指帝国主义瓜分和占领的终结，以及前殖民地国家的解放、独立和重新统一，有着旧时代结束和新时代到来的含义。20 世纪 70 年代末以来，这一术语开始广泛应用于文学批评领域，讨论殖民化对前殖民地国家的各种文化影响。一般而言，这里的殖民化主要是指起始于 16 世纪欧洲的殖民主义以及当今的新殖民主义。③ 正是在这层意义上，比尔·阿什克罗夫特、贾瑞思·格里菲斯和海伦·蒂芬指出，后殖民应当包括"所有殖民化以来受到帝国主义影响的文化。……所以非洲国家、澳大利亚、孟加拉国、加拿大、加勒比海国家、印度、马来西亚、马耳他、新西

---

① Arif Dirlik, "The Postcolonial Aura: Third World Criticism in the Age of Global Capitalism," *Critical Inquiry*, 20: 2 (Winter, 1994), p.332.

② 〔英〕巴特·穆尔-吉尔伯特等编《后殖民批评》，杨乃乔等译，北京大学出版社，2001，第 49~50 页。

③ Bill Ashcroft, Gareth Griffiths and Helen Tiffin, *Key Concepts in Post-Colonial Study* (London and New York: Routledge, 1998), pp.186-188.

兰、巴基斯坦、新加坡、南太平洋诸岛国以及斯里兰卡的文学都属于后殖民文学。美国的文学也应归于此范畴。……这些文学超出地域特征的共性在于，它们都从过去的殖民经历中取得当今的形式，都通过强调自身与帝国主义权势的张力、与帝国主义中心的差异来突出自己。正是这一点使之成为后殖民。"① 从"所有殖民化以来受到帝国主义影响"的角度来界定后殖民，阿什克罗夫特等人似乎找到了解决问题的途径。但在他们开列的划归为后殖民的名单中，错误和遗漏之处仍然显而易见。首先，将美国、加拿大、澳大利亚等国描述为后殖民社会，并不符合它们身为第一世界的现状，以及这些国家对本国土著殖民的历史事实。一些学者主张将此类移民殖民地国家（settler colonies）排除在后殖民之外，因为它们不仅为殖民主义提供了人力和支持体系，同时也滋长了殖民主义的繁荣。② 其次，对于土耳其、伊朗、中国、拉美诸国而言，尽管它们没有殖民地经历，或只有过半殖民地经历，有的甚至也是移民殖民地国家，但同样"强调自身与帝国主义权势的张力"，同样有着与经历了殖民化过程的国家相似的感受和要求。

对后殖民的这种认识，使得殖民主义从主要研究殖民时期之后宗主国与前殖民地之间的文化关系，发展为探讨范围更为广泛的全球资本主义时代第三世界与第一世界之间的文化权力状况，以及有关文化帝国主义、国家与民族文化、文化身份、文化霸权与文化抵抗等问题。后殖民主义因而具有一种全球性，成为描述当今全球文化发展状况的重要理论话语。同时，作为第三世界与第一世界对话的文化策略，后殖民主义竭力要打破双方之间二元对立的逻辑，恢复第三世界长期以来被控制和被压抑的身份，重新书写西方主导话语表述之外自我的历史，它作为第三世界文化政治运动的现实意义也由此凸显。

后殖民主义的形成直接继承了第三世界特别是来自黑人文化传统的反殖民话语，代表人物有居住在伦敦的特立尼达人 C.L.R. 詹姆斯

---

① Bill Ashcroft, Gareth Griffiths and Helen Tiffin, *The Empire Writes Back. Theory and Practice in Post-Colonial Literatures* (London and New York: Routledge), 1989, p. 2.

② 〔英〕维贾伊·米什拉、〔英〕鲍伯·霍奇：《什么是后（-）殖民主义》，萧莎译，载罗钢、刘象愚主编《后殖民主义文化理论》，中国社会科学出版社，1999，第384~385页。

(C. L. R. James，1901-1989)、来自法属马提尼克岛的艾梅·赛萨尔（Aimé Césaire，1913-2008）和弗朗兹·法农（Frantz Fanon，1925-1961）以及尼日利亚批评家齐努瓦·阿切比（Chinua Achebe，1930-2013）。他们的贡献在于，把对殖民主义的反抗融于一种激进的民族文化保护行动中，以此作为民族抵抗的政策和手段。① 与之不同的是，后殖民主义并不诉诸正面的对抗，而是倾向于从西方内部着手达到消解中心的目的，与德里达、拉康和福柯的后结构主义思想密切的渊源关系，是它在方法论上的一个显著特点，也是其遭人诟病的主要原因。

学术界通常把 1978 年爱德华·萨义德（Edward Said，1935-2013）《东方主义》一书的出版视为后殖民理论时代的到来，因为此前尚无一部著作对欧美主流的人文学科进行过严肃的批判。萨义德本人复杂的文化背景和文化身份以及他在美国的学术地位，使之能够从跨文化的角度审视后殖民时期西方与非西方的关系。主要凭借着在《东方主义》中开创的"殖民话语"分析方法，萨义德成为后殖民理论领域最重要的奠基人。所谓"殖民话语"，是指大量存在于 18 世纪晚期以来西方学术和修辞文本中控制和重构东方（或广泛意义上的非西方）的特定话语，它们把东方想象或表述成一个异样和落后的"他者"，并借助一种制度化了的知识/权力体系，为西方主宰和利用东方提供了强大的理论与道德支持。萨义德对东方主义话语的剖析旨在颠覆西方人文主义传统的一个定见，即对纯知识的追求是超越政治与功利的。在他看来，这些实践都不可避免地卷入到权力运作和技术操作之中——"所有的表述，因其是表述，都首先受表述者所使用的语言，其次受表述者所属的文化、机构和政治氛围的制约。"②

萨义德的殖民话语分析吸收并借鉴了意大利马克思主义学者安东尼奥·葛兰西（Antonio Gramsci，1891-1937）的"霸权"理论。葛兰西认为，市民社会内部霸权的形成与知识和权力的勾结有着必然联系。霸权（hegemony）通常表现为一个社会集团的"统治"和"智识与道德的领导

---

① 例如，法农就把暴力革命视为建立民族文化的唯一途径，坚持认为"被殖民的人民为重建民族主权而从事的有组织的、自觉的斗争是最充分的文化表现"。参见〔法〕弗朗兹·法农《全世界受苦的人》，万冰译，译林出版社，2005，第 172 页。

② 〔美〕萨义德：《东方学》，王宇根译，生活·读书·新知三联书店，1999，第 349 页。

权"。统治的确立不是依靠武力，而是通过教育、文化宣传等活动制造出统治阶级的利益是所有人共同利益的观念，使被统治者自愿服从。这样，"某一特定集团的发展和扩张被看作和视为普遍扩张和全部'民族'力量的发展"，霸权因此得以建立。① 霸权理论成为萨义德殖民话语分析的一个重要的参照系，他声称："正是霸权，或者说是文化霸权，赋予东方学以我一直在谈论的那种持久的耐力和力量。"② 显然，萨义德希望从霸权中找到西方文化凌驾于非西方的内在原因，并借此说明即使在后殖民时期，西方文化的影响力依然是巨大的和无处不在的，那些摆脱了殖民统治的国家仍然在潜意识里自愿接受宗主国的文化与价值观念，以此作为获得现代性的捷径，但后果往往是自我地位的进一步边缘化。

对文化体系中权力因素的思考，使萨义德看到了当代全球关系已经不可挽回地被（新）殖民主义的历史所破坏的事实，这一点在作者后来的著作《文化与帝国主义》（1993）中得到进一步深化，尽管萨义德也开始意识到一种全球合作关系存在的可能性。萨义德之后，加亚特里·斯皮瓦克（Gayatri C. Spivak）、霍米·巴巴（Homi Bhabha）等人相继进入这一领域。前者把女性主义、解构理论、新马克思主义与后殖民批评结合起来，主张关注后殖民状态下社会非主流阶层的历史；后者则对殖民者、被殖民者主体性的形成与分化，以及文化差异和文化混杂性等问题做出了研究。这些在方法论和实践上极大地拓展了后殖民理论的疆界，使之呈现更加开放的特征。

二 庶民研究与后殖民史学

受后殖民主义影响，一种被称作"后殖民史学"的研究方法在近二十年来的欧美和非西方史学界兴起，对西方历史知识体系的合理性提出强烈挑战。这种挑战主要表现在以下三个方面。第一，对启蒙运动时期所形成的历史主义进行批判，反对理性的和进步的历史观；第二，对历史发展的总体性进行否认，强调历史差异和多样化的历史表现方式；第三，对西方

---

① 〔意〕葛兰西：《狱中札记》，曹雷雨等译，中国社会科学出版社，2000，第7、38、144页。
② 〔美〕萨义德：《东方学》，第10页。

历史话语中的权力关系提出拷问，质疑其客观性与合理性。在各种后殖民史学的方法与理论中，以一些印度历史学家为主体的"庶民研究"（Subaltern Studies）学派最能体现后殖民史学的特点，且具有更为广泛的影响。该学派试图超越西方与非西方之间的知识边界，对源自西方继而又传播到非西方的现代史学范式做出了大胆的修订，力求在批判西方史学和反思非西方史学的基础上构建一种书写非西方历史的新模式。

"庶民研究"学派得名于改派学者主编的以"庶民研究"为主题的系列文集，旨在研究南亚社会底层民众的历史、文化、生存状况和反抗斗争。1982 年，《庶民研究》的第 1 卷出版；2005 年，《庶民研究》的第 12 卷出版。在庶民研究学派的影响下，"庶民"作为一种研究视角已经不再仅限于印度和南亚的历史经验，而是扩展到中东、北非以及拉美各地。在 2007 年出版的一本名为《庶民与社会抗议：中东和北非的下层历史》的文集中，作者们跨越漫长的历史时空，将目光投向伊朗、土耳其、中东和北非等地的被压迫者和被排斥者，以此向精英主义的历史叙述发出挑战。[1] 2001 年，《拉丁美洲底层研究读本》出版，该文集的作者多为拉丁美洲的各国学者，他们从底层的视角分析了 20 世纪末拉美各国与南亚相似的社会现实和历史轨迹。[2] 2010 年，墨西哥裔美国学者何塞·拉瓦萨（José Rabasa）出版《没有历史：庶民研究、萨帕塔反叛与历史的幽灵》一书。该书探讨了墨西哥恰帕斯州（Chiapas）以土生印第安人为主的，旨在维护印第安少数族裔利益的萨帕塔运动。拉瓦萨认为，墨西哥的印第安人与南亚的庶民类似，在地方精英所构筑的历史叙事中没有发出任何声音。[3] 2012 年阿根廷裔美国学者瓦尔特·米尼奥罗（Walter Mignolo）出版了《地方历史/全球设计：殖民性、庶民知识和边界思考》一书，该书的视野更加开阔，不仅探讨了拉丁美洲历史所表现出的"庶民性"，而且对于从地方视角书写不同于西方现代

---

① 参见 Stephanie Cronin, ed., *Subalterns and Social Protest: History from Below in the Middle East and North Africa* (London: Routledge, 2007)。

② Ileana Rodríguez, eds., *The Latin American Subaltern Studies Reader* (Durham: Duke University Press, 2001).

③ José Rabasa, *Without History: Subaltern Studies, the Zapatista Insurgency, and the Specter of History* (Pittsburgh: University of Pittsburgh Press, 2010).

性的历史做出了思考。[①]

　　"庶民"（subaltern）的概念来自葛兰西。葛兰西在《狱中札记》的《意大利历史随笔》一节中首次使用了这一理论术语，并在两重意义上使用了"庶民"一词：首先，它是产业无产者的代名词；其次，它指在以阶级分等级的社会里，占支配地位的阶级和从属阶级之间更一般的关系。[②] 葛兰西主要在南部意大利这一背景下，谈到了作为从属阶级的农民。对庶民研究学派而言，庶民的所指更为广泛。拉纳吉特·古哈（Ranajit Guha）在庶民研究的纲领性文献《论殖民地印度史编纂的若干问题》中给庶民做了如下界定："作为一种总称，指称南亚社会处于从属地位的下层，不论是以阶级、种姓、年龄、性别和职位的意义表现的，还是以任何其他方式来表现的。"[③] 这样看来，庶民实际上成为人民的同义语，等同于后者范围所及的各种社会群体和成分。将庶民作为一个分析性范畴单独开列出来，不仅仅是为了表述上的方便，更重要的是体现它的特殊性，将之从长期以来被"精英"——外来的殖民统治者和本土的势力集团——的历史所掩盖的状态中拯救出来。

　　古哈指出，印度近现代历史研究长期被一种精英主义所主导，它包括殖民主义者的精英主义和资产阶级民族主义者的精英主义两种形式。两种史学研究方法都带有一种偏见，即把印度民族的形成与民族主义的发展归结为精英的成就。前者将印度的民族主义解释为一种刺激和反应的作用，认为它是印度的精英对殖民统治产生的制度、机遇和资源等做出的回应和"学习过程"；后者则把印度的民族主义描述为理想主义者的冒险行为，本地精英投身其中是为了领导人民从被征服状态走向自由。[④] 双方都假定民族主义完全是精英行动的产物，在任何一个叙事中都没有庶民进行独立政治行动的位置。

---

① Walter Mignolo, *Local Histories/Global Designs: Coloniality, Subaltern Knowledges, and Border Thinking* (Princeton: Princeton University Press, 2012).

② 〔意〕葛兰西：《狱中札记》，第35页。

③ Ranajit Guha, "Preface," in Ranajit Guha, ed., *Subaltern Studies I. Writing on South Asian History and Society* (Delhi: Oxford University Press, 1982), p. vii.

④ Ranajit Guha, "On Some Aspects of the Historiography of Colonial India," in Ranajit Guha, ed., *Subaltern Studies I. Writing on South Asian History and Society*, pp. 1–2.

庶民研究学派试图表明，一方面，殖民精英主义的那种认为印度的民族主义不是为了民族的普遍利益而采取行动的说法显然是错误的；另一方面，民族主义历史学家关于庶民的政治意识是在民族主义精英的影响和激发之下才觉醒的说法，也被证明是不正确的。事实上，在很多时候，庶民在民族运动中并没有受到精英的控制，庶民政治的目的、方法和行动与精英不尽相同。如果庶民政治不同于精英政治，那么它的自主性的来源是什么？这一政治的原则是什么？庶民研究学派提供的答案是：庶民意识的独特结构或所谓庶民性塑造了庶民政治。在他们看来，庶民意识是由从属阶级的经验发展而来，从抵抗日常的奴役、剥削和剥夺的斗争中发展而来，这些经历使得庶民政治带有许多它特有的语言、规范和价值，成为一个自主的领域。然而，寻找表现庶民意识的历史证据是困难的。这一方面是由于庶民的历史记述本身就是零碎的，缺乏应有的系统性和完整性；另一方面是由于有关庶民的历史记录大多是片面的，为支配集团所准备和保存，也因而被后者所置换或挪用，它们存在诸如法庭上的审判、集市里的谣言或造反者的口号中，历史学家在惯常使用的档案中找不到对庶民的真实描述。

为了强调庶民意识的自主性和连贯性，以补偿它在相关题材文献中的缺失，早期的庶民研究更多地关注南亚不同地区、不同时期农民反叛的历史，力求发现一些新的材料，从中听到庶民自己的声音。古哈确信，庶民意识的"纯粹状态"是在反叛的行动中成功地表现出来的。[1] 一旦确立了反叛在庶民历史中的核心位置，研究者便开始寻求精英主义表述之外的农民反叛的模式，他们不再将反叛纳入谋求独立、建立民族国家的框架内来理解，反对将农民反叛视作精英意志的体现，认为它有着自己独立的价值和目标，以此说明庶民并非在消极地接受统治，而是在与异化的权力相抗争。由此出发，研究者在面对农民反叛的历史材料时，也采取了一种更为审慎和批判的态度。古哈发现，传统的关于农民反叛的历史记录，按照它们在时间上出现的顺序及其相互关系，可分为三级话语类型：官方的记录（第一级）；当事人的回忆录和同时代人的历史著作（第二级）；距离事件的发

---

[1] Ranajit Guha, *Elementary Aspects of Peasant Insurgency in Colonial India* (Delhi: Oxford University Press, 1983), p. 13.

生已有很长时间的不代表官方立场的历史著作（第三级）。① 从内容上看，前两级话语因其官方特性和时代的局限性而不能反映农民反叛的历史，似乎唯有第三级话语才具有某种客观性。事实上，当历史学家在构建第三级话语时，他所依赖的材料依然是经过挪用的前两级话语，即使其努力保持中立的态度，也还是不自觉地成为官方或精英的共谋，因而无法揭示农民反叛的真正原因。古哈对此的评论是："一旦农民抗争被收编于英国殖民统治（the Raj）、国家或民族的事业等主导统领的叙述内，历史学家就很容易放弃他应该探讨并描述该抗争特有的意识之责任，而满足于把它归因于某种超验意识……仅仅把他们再现为某种其他意志的工具。"②

既然发现真正的庶民意识有诸多限制，历史学家能采用的唯一方法就是站在农民的立场上去阅读主流历史，从文本记录中找出体现对抗性的那些环节并予以新的解释。这样做尽管困难重重，但毕竟为深入研究开辟了新的途径，使之能够绕开精英主义的逻辑，达到重写殖民与后殖民时期南亚历史的目的。这种方法论上的变革在古哈对早期庶民研究的构想中得到了应有的体现："史学编纂的任务在于解释过去，为变革世界提供帮助，这种变革涉及一种意识上的激进转变。"③ 庶民研究也因此取得了非同凡响的成功，以一种激进的史学观念确立了它在学术界的地位。

三 "庶民研究"的转向及衰落

早期的庶民研究由于确信存在一种自主的庶民意识，所以对农民反叛历史的真实再现变成了寻找庶民意识的特有结构，似乎有意将作为从属阶级的庶民从复杂的社会结构中分离出来，形成与精英的对立。但是，这种非此即彼的模式却制约着对权力参与形式、斗争方式及其发生偏离和遭到挪用的理解。一些持不同观点的学者对此提出了异议和批评。加亚特里·斯皮瓦克在《庶民研究：解构历史编纂》一文中指出，庶民研究小组设想

---

① Ranajit Guha, "The Prose of Counter-Insurgency," in Ranajit Guha, ed., *Subaltern Studies II* (Delhi: Oxford University Press, 1983), pp. 1-40.

② Ranajit Guha, "The Prose of Counter-Insurgency," p. 38.

③ Ranajit Guha, *Elementary Aspects of Peasant Insurgency in Colonial India*, p. 336.

存在一种纯粹的或基本的庶民意识形式，可以不依靠殖民话语和实践达到其真理，这样做实际上已经违背了他们的初衷。因为庶民研究的本意是反对精英主义的历史撰述，即反对将精英视作历史的创造者，也就是说否定了历史上必须有一个统领一切的结构的观念。而将庶民作为一个特定的结构独立于精英，进而将之作为历史书写的主体，又不可避免地坠入他们所反对的本质主义之中。①

这种研究趋势同样引起了庶民研究小组内部的注意。在之后出版的《庶民研究》中，研究者在以下两方面有了更多的认识。首先，如同统治和抵抗都不是独立存在，不能排除一方去单独讨论另一方一样，庶民与精英的历史也总是相互纠缠在一起，发现未被精英主义的权力所玷污的纯粹的庶民意识其实是很困难的。吉安恩德拉·潘迪（Gyanendra Pandey）强调，纵然是底层的各种叙述也不能使人们直接听到庶民真实的声音，自动带来历史的真相。聆听来自边缘的声音、发掘记录庶民言行的"断片"（fragments）只是提供了一个了解过去的机会。阅读历史文本的目的在于跨越传统的界线，打破其固定含义，对之做出新的解释，从而获得一种替代性的视野或者至少是另一种视野的可能性。② 这样一来，发现庶民历史的目的就不是取代精英的历史，而是追踪精英历史实行删改、压抑、排斥的痕迹，以便提供不同的叙述。

其次，就庶民本身而言，它所涵盖的多种社会成分，因其各自生存环境的不同，无法在经济、政治、宗教、文化等方面形成统一的意识，更不用说庶民内部就存在不平等的权力关系。弗洛伦西亚·马隆（Florencia E. Mallon）认为，庶民群体中可能存在的与精英的同谋关系、等级制度和监督体制清楚地表明，没有所谓纯粹的和透明的庶民认同，大多数庶民既是被统治的对象也是统治者。③ 斯皮瓦克站在女性主义的立场强调，即使具有

① Gayatri Chakravorty Spivak, "Subaltern Studies: Deconstructing Historiography," in Ranajit Guha, ed., *Subaltern Studies IV* (Delhi: Oxford University Press, 1985), pp. 330-363.
② Gyanendra Pandey, "Voices from the Edge: The Struggle to Write Subaltern Histories," in Vinayak Chaturvedi, ed., *Mapping Subaltern Studies and the Postcolonial* (London and New York: Verso, 2000), pp. 284, 285, 296.
③ Florencia E. Mallon, "The Promise and Dilemma of Subaltern Studies: Perspectives from Latin American History," p. 1511.

主体意识的庶民阶层得到再现，仍然无法揭示男权支配下的性别差异。庶民中的女性群体消失在男权话语的喧嚣中，她们不能发声，没有自己的历史。① 古哈在后期的著作中也意识到了这一问题，他承认，那些有关农民反叛的历史记录的确没有考虑过妇女的感受和要求，以及她们在运动中的能动作用。古哈还呼吁人们注意处于殖民者的权力尚未确立的地区的人民，他们由于研究者过多关注庶民与精英的对立关系而被忽视。② 这些都说明庶民内部也有着不同的声音和意愿，不能简单地加以概括。

对庶民历史破碎性、不连贯性和不完整性的认识，使学者们逐渐肯定了庶民意识内部的分裂性，以及庶民意识是由来自支配和从属阶级双方的经验共同建构而成的事实。问题的焦点也因而从"什么是纯粹的庶民意识"转向"庶民意识是怎样被表述的"，庶民研究的方法和主题也随之发生了变化。在研究方法上，庶民研究接受了文化研究和人类学的影响，不再将视野局限于农民反叛的历史，开始关注庶民的日常经验和历史记忆。这使得研究者更加注重对文本的分析和解读，以一种"逆其纹理"（against their grain）的阅读方式从中获得一些鲜为人知的事实。③

一旦庶民意识的表述问题被推上前台，在殖民地印度传播现代知识的整个领域就向庶民历史敞开了。很多以前研究过的主题，如殖民统治的扩张、英语教育、宗教和社会改革运动、民族主义的兴起等，都被庶民研究学者赋予新的探究方向。更多的研究重点则集中在现代国家和公共制度方面，正是通过它们，理性和科学的现代观念以及现代权力体系才得以在殖民和后殖民的印度传布开来。学院和大学、报纸和出版社、医院和医疗体系、人口普查、登记注册机构、科学制度等等，所有这一切都成了庶民研究的新主题。1999 年出版的《庶民研究》第 10 卷进一步强调了这一转变，编者在"前言"中声称："我们已经扩展了批评的焦点，以便将精英的文本和实践包括进来，我们的兴趣范围也超越了历史学科，并且去解决当代政

---

① Gayatri Chakravorty Spivak, "Can the Subaltern Speak?" in Cary Nelson and Lawrence Grossberg, eds., *Marxism & The Interpretation of Culture* (London: Macmillan, 1988), pp. 271-313.

② Ranajit Guha, "The Small Voice of History," in Shahid Amin and Dipesh Chakrabarty, eds., *Subaltern Studies IX* (Delhi: Oxford University Press, 1996), pp. 1-12.

③ Vinay Bahl, "Relevance (or Irrelevance) of Subaltern Studies," in David Ludden, ed., *Reading Subaltern Studies: Critical History, Contested Meaning and the Globalization of South Asia*, p. 361.

治和知识政治学的问题……不论是精英的实践、国家政策、专业学科、文学文本、档案资料还是语言都将包含在庶民性的效用之内。本着这一思想，近来出版的几卷《庶民研究》试图扩大我们的探询，探索新的方向和解决新的问题。"①

　　内容的变化也决定了形式的改变。2000 年《庶民研究》第 11 卷出版时，放弃了沿用 18 年之久的副标题"南亚历史与社会文集"（*Writings on South Asian History and Society*），改为更加具体的"共同体、性别与暴力"，②2005 年出版的第 12 卷，副标题则定为"穆斯林、达利特人和历史的虚构"。③ 这表明，新时期的庶民研究正力图凸显其多变的学术兴趣和多重的研究领域。庶民研究在 1990 年之后的转变，说明这一群体已经放弃了以往对政治史、经济史和历史研究中阶级分析方法的侧重，转向认同政治、文化多元主义等在西方学院里更为盛行的问题，传统的对民族主义及其史学表现方式的批判则退居幕后。庶民研究的这一转变，也造成了研究者内部的分裂。苏米特·萨卡尔（Sumit Sarkar），这位底层研究的创始人之一，就指责庶民研究从社会史转向了文化史，用后现代主义和后殖民主义取代了马克思主义，距其最初的立场渐行渐远。萨卡尔因此退出了庶民研究群体。

　　早期庶民研究所特有的左翼立场使之能够真正关注下层人民，因而也能够提出许多尖锐而深刻的观点。它对历史编纂中精英主义和欧洲中心主义的批驳也更多地立足本土的社会现实，而不是仅仅满足于学理上的剖析。这些都是庶民研究兴起的基础，也是它引起西方学者关注的根本。然而，后来的庶民研究却显示出某种含混的特性。首先，"庶民"这个关键性概念变得模糊不清和跳跃不定了，它从之前的人民或农民这一确切的所指，转向妇女、穆斯林少数族裔等更少阶级色彩的群体，其中的后现代意味不言自明。其次，紧随西方学术热点使它远离了一贯的研究主旨，将兴趣投向那些更为边缘也更加碎化的问题，这固然迎合了国际趋势，却丢掉了自己

① Gautam Bhandra, Gyan Prakash and Susie Tharu, "Preface," in Gautam Bhandra, Gyan Prakash and Susie Tharu, eds., *Subaltern Studies X* (Delhi: Oxford University Press, 1999), p. v.
② Partha Chatterjee and Pradeep Jeganathan, eds., *Subaltern Studies XI. Community, Gender and Violence* (New York: Columbia University Press, 2000).
③ Shail Mayaram, M. S. S. Pandian and Ajay Skaria, eds., *Subaltern Studies XII. Muslims, Dalits and the Fabrications of History* (New Delhi: Permanent Black and Ravi Dayal Publisher, 2005).

的特色。这大概是《庶民研究》在 2005 年出版了第 12 卷后，便宣告结束的一个原因吧。

庶民研究的衰落还不只是一个单纯的学术问题。最近二十年来，冷战的结束和此后全球化的迅猛发展，不仅重塑了整个世界的政治、经济格局，也对历史这门学科产生了极为深刻的影响，历史学家所面对的社会现实，已与以往截然不同。在 20 世纪 80 年代，印度作为一个第三世界国家的身份是清晰的，但最近以来，随着印度参与全球化程度的加深和经济的飞速发展，这一身份已不再那么确定——印度如今已进入跨国资本的流通地区，成为全球资本体系中的重要一员。在这种情况下，历史学家必然会对革命的和激进的史学范式重新定位，以适应新时代的需要，庶民研究的衰落也就不是什么难以理解的事情了。

四 后殖民史学的新进展

尽管庶民研究渐趋衰落，但总的说来，以庶民研究为代表的后殖民史学在对现代西方历史观念乃至整个现代西方知识体系的批判中取得了一定成功。格奥尔格·伊格尔斯在为其新版的《二十世纪的历史学：从科学的客观性到后现代的挑战》（2005 年）一书所写的后记"21 世纪初的回顾"里，将庶民研究作为非西方抵制单向流动的西方社会科学的一个"例外"，认为它"在后现代主义对于西方现代性的批判中，参与了西方的对话"。[①]不仅如此，后殖民史学所取得的成功及其影响，使其理论和方法逐渐超越了非西方的学术背景，开始为西方主流学界所接受。

以英国文化史研究大家彼得·伯克为例，伯克早年以研究欧洲近代早期文化及文艺复兴文化著称。但在其晚年的研究中，尤其是在对文化传播和文化转译的研究中，伯克大量借鉴了后殖民主义的重要概念"混杂性"或"杂交性"（hybridity），将之应用在对文化史的研究中。在 2009 年出版的《文化杂交》一书中，伯克指出，文化杂交是人类历史上的一个普遍现象，其事例遍及人类生活的方方面面，比如建筑、家具、图像、文本、宗

---

① 〔美〕格奥尔格·伊格尔斯：《二十世纪的历史学：从科学的客观性到后现代的挑战》，何兆武译，山东大学出版社，2006，第 208 页。

教、音乐、语言、政府机构、节日庆典和体育活动等，不一而足。文化杂交种类的繁多，说明了产生文化杂交的因素也相当复杂。伯克认为，文化杂交的发生有赖于时间、空间和社会环境三个方面的因素。因此，他着重从杂交发生时借出和借入方的权力异变（时间因素）、影响杂交发生的社会传统（社会因素）以及杂交发生的场域（空间因素）三个方面，对具体事物的杂交进行了分析。①

不仅如此，伯克也力图突破西方话语的窠臼，强调了杂交状况的复杂性。因此，文化的传播——尤其是西方文化的传播——并不是像一些西方学者所想象的那样是一个统一的或线性的过程，而更像是一个不连续的甚至是碎片化的过程。具体说来，西方文化在向其他地区传播的初期，可能会处于一种强势地位，但发生场所的差异、接受方社会传统的强弱，以及接受方所采用的不同防御机制等因素，使得西方文化传播的形式和速度都会发生相应的变化，进而产生完全不同的结果。伯克指出，在西班牙对美洲的"文化征服"过程中，随着西班牙文化与当地文化混合程度的深入，西班牙文化模式日趋僵化，而当地文化却因为对入侵文化的成功整合，重新彰显出强大的活力。②

在2016年出版的新著《杂交的文艺复兴：文化、语言和建筑》中，伯克运用文化杂交观念对文艺复兴进行了再审视，明确将文艺复兴视作一场"文化杂交"运动。首先，文艺复兴是古典文化与中世纪文化的杂交；其次，文艺复兴是欧洲中心地区的文化与边缘地区文化的杂交；最后，文艺复兴是欧洲文化与非欧洲文化的杂交。③ 尤其是最后一点，伯克完全解构了作为欧洲现代性象征的文艺复兴，不再把文艺复兴视作孤立地在欧洲出现的文化运动，而是把它视作不同文化交流与杂糅的结果。伯克指出，在全球化时代，文化孤岛的状态已经成为历史，文化的接触和融合在未来将更加频繁，那种认为一种文化可以经由自足状态来谋求发展的想法越来越难以为继。不过，伯克并不认为文化互动必然导致文化同质化。他认为："我

---

① 〔英〕彼得·伯克：《文化杂交》，杨元、蔡玉辉译，译林出版社，2016，第62~63页。
② 参见陈建《"杂交"观念与彼得·伯克的文化史研究》，《史学理论研究》2018年第2期。
③ Peter Burke, *Hybrid Renaissance: Culture, Language, Architecture* (Budapest: Central European University Press, 2016).

们并没有看到一种简单的同质化，一种单一的风格消除所有竞争者的风格。我们真正看到的是一种更加复杂的同质化：其风格多样，竞相呈现，抽象与具象同在，欧普艺术与波普艺术共存。"①

不仅如此，后殖民史学的方法也应用到了对欧洲中世纪史的研究中。学者们选择后殖民主义作为一种视角，主要是看到中世纪是欧洲或者西方认同形成的一个重要时期。在这一时期，欧洲基本形成了以基督教文明为核心的文化价值观念。这一方面是欧洲文化传承的结果，另一方面也是欧洲文化与其"他者"，亦即非欧洲文化比较的结果，比如说信奉伊斯兰教的北非和西亚地区以及信奉东正教的拜占庭。可以看出，以后殖民的视角去重探欧洲中世纪，在某种程度上是将萨义德的"东方主义"应用到了中世纪，并将之扩展到对欧洲内部不同文化之间关系的分析上。② 尽管有学者对这种研究路径提出了质疑，认为有可能会犯"时代错置"的错误，但这并不能影响学者们将后殖民的理论和方法进一步用于对中世纪的研究上，并在近年来形成了"新中世纪"（New Middle Age）和"中世纪主义"（Medievalism）这样的研究潮流。

后殖民史学对权力关系的剖析，也是西方主流学界重点借鉴的方法。比如，在对性别史的研究中，历史学家注意到女性这一性别不仅仅是一种生理上的分类，更是不平等的社会权力关系的产物，尤其是男权想象的产物。因此，女性若获得真正平等的地位，还不仅仅是一个经济问题，而是需要整个社会的权力结构进行调整。这种对不同性别之间权力关系的分析，也被应用到对国家间或国家内部不平等的权力关系的解读上，这一点在对帝国史的研究中表现得最为特殊。在后殖民史学家看来，帝国代表了一个复杂的权力关系网络，不仅有从帝国到地方的纵向权力体系，而且有帝国内部不同群体之间横向的权力关系。这种错综复杂的权力呈现，恰恰能展现历史中的延续与断裂，理性与非理性，以及历史叙述的本质。③

不论是后殖民主义还是受其影响产生的后殖民史学，其目的是要穿越

---

① 〔英〕彼得·伯克：《文化杂交》，第95页。

② John M. Ganim, "Native Studies: Orientalism and Medievalism," in Jeffrey Jerome Cohen, ed., *The Postcolonial Middle Age* (New York and Houndmills: Plagrave, 2001), pp. 123-134.

③ Rochona Majumdar, *Writing Postcolonial History* (London and New York: Bloomsbury Academic, 2010).

横亘在西方/非西方、中心/边缘之间的边界，创造出一种第三类的历史书写或话语模式。霍米·巴巴对此提出了一种颇有新意的"第三空间"理论，借助这一理论，我们可以更好地看清后殖民主义或后殖民史学的意图。巴巴指出："文化的所有形式都不断处在混杂的过程之中……混杂性的重要之处不在于能够追溯产生第三种东西的两种本原，混杂性不如说就是那个令其他各种立场得以出现的'第三空间'。这个'第三空间'置换了建构它的历史，树立起新的权威结构和政治动因，而这些都是现有的知识未能充分了解的。"[①] 同样，后殖民主义或后殖民史学所采用的策略并非对西方的妥协，或者将本土多元的表达置于高等的价值地位，它所努力展现的，是非西方被压抑的历史或文化形式如何够能参与到一种平等交流的语境中来。

① Homi Bhabha, "The Third Space: Interview with Homi Bhabha," in J. Rutherford, ed., *Identity*, *Community*, *Culture*, *Difference* (London: Lawrence and Wishart, 1990), p. 211.

世界史/全球史

随着全球化程度的加深,随着世界各地经济和文化交往的日益密切,历史叙事的空间不断扩大:从民族国家历史到区域史,从区域史到世界史,从世界史到全球史。一方面,历史叙事空间的拓展,体现了人类对于宏观历史研究的强烈兴趣,以及对于宏大叙事的不断追求;另一方面,历史研究愈发专业化,学者们对于小而专的问题也表现出更大的兴趣,他们醉心于探微索隐,在细枝末节和表象上驻足不前。历史学家似乎普遍缺乏一种看待和思考问题的长远眼光,仅仅满足于近期的事件和短期的效应,历史学也因而经受着"短期主义"的困扰。① 由此带来的一个结果是,人们很难把握和解释变动不居的生活世界,特别是在面对未来时,由于缺少对重大问题的宏观考察和反思,人们丧失了应有的洞察力和决断力。世界史尤其是全球史在近年来的持续发展,不仅是对历史研究中所出现的碎化问题的一个纠正,它同时也表明,从联系和互动的角度去研究历史,是人们认识自我和理解他人最行之有效的方法。

一 从世界史到全球史

世界史作为一个学术研究领域的出现以及世界史学科的形成,主要发

---

① 关于历史学所遭受的"短期主义"困扰 , 可参见 Jo Guldi and David Armitage, *The History Manifesto* (Cambridge: Cambridge University Press 2014) , p. 2。

生在美国，它们与 20 世纪美国史学界的两次重要转折有着密切的关系。首先，二战的结束及随后发生的亚非拉民族解放运动，使西方开始重新审视与非西方国家之间的关系，逐步认识到后者在塑造当代世界中所起的重要作用。一些历史学家因而强调，必须以一种世界眼光而不是欧洲视角，才能洞察当代历史的发展趋势与本质。正如巴勒克拉夫（Geoffrey Barraclough, 1908-1984）在 1956 年所指出的："如果我们能够打破欧洲历史的束缚，将我们的思想从只关注西方的狭隘视野中解放出来，我们就会做到更好。因为那样的历史只会加深我们的偏见，强化我们对自我传统和价值优越性的信念，并让我们对生活于其中的这个世界的实际权力分配，以及在其中真正起作用的力量产生危险的误解。"① 1963 年，美国历史学家威廉·麦克尼尔（William H. McNeill, 1917-2016）出版了《西方的兴起：人类共同体史》一书，该书突破了传统世界史以民族国家为中心的局限，将重点放在了不同社会与文化传统之间的交往与接触，尤其是技术与工艺的传播上。② 一般认为，《西方的兴起：人类共同体史》是在全球史观指导下写就的第一本重要著作，给后来的世界史和全球史研究提供了一个可资借鉴的范本。

另一次转折发生在 20 世纪 90 年代。随着冷战的结束和全球化的迅猛发展，摆脱了意识形态之争的世界日益呈现持续交往的图景。面对这一现实，历史学家试图提出一种不同于以往的解释框架，对过去和现在的人类历史进行全新的描述。关注世界范围内不同民族和地区之间的交流与互动，成为这一时期世界史研究的重点。与第一次转折相比，这一次转折无论在研究方法还是编纂范围上，都得到了极大的拓展：环境的变迁、物种与疾病的扩散、大规模的人口迁移、帝国的扩张、跨文化贸易、经济波动、思想观念和宗教信仰以及文化传统的传播等一系列主题都被纳入历史学家思考的范围。由美国世界史协会创办于 1990 年、杰里·本特利（Jerry H. Bentley, 1949-2012）任主编的《世界史杂志》（*Journal of World History*），即体现了一些学者在这一研究领域的志向与抱负。

① 参见 Michael Bentley, *Modern Historiography: An Introduction* (London: Routledge, 1999), p. 128。
② William H. McNeill, *The Rise of the West: A History of the Human Community* (Chicago: University of Chicago Press, 1963).

　　二战及冷战后国际形势的巨变固然是世界史研究兴起的根本原因，但世界史作为一门学科的迅速发展，主要与美国的政治现实、美国历史学家的努力，以及美国政府的支持密不可分。众所周知，二战结束后，出于同苏联争夺第三世界的需要，美国调整了其外交政策，加紧了与第三世界的合作，学术界也随之加强了对第三世界历史与现状的研究。及至美国参加朝鲜战争和越南战争，普通民众也有了了解域外文化的需要。这就促使一些历史学家开始运用全球眼光来看待整个世界，而落实它的有效办法就是调整美国中学，特别是大学的课程设置，用世界史来代替旧有的西方文明史教学。斯塔夫里阿诺斯对此做过这样的评论："这个时候，我感到需要以一种全球视野来开设另外一门课程。这种感觉在朝鲜战争期间加强了，当时我们许多学生离开校园前往远东，但对他们将要面对的国家，却缺乏足够的知识和了解。"① 从 20 世纪 50 年代开始，经过路易斯·戈特沙尔克（Louis Gottschalk，1899-1975）、斯塔夫里阿诺斯（Leften Stavros Stavrianos，1913-2004）、威廉·麦克尼尔、马歇尔·霍奇森（Marshall Hodgson，1922-1968）等学者的不懈努力，直到 1982 年美国世界史协会（World History Association，WHA）的成立，世界史的教学与研究工作在大学里得到极大推动。② 针对这一变化，时任美国历史协会（American Historical Association，AHA）主席的卡尔·戴格勒（Carl N. Degler，1921-2014）在 1985 年说道："即使是最保守的院系，包括那些教职员工人数有限的院系，都表现出一种不断增长的超越欧美视野的意识。"同一年，密歇根州立大学理查德·苏利文（Richard E. Sullivan，1921-2005）教授参加了国会的一场辩论，主题是大学历史入门课是讲授西方文明史还是世界史。参加完辩论后，苏利文教授总结道："我预测，传递给全国高校的一个基本信息是，有必要，或许是非常有必要考虑用世界史课程来取代西方文明史课程。"③

　　推动美国世界史教学的另一个重要事件是中小学世界史教学标准的颁

---

① 参见 Gilbert Allardyce, "Toward World History: American History and the Coming of the World History Course," *Journal of World History*, 1: 1 (Spring 1990), p. 43。
② 这一过程的具体细节，参见 Gilbert Allardyce, "Toward World History: American History and the Coming of the World History Course," pp. 31-76。
③ Gilbert Allardyce, "Toward World History: American History and the Coming of the World History Course," p. 74.

布。1994 年秋天，美国中小学历史教学中心（National Center for History in the Schools，NCHS）在国家人文基金会（National Endowment for the Humanities）和教育部的资助下，制订了《全国世界史教学标准》（*National Standards for World History*）。依据这一标准，世界史被分为八个时期，每个时期又配有若干标准，总计 39 条，内容分别涉及社会、政治、科技、经济、文化等领域。以第六时期"第一个全球时代的出现（1450~1770 年）"为例，其中共有 6 条标准，分别是：（1）1450~1600 年间世界主要地区的越洋联系如何导致全球之转型；（2）1450~1750 年间在全球互通时代里欧洲社会如何在政治、经济与文化上转型；（3）16~18 世纪间大的领土帝国如何统治欧亚大陆大部分地区；（4）1500~1750 年间非洲、欧洲、美洲人民在经济、政治与文化上的密切关系；（5）欧洲扩张时代亚洲社会的转型；（6）1450~1770 年间全球的主要趋势。① 世界史教学标准的颁布，不仅为从小学五年级到高中阶段的世界史教学提供了基本依据和目标，也体现了美国政府对世界史教学的高度重视，对美国世界史研究的深入发展起到了良好的促进作用。

世界史在美国的兴起，最初主要是在大学和中学的教学领域。但随着世界史教学的深入发展，世界史研究变得更加专业化和学术化。1999 年，美国世界史协会设立图书奖，该奖项主要针对并遴选用英文写作并出版的世界史研究方面的顶尖著作。一些具有国际影响的世界史著作纷纷获得了该奖项，比如贡德·弗兰克（Gunder Frank，1929-2005）的《白银资本》，约翰·麦克尼尔（John McNeil）的《天下之新事：20 世纪的世界环境史》、彭慕兰（Kenneth Pomeranz）的《大分流：欧洲、中国及现代世界经济的发展》、大卫·克里斯蒂安的《时间地图：大历史导论》、简·伯班克（Jane Burbank）与弗雷德里克·库珀（Frederick Cooper）合著的《世界史中的帝国：权力与差异政治》等，这无疑对于世界史的研究是一个巨大的推动。

随着世界史研究的深入，研究者的空间视野越发扩大，越来越多的世界史研究者选择使用"全球史"这一术语，来表达他们的研究目的和意图，即以全球眼光或视角，考察不同区域、文化之间交流与互动。一般而言，

---

① 世界史教学标准的具体内容可以在美国中小学历史教学中心的网站上看到，网址为 http：//nchs. ucla. edu/standards/world-standards5-12. html。

世界史与全球史并无太大的差异，其共同点都是为了超越西方视野和民族国家视野，强调从大的时间跨度和空间范围来研究人类历史中的普遍联系。因此，一些研究者都是在并列使用这两个术语，杰里·本特利就将他所倡导的世界史与全球史并称为"新世界史"。① 在 2006 年《全球史杂志》（*Journal of Global History*）的创刊号上，几位主编也提到了全球史的当前任务是要解构西方元叙事、超越民族国家界线，并提倡采用比较研究、跨学科研究等方法。这些原则可以看作全球史的一般指导原则，也同样适用于世界史的研究。②

不过在某些语境中，世界史和全球史也有着不同的所指。比如在中国，由于世界史长期以来一直被认为是不包括中国史在内的"外国史"，故全球史比世界史的内涵更为丰富和广泛，是一种真正将人类所有社会都包含在内的，因而也更为全面和整体的历史叙事。在欧洲，由于传统世界史更多地指向 20 世纪之前的那种极具欧洲中心主义色彩的历史，因此全球史更加强调其超越欧洲中心主义和西方中心主义的立场。此外，也有学者从空间和时间的角度试图区分世界史与全球史的不同。比如，有些学者认为全球史比世界史更强调空间性，因而可以更为贴切地描述近年来历史研究中所出现的"空间转向"。③ 另有一些学者认为，全球史特指全球化以来的世界历史或者仅指全球化的历史。④ 不论对于全球史的理解和界定有何不同，以及它与世界史是一种延续还是取代的关系，全球史在今天确实已经超越了文化与国家的界线，成为一种为全球学术界所共同接受的宏观的历史叙事。

二 全球史的多重面向

全球史的流行实际上体现了近年来国际史学的一种发展趋势，即从民

---

① Jerry H. Bentley, "The New World History," in Lloyd Kramer and Sarah Maza, eds., *A Companion to Western Historical Thought* (Malden, Mass.: Blackwell Publishers, 2002), pp. 393-416.

② William Gervase Clarence-Smith, Kenneth Pomeranz, Peer Vries, "Editorial," *Journal of Global History*, 1: 1 (March 2006), pp. 1-2.

③ Matthias Middell and Katja Naumann, "Global History and the Spatial Turn: From the Impact of Area Studies to the Study of Critical Junctures of Globalization," *Journal of Global History*, 5: 1 (March 2010), pp. 149-170.

④ Bruce Mazlish, *The New Global History* (New York: Routledge, 2006).

族史向跨民族史的转变、从地方视角向全球视角的转变、从单一语境向复杂语境的转变。这种转变的根源来自全球化，以及由此产生的对民族国家的性质、历史研究的空间转向、历史书写的当代价值等问题的反思。越来越多的历史学家认识到，如果把历史事件置于一个更大的空间内加以考察，它将获得民族国家视角或任何地方视角所无法展现的意义和价值。或者，历史事件在经过多重语境的解析后，将会展现它与更多空间和群体的关系，以及其自身更为丰富的内涵。历史由此成为一个聚合体，将所有有着不同的叙事、时间能指和意义的个别历史交织在一起，使之分享共有的空间，相互联系、互为因果，但又不彼此同化对方。这种从全球视角对人类过去的思考，或许正如林·亨特指出的，将赋予历史一种新的目的：去理解人类在一个联系愈发紧密的世界里究竟居于何种位置。①

不过，虽然全球史的叙事旨在囊括"全球"，但全球史并没有一个全球普遍适用的标准版本。每一个国家、民族和文化传统都有自己对全球史的独特理解，全球史的内涵和意义因而是多种多样的，对之的应用可以有着各种不同的目的。正如德国全球史学者多米尼克·萨克森迈尔所言：并不存在单一的全球化世界或全球史，人们必须从地方性视角去理解全球史。所谓超越地方性历史的全球史将毫无意义，相反，全球史意味着从全新的视角去研究具有地方性特征的历史。② 不仅如此，近年来全球史学者更加认识到，全球史不再意味着以往那种目的论上的决定论或不受地方限制的普遍性，对全球史的研究是为了发现全球与地方之间相互交织与纠缠的复杂方式，以及在努力超越历史研究空间限制的同时，去寻找跨越边界的联系。③

也正是因为如此，全球史才得以表现出不同的面向。首先，从全球史研究所在的国家或地区来说，不同的国家和地区对于全球史的研究有着不同的侧重点。美国无疑是研究全球史的中心，最近二十年来一直引领着全

---

① Lynn Hunt, *Writing History in the Global Age* (New York: W. W. Norton, 2014), p. 10.

② 夏德明、方幸福：《"必须从地方性视角理解全球史"——专访哥廷根大学夏德明教授》，《社会科学报》2018 年 4 月 19 日第 5 版。

③ Sven Beckert and Dominic Sachsenmaier, "Introduction: Global History, Globally," in Sven Beckert and Dominic Sachsenmaier, eds., *Global History, Globally: Research and Practice around the World* (London and New York: Bloomsbury, 2018), p. 4.

球史发展的方向。从早期威廉·麦克尼尔对人类共同体的全景式考察，到后来彭慕兰发展到顶峰的全球比较经济史研究，再到最近由哈佛大学的大卫·阿米蒂奇（David Armitage）、耶鲁大学的塞缪尔·莫恩（Samuel Moyn）、纽约大学的安德鲁·萨托里（Andrew Sartori）等人践行的全球思想史莫不如此。① 而对于英国学者来说，全球史研究主要是在以往的大英帝国史的框架中进行的。与传统的帝国史研究不同的是，全球史视角下的帝国史研究主要是把大英帝国及其殖民地视为一个复杂的权力网络（network），在这个网络中，既有宗主国与殖民地之间错综复杂的关系，又有各个殖民地之间相互的纠葛，还有大英帝国与世界上其他帝国之间的利益冲突。②

　　相比而言，德国的全球史研究在近些年给人一种异军突起的感觉，涌现了于尔根·奥斯特哈默（Jürgen Osterhammel）、马提亚斯·米德尔（Matthias Middell）、多米尼克·萨克森迈尔、塞巴斯蒂安·康拉德（Sebastian Conrad）、斯文·贝克特（Sven Beckert）等众多有国际影响的学者。全球史在德国的兴起，与德国史学界长期以来对纳粹历史的反思、对德国"特殊道路"（*Sonderweg*）的修正、对殖民历史的重新认识密不可分。这使得德国历史学家能够有意识地跳出民族主义和欧洲中心主义的窠臼，用跨国的和全球的思维方式去思考历史。正是因为如此，德国的全球史研究才有基于其史学传统的独到之处。比如，在全球史的叙事方式上，德国的全球史与美国全球史的那种统一的、全景式的描述不尽相同。以奥斯特哈默的《世界的演变：19世纪史》为例，作者并没有采取一种历时性的线性叙事，按照年代的顺序讲述一部19世纪不间断的全球一体化的历史。相

---

① 关于大卫·阿米蒂奇的著作和思想，可参见本书"观念史与思想史"一章的内容。塞缪尔·莫恩和安德鲁·萨托里的相关著作，参见 Samuel Moyn, *The Last Utopia: Human Rights in History* (Cambridge, MA: Harvard University Press, 2010); Andrew Sartori, *Bengal in Global Concept History: Culturalism in the Age of Capital* (Chicago: University of Chicago Press, 2008)。塞缪尔·莫恩和安德鲁·萨托里还合编了一本全球思想史的文集，参见 Samuel Moyn and Andrew Sartori, *Global Intellectual History* (New York: Columbia University Press, 2015)。

② 早期的代表著作，可参见 C. A. Bayly, *Imperial Meridian: The British Empire and the World 1780-1830* (London and New York: Longman, 1989); 近期相关的著作，参见 Amanda Behm, *Imperial History and the Global Politics of Exclusion: Britain, 1880-1940* (Houndmills: Palgrave Macmillan, 2018); Ulrike Hillemann, *Asian Empire and British Knowledge: China and the Networks of British Imperial Expansion* (Houndmills: Palgrave Macmillan, 2009)。

反，作者将 19 世纪的历史分成不同的层次——人口的迁徙、生活水平的改善、城市的发展、边疆的演进、帝国与全球体系形成、革命的爆发，以及不同的主题——工业化、劳动、网络、知识、宗教等，力图在每一个分支体系中去展现 19 世纪历史的全球性，进而形成一个清晰可辨的、连续循环的叙事框架。这样做的一个好处是，能够有效地将全球史的普遍性与地方历史的特殊性结合起来，因为"每一个分支领域都有其特有的时间结构：一个特别的开始，一个特别的结束，还有特殊的速度、节奏和内部分期"。①

其次，全球史的多重面向也表现在对于全球史中"权力"问题的解构上。早期的全球史过于强调全球发展的总体性和关联性，其中所蕴含的一个理论预设是：不同国家和地区的人民都是自愿进行交往，主动走向一体。但是，由于全球发展的不平衡，在某些历史时期，全球化进程的推动者往往是那些居于权力中心的国家或地区，它们往往采用殖民主义、战争等暴力手段，强制性地将"没有历史的人"纳入它们所设定的"历史"中。早期全球史研究中的这种盲目的乐观主义——其实也是历史进步主义的一种表现——无疑掩盖了历史的公正性。对于这一点，塞巴斯蒂安·康拉德有着深刻的认识和评价。

> 全球史取径也无法因忽视权力问题而遭到批评。在批评者看来，"全球"一词掩盖了形塑现代世界的社会秩序与权力不均。某些研究的确倾向于将全球关联看作近乎自然而然的发展过程，而不是认为它们受到了追名逐利的个人和群体的驱动。这些论述在颂扬关联性的时候，（通常不经意地）用"全球"掩盖潜在的权力不均。②

就这一点而言，许多全球性的因素并非自然的和自愿的。全球市场的开放，可能更多的是武力和军事征服使然；普世性宗教的形成，似乎也包含宗教迫害和对异端思想的禁锢。

---

① 〔德〕于尔根·奥斯特哈默：《世界的演变：19 世纪史》，强朝晖、刘风译，社会科学文献出版社，2016，第 9 页。

② 〔德〕塞巴斯蒂安·康拉德：《全球史是什么？》，杜宪兵译，中信出版集团，2018，第 193 页。

上述对于全球史的不同理解，以及力图展现全球史多重面向的努力，实际上是提醒我们要注意全球史的特殊性问题，即每一个国家、民族和文化传统都有着自己对全球史的独特理解，全球史的内涵和意义因而是多种多样的，对之的应用可以有着各种不同的目的。所谓全球史，应当去展示各种地方因素的纠缠，去体现多样化和多元化的可能。而要更好地理解全球史的特殊性，就意味着我们要重新思考全球史与民族国家史的关系。一般而言，全球史的目的就是要打破民族国家历史的框架，这一点固然不错，但对民族国家历史的超越并不是要否认民族史的意义和价值。对非西方国家，尤其是那些有着悠久史学传统的国家而言，民族叙事依然有其价值：一方面，它通过不断纳入新的现实意蕴而努力与变动中的全球化保持一致；另一方面，它也通过对叙事策略的及时调整而尝试建构不同于西方的全球性过去。

对大多数非西方国家而言，民族国家依然在当下的政治、经济和文化话语中占有重要位置，依然是当下历史编纂得以展开的重要框架。因此，即便是全球史，其目标也不会完全超越或消解民族国家，而是在一个更大的时间和空间范围内重塑对民族国家概念的理解。美国历史学家托马斯·本德尔（Thomas Bender）在论及全球化时代美国国家史的书写时指出："仅仅是为了拥抱全球化的意识形态和进程，而完全摆脱民族及其意识形态，对于历史编纂并无益处。这一做法必然会带来新的盲目性，甚至有自觉或不自觉地成为下述必胜信念共谋的危险，这种必胜信念相信资本主义的当前阶段有其合理性。"① 本德尔的这段话清楚地表明，一方面，全球史与民族国家的历史并非截然对立，尤其对那些民族意识依然盛行于公共话语层面的国家来说，全球史只有与民族国家历史携手共进，才会真正扎根于地方的历史编纂传统，更具活力和生命力。另一方面，全球史需要吸纳更多的地方经验，而民族国家历史也需要融入更大的叙事空间中。只有这样，两者才有可能更加开放和更具包容性。

---

① Thomas Bender, "Introduction: Historians, the Nation, and the Plenitude of Narratives," in Thomas Bender, ed., *Rethinking American History in a Global Age* (Berkeley and Los Angeles: University of California Press, 2002), p. 12.

三　全球史：新的挑战和机遇

全球史就像一个无所不包的万能工具箱，任何历史学家都可从中找到自己想要的东西，对所研究的领域加以重新定位；而任何历史都可以放入其中加以包装，以一种全新的面貌出现在当前的语境中。借用克罗齐的那句名言，说当前一切历史都是全球史似乎也并不为过。不过，这种全球乐观主义正在遭受某种威胁。近年来，一股反全球化的力量正在全球范围内兴起，且越来越具有政治和文化上的影响力。无论是在美国、俄罗斯、英国，还是在波兰、土耳其、日本，本民族或本国优先的论调此起彼伏。与此前存在已久的反全球化运动不同的是，当前的反全球化运动不是从社会底层发起的对全球资本主义的不满，而是从社会中间阶层发起的带有地方保护主义色彩，且得到政府领导人支持的民粹主义回潮。这股反全球化浪潮从经济领域蔓延出来，逐渐向思想和观念领域扩散，对国家经济利益的吁求，对民族身份的强调，是其最重要的特征，对曾经被视为社会主流价值观念的普遍主义和文化多元主义形成了严峻挑战。这种情况也引起了历史学家的担忧，让他们对建立在普遍主义之上的全球史提出了质疑。

2017 年 3 月，美国普林斯顿大学历史学家、全球史实验室主任，以研究拉丁美洲历史著称的杰里米·阿德尔曼（Jeremy Adelman）在 Aeon 网站上发表文章《全球史在今天意味着什么?》，结合当前的反全球化趋势，对全球史的未来提出了担忧。阿德尔曼认为，当前全球多个国家出现的民粹主义或民族主义倾向，对全球史的研究构成了一定的冲击，使其前景不再显得那么乐观。阿德尔曼尤其强调，尽管全球史在当前有着巨大的影响力，但依然面临两个难以克服问题：第一，在学术语言上过于依赖英语，如果没有英语的全球化，全球史的展开便没有可能；第二，在西方的大学和研究机构中，研究非西方的学者仍然占据少数，全球史在实践上因而难以摆脱西方中心论。[1]

阿德尔曼的担忧在学术界引起了一定的共鸣甚至争议，在 2018 年第一

---

[1]　Jeremy Adelman, "What Is Global History Now?" *Aeon*, 2 March 2017.

期的《全球史杂志》上，伦敦国王学院历史系的理查德·德雷顿（Richard Drayton）与伦敦政治经济学院的国际史系的大卫·莫塔德尔（David Motadel）发表《全球史的未来》一文，对于阿德尔曼提出的问题做出了回应。德雷顿和莫塔德尔承认，阿德尔曼的许多批评都是中肯的和正确的。比如，全球史在某种意义上是那些经济发达国家的历史学家的特权，对世界上许多贫穷国家的历史学家来说，他们依然很难随意飞往国外，参加国际学术会议和获取他们需要的档案材料。此外，在全球史的各项议题中，西方仍然享有优先权，因此，当前的全球史研究只不过是将"西方的崛起"这一命题放在全球背景中加以深化。① 但两位作者转而指出，与根深蒂固的民族国家历史相比，全球史还是一个小而弱的研究领域，它可能需要两三代人的努力，才能克服欧洲中心主义的弊病。全球史也不像阿德尔曼所说的那样，只关注大的结构性的问题而忽视了个人，近来的全球史开始将目光转向了个人、局外者和下层民众。德雷顿和莫塔德尔试图说明，尽管面临一些困境，但全球史是当前史学研究的中最令人振奋的领域之一，它无疑有着可期的未来。②

正是出于对这些问题的考虑，近期的全球史研究力图在一些新的研究领域中去展现全球一体性与地方差异之间的并存关系，这在全球概念史中表现得尤为突出。所谓全球概念史是概念史与全球史的结合。概念史主要考察政治、经济或文化概念的产生、演变及影响，尤其注重这些概念在现代性语境中所发生的变化。一般认为，概念史的创始人是德国历史学家莱因哈特·科塞勒克，概念史也因此成为德国史学对世界史学的一个重要贡献。③ 近年来，在全球史的影响下，概念史也发生了"全球转向"。具体说来，全球概念史关注概念在不同的地区和文化中的传播，以及在这一传播过程中，概念在跨越不同的语境时所发生的变化，或者概念在进入新的语境时所受到的改造。全球概念史另一个研究的重点是概念的翻译，这里面

---

① Richard Drayton and David Motadel, "Discussion：The Futures of Global History," *Journal of Global History*, 13：1（March 2018），p. 8.

② Richard Drayton and David Motadel, "Discussion：The Futures of Global History," p. 15.

③ 关于科塞勒克的概念史研究，可参见张凤阳《现代性研究的"语言方案"——科塞勒克概念史方法论旨趣的政治哲学释读》，《学术月刊》2018 年第 12 期；黄艳红《莱因哈特·科塞勒克的概念史研究刍议》，《历史教学问题》2017 年第 6 期。

涉及较为复杂的问题，比如选择什么样的词汇去翻译某种外来概念？为什么选择这一词汇而不是选择其他词汇？在翻译的过程中，原初的概念是否发生了变形？以及，如何保证原初的概念和被翻译后的概念在含义上等值？以"封建"这一概念为例，"封建"是对英语"feudalism"的翻译。但feudalism所描绘的西方中世纪的社会现实，与"封建"一词所描述的中国的历史还是有很大的差异。因此，用从英语"feudalism"翻译过来的"封建"一词来描述中国的历史，会让人产生很多误解，也不便于对东西方历史进行有效的比较。

全球概念史认为，选择何种本地词汇去翻译外来概念，体现了地方文化的主动性和可选择性，这在某种意义上也是地方文化对外来概念的改造。全球概念史对于概念迻译问题的关注，修正了之前普遍认为的翻译中的话语霸权问题，强调了地方差异的合理性以及地方对于权力中心的反作用。2016年，玛格丽特·佩尔瑙（Margrit Pernau）和多米尼克·塞克森迈尔编辑出版了《全球概念史读本》一书，该书的第三部分就详细讨论了概念的翻译问题。两位编者指出，概念的翻译尤其能够体现概念史的全球性和跨文化的特征，值得研究者深入挖掘。① 2018年，荷兰观念史学家西普·斯图尔曼（Siep Stuurman）出版了《人性的发明：世界历史中的平等与文化差异》一书。该书考察的是"人性"这一概念在世界范围内的不同含义和意义，比如，欧洲人、中东的伊斯兰信徒以及东方人对人性的不同理解，借以说明并不存在一种普遍的人性。作者进而指出，即便是在现代社会，人性的建构也更多地体现了文化上的差异，而非统一。不过，尽管作者否定了普遍人性，但他并不否认"共同人性"（common humanity），而是在书中讨论了它的可能性。② 与这部著作在方法上类似，2018年出版的《现代欧洲的民主：一部概念史》，探讨了"民主"这一概念在欧洲的不同国家和文化环境中的不同含义，涉及的国家有法国、德国、英国、俄罗斯、荷兰、瑞典、瑞士等，时间跨度从1848年直到20世纪60年代。该书试图表明，即

---

① Margrit Pernau and Dominic Sachsenmaier, eds., *Global Conceptual History*: *A Reader*（New York: Bloomsbury Academic, 2016）.

② Siep Stuurman, *The Invention of Humanity*: *Equality and Cultural Difference in World History*（Harvard: Harvard University Press, 2018）.

便在欧洲这种看似具有文化统一性的语境中，地方差异在理解某些重要概念时也起到了重要作用。①

上述对于全球史的新的理解和在研究方法上的突破，已经不再仅仅把"联系"（connectedness）和"网络"（network）看作全球史必然而合理的特征。相反，近来的全球史研究越来越重视"权力""差异""摩擦""碰撞"等与全球一体性相矛盾的因素，因为这些因素也是人类交往中不能忽视的，有时甚至是更为真实的一面。所以，只有同时考虑全球史中的统一性和差异性，才能使全球史更具客观性和展现多维的样貌，才能使全球史在经历当下的考验后，拥有一个更为光明的未来。

早期的全球史研究重在考察不同文化和地域的交流与互动，旨在揭示人类历史发展的总体性，其研究领域多集中在经济史、社会史中那些体现着长时段和大范围的社会流动现象，如商品的流动、物种的传播、大规模的移民等。近年来，部分地受到新文化史和后现代主义的影响，全球史研究中出现了一些新的动向，主要表现在关注个体的全球性经历、个体所代表的地方性与全球性之间的纠缠，或者个体在跨越不同的文化语境时所表现出的适应与不适。对全球史中个人或个体的关注，反映了全球史近年来的一些新的变化轨迹：从最初的关注跨洲、跨区域的宏大叙事转向关注地方性因素在全球史中的重要作用，进而关注个体的全球性经验，体现了微观研究与宏观研究的结合。总之，对全球史中个体的考察，开辟了全球史研究的新路径，有助于人们认识和理解全球史的多种潜能。

---

① Jussi Kurunmäki, Jeppe Nevers, and Henk te Velde, eds., *Democracy in Modern Europe: A Conceptual History* (New York and London: Berghahn, 2018).

大历史

  "大历史"（Big History）是近年来在西方兴起的一个新的史学研究领域，它强调从长时段和大范围来研究上迄宇宙诞生下至当今时代的人类和非人类的历史，具有宏观的视野和开放的体系。大历史注重宇宙史、自然史与人类史的相互联系，力图将传统史学与宇宙学、地质学、天文学、气候学、生物学、考古学等学科结合起来，具有典型的跨学科特征。大历史的概念和研究方法由英国学者大卫·克里斯蒂安（David Christian）在《时间地图：大历史导论》中率先提出，随即在西方史学界产生了巨大反响。[①]2010 年 8 月，"国际大历史学会"在美国密歇根州的伟谷州立大学成立。2018 年，大历史学会的会刊《大历史学刊》（*Journal of Big History*）在美国宾夕法尼亚州维拉诺瓦大学（Villanova University）创刊。不仅如此，大历史在教学领域中的发展也十分迅速。2011 年 3 月，在比尔·盖茨的资助下，旨在向澳大利亚和美国的中学生教授大历史的"大历史计划"正式启动。到目前为止，全世界范围已有几十所高校开设了大历史课程。大历史在学术研究和教学实践两个领域的同时展开，使之有成为一种独立学科的可能。

[①] David Christian, *Maps of Time：An Introduction to Big History*（Berkeley：University of California Press, 2004）.

一　大历史的基本概念

大历史的问世是对当代社会人类所面临的种种危机和不确定性的回应。尽管在一些现代主义者看来，现代文明的弊病可以在现代性的内部解决。但是，核战争、环境危机、资源衰竭等危及人类和地球的全球性难题，却不能仅凭更先进的技术和现代性的自反精神就能够克服。以环境问题为例，由于人类活动给地球所带来的持久而巨大的影响，地球已经进入一个全新的地质时代——人类世。[①] 在人类世时代，人类不仅给地球可见的环境和地貌带来了显著的影响和破坏，甚至全球气候的变暖以及某些物种的灭绝也是人类使然。作为回应，大历史力图从不同于以往的视角来看待人类的历史、人类与地球的关系以及人类未来的命运。同时，大历史也希望提供给人类一种整体意识，去解决全人类所面临的共同困境。正如大历史的创始人大卫·克里斯蒂安所指出的："在一个充斥着核武器、生态危机俨然跨越了众多国界的世界里，我们非常有必要将人类看作一个整体。在此背景下，那种主要关注民族、宗教和文化分立的历史叙述显得狭隘、不合时宜甚至非常危险。"[②]

为此，大历史学家提出了一些高度概括的基本概念，帮助人们从一种超越人类中心主义的视角去理解大历史。大历史的第一个重要的基本概念是"集体知识"（collective learning），由大卫·克里斯蒂安在 2004 年出版的《时间地图：大历史导论》一书中首次提出。克里斯蒂安认为，集体知识是人类特有的一种知识，人类通过集体学习，将前代人积累下来的知识有效地传递给下一代。借助知识、思想和技术的代代相传，人类便获得了一种空前的能力，这种能力让人类能够在完全陌生的环境中生存下来，并且创造出他们所需要的新环境。克里斯蒂安对集体知识在人类演进中的作用做了高度评价："作为个体的人类并不比黑猩猩或是尼安德特人聪明多少，但是作为一个物种，我们拥有巨大的创造性，因为我们的知识在一代人内部

---

① 参阅本书"人类世"一章的内容。

② David Christian, *Maps of Time: An Introduction to Big History*, p. 8. 译文采用了首都师范大学孙岳教授的翻译。

或是几代人之间都可以共享。总而言之，集体知识是一种如此有力的适应机制，以至于我们可以认为它在人类历史中所扮演的角色相当于自然选择在其他生物体历史中所扮演的角色。"①

2012 年，在为《宝库山可持续性百科全书》撰写"集体知识"词条时，克里斯蒂安对什么是集体知识给出了更加明晰和确切的定义。

> 集体知识是一种非常有效地分享信息的能力，它使得个体的思想得以存储到群体的集体记忆中，并实现世代累积。能够进行集体学习的物种的出现标志着生物圈历史的一个临界点，自此以后变革的准则开始发生变化。人类是唯一能够有效分享信息的物种，以致文化的变革开始压倒了基因的变异。集体学习是定义我们人类物种的一个特征，因为它解释了我们令人惊讶的技术上的早熟，以及我们在生物圈中所扮演的主导性的，也许是危险性的角色。②

从这一定义中不难看出，集体知识有两个重要内容，一是"集体"，二是"临界点"。正是因为"集体"分享信息，人类习得或创造的知识才不会因为某个人的死亡而消逝，反而能快速、准确和有效地传播下去，形成一个愈发庞大的知识库；正是因为突破了"临界点"，人类的文化和技术创造才能够突破自然的束缚和限制，形成一种无可限量的协同创新能力。③ 不过，需要注意的是，集体知识一方面将人类与其他物种分离开来；另一方面，集体知识最终又成为人类危及其他物种甚至自然的祸首。集体知识的这种双刃剑效应值得人类反思。

大历史的第二个重要的基本概念是"复杂性"，主要由荷兰大历史学者弗雷德·斯皮尔（Fred Spier）提出。斯皮尔认为，宇宙间的万物有着不同的复杂度，复杂度的不同，决定了物质的不同特性。物质复杂度取决于其

① David Christian, *Maps of Time: An Introduction to Big History*, p. 147.
② David Christian, "Collective Learning," in Ray C. Anderson, ed., *Berkshire Encyclopedia of Sustainability*, Vol. 10, *The Future of Sustainability* (Great Barrington, MA: Berkshire Publishing, 2012), p. 49.
③ 参见孙岳《大历史与小大历史》，《世界历史评论》第 8 辑，上海人民出版社，2017，第 116—145 页。

组块（building blocks）的多寡，组块之间的彼此联系和相互作用。复杂性经历了一个从较低等级向较高等级演化的过程，宇宙最终按照复杂性的高低形成一个存在之链：从无生命的物质到有生命的生物，再到高度复杂的文化社会。[①] 在斯皮尔看来，大历史就是探讨并解释各种层次的复杂性的出现、兴盛与解体。不过，这里的一个问题是，根据热力学第二定律或"熵增定律"，在任何一个孤立的封闭系统中，分子的热运动总是会从原来集中、有序的排列状态逐渐趋向分散、混乱的无序状态，系统从有序向无序的自发过程中，熵总是增加。换句话说，宇宙的历史必须是混乱和无序增强的历史。因此，任何一个地方复杂性的上升，都必然伴随着其他地方更大程度的无序的出现。鉴于这种情况，复杂性本身是如何出现的呢？

而要解决这一问题，就需要引入能量流（energy flow）的概念。斯皮尔认为，不论是生命的出现，还是恒星、行星乃至星系的形成，都需要能量持续不断的流动。因此，能量流是复杂性的提升和持续存在的必要条件。对于人类以及其他的生命形式来说，只有不断通过饮食和呼吸从外部收集物质和能量，才能保持其复杂性，进而从事体力活动、智力活动以及维持生命的新陈代谢活动。就这一点而言，所有的生命形式都是远离热力学平衡的。而所有的生命形式都可以创造出新的复杂性，比如人和动物都能够制作衣服、建造房屋、修筑道路，等等。与其他生命形式不同的是，人类不仅可以创造出上述不需要通过能量流即可实现其预期功能的复杂性，即"被动构建的复杂性"（passive constructed complexity）；还可以创造出经由外部能源来实现其预期功能的复杂性，即所谓"动力构建的复杂性"（powered constructed complexity），如由风能、水能和化石燃料驱动的机器。斯皮尔强调，人类这种借助机器，实现对能量流的控制，进而提升复杂性的特点，使之成为宇宙中已知的独一无二的物种。[②]

能量流固然是复杂性出现的先决条件，但只有适当的能量流才能创造并维持复杂性。许多复杂性的消亡，皆因能量流出现了问题，也就是说能量流过高或过低都会导致复杂实体的消亡。比如，包括人类在内的生物若

---

① Fred Spier, *Big History and the Future of Humanity* (Chichester: Wiley-Blackwell, 2010), pp. 24-29.

② Fred Spier, *Big History and the Future of Humanity*, p. 34.

失去合适温度的保护而持续置身 10 摄氏度以下或 40 摄氏度以上的环境便会死亡。这种由一定的能量流所导致的复杂性产生的恰当条件，或者说相对稳定的物质体系出现并存在下去的特定条件，被斯皮尔称作"金凤花原理"（Goldilocks Principle）。① 这里的"金凤花"来自英国童话故事中一个小女孩的名字，她总是选择适合自己的东西。当然，金凤花条件是因时因地而异的。斯皮尔将金凤花条件随时空环境的改变而发生的变化称作"金凤花等级"（Goldilocks Gradients），它可以解释为何地球表面是出现更大的复杂性的最佳场所。其原因在于，地球表面的金凤花等级呈现高低不等的剧烈变化，这有利于生命捕获大量能量，同时丢弃大量熵。

在斯皮尔看来，复杂性、能量流和金凤花原理不仅是理解何为大历史的关键概念，而且构成了讲述一个大历史故事的基本内容。他对三者在大历史研究中的重要性，以及它们之间的相互关系做过精当的总结："总之，为了理解任何类型的复杂性的兴起和消亡，我们不仅要考虑流经物质的能量流，还要系统地考察当前的金凤花条件。我认为，'流经物质的能量流'方法与金凤花原理相结合，就可以为包括人类历史在内的万物提供一种历史理论的最初框架。当然，这一理论并不能解释所发生的一切，但它确实解释了发生在大历史中的一般趋势。"②

二　大历史与普遍史的回归

若将大历史作为一种史学形态而置于西方史学发展的脉络中加以考察的话，我们会发现，大历史的出现并非凭空产生，它与历史学家对宏大叙事的追求密切相关。2010 年，克里斯蒂安在《历史和理论》上发表《普遍史的回归》一文，将大历史与西方的普遍史传统联系起来，认为大历史是这一传统在当今的最新表现形式。③ 从史学编纂的角度来看，大历史确实可以在普遍史中找到其认识论与方法论上的根源和基础，它构建新的宏大叙

---

① Fred Spier, *Big History and the Future of Humanity*, p. 36.
② Fred Spier, *Big History and the Future of Humanity*, p. 39.
③ David Christian, "The Return of Universal History," *History and Theory*, 49：4（Dec., 2010），pp. 6-27.

事的努力，也深深植根于西方人对普遍历史的探求之中。正因为如此，从普遍史的角度去审视大历史，可以让我们认识到，大历史并不是一个"全新"的事物，更不是一个因为与自然科学联姻而模糊了史学边界的"另类"。

普遍史的一个基本特征是，它以一种单一的叙事，按照时间顺序对全体人类的历史做出描述，通常从人类的起源开始，到当时人类所处的时代结束，具有十分明显的线性结构。纵观西方的普遍史传统，可以大致将之分为政治的、宗教的、世俗的或理性的三种类型。希腊历史学家波利比阿（Polybius，约公元前200—公元前118年）的《历史》是第一部政治意义上的普遍史，该书集中论述了罗马的崛起及其对（地中海）世界的征服，并为后世的普遍史设定了三个标准，即统一的主题（罗马的征服）、单一的线索（罗马征服地中海世界的过程）和既定的动因（命运）。① 其中，统一的主题使历史不再是分散的而成为有机的整体，单一的线索为历史带来了一个确定的过程，而既定的动因让这一过程具有了某种必然性。

政治的普遍史之后是宗教的普遍史，它与基督教作为一种普世宗教的形成有关。宗教的普遍史以优西比乌（Eusebius，约260或265-339或340年）的《编年史》和《教会史》为代表。《编年史》主要开创了一种新的纪年方法，它以《圣经》中亚伯拉罕的出生为元年，重新将不同民族的历史加以编年，并将之整合到希伯来人的时间体系中来。这样所有纷繁复杂的历史便形成了一个统一体，所有已知的历史事件就可以从一个确定的起点加以考察。在《教会史》中，这种新的时间性得到了更为明确的表达，它通过描述基督教的实践，清晰而系统地呈现基督徒或基督教会如何从一个弱小的群体历尽艰辛，最终成为主宰者的胜利的历史。历史因而成为推进上帝目的之实现而展开的普遍进程。②

理性的或世俗的普遍史是启蒙运动的产物，与上述两种普遍史类型不同的是，它将未来纳入历史的框架中，显示了其面向未来和预言的特征。正如康德指出的，理性指"不是单纯享受目前一瞬间的生活而是要使自己

---

① Polybius, *The Histories*, trans. Robin Waterfield (Oxford: Oxford University Press, 2010).

② Eusebius, *The History of the Church: From Christ to Constantine*, trans. G. A. Williamson (London: Penguin Books, 1989).

面向未来、往往是异常之遥远的时代的这种能力"，进而理性的一个特征便是"深思熟虑地期待着未来"。① 这种对未来的美好展望，使得理性的普遍史具有一种典型的进步主义特征。孔多塞在《人类精神进步史表纲要》中说道："依据推理并依据事实，自然界对于人类能力的完善化并没有标志出任何限度，人类的完美性实际上乃是无限的；而且这种完美的进步性，今后是不以任何想要扼阻它的力量为转移的。"② 理性的普遍史也构成了现代以来一切宏大叙事的基础，并由此产生出不同的变体。

在克里斯蒂安看来，大历史虽然是西方普遍史传统的回归，其本质却是一种科学的普遍史。大历史的这种科学性主要表现在以下四个方面。首先，大历史与自然科学的融合愈发紧密，模糊或者打破了历史学与自然科学之间的界限。由于大历史试图综合人类史、自然史乃至宇宙史，它必须借鉴自然科学，比如生物学、地球科学、天文学、宇宙学的知识和成果，才能构建起一个无所不包的体系。其次，大历史必须借助新的科学技术手段，比如放射性碳定年法、电子自旋共振等技术，才能有效地进行超长时段的研究。放射性碳定年法可以准确测定 5 万年前有机物的年代，在考古学中得到广泛应用，并成为历史学家认识过去的一个有力工具。而电子自旋共振技术，更是将测年范围扩大到几百万年以前，几乎覆盖了整个第四纪地质年代，这无疑使历史学家的视野得到无限放大。再次，自然科学的历史化，也推动了大历史的科学化。与历史学类似，诸如古生物学、地质学、宇宙学这样的自然科学门类，也是以研究过去为其目的。这些具有历史导向的自然科学会给历史学家的思维带来根本性的转变，他们会认为，历史学不过是用精密的纪年方法研究过去的整个学科家族的一分子。最后，在对未来的预测上，大历史力图较为公允地提出一种开放的和科学的未来观。与以往普遍史强调单一的终极目的相比，大历史认为人类的未来具有多种而不是一种可能性，这就使大历史不会成为一个封闭的结构，而是保持着无限的开放性。

---

① 〔德〕康德：《人类历史起源臆测》，《历史理性批判文集》，何兆武译，商务印书馆，1990，第 64 页。
② 〔法〕孔多塞：《人类精神进步史表纲要》，何兆武、何冰译，江苏教育出版社，2006，第 2 页。

作为迄今为止最为宏大的史学叙事，大历史有着长达130亿年的时间架构。与之相比，人类的历史特别是有文字记载的历史不过5000年，故而显得极为短暂。如果以13年来衡量这130亿年，人类的文明史仅仅出现在3分钟前。因此，在大历史的时间框架里，人类可以说只处于微乎其微的位置。大历史的这一特点，受到了许多传统历史学家的质疑：这种缺少了人的因素的历史还是真正的历史吗？不仅如此，大历史目前尚未在具体的研究中给出让人信服的成果，这也是它遭人诟病的原因之一。然而，换一个角度看，大历史作为一种观念，它所倡导的对过去进行长时段和大尺度的研究，以及它对人类史与自然史之间关系的重视，已经给当今的史学界带来新的气象。此外，作为普遍史的最新类型，大历史如同之前的各种形式的普遍史一样，应当被视作一种历史哲学，而历史哲学的一项任务，就是提供对人类发展和未来命运的展望与思考。

克里斯蒂安在其出版于2008年的大历史普及著作《极简人类史：从宇宙大爆炸到21世纪》的"序言"中谦逊地指出："尽管有种种不足，我们还是希望大家能够通过本书，在脑海中形成一个或许粗糙却有益的世界历史轮廓，就像16世纪航海家们使用过的地图一样。尽管它们最终被更精确、更复杂的现代地图取代，但是在当年，这些地图显得出奇得有用。希望本书亦能如此。"[1] 的确，在今天这个由于人类所处的外部环境具有高度的风险性，而使人类的未来充满不确定性的时代，大历史的提出，为人类当下的生活及未来的发展提供了一种指导性框架。但大历史不应被看作一种从整体上思考人类的宏大叙事的终结，它只是开始，旨在改变人类的历史意识和看待自身的方式，以便能够产生一种更为恰当地应对未来的新的叙事。

三　大历史与人类的未来

历史学家就像双面雅努斯神，一双眼睛盯着过去，一双眼睛看着未来。专注于过去是历史学家向来的职责，着眼于未来则是一些历史学家，特别是大历史学家新近的使命。众所周知，大历史产生于这样一个时代：人类

---

① 〔英〕大卫·克里斯蒂安：《极简人类史：从宇宙大爆炸到21世纪》，王睿译，中信出版集团，2016，第22页。

日益联系为一个整体，人类的命运日益与地球乃至宇宙紧密相连。的确，在当今这个环境问题愈发严峻，生态危机此起彼伏，核战争阴影挥之不去的世界，人类比以往任何时刻都面临着共同的命运，都要认真思考他们以及他们赖以生存的地球的未来。大历史的提出，就是将人类的历史融入宇宙起源、地球诞生和生命演进这样漫长的时段中，以此来揭示人类作为一个统一的整体，其背后所隐藏的目的和意义。而这一切，最终指向人类的未来。

弗雷德·斯皮尔坦言，历史学家之所以要撰写如此漫长的大历史，部分原因就在于他们对未来发展的不确定性的担忧。① 另一位美国大历史学者辛西娅·布朗（Cynthia Brown，1938-2017）同样认为，分析现在，并依据分析结果为未来制订发展计划，是人类的一项能力和职责。② 而作为大历史的奠基人，大卫·克里斯蒂安毫不讳言大历史的未来主义历史观。他在《时间地图：大历史导论》中如是说："大尺度历史观将不可避免地提出有关未来的问题……提出这些问题应该成为现代教育至关重要的一部分，因为我们对未来的评估将影响我们现在做出的决定；而今天的决定反过来又将塑造我们自己的子孙后代所居住的世界。"③

未来作为一个重要的分析范畴进入历史学家的研究视域，是 19 世纪现代史学诞生后的产物。过去不再被视为能够给生活提供指导的时代，人们普遍将目光转向了未来。其时，未来是一个充满希望的字眼，是一个寄托着人们美好意愿和无限遐想的时代。这种源自启蒙思想的进步主义历史观让人们相信，社会是不断向前演进的，事物总是朝着自身更高的阶段发展。然而，这一观念在 19 世纪末却遭到人们的质疑，一些敏锐的思想家如尼采、斯宾格勒等人，开始反思西方文明的价值，批判理性主义给人们带来的枷锁和桎梏。尤其是欧洲在经历了两次世界大战和灭绝人性的大屠杀后，对进步主义和总体上被称作现代性的社会形态的否定达到了顶峰。曾经被现代人寄予厚望和视为最终归宿的未来，丧失了其确定性。

---

① Fred Spier, *Big History and the Future of Humanity*, p. 189
② 〔美〕辛西娅·布朗：《大历史：从宇宙大爆炸到今天》，安蒙译，山东画报出版社，2014，第 256 页。
③ David Christian, *Maps of Time: An Introduction to Big History*, p. 8.

大历史的出现，似乎是要重新带回这种对未来的确定感。但是，作为一种科学的普遍史或宏大叙事，大历史对于未来的预测缺少了那种单一的目的论色彩，而更倾向于未来具有多种可能性。正如斯皮尔所指出的，在预测未来时，我们必须考虑没有什么趋势是完全持久稳定的。除了那些具有循环发展特点的趋势，比如昼夜变化、四季更替外，更多趋势是不确定的。这些不确定的趋势可分为两类：一类是"可知的未知"，比如新传染病的出现、地震、火山爆发、陨石撞击等，我们知道它们有可能发生，但不知道它们何时和如何发生，也不知道它们有可能带来的影响；另一类是"未知的未知"，比如人类可能会发明各种开发能源的方法，但我们现在完全无从知晓，也无法对其未来做出判断。① 同样，克里斯蒂安也认为预测是有限的，并强调只有两种情形可以预测，一种是那些缓慢而简单变化的事物，另一种是其后果对我们至关重要，并且我们能够对其施加某种影响的复杂过程。② 在此基础上，克里斯蒂安将未来划分为三个层次，并对每个层次是否能够预测做了评论：第一，大约100年后的近期未来，人们可以做出预测，因为这个范围内的事物会对人类的生活产生重要影响，且它们的变化不是任意的；第二，数百年到数千年之后的中期未来，人们不能做出预测，因为人类对这个时间范围很难产生影响；第三，时间范围更大的远期未来，比如整个星球或者银河系甚至整个宇宙的发展，做出预言又变得比较容易了，因为在这个范围内，人们研究的是比较缓慢、比较可预测的变迁。③ 预测的不确定性，以及未来的多种可能，使得大历史不像以往的普遍史那样是一个封闭的结构，而是保持着无限的开放性。

大历史的这种指向未来的特性皆因其是一种现代创世神话（creation myth），即通过追根溯源，回答"我是谁？我属于哪里？我所属的那个群体又是什么？"这样的问题，为人类在精神、心理以及情感上，提供一种定位感和归属感。④ 这样做的最终的目的，是使人类可以坦然面对未来。大历史学家相信，讲述人类、万物以及宇宙的终极历史，绝不仅仅是运用现代科

① Fred Spier, *Big History and the Future of Humanity* (Malden, MA and Oxford: Wiley-Blackwell, 2010), pp. 189-190.

② David Christian, *Maps of Time: An Introduction to Big History*, p. 470.

③ David Christian, *Maps of Time: An Introduction to Big History*, pp. 470-471.

④ David Christian, *Maps of Time: An Introduction to Big History*, pp. 1-2.

学证据去表述一个纯粹客观的事实，而是以一种深切的人文关怀去为人类及万物的未来提供一份建言，展示一份善意。克里斯蒂安在其出版于2017年的新著《起源：万物大历史》中如是说：

> 我们人类，像所有生物一样，都有自身设定的目标；所以宇宙虽冷漠，我们还是会踏上实现目标的漫长旅程。所有人类文化的故事讲述的都是这类充满危险的旅程，旅程自然并不总是成功……但最终，所有神话故事中的惊险旅程都可能成功或的的确确地获得了成功。警觉性、决心和希望——这些都是历险者必备的最重要的美德，因为错过机会或过早放弃或悲观失望必定失败。传统神话故事都告诫我们，这些正是人类所必需的品格，尤其当我们面对不可预知的未来的时候，前路危险重重，但也机遇多多。①

大历史的这种未来导向和重建现代创世神话的决心，为一种新的宏大叙事的回归创造了可能，它将超越任何形式的种族中心主义，甚至人类中心主义，也力图摆脱政治立场和意识形态的束缚，可以说是迄今为止最为客观和中立的宏观历史书写模式。不过，批评者可能会认为，将人类史纳入地球史甚至宇宙史的范畴，必然会进一步弱化历史中人的因素，使这种历史充斥着冰冷的事实、数据和自然科学词汇，全无传统历史中生动鲜活的人文内容。此外，大历史只注重历史发展的主干，放弃了丰富的细节，因而无法展示历史的多样性，有流于空洞的宣传和说教的危险。早在2005年，麻省理工学院历史系教授，以研究科技史和全球史著称的布鲁斯·马兹利什（Bruce Mazlish，1923-2016）就曾对大历史做了如下批评：

> 大历史的工作真的具有原创性吗？它难道不是19世纪就已经为人们所关注的史前史的旧酒装新瓶吗？……大历史的批评者早先就指出，大历史中根本没提到宗教或哲学。大历史面临的挑战是如何将此类主题融入其大尺度的解释中，或者不如说大历史就是要把宗教或哲学以

---

① 〔英〕大卫·克里斯蒂安：《起源：万物大历史》，孙岳译，中信出版集团，2019，第271~271页。

及遵照其要求行事的人类排除在外？……大历史宣称是跨学科的。但它希望与这种历史相结合的学科看上去全部来自自然科学。那人文科学——我们都记得有两种文化——和社会科学呢？在克里斯蒂安和他的同道们更加认真地对待这些问题之前，我们拥有的只是空洞的人。[1]

然而，必须要看到的是，传统历史编纂模式固然能呈现复杂多变的历史事件，但这些历史事件如果不能被置于一种明确的因果关系中，进而变得简单有序，便无法获得新的意义。从大历史的时间框架来看，传统的历史叙事，哪怕是延绵数千年的历史叙事，依然显得支离破碎，它隐藏了作为整体的人类本身，无法揭示人类历史在整个生物圈的进化中所具有的重要意义。就这一点而言，大历史不但不缺乏人的因素和人文精神，反而直指人的存在和命运这样最具人的因素的根本问题。

历史的编纂模式是多种多样的，历史学家既要关注细节，也要建构宏大叙事。宏大叙事固然无法涵盖一切变动不居的复杂事实，但它能够比较容易地阐明一种理念，一种从整体上考察世界、人类或者其他共同体的理念。2012 年 4 月，在韩国首尔梨花女子大学召开的亚洲世界历史学家学会第二次大会上，美国大历史学者辛西娅·布朗女士告诉笔者，激发她投身于大历史的一个机缘，来自她在观赏墨西哥著名女画家弗里达（Frida Kahlo，1907-1954）的名作《爱的怀抱》时所感受到的震撼。画中，弗里达怀里抱着自己的丈夫迪亚哥，而他们被大地母亲抱在怀中，在大地母亲的背后，则是宇宙母亲更为宽广的怀抱。这幅人类、地球、宇宙休戚与共的图景，让辛西娅·布朗不断去思考人类在宇宙中的位置以及他们未来的命运。今天，人类已经展现出足够的能力掌控当下，我们也希望人类可以运用自己的能力，去善待和把握未来。

---

[1] Bruce Mazlish, "Big History, Little Critique," *Historically Speaking*, 6：5（May/June 2005），pp. 43-44.

环境史

环境史是在二战后兴起的一个新兴史学流派。从今天的眼光来看，与其他差不多同时兴起的史学流派相比，环境史在将来应该是最有发展前途的。对于历史研究而言，这当然是一件好事。但从其他方面来看，却并不尽然。就在笔者写作本章的同时，有关温室效应逐渐甚至急剧恶化的报道不断传来，世界各地的科学家纷纷指出和强调，由于工业化的蓬勃进展，地球的大气层愈益稀薄，全球气温进一步上升，危及所有人类的生存。科学家们指出，如果我们再不采取集体行动，那么也许马上就要失去扭转局势的机会了。这一危险的局势，环境史家比其他人更早就注意到了。十多年前，一些环境史家就提出了"人类世"（anthropocene）的概念，提倡对气候和环境之"人为的"（anthropogenic）的破坏加以研究。①

一　环境史的兴起及挑战

人类所处的环境在将来所面临的严峻挑战，是环境史在未来发展的强大动力。而从其起源来看，环境史的兴起不但与环境的恶化（那时已经显露了征兆）有关，也与战后史学的整体变迁有着密切的关系。例如，年鉴学派第二代大师费尔南·布罗代尔的名著《地中海与菲利普二世时代的地中海世界》一书，突出了地理环境对人类活动在"长时段"中的决定性影

---

① 有关"人类世"的讨论，参见本书的相关章节。

响。在第二次世界大战前，布罗代尔的老师吕西安·费弗尔出版有《历史的地理学导论》一书，已经提倡注意地理环境对人类活动的影响。当然，如果一直要往前追溯，那么几乎在历史学诞生之初，人们就注意到了人与地理环境的交互作用。古希腊的"史学之父"希罗多德和"医学之父"希波克拉底（Hippocrates，公元前 460-公元前 370）都是例子。但是环境史作为一门学科在战后的兴起，与当时尤其是 20 世纪 60 年代世界各地所经历的文化变迁有着更多的关系。从后视的眼光来看，这一变迁的总体倾向可以被称为后现代主义，其主旨是质疑和挑战启蒙思想家将人视为宇宙中心、高于其他生物和自然界的近代思维模式。而如果深究一下，那么启蒙思想家的思维，与犹太-基督教的传统亦有关联。美国史学家卡尔·贝克尔 1932 年曾著有《启蒙时代哲学家的天城》（*The Heavenly City of the Eighteenth-Century Philosophers*）一书，已经指出了这一点。1962 年蕾切尔·卡森（Rachel Carson，1907-1964）出版了影响深远的《寂静的春天》（*Silent Spring*）一书。卡森为海洋生物学家，她在书中指出了近代以来人类对自然界所造成的不可逆转的破坏。此书的出版不但促成美国政府决定禁用 DDT，而且唤起了现代环境主义运动。1967 年，美国学者林恩·怀特发表了文章《我们生态危机的历史根源》，指出西方中世纪基督教的传统贬低自然界的重要性是一大原因。但也有人提出了不同的意见，说是将自然界从属于人的需求、任意滥用的做法，只是近代以来的现象。① 无论如何，这一争论显示了战后的思想变迁，对环境史研究有不小的刺激作用。而后现代主义的思想先驱米歇尔·福柯在其名著《词与物：人文科学考古学》的结尾中指出，以人为中心的历史观，只是历史演变的一个阶段而已："人是我们的思想考古学能轻易表明其最近日期的一个发明。并且也许该考古学还能轻易表明其迫近的终点……人将被抹去，如同大海边沙地上的一张脸。"② 福柯的说法，为当代"后人类主义"（走出人类中心主义的思维）的思考，提供了许多启发。

　　虽然年鉴学派对环境史的研究，有很大的样板作用〔如布罗代尔的弟

---

① Lynn White, Jr., "The Historical Roots of Our Ecological Crisis," *Science*, 155：3767（March 1967），pp. 1203 - 1207；Susan Bratton, *Christianity, Wilderness, and Wildlife*（Scranton：University of Scranton Press, 1993）.

② 〔法〕米歇尔·福柯：《词与物：人文科学考古学》，第 392 页。

子埃马纽埃尔·勒华拉杜里（Emmanuel Le Roy Ladurie）曾主编过《历史和环境》（*Histoire et Environnement*）论文集]，但从其具体的开展而言，美国学者扮演了重要的角色。事实上，美国史学史上的一篇堪称划时代的论文——《边疆在美国历史上的意义》（The Significance of the Frontier in American History），1893 年由史家弗雷德里克·特纳（Frederick Jackson Turner，1861-1932）宣读，便充分注意了北美的地理环境如何形塑了美国的思想、文化乃至美国人的民族性。1973 年美国历史地理学家阿尔弗雷德·克罗斯比（Alfred Crosby，1931-2018）出版了《哥伦布大交换：1492 年导致的生物和文化结果》（*The Columbian Exchange：Biological and Cultural Consequences of 1492*）一书，虽然此书的书稿最初被几家出版社拒绝，但问世之后反响热烈，至今仍被视为环境史的一部名作。克罗斯比指出哥伦布发现美洲大陆即"新世界"之后，与作为"旧世界"的欧亚大陆有了物产和人口上的互动，从而极大地影响了世界历史的进程。1975 年，美国史家唐纳德·休斯（J. Donald Hughes）出版了《古代文明的生态》，1977 年，另一位史家唐纳德·沃斯特（Donald Worster）出版了《自然之经济：生态观念史》。[①] 与克罗斯比相似，这些史家后来都成为美国环境史的先驱者。由于他们的推动，1976 年美国成立了"美国环境史学会"（American Society for Environmental History），这是欧美地区第一个环境史的研究团体。这个学会出版了《环境评论》（*Environmental Review*）杂志，后改名为《环境史评论》（*Environmental History Review*），现名《环境史》（*Environmental History*）。而在欧洲大陆类似的学会和专业杂志要到 20 世纪 90 年代才渐渐出现。[②]

到了 20 世纪 80 年代，美国学界出版了更多环境史著作。这些著作的主题大致可以分为三大类。第一类著作以探究人与自然的关系为主。比如威廉·克罗农于 1983 年出版了《土地上的变迁：印第安人、殖民者和新英格兰的生态》，同年理查德·怀特出版了《依赖的根源：生存、环境和印第安

---

① J. Donald Hughes, *Ecology in Ancient Civilizations* (Albuquerque：University of New Mexico Press, 1975)；Donald Worster, *Nature's Economy：A History of Ecological Ideas* (Cambridge：Cambridge University Press, 1977).

② 参见高国荣《美国环境史学研究》，中国社会科学出版社，2014。

部落的社会变迁》。克罗农在书中指出文化的因素在经济和生态系统的生产和运作中起到了重要的作用。但他更重要的一个观点却与其他学者的认识相反，即印第安人的生活方式不但依赖于环境，同时也对环境有诸种保护。怀特的著作则对印第安人的生活方式持有不同的看法。他在书中详细研究了三个印第安部落的生活，其写法类似人类学的取径。他的观察是印第安人依赖农业维持着基本的生存，但人口的增长消耗了农业的收成，所以在欧洲人到达美洲之前，美洲就是一种勉强维持生存的、自给自足的经济。不过怀特指出，欧洲人到来之后，对印第安人的生活方式造成了极大的破坏，使他们不得不成为欧洲殖民者的佣工，而后者引进的酒精和疾病又让他们最终面临生存危机。①

　　第二类著作出于环境保护主义的思想，其方法与政治史等其他治史方法没有太大的区别。比如斯蒂芬·法克斯的《约翰·缪尔和他的遗产：美国环境保护主义运动》一书，以缪尔这位保护主义的先驱为对象，描述他从苏格兰移民美国之后，如何为了他的政治理想而奋斗的经历。约翰·缪尔（John Muir, 1838-1914）被尊称为"美国国家公园之父"，对保护美国的自然环境做出了很大的贡献。由于他的建议，国家公园的建设被提上了日程，许多自然名胜得到了保护，比如加州著名的优胜美地国家公园，便是在他的倡议下建立的。② 这一类著作受到了环境主义史家的钟爱。比如2008年唐纳德·沃斯特为缪尔写了题为"爱好大自然：约翰·缪尔的一生"（A Passion for Nature: The Life of John Muir）的传记。这些环境史家的作品，走出了兰克学派主张不偏不倚的观念，往往在论著中明确表达了自己的保护主义立场，谴责对自然环境肆意破坏的行径。

　　第三类著作以环境研究的意识形态为主题进行理论层面的探索。比如上面提到的唐纳德·沃斯特的《自然之经济》便是一个佳例。相似的著作

① William Cronon, *Changes in the Land: Indians, Colonists and Ecology of New England* (New York: Hill & Wang, 1983); Richard White, *The Roots of Dependency: Subsistence, Environment and Social Change among the Choctaws, Pawnees and Navajos* (Lincoln: University of Nebraska Press, 1983).

② Stephen Fox, *John Muir and His Legacy: The American Conservation Movement* (Boston: Little, Brown and Company, 1981). 也有人指出，写作环境保护的女性人物，可以同时拓展女性史和环境史，参见 Stephen Kneeshaw, "Biography and Environmental 'Herstory'," *OAH Magazine of History*, 20: 1 (Jan. 2006), pp. 20-24。

还有罗德里克·纳什的《自然之权：环境伦理史》和卡洛琳·莫琴特的《自然之死：女性、生态和科学革命》等。纳什在特纳曾任教的威斯康星大学麦迪逊分校获得了博士学位，其博士学位论文以美国的"荒野"（wilderness）为主题，并于 1967 年以专著的形式出版，题为《荒野和美国精神》，罗列和讨论了美国思想家对"荒野"的论述及其重要性。在一定程度上，此书可以视作特纳《边疆在美国历史上的意义》的续篇。但纳什在书中首次使用了"环境史"的称呼。① 而他的《自然之权：环境伦理史》也基本上是一部思想史的著作，但涉及的问题更广。如同其书名所示，纳什希望检讨一下人类是否有权对自然界为所欲为。他在书中开宗明义，认为道德问题应该最终包括人与自然界的关系。他列表显示说，人的伦理道德，从自我开始逐渐扩大到家庭、地区、国家、人种等，然后到动物、植物、其他生物、生态系统乃至星球和宇宙。② 显然，这是一个颇有远见的认识，因为以后的环境史研究，的确走向了全球史乃至大历史的方向，挑战了以人类为中心的近代史学传统。

卡洛琳·莫琴特的《自然之死：女性、生态和科学革命》同样是一部环境史研究的开山之作。此书首先讨论在西方文化中自然与女性的紧密关系，比如西方语言中基本会将国家和地方用阴性来表述，当然更明显的是将地球称为"大地母亲"（Mother Earth），因此莫琴特认为，在前近代的社会，人类对自然界有一种亲近感和崇敬感。但是这种态度在科学革命时发生了变化。她用捕猎女巫的事件作为例子，说明对女性的鄙视和控制，与对自然的征服形成一种相反相成的关系。而到了科学革命的时代，以弗朗西斯·培根（Francis Bacon, 1561-1626）的思想为起始，一直到莱布尼茨和牛顿，人们对自然的态度是利用（滥用）、征服和管理，如同对女性的态度一样。这种莫琴特称为近代科学的"机械"（mechanism）思维，导致了人与自然关系的彻底改变，也造成了现代世界自然环境的恶化。③

---

① Roderick Frazier Nash, *The Wilderness and the American Mind* (New Haven: Yale University Press, 5th edition, 2014). 此书于 1967 年出版之后，多次再版，可见其重要的地位。

② Roderick Frazier Nash, *The Rights of Nature: A History of Environmental Ethics* (Madison: University of Wisconsin Press, 1989), pp. 3-12.

③ Carolyn Merchant, *The Death of Nature: Women, Ecology and the Scientific Revolution* (New York: Harper & Row, 1983).

二　环境史研究的三大重点

从以上这些环境史的先驱之作来看，环境史的研究足以形成对近代史学和近代思想的一个有力挑战。这些著作大都出版于 20 世纪 80 年代，让环境史研究达到了一个高潮，逐渐受到其他史家的认可，比如对环境的考量，逐渐在大学和中学的历史教科书中表现出来。而到了 20 世纪 90 年代，环境史研究进入了一个新的时期，其表现主要有以下两个方面。第一是环境史已经成为一个独立的研究方向，研究者开始采用跨学科、多角度（如阶级、性别、种族、消费、边疆、劳工、法律和科学史等）的方法，进一步深化、扩展环境史的研究。[①] 第二是走出了民族-国家史学的传统局限，与全球史形成结合，从全球、地区的角度研究环境与人类活动之间的相互影响。本章在此节中，将主要讨论第一个方面；下一节中再详细讨论环境史研究的全球史趋势。

值得指出的是，自 20 世纪 90 年代以来，环境史研究的方法论进展也引起了一个观念上的变革。20 世纪 60 年代至 80 年代的环境史研究，其思路大致上是认为环境对人类的活动有一种制约作用，所以必须重视和保护环境，以防不测，避免出现不良影响。比如阿尔弗雷德·克罗斯比在出版了《哥伦布大交换》之后，又写作了《生态帝国主义：欧洲的生物扩张，900-1900》一书，其基本观点是：欧洲殖民者到美洲扩张，无意中带去了病菌、病毒，传染给了没有抵抗力的美洲原住民，造成他们的大量死亡。所以，克罗斯比认为欧洲对"新世界"的殖民扩张，既代表了经济上的资本主义，也是一种生态的帝国主义。因为当地居民的大量死亡，为欧洲人的殖民，创造了有利的条件。由此看来，大英帝国的建立，并不仅仅是其经济、军事上的成功，还有重要的生物学因素在作祟。[②]

克罗斯比的这一思路，也在贾雷德·戴蒙德 1997 年的畅销书《枪炮、

---

① 参见 Andrew C. Isenberg, ed., *Oxford Handbook of Environmental History* (Oxford：Oxford University Press, 2014), pp. 9-10。

② Alfred Crosby, *Ecological Imperialism：the Biological Expansion of Europe*, 900-1900 (New York：University of Cambridge Press, 1986).

细菌和钢铁》一书中有所反映。从一个角度来看，戴蒙德的著作有一个明显的全球比较的角度，与环境史的新走向合拍。但从另一个角度来看，他强调欧亚大陆之所以能在世界历史上扮演重要的角色，是因为有一些其他大陆没有的先天地理条件：如适合于当地土壤的农业作物如小麦、大米和容易家养的动物如狗、羊、猪、马和牛等。戴蒙德认为，正是这些独特的先天条件，帮助培育了欧亚大陆的人类，使其逐步进化，成为世界历史演进的主角。① 从这一立场来看，戴蒙德比较倾向地理决定论。与 18 世纪孟德斯鸠等人的观点不同的是，现代的环境史家和环境保护主义者强调更多的是地理环境的重要，呼吁人们注意对其保护。而当代的环境史家更突出了人与自然的交互作用，更为重视人对自然环境的反作用。本章开头提到的"人类世"的概念，便是一个例子。

如果要进一步概括 20 世纪 90 年代以来环境史的跨学科特点，那么其主要的表现在三个方面。② 第一是物质环境史的研究，其重点如同上述，主要表现在考察人与自然的交互作用。这个研究又主要包含了两个面向，一个是农业的、乡村的，另一个是城市和大都市的。就美国的情况而言，前者是环境史开展较早的领域，在 20 世纪 90 年代之前就有不少重要的著作，如前述罗德里克·纳什对"荒野"的研究。1978 年唐纳德·沃斯特则有《黑色风暴》一书，描述美国西部大平原在 20 世纪 30 年代如何受到沙尘暴侵袭、农田一片荒芜的事件。这本书主题重要、研究翔实，成为物质环境史研究的名作。③ 2016 年戴安娜·戴维斯出版了《不毛之地：历史、权力和知识》一书，对近代史上人类希望开发、征服沙漠的举动，做了详细的分析和批评。首先，人类希望改造沙漠的一系列努力，成效甚微，至今沙漠仍然占全球土地的百分之四十。其次，沙漠似乎看起来是不毛之地，其实存在多种生物，并不像人们所想象的那样，完全是废弃之地。最后，她指出

---

① Jared Diamond, *Guns, Germs and Steel: the Fates of Human Societies* (New York: W. W. Norton, 1997).

② 这一概括可参见 J. R. McNeill, "Observations on the Nature and Culture of Environmental History," *History and Theory*, 42: 4 (Dec. 2003), pp. 5-43。

③ Donald Worster, *Dust Bowl: the Southern Plains in the 1930s* (Oxford: Oxford University Press, 1982). 中文版见〔美〕唐纳德·沃斯特《尘暴：1930 年代美国南部大平原》，侯文蕙译，生活·读书·新知三联书店，2003。

将沙漠或荒漠视为无用之地的看法，本身是近代欧洲观念的产物，而在近代之前，人类早已经学会与这些荒漠之地共处。所以她的结论是，应该调整我们的思维和政策，不要一味从经济发展的视角来处理、规划土地的利用，而应该正确处理人与大地之间的关系，更好地学会与自然界和谐共处，以求人类历史的持续性发展。①

总体而言，环境史以近代以来的历史发展为主要对象，而城市的兴起和全球范围的城市化趋势，便自然成为物质环境史的另一个面向，在近年出版了众多此类论著。比如 2004 年哈利·里查德森和裴常熙（音译）合编了《西欧和美国的城市扩张》，比较了西欧和美国对城市无限扩张的不同对策。他们指出，从外人来看，似乎西欧注重发展公共交通，而美国注重推广汽车文化，使得城市规模不断扩大。而他们编辑此书的目的其实是指出，这两个地区的城市发展，也有相似之处。西欧在近年也同样推广汽车文化，而至少在政策的层面，美国各级政府并不鼓励城市的无限扩张。总体而言，城市的扩张（他们书名用的是贬义的"sprawl"这一词，代表杂乱无序的扩展的意思），对自然环境造成了不小的压力，最终影响了人类的生存环境。②翌年三位欧美学者主编了《城市的资源：近现代欧洲环境史论集》，其主旨与前书有可比之处。同时这些学者强调了城市环境史作为一个新兴领域的重要性。换言之，环境史的研究不能仅仅关注人与自然环境之间的关系，还应该注意城市建设及其对人类活动的影响，即考察"城市的自然史与城市建设过程之间的相互关系"。③

除了上述城市环境史的著作之外，还有从城乡关系检讨环境问题的著作。威廉·克罗农的《自然的大都会：芝加哥和大西部》是其中的名作，对后来者影响颇巨。而凯瑟琳·布洛斯南的《山丘和平原的结合：落基山脉的城市、法律和环境变化》同样有其特色。《自然的大都会：芝加哥和大西部》出自环境史研究先驱之手，并获得了美国历史学会的班克罗夫特奖。

---

① Diana K. Davis, *The Arid Lands: History, Power and Knowledge* (Cambridge, MA: The MIT Press, 2016).

② Harry W. Richardson and Chang-hee Christine Bae, eds., *Urban Sprawl in Western Europe and the United States* (London: Routledge, 2004).

③ Dieter Schott, Bill Luckin and Geneviève Massard-Guilbaud, eds., *Resources of the City: Contributions to an Environmental History of Modern Europe* (London: Routledge, 2005).

作者克罗农以芝加哥这个城市的兴起为主题，深入描述了芝加哥与作为其内地的美国西部之间相互依存的辩证关系。芝加哥的兴盛与其所处的地理环境有关，而该城市的发展，成为美国发展的一个标志，且造成了美国西部的内地化，成为其不可或缺的腹地。① 此书以芝加哥为例，从一个侧面展示了 19 世纪美国独特的发展道路。而布洛斯南的《山丘和平原的结合：落基山脉的城市、法律和环境变化》一书，从落基山脉的特殊地貌出发，以科罗拉多州的首府丹佛的兴起历程为视角，考察在这一过程中当地商业经济发展的特殊性。她指出，鉴于其特殊的山脉环境——"前沿山丘"（front range），当地的商业行为有一定的独立性，在很长的一段时间内与外界资本保持着一定的距离。②

现代环境史的第二个重点是思想或文化环境史，对象是以往时代的人们——主要是思想家和文人墨客——对环境的描述。这一研究由来已久，上面提到的罗德里克·纳什对"荒野"的论述，便是一例。英国的人类学家兼史学家基斯·托马斯爵士著有《人与自然世界：英国人态度之变化，1500-1800》一书，虽然不算环境史的专著，但对后人的启发很大。③ 另一位英国史学名家、现任教于美国的西蒙·沙玛著有《风景和记忆》一书，也不算环境史的专著，但同样对如何从思想和文化（乃至记忆）的角度研究环境史影响巨大。④ 还值得一提的是华裔学者段义孚在这方面的论著。段义孚出生于天津，是当今人文地理学界受人尊敬的学者。他著述众多，其中 1990 年出版的《恋地情结：对环境的感知、态度与价值》一书，从人种、群体和个人等多个层面剖析人与乡土、环境之间的纽带，指出人的价值观与其生长的环境——城市、郊区抑或乡村等——有着密切的联系。段义孚对"风景"或"景观"（landscape）也有论述，著有《恐惧的景观》一书，描述人的恐惧心理的形成及变化与周围的景观之间的关系。从另一个角度来看，段义孚的《恐惧的景观》是一本情感史的先行著作，侧重从人

① William Cronon, *Nature's Metropolis*: *Chicago and the Great West* (New York: W. W. Norton, 1991).
② Kathleen A. Brosnan, *Uniting Mountain and Plain*: *Cities, Laws and Environmental Change along the Front Range* (Albuquerque: University of New Mexico Press, 2002).
③ Keith Thomas, *Man and the Natural World*: *Changing Attitude in England*, 1500-1800 (London: Allen Lane, 1983).
④ Simon Schama, *Landscape and Memory* (New York: Alfred A. Knopf, 1995).

与环境的关系来对恐惧感的形成、特点和变化进行历史的分析。他指出田园乡村的风光会给人心带来一份恬静，洪水肆虐或大火焚烧之后的惨象则会让人心生恐惧。当一个人在一片漆黑的树林中行走的时候，恐惧感会油然而生。《恐惧的景观》以其独特的视角，展示了人的情感与身处环境的密切关系。①

与上述著作相比，大卫·裴培尔的《现代环境主义导论》一书可能是思想和文化环境史更为典型的著作。如其书名所示，裴培尔研究的是第二次世界大战后环境主义思潮对以启蒙运动为代表的近代思维的批判及其与后现代主义之间的联系。他指出"环境主义"（environmentalism）有两种形式。一种是改良式的，表现为技术中心主义（techocentricism）；另一种是激进式的，其标志是生态中心主义（ecocentricism）。两者相比，后者是环境主义的发展方向，其特点是视生态保护为主要目的，将人的需要从属于次要的地位。改良的环境主义希望各国政府调整思维，逐渐改变其以近代思维为主导的政策，认识到环境对人类生存的重要性。而激进的环境主义借用了"盖亚"（Gaia）——希腊神话中的大地女神——的理念，强调自然、地球的自主性，力求彻底改变人对自然环境需索无度、涸泽而渔的行为。裴培尔的书中追溯了这些环境主义的思想渊源，不但讨论了 20 世纪 60 年代之后的思想倾向，而且追溯到了古代，包括引用了中国道家经典《道德经》中的一些思想。② 裴培尔的著作之外，还有不少环境主义的论著，不但数量众多，而且作者背景各异，可谓举不胜举，显示思想和文化环境史研究充满了活力。

现代环境史的第三个重点是政治环境史，其特点是考察近代国家的兴起及其政策，如何对环境造成巨大的破坏，以及如何从改变政策和法律出发，将环境保护作为思考的方向。当然，也有人注意到，在法老时代的埃及和宋代的中国，政府曾为保护环境制定过一些相关的政策，但近代国家才是政治环境史研究的主要对象。由此，政治环境史的研究常常以民族-国家为单位，并且传统悠久。比如美国学者塞缪尔·海斯在 1959 年便出版了

---

① Yi-fu Tuan, *Topophilia: A Study of Environmental Perception, Attitude and Values* (New York: Columbia University Press, 1990); *Landscapes of Fear* (Minneapolis: University of Minnesota Press, 1980).

② David Pepper, *Modern Environmentalism: An Introduction* (London: Routledge, 1996).

《环境保护与效率信条：进步主义保护运动》。之后海斯著述不断，出版了多部关于美国政府在民意的要求下，调整环保政策的著作，如 1987 年的《美丽、健康和永久：美国的环境政治》和 2000 年的《战后环境政治史》。①海斯对这方面研究的持久关注，受到了同行的认可，让他分别获得了美国环境史学会和美国史学会的研究奖。近年来，随着绿党运动的兴起，特别是其在欧洲的蓬勃发展，有关这方面的论著颇多，如约翰·博切尔的《绿党政治的演变：欧洲绿党的发展和变化》和迈克尔·贝斯的《浅绿社会：法国的生态和技术现代性》。②

三 当代环境史的全球走向

约翰·麦克尼尔是当今世界环境史研究的领军人物之一。他是美国世界/全球史领域的先驱威廉·麦克尼尔（William H. McNeill, 1917－2016）之子，在环境史方面多有建树。他在 2003 年的一篇回顾环境史发展的论文中指出："对于许多种类的历史研究来说，包括大多数的环境史研究，民族国家不是恰当的操作范围。生态的演化与国家边界毫无关系，思想和文化也有相似的跨界传播。"③ 的确，20 世纪 90 年代以来世界范围环境史的演化趋势就是与全球史的思潮携手，共同希求突破民族-国家史的窠臼，从全球的、比较文化和文明的角度来探究和写作。

从某些方面来看，环境史家比一般的全球史家眼光更为博大。比如2000 年麦克尼尔出版了一部题为"天下之新事：20 世纪的世界环境史"的著作，属于物质环境史的范畴。英文里有一句俗语："天下无新事"（Nothing new under the sun），而麦克尼尔反其道而行之，指出他的著作就是要讲一讲天下之新事。的确，他的取径颇为新颖独特。此书从地球的早期

---

① Samuel P. Hays, *Conservation and the Gospel of Efficiency: The Progressive Conservation Movement*, 1890-1920 (New York: Atheneum, 1959); *Beauty, Health and Permanence: Environmental Politics in the United States*, 1955-1985 (New York: Cambridge University Press, 1987); *A History of Environmental Politics since 1945* (Pittsburgh: University of Pittsburgh Press, 2000).

② Jon Borchell, *The Evolution of Green Politics: Development and Change within European Green Parties* (London: Earthscan, 2002); Michael Bess, *The Light-Green Society: Ecology and Technological Modernity in France*, 1960-2000 (Chicago: University of Chicago Press, 2003).

③ J. R. McNeill, "Observations on the Nature and Culture of Environmental History", p. 35.

历史开始，讲述岩石圈和土壤圈，然后是气候圈、水圈，再到生物圈，即生物包括人类的出现。因此，人类史在这部书里，只占一小部分。而作者对人类史的看法还颇为负面。此书的第一章题为"引子：一个铺张世纪的特征"，内容主要讲自 1500 年之后，人类如何挥霍浪费自然界的资源，与之前的时代形成了鲜明的对照。①

从麦克尼尔的《天下之新事：20 世纪的世界环境史》一书可以看出，他所采取的是"大历史"的取径，即不但超越了民族-国家史的书写传统，而且将人类的活动置于地球的历史及宇宙的框架中加以论述。"大历史"的探索以大卫·克里斯蒂安（David Cristian）的《时间地图：大历史导论》（*Maps of Time：Introduction to Big History*）一书为标志，在近年有了长足的发展。而作为一个环境史家，约翰·麦克尼尔又展现其研究的特色。他虽然采取了"大历史"的角度，但显然更为注重近代社会形成之后，自然环境所遭遇的空前破坏。

如果环境史研究有一个"全球转向"，那么伊恩·西蒙斯 1989 年出版的《改变地球的面貌：文化、环境和历史》一书和比利·特纳等人在 1990年主编的《人类行为对地球的改造：三百年来生物圈的全球和区域变化》可以视为重要的标志。西蒙斯是英国地理学教授，之后写作了多种全球环境史的著作。特纳也是一位地理学家，其《人类行为对地球的改造：三百年来生物圈的全球和区域变化》一书的参写者多有跨学科的训练。② 1995年，另一位美国学者斯蒂芬·派恩出版了《世界之火：地球的火文化》一书。派恩是一位生命科学家，但一直研究火的历史，出版了多部著作。《世界之火：地球的火文化》从全球的视角研究火与人类的历史，堪称全球环境史研究的先驱之作。③

---

① J. R. McNeill, *Something New under the Sun：An Environmental History of the Twentieth-Century World* (New York：W. W. Norton, 2000). 中译本见〔美〕约翰·麦克尼尔《太阳底下的新鲜事：20 世纪人与环境的全球互动》，李芬芳译，中信出版社，2017。

② Ian G. Simmons, *Changing the Face of the Earth：Culture, Environment, History* (New York：Blackwell, 1989)；B. L. Turner, et al., *The Earth as Transformed by Human Action：Global and Regional Changes in the Biosphere over the Past 300 Years* (New York：Cambridge University Press, 1990).

③ Stephen J. Pyne, *World Fire：the Culture of Fire on Earth* (New York：Holt, 1995)；*Between Two Fires：A Fire History of Contemporary America* (Tucson：University of Arizona Press, 2015).

在全球环境史领域，英美学者无疑走在了其他国家和地区的前面。在20世纪90年代，英国学者安托瓦奈特·曼尼昂和克莱夫·庞廷等都出版了全球视角的环境史著作。① 不过，印度和其他欧洲的学者也不甘人后。比如印度史家拉玛昌德拉·古哈十分多产、活跃，不但研究甘地，还写了不少全球和南亚环境史的著作。1995年古哈著有《生态与平等：当代印度对自然的利用和滥用》，同年又与人主编了《自然、文化和帝国主义：南亚环境史论集》，然后在1997年与人合著了《环境主义面面观：南北论文集》，具有全球的视角。尽管古哈最近的研究兴趣有所转移，但他不愧为印度环境史的一位前卫学者。② 德国学者约阿希姆·拉德卡奥在2000年也出版了《自然和权力：世界环境史》，该书也是全球环境史的重要著作，2008年被译成了英文。③

就欧洲而言，虽然英国有学者较早就写了全球环境史方面的著作，但环境史的研究开展并不迅速，只是到了20世纪90年代才形成了风气。不过就质量来看，欧洲的研究并不比其他地区比如美国的逊色，而是颇具特色。如上所述，虽然作为环境史研究先驱之一的唐纳德·休斯的专业是古代史，并著有古代生态环境史的著作，但美国的环境史研究主要侧重近代工业化对环境的影响。而欧洲的环境史家虽然也重视近代以来环境的破坏并对之加以分析和评论，但他们花了不少精力研究中世纪和近代早期欧洲的环境史。比如17、18世纪欧洲的农业革命，便是一个研究对象；不少学者对这次农业革命给欧洲环境所造成的影响，进行了深入的研究和讨论。所以，欧洲环境史的研究，与之前的农业史研究有所接轨，甚至可以说是后者的

---

① Antoinette Mannion, *Global Environmental Change: A Natural and Cultural Environmental History* (Harlow: Longman, 1991); Clive Pointing, *A Green History of the World* (Harmondsworth: Penguin, 1991).

② Madhav Gadgil and Ramachandra Guha, *Ecology and Equity: The Use and Abuse of Nature in Contemporary India* (London: Routledge, 1995); David Arnold and Ramachandra Guha, eds., *Nature, Culture, Imperialism: Essays on Environmental History of South Asia* (Delhi: Oxford University Press, 1995); Ramachandra Guha and J. Martinez-Alier, *Varieties of Environmentalism: Essays North and South* (London: Earthscan Publications, 1997).

③ Joachim Radkau, *Natur und Macht: Eine Weltgeschichte der Umwelt* (Munich: Beck, 2000). 此书的英译本为：*Nature and Power: A Global History of the Environment* (New York: Cambridge University Press, 2008).

延伸。这也就是说，欧洲环境史并不像美国和其他地区那样，特别注重工业化对环境所造成的污染和破坏。[①]

就印度和南亚而言，除了上面提到的拉玛昌德拉·古哈之外，其他印度学者也在环境史的许多方面颇有建树。他们的总体倾向是突出英国对印度殖民之后所造成的人们对环境态度的改变和对环境本身的破坏。与此相对照，他们强调了前近代印度社会对环境态度的不同。由此，印度的环境史家的历史书写，与后殖民主义对现代性和近代史学的批评，殊途同归，具有相同的立场。不过，有的印度学者的论著走向了极端，似乎认为在英国人到来之前，南亚次大陆如同世外桃源，毫无环境问题。[②] 这种观点显然有误，需要深入探讨。

与南亚相比，东亚的环境史开展相对比较迟缓。就日本而言，虽然其史学的职业化开展几乎与欧美同时，之后也一直与欧美学界保持良好的互动和交流，但环境史的研究没有受到多少重视。与之相比，中国的环境史问题受到欧美学界的较多关注。上面提到的段义孚很早就从对待环境的态度入手，将传统中国和欧洲做了对比和分析。[③] 20 世纪 90 年代以来，北京大学的包茂红教授在环境史方面著述颇多，也与西方的同行保持了良好的对话。据他的观察，环境史在 20 世纪 90 年代后期在中国大陆兴起，虽然并不热门，但发展态势良好。其主要原因是在传统中国，保留有不少环境史的研究史料，足以让今天的研究者从不同的方面开展环境史的研究，因此潜力无穷。[④] 而就西方学界的中国环境史而言，汉学家伊懋可的《大象的退

[①] 参见 J. R. McNeill, "Observations on the Nature and Culture of Environmental History," pp. 19–21。另见 J. R. McNeill and Erin Stewart Mauldin, eds., *A Companion to Global Environmental History* (Malden: Blackwell, 2012), pp. 18–78; 高国荣《环境史在欧洲的缘起、发展及其特点》,《史学理论研究》2011 年第 3 期。

[②] Madhav Gadgil and Ramachandra Guha, *The Fissured Land: An Ecological History of India* (Berkeley: University of California Press, 1993).

[③] Yi-fu Tuan, "Discrepancies between Environmental Attitude and Behaviour: Examples from Europe and China," *Canadian Geographer*, 12: 3 (1968), pp. 175–191. 刘翠溶:《中国环境史研究刍议》,《南开学报》2006 年第 2 期。

[④] Bao Maohong, "Environmental History in China," *Environment and History*, 10: 4 (Nov. 2004), pp. 475–499; " Environmentalism and Environmental Movements in China since 1949," trans. Yubin Shen, in J. R. McNeill and Erin Stewart Mauldin, *A Companion to Global Environmental History*, pp. 474–492.

却：中国环境史》一书，堪称传统中国的环境通史，不但时间跨度长，而且史料丰富、内容多样。马立博是另一位美国研究中国环境史的专家，1998年便出版了《老虎、稻米、丝绸和淤泥：帝制晚期华南的环境和经济》一书，虽然以一个地区为例，但探讨了传统中国环境研究的一些重大问题。以《大分流：欧洲、中国及现代世界经济的发展》（*The Great Divergence: Europe, China and the Making of the Modern World Economy*）出名的彭慕兰其实可以说是研究中国环境史出身的，其第一部著作名为《腹地的构建：华北内地的国家、社会和经济》，于 1993 年出版。① 从地域上考量，彭慕兰和马立博的两部著作，堪称中国环境史研究的姊妹篇。

非洲大陆受到西方殖民主义影响最长、最广，其环境恶化问题也相对比较突出。这一现象受到了环境史家的高度重视。他们检讨了欧洲殖民者对非洲大陆生态环境的破坏，但也不完全将环境的恶化归罪于欧洲人——他们也从其他方面探讨了非洲在殖民主义结束之后的环境问题。与其他地区的环境史开展略有不同的是，非洲的环境史研究结合了疾病史（传染病史）的研究，这些疾病往往与环境的恶化和各种虫害的产生有关。②

由于篇幅所限，对于其他地区的环境史研究的开展，便不再一一述及。由于环境史的研究形成了全球规模，近年来从全球视角研究环境史的著作也日益增多。在上述约翰·麦克尼尔的《天下之新事》出版之际和之后，还有像唐纳德·休斯的《世界环境史：人类在生物共同体中地位的转变》（*An Environmental History of the World: Humankind's Changing Role in the Community of Life*, 2009），埃德蒙·伯克三世（Edmund Burke III）和彭慕兰主编的《环境与世界史》（*The Environment and World History*, 2009），安东尼·彭纳（Anthony Penna）的《人类的脚印：全球环境史》（*The Human*

---

① Mark Elvin, *The Retreat of the Elephants: An Environmental History of China* (New Haven: Yale University Press, 2004); Mark Elvin & Ts'ui-jung Liu, eds., *Sediments of Time: Environment and Society in Chinese History* (New York: Cambridge University Press); Robert V. Marks, *Tigers, Rice, Silk and Silt: Environment and Economy in Late Imperial South China* (New York: Cambridge University Press, 1998); Kenneth Pomeranz, *The Making of a Hinterland: State, Society and Economy in Inland North China*, 1853–1937 (Berkeley: University of California Press, 1993).

② 参见 J. R. McNeill, "Observations on the Nature and Culture of Environmental History," pp. 25–28。

Footprint：*A Global Environmental History*，2010）及埃德蒙·罗素（Edmund Russell）的《进化的历史：从历史学与生物学的双重角度理解地球上的生命》（*Evolutionary History*：*Uniting History and Biology to Understand Life on Earth*，2011）等，均是例证。

在结束本章之前，似乎有必要从研究学会、研究机构和出版物的角度，考察一下当今世界范围内环境史的长足进展。以环境史研究的学会而言，自 20 世纪 90 年代以来，欧洲和其他地区的环境史学会纷纷成立，也渐渐出版了学会简报和专业杂志——比如 1995 年在英国创刊的《环境与历史》（*Environment and History*）等。进入 21 世纪以来，许多大学成立了环境问题的跨学科研究中心，虽然环境史的研究只是其中的一个部分，但这一跨学科的研究手段，往往对环境史家的工作颇多启发和刺激。除此之外，也有正式的环境史研究中心，如瑞士的伯尔尼大学、英国的圣安德鲁大学和斯特灵大学、德国的哥廷根大学和慕尼黑大学、奥地利的维也纳大学、澳大利亚的澳大利亚国立大学、新西兰的奥塔哥大学，以及美国的加州大学、威斯康星大学、堪萨斯大学、卡内基-梅隆大学和罗格斯大学等。最后是出版论著的急剧增多。剑桥大学出版社、德州农工大学出版社最早有环境史的书系，之后华盛顿大学出版社、俄亥俄大学出版社、亚利桑那大学出版社和哥伦比亚大学出版社也建立了类似的书系，还有一些出版社（如加州大学出版社）虽然没有建立书系，却有系统地出版了环境史的著作。环境史研究论著的急剧增多，让人目不暇接。1985 年理查德·怀特为了写作回顾环境史的史学史论文，曾花了一个夏天阅读出版物，而在 2003 年当约翰·麦克尼尔写作类似的史学史回顾时，后者发现近 30 年来，相关出版物的数量至少增加了 100 倍，让他应接不暇，自承只能挂一漏万，无法照顾周全了。[①] 显然，环境史的发达与当今世界所面临的日益严重的环境恶化问题有关，而从目前的发展态势来看，这一趋势将会进一步扩展、强化，成为当代史学的一个日益重要的流派。[②]

[①] J. R. McNeill, "Observations on the Nature and Culture of Environmental History," p. 5.

[②] 参见梅雪芹《环境史：一种新的历史叙述》，《历史教学问题》2007 年第 3 期；梅雪芹《论环境史对人的存在的认识及其意义》，《世界历史》2006 年第 6 期；梅雪芹《从环境的历史到环境史：关于环境史研究的一种认识》，《学术月刊》2006 年第 9 期。

情感史

2015 年，五年一度的国际历史科学大会（International Congress of Historical Science）首次决定在欧美之外的地区召开，而其选择在该年的 8 月底，让 3000 多位来自世界各地的史家相聚中国济南。对这个活跃了一百多年的国际历史学家的组织来说，选择在中国召开第 22 届大会史无前例，具有重大的象征意义。这次历史性聚会的重要性，还体现在其他方面。国际历史科学大会的论文发表，分几个层次，最高的是大会主题讨论，其选择的题目往往代表了世界范围内历史研究的新潮。2015 年大会的主题讨论有四个：（1）全球视野下的中国；（2）历史上的（历史化的）情感；（3）世界史中的革命：比较和关联；（4）数字化的历史。在这四大主题中，除了第二个之外，其他的似乎都为人所料。那么随之而来的问题便是，为什么"情感"的历史研究在近年变得如此重要，能与历史上的"革命"这样的重大事件相提并论呢？[①]

2002 年，美国情感史研究的重要人物芭芭拉·罗森宛恩在《美国历史评论》上发表了一篇题为《（有必要）担心历史上的情感》的论文。罗森宛恩在文章的开头指出：

[①] 参见王晴佳《当代史学的"情感转向"：第 22 届国际历史科学大会和情感史研究》，《史学理论研究》2015 年第 4 期；王晴佳《为什么情感史研究是当代史学的一个新方向？》，《史学月刊》2018 年第 4 期。本章的写作与这两篇内容上有所一致，但侧重点有所不同，也尽量采用了新的史料和角度。有关情感史研究的简要回顾和介绍的英文新作见 Barbara Rosenwein and Riccardo Cristiani, *What Is the History of Emotions?* (London: Polity, 2018).

作为一个学术分支，历史学最早研究政治的变迁。尽管社会史和文化史已经开展了有一代人之久，但历史研究仍然专注硬邦邦的、理性的东西。对于历史研究而言，情感是无关重要的，甚至是格格不入的。[①]

这是从史学史的演变角度，对情感史的兴起做的一个简单回顾。从世界范围的史学发展来看，历史书写的起源往往从关注战争的爆发和政治的变迁开始。这一传统到了近代，更由于兰克学派注重民族-国家的兴建而成为历史学的主流。不过，同样是研究政治、军事的历史，古代史家和近代史家还是有着明显的不同，前者一般会记录、描述参与者和领导者的喜怒哀乐等情感层面的例子，而近代史家由于强调理性主义，对于政治家、军事家和外交家的情感、情绪，常常忽略不计。举例而言，对于第一次和第二次世界大战的研究，在 20 世纪 90 年代之前，史家研究的重点和争论的焦点是战争的起源，分析的是一战之前各国在外交上的纵横捭阖，或者是二战前法西斯主义的兴起和英、法等国采取的绥靖主义政策等。其实战争的爆发特别是其造成的破坏，对一般民众的生活影响极大，而这些影响往往在情感（悲伤、痛苦、激奋、失望等）的层次表露特别明显。

但如同罗森宛恩所言，对于历史上情感的关注，只是在一两代人之前才开始，即在 20 世纪 90 年代前后。以她自己的治学经历而言，也足以显示出情感史的研究是最近二十多年来史学界的一个新发展。罗森宛恩为芝加哥大学培养的中世纪史专家，并在芝加哥的罗耀拉大学任教一辈子，其前期的著作以研究修道院为主，直到 1998 年主编《愤怒的历史：愤怒作为一种情感在中世纪的社会功用》一书，才正式开启情感史研究，之后孜孜不倦，出版了多部著作，成了该领域的领军人物。[②]

[①] Barbara Rosenwein, "Worrying about Emotions in History," *American Historical Review*, 107：2 (June 2002), p. 821.

[②] Barbara H. Rosenwein, ed., *Anger's Past：The Social Use of an Emotion in the Middle Ages*, Ithaca：Cornell University Press, 1998. 罗森宛恩退休之后，学界为她编了一本论文集，其中有关于她学术生涯的回顾，参见 Maureen C. Miller and Edward Wheatley, eds., *Emotions, Communities and Difference in Medieval Europe：Essays in Honor of Barbara H Rosenwein* (London：Routledge, 2017), pp. 1-26。

一　情感史的启动

如罗森宛恩在上面的引文中所说，情感史的研究与社会史、（新）文化史的兴起，有着很大的关联。社会史和（新）文化史的蓬勃开展，主要是在二战后开始的。但历史学寻求突破政治史、军事史和外交史的近代传统，则于 20 世纪初便已开始。1929 年《年鉴》杂志的创办，标志了法国年鉴学派的兴起，而该学派的主要追求就是借鉴各类社会科学的方法，从更广泛的角度研究历史，突破兰克学派政治、军事和外交史模式的藩篱。年鉴学派的第一代史家马克·布洛赫（Marc Bloch, 1886-1944）和吕西安·费弗尔采用了地理学、心理学、社会学等新兴学科的手段，将历史研究的重点从近代民族国家转向社会结构和大众心态。作为"心态史"研究的倡导者，费弗尔也号召史家关注情感。他指出到他那个时候为止，尚没有爱情的历史，亦没有死亡的历史，无疑是历史学的重大缺失。同时他又提到，史家写作史书，虽然有时会记录历史人物（如拿破仑）的情感波动，但没有进一步描述这一波动（如拿破仑一世的愤怒、亢奋等）对历史进程产生了什么影响。更让费弗尔失望的是，史家其实对历史记录中所出现的"愤怒"、"亢奋"等的确切含义和程度，并不明了。[①]

费弗尔的上述言论，其实包含了情感史研究开展以来的两个重要的方面。第一是讨论情感是否影响了历史——如果的确有影响，那又扮演了什么样的角色？第二是分析情感的历史性，也即历史上的情感与近现代乃至今天的情感相比，是否一样或者不同——如果有差异，那么表现在哪里？有关第一个问题，其实在 20 世纪 90 年代之前，亦即情感史作为一个新兴的领域受到关注之前，便已经有所关注。比如新康德主义的哲学家威廉·狄尔泰，便对人文学科与自然科学研究的不同，做了重要的阐述，认为历史研究者必须对人的精神、包含情感都有深入的理解。而马克斯·韦伯《新教伦理与资本主义精神》的名著，也注意到了不同派别的新教徒身上的情

---

① Lucien Febvre, "Sensibility and History: How to Reconstitute the Emotional Life of the Past," in Peter Burke, ed., *A New Kind of History: From the Writings of Febvre*, trans. K. Folca (New York: Harper & Row, 1973), pp. 12-26.

感因素如何对他们的经济活动产生了影响。以近代历史学的改造而言，19、20世纪之交卡尔·兰普雷希特及其追随者库特·布雷希格（Kurt Breysig，1866—1940）提倡借鉴心理学的方法，开展文化史的研究，则更为直接和重要。在兰普雷希特和布雷希格的论著中，情感的描述和分析，构成了一个重要的部分。① 这些论著的作者都没有专门研究情感史，但都在不同程度上确认，情感是人的活动的重要方面，对人类历史的进程产生了影响。

对于第二个问题，也即情感的历史性，荷兰著名史家约翰·赫伊津哈和德国社会学家诺贝特·埃利亚斯在20世纪上半叶做了开创性的研究，其成就为以后的情感史学者所认可并希求超越。赫伊津哈在其《中世纪的秋天》中花了不少笔墨描述中世纪的人们如何直接地表露情感，而埃利亚斯在《文明的进程》中则讲述了欧洲社会在近代初期社交礼仪的逐渐形成，让人渐渐熟知和遵守在公众场合如何合适地表达自己的情感。如果说赫伊津哈的著作让人看到近代之前人的情感生活"陌生"的一面，那么埃利亚斯则揭示这一"陌生"如何被改造成"熟悉"，让当代的读者看到情感及其表达的历史变迁。值得指出的是，所谓情感的"历史性"，主要关注的是情感的表达方式及其演变，因为喜怒哀乐、爱恨情仇等的情感自古便有，而且在各个文明、文化中都存在，对这些情感的界定主要是心理学家、脑神经学家的工作，而历史学家研究的主要是人们在不同的历史时期中如何表现、表达情感。易言之，情感的历史性和社会性，形成了一种水乳交融的关系。

正因为如此，美国社会史学家彼得·斯特恩斯成为情感史研究的先驱者之一。1985年斯特恩斯与其妻子一起在《美国历史评论》上发表了一篇题为《情感学：澄清情感史和情感标准》的论文。他们创造了"情感学"（emotionology）一词，为的是有助于说明情感表达的社会性和历史性。更确切一点地说，斯特恩斯认为"情感学"指的是一个社会在某个时期对个人

---

① Jan Plamper, *The History of Emotions: An Introduction*, trans. Keith Tribe (Oxford: Oxford University Press, 2012), pp. 44-49. 情感史哲学层面的讨论，参见 Alix Cohen and Robert Stern, eds., *Thinking about the Emotions: A Philosophical History* (Oxford: Oxford University Press, 2017)。

和集体情感表达方式所持的基本态度。因此，"情感学"也指的是情感表达的社会标准、抑或认可、容忍和接受的程度。他们这篇论文的主旨是提倡"情感学"的研究，强调社会史的发展，已经让人必须注意情感在人们生活中的重要角色。而他们又指出，情感与"情感学"两者不同，前者指人所具有的具体的情感，如嫉妒、仇恨、爱恋等，而后者则是这些情感在社会上的表现方式及其被认可的标准。由此，斯特恩斯的"情感学"无疑就是情感史的研究对象。他们认为，一个社会在一定的历史阶段，会创造或让某一个表达情感的词汇特别流行。举例来说，自18世纪后期开始，欧洲人开始喜用"发脾气"（tantrum）一词，带有负面的、批评的意思。那时这个词语主要指成年人发火的行为，后来又延伸用来指小孩的不懂事。而到了20世纪中期，这个词的使用开始逐渐减少。斯特恩斯夫妇认为这个词的出现、流行和淡出，有助于反映欧洲社会所持有的"情感标准"（emotional standards）变化的历史。[①]

上面的例子证明，在情感史的研究中，情感的表达及其方式可以说是一个自然而然的重点领域。像上面提到的芭芭拉·罗森宛恩一样，威廉·雷迪也是欧美学界情感史研究的一位领军人物。他在2001年出版了《感情研究指南》一书，堪称情感史研究的一个公开宣言，而该书的内容以分析情感的表述为主。雷迪研究法国史出身，对法国思想界和学术界的新潮十分熟悉，并深受法国后结构主义语言学的影响。他的《感情研究指南》一书首先讲述了认知心理学和人类学对情感的研究及其成果，然后自第三章开始，详细分析了情感的语言表达方式。他指出其实情感的研究，在很大程度上挑战了近代哲学家笛卡尔的二元论思维，不再将人的认识活动分为主观和客观两个方面。然后他借用了英国语言哲学家约翰·奥斯丁（John L. Austin, 1911-1960）的"言行理论"（speech-act theory），指出一个人的情感与其表达，存在明显的差异，而情感表达的效果，也即"言"（speech）与"行"（act）的关系，更为复杂。举例而言，如果一个人说"花是红的"，这或许只是一种简单的描述。但如果一个人说"我对你不满"或者"我喜欢你"，这就有"言"和"行"的两面了，也就是说这些情感

---

① Peter and Carol Stearns, "Emotionology: Clarifying the History of Emotions and Emotional Standards," *American Historical Review*, 90: 4 (October 1985), pp. 813-836.

的表述，往往为的是在听者那里实施一定的效果，因此有"表演的"（performative，该词在语言学中也译为"施为"，表示诉诸行为的意思）性质。所以雷迪认为经过了后结构主义的挑战，笛卡尔的二元认识论已经成了明日黄花。更需要指出的是，同样一句情感的表述，其效果因对象和情境而异，所以必须考虑言语的"言下之意"（illocutionary force）。雷迪由此建议用"emotive"来专指情感表达的用语，其中既有描述的部分，又有"表演"的用意和效果。①

从以上简介可以看出，雷迪的《感情研究指南》综合了欧洲大陆思想界的新潮，探讨情感的研究如何帮助人们重新认识人与人、词与物之间的关系，是一本理论性强、并不易读的著作。而巧合的是，此书正式出版的次日，美国就发生了"9·11"事件。受到重创的美国人，在这一恐怖主义袭击的悲剧发生之后，出现了各种各样的情感和情绪波动：恐惧、愤怒、悲伤、担忧和仇恨，等等。我们不知"9·11"事件的发生是否有助于《感情研究指南》一书的销售，但正如扬·普兰普尔所指出的那样，这一悲剧的发生让不少史家认识到走出"语言学转向"的必要，重新感到历史的书写，还是要关注人的实际的经验，而不应将所有的历史现象都归结为文本、把历史书写视为文字游戏而已。② 从雷迪本人的研究来看，他之后的情感史研究也与《感情研究指南》的写法有所不同，虽然也注重分析情感的表达，同时也结合研究具体的情感经验作为实例来详细论证。

二　情感史的挑战

2012年雷迪出版了《创造浪漫爱情：欧洲、南亚和日本的欲望和性爱，900—1200年》，从比较史学的角度分析不同文化中的爱情生活及其变化。威廉·雷迪从文化比较的角度对浪漫爱情的研究，在很大程度上代表了情感史研究的典型模式和新意所在。如上所述，近代史学强调对历史现象进

---

① William Reddy, *The Navigation of Feeling: A Framework for the History of Emotions* (Cambridge: Cambridge University Press, 2001). 另参见孙一萍《情感表达：情感史的主要研究面向》，《史学月刊》2018年第4期；孙一萍《情感有没有历史？略论威廉·雷迪对建构主义情感研究的批判》，《史学理论研究》2017年第4期。

② Jan Plamper, *The History of Emotions*, pp. 60-67, 297-300.

行理性的分析，而情感的因素往往受到了忽略，因为这属于感性的甚至非理性的层次。在社会史的研究兴起之后，也有史家开始注意婚姻和家庭的问题，但其关注点还是有明显的不同。举例而言，劳伦斯·斯通曾著有《英国的家庭、性爱和婚姻，1500-1800 年》，是一部近 800 页的巨著，详细描述了家庭中的各种关系——夫妇之间、父子之间等，以及促成、制约婚姻的经济、社会等各种因素，可谓是一本典型的社会史的研究著作。不过有趣的是，从其书名和内容可见，斯通讨论婚姻的关系、家庭的构成，但并不提及夫妻之间的爱情，而对父母与子女的关系，也仅用了类似喜欢、亲情之类的词语。从社会史的角度，斯通特别注重分析"变化"，也即婚姻形式、家庭组成和成员关系的变化。他的基本立场是，16~19 世纪，英国的家庭、性爱关系和婚姻经历了一个明显的变化，表现为家庭关系逐渐变得紧密、亲密，与其他人的关系（亲戚、邻居、朋友等）有所区别。这个变化大致在 18 世纪中叶完成，然后逐步扩展、稳固。处理家庭、婚姻关系，斯通无法完全避开情感的层面。他在书中用了"affect"和"affective"来指称情感，没有用"emotion"。在英文中"affect"和"emotion"都可以指情感，但前者指一种外向的表露，有故作姿态的意思，或许可以译成"情绪"（如"闹情绪"），而后者多指内心的变化，不一定表现出来，因此更为全面。尽管斯通考虑了情感的层面，但他在该书导言中交代，他对家庭关系的考察，注重了六个维度，分别是生物、社会、经济、政治、心理和性，而其中没有情感的维度。[①]

与斯通的研究相对照，雷迪的《创造浪漫爱情》将爱情这一情感的主要形式，作为研究的主要对象。在该书的长篇导言中，雷迪详细回顾了人类学、文学、心理学等学科对爱情和婚姻的研究，成果丰硕而多样。他特别指出，这些研究已经对"爱情"有了不少界定，而他的研究对象是"浪漫爱情"（romantic love），指的是人之寻求长期伴侣的欲望。他认为这种欲望在西方文化中显得有些独特，与他考察的印度和日本的文化颇为不同。雷迪以 10~13 世纪的欧洲爱情文化来证明，在西方文化中，欲望与爱情常常形成一种二元对立的关系，前者对后者是一种刺激，但要收获完美的爱

---

① Lawrence Stone, *The Family, Sex and Marriage in England*, 1500-1800（New York: Harper & Row, 1977）, pp. 3-21.

情，人又必须控制自身的欲望，充分考虑对方的感受和需求。而在同期的印度和日本文化中，欲望与爱情之间没有这种二元对立。所以雷迪在这样的对比中界定和描述了所谓"浪漫爱情"，并指出这种爱情起源于欧洲的宫廷文化。①

雷迪《创造浪漫爱情》一书是有关西方文化中爱情起源的专题研究，内容丰富，无法详述。如果将之置于情感史的发展框架来看，此书具有重要意义。雷迪描述了前近代的爱情特征，质疑了斯通等人认为婚姻、家庭中的亲密、亲切关系只是近代社会产物的传统观点。当然，在雷迪之前已经有人挑战了斯通的论点。1985年，约翰·吉利斯出版了《变好还是变坏：17世纪以来的英国婚姻》一书，其中指出前人对婚姻和夫妇亲情的研究，基本遵循历史一线进步的观点，认为就感情而言，近代以来的婚姻让夫妻关系更为亲密。但吉利斯用实例证明，这一结论下得过早，值得商榷。他指出，事实上，20世纪60年代以来夫妻关系产生了进一步的变化，表现为爱情和婚姻不再有紧密的联系。②

吉利斯的观察得到了另一位婚姻史的专家丝塔芙妮·孔茨的基本赞同。孔茨在2005年出版了一部题为《婚姻的历史：爱情如何征服婚姻》的通史，讲述了自古以来的各种婚姻形式及其变化。她基本同意以爱情为基础的婚姻是从18世纪开始流行的，而在这之前婚姻的组合往往掺杂了情感之外的许多因素。她也指出，这种以爱情为基础的婚姻，到了19世纪即英国的维多利亚时代，有了进一步的发展，没有爱情就无法维持婚姻这一观点渐渐成为法庭考虑夫妻关系是否继续的一个重要因素。但孔茨同时指出，上述的情形并不完全符合实际。她用"待爆的火山"来形容维多利亚时代的婚姻状况，指出那时夫妻之间的浪漫爱情只是一种表面现象。对当代的婚姻与爱情，孔茨则有颇为悲观的考察。她在书的结论部分，用了与吉利斯一样的标题"变好还是变坏"来讨论未来的婚姻。她的观点是，今天的婚姻的确主要以两人的深厚情感为基础，但这也让婚姻的前途颇为暗淡。

---

① William Reddy, *The Making of Romantic Love: Longing and Sexuality in Europe, South Asia and Japan*, 900-1200 CE, pp. 1-38.

② John R. Gillis, *For Better, For Worse: British Marriages, 1600 to the Present* (Oxford: Oxford University Press, 1985).

孔茨的意思是，一旦夫妻之间情感破裂，婚姻就瓦解了。因此她的最终结论是：虽然婚姻这一社会机制历史悠久，但也许在不久的将来它便会行将就木、回归历史了。[①]

作为人类情感的主要形式，爱情显然是情感史研究的重镇。但人有喜怒哀乐等多种情感，所以情感史的研究远远没有为爱情和婚姻等主题所限。例如愤怒，即人是否、如何控制自己的怒气，也是情感史的一个重要课题。在1998年芭芭拉·罗森宛恩主编《愤怒的历史》之前，卡洛尔·斯特恩斯和彼得·斯特恩斯便合著了《愤怒：美国情感控制的奋斗史》一书，详细描写了在美国历史上，人们如何渐渐对在公众场合发怒，产生了一种共识，并在这一共识的基础上，采取各种措施来防止、限制某些人在公众场合失控、发怒的情形。有趣的是，斯特恩斯夫妇在书名上用了"奋斗"（struggle）一词，其意思也可以是"斗争"，说明让人控制情绪特别是抑制愤怒，并不容易，需要经历一个持久的过程。[②] 在当今世界，"路怒"事件频频发生，足以证明《愤怒：美国情感控制的奋斗史》的意义。更重要的是，失控、发怒事情的当事人往往不分阶级的高下和教育程度的高低，所以情感史的研究，有助于史家从新的角度考察历史的多面性。

的确，情感史的研究，在许多方面对近代史学的理念和实践，做出了有效的反思和提出了有力的挑战。对于斯特恩斯夫妇来说，在公共场所需要控制自己的情绪这一共识，是现代社会的产物。由此，他们与前述赫伊津哈和埃利亚斯比较一致，认为对情感的控制甚至压制，与近代以来理性主义的伸扬大有关系。与之相比，上述雷迪和孔茨等人对爱情和婚姻的研究，似乎也倾向认为近代社会的诞生，标志了情感史上的一个重要转折。不过值得重视的一点是，他们的立场颇为不同：斯特恩斯夫妇认为近代社会希望人们控制自己的情绪，而雷迪和孔茨认为将情感作为婚姻的基础，正是近代社会建立之后才出现的。鉴于上面的矛盾，芭芭拉·罗森宛恩指出，其实情感史研究的真正贡献，在于提醒史家如何走出近代史学的"宏

---

① Stephanie Coontz, *Marriage: A History; How Love Conquered Marriage* (New York: Penguin Books, 2005).

② Carol Z. Stearns and Peter N. Stearns, *Anger: the Struggle for Emotional Control in America's History* (Chicago: University of Chicago Press, 1986).

大叙事"（grand narrative），不再将历史不断的、一线的、从古代、中世纪到近现代的进步，视为历史书写必须遵循的阐释模式。她自己在《中世纪早期的情感团体》中提出，一个人在不同的团体中，其情感表露与表露方式颇为不同，因此情感史的研究者与其采用历史分期的模式，还不如跳出这一"宏大叙事"框架，具体探讨、描述人的情感行为在各个时空条件下的形成和变化。①

情感史对近代史学的挑战，远不止对现代性、社会阶级等常用的史学概念的反思和反省。上面已经提到雷迪对"浪漫爱情"的研究，采取了比较文化的方法，与当今的全球史潮流颇为合拍。显然，人的情感既有普遍性，又有特殊性，研究情感不能局限于民族–国家史的藩篱，因此近年的情感史研究，经常突破了国别史的限制。另外，情感史的兴起本身就是自然科学（脑神经学、生命科学等）和社会科学（心理学、社会学、人类学等）相结合的结果，因此情感史的研究必须采取跨学科的研究方法。② 如上种种，清楚地表明情感史研究的开展，是对近代史学模式的一个冲击和改造。

三　情感史的兴盛

2010年扬·普兰普尔在《历史和理论》杂志上采访了情感史研究的三位先驱人物——威廉·雷迪、芭芭拉·罗森宛恩和彼得·斯特恩斯，他向三位提了一个问题：是否历史研究已经出现了一个"情感转向"。他的问题得到了三位相对肯定的回答。③ 2014年，苏珊·麦特和彼得·斯特恩斯主编了《从事情感史》一书。他们在导言中指出，史家重视情感在历史中的作

---

① Barbara H. Rosenwein, *Emotional Communities in the Early Middle Ages* (Ithaca: Cornell University Press, 2006); Barbara Rosenwein and Riccardo Cristiani, *What Is the History of Emotions*, pp. 43-45, 107-110.

② 情感研究是一项跨学科的研究，历史学之外的学者也对情感的定义及其历史做了不少研究，如 Jerome Kagan, *What is Emotion: History, Measure, and Meanings* (New Haven: Yale University Press, 2007); Keith Oatley, *Emotions: A Brief History* (Malden: Blackwell Publishing, 2004). 上述两书的作者都是认知心理学家。

③ Jan Plamper, "The History of Emotions: Interviews with William Reddy, Barbara Rosenwein and Peter Stearns," *History and Theory*, 49: 2 (May 2010), pp. 237-265.

用和表现,"从根本上代表了历史学的一个新方向"。① 他们的理由是,一旦历史研究从只注意理性的思维和活动转到了感性、情感的层面,那么就等于开辟了一片崭新的天地,因为人类的活动兼具理性和感性的双重性,对后者的重视和研究,将会引发一系列新的课题。从 2010 年开始,英国的世哲(Sage)出版公司出版了《情感评论》(*Emotion Review*)杂志,其编委会汇集了各个学科研究情感的专家。同时,情感研究的中心在世界各地纷纷成立,如法国的中世纪情感研究中心(EMMA)、柏林的马克斯·普朗克研究所、柏林自由大学、牛津大学、澳洲大学、马德里大学等。这些情感研究的中心大多是跨学科的。罗森宛恩在 2018 年的新著中指出,在当今世界,情感研究已经让人"着迷"(obsession)了,在各个学科中蓬勃开展,而情感史的研究亦毫不示弱,成为情感研究十分重要的部分。② 事实的确如此。在 2015 年国际历史科学大会召开前后,情感史的研究可谓风起云涌、遍地开花,让人目不暇接、叹为观止。21 世纪初,彼得·斯特恩斯首先在美国与人一起主持了情感史的书系,出版了一些著作,但数量不是太多。之后英国的帕尔格雷夫·麦克米兰出版公司推出了情感史的书系,新作不断,已经有了几十种。近年牛津大学出版社也推出了情感史的书系,同样佳作频频。2015 年,国际历史科学大会的情感史讨论由乌特·佛雷佛特(Ute Frevert)组织,而佛雷佛特既是柏林马克斯·普朗克研究所情感史研究中心主任,著有多部情感史,又是牛津大学出版社情感史书系的主编之一。

由于篇幅所限,本章只能举几个例子来描述当今世界情感史研究出版的盛况。这些情感史的研究著作,从主题上看基本可以分为三类。第一类是以历史上的情感、情绪激烈波动、震荡的事件为对象。第二类是在常见的历史事件、历史现象中,考察情感的作用及其影响。第三类则从情感考察的特殊视角出发,研究前人较少注意的课题。必须说明的是,这个分类,仅是为了方便概括,并不代表严格的划分,因为虽然侧重点有所不同,这几类著作常常相互交叉,无法加以绝对区分。以第一类著作而言,有关欧

---

① Susan J. Matt and Peter N. Stearns, *Doing Emotions History* (Urbana: University of Illinois Press, 2014), p. 1.

② Barbara Rosenwein and Riccardo Cristiani, *What Is the History of Emotions*? p. 1.

美历史上的女巫（也有男巫）及其抓捕的多部论著，便是一个显例。劳拉·库楠恩和迈克尔·奥斯特林主编了《巫师史中的情感》一书，是帕尔格雷夫·麦克米兰情感史书系的一种。他们指出在女巫（或男巫）事件的缘起及其整个过程中，情感的因素产生了重大的作用。用他们的话来说，捕捉巫师本身就是"亢奋不已、肆无忌惮的情感放纵、宣泄"导致的罪行。《巫师史中的情感》一书分为四个部分，从历史记载、审判记录、心理反应和历史回顾四个方面再现、分析情感在女巫的历史中所发挥的重要作用。[1]夏洛特-萝丝·米拉尔也研究巫师的现象，她的专著题为《英国近代早期的巫师、魔鬼和情感》。如同其书名所示，她希望查看"魔鬼"在巫师活动中的作用。依据留存的历史资料，主要是通俗小册子，米拉尔指出巫师施展魔术、魔法和旁人为巫师所惑乃至之后攻击巫师的行为，都与"魔鬼"有关。换言之，巫师施法的时候，常常假托"魔鬼"附身，而旁人抓捕、攻击、惩处巫师（女巫为主，也有男巫），是因为他们害怕"魔鬼"，希望通过这些行为来驱魔。重要的是，她的研究指出，在这整个过程中，情感（恐惧、嫉妒、猜忌、仇恨等）扮演了关键的角色。[2]

　　第二类著作是处理常见的历史书写主题中情感的作用。战争史就是一个显例，因为在各个文化中，最早的历史著作常常是有关战争的。而有趣的是，虽然战争会引发情感的剧烈波动，如对敌人的仇恨，丧失家园、失去亲人的悲伤，战争胜利的喜悦等，但在情感史兴起之前，许多研究战争的历史著作，并不将情感作为研究的对象。2015年丝塔芙妮·当恩斯、安德鲁·林奇和凯翠娜·奥劳佛林主编了《情感与战争：中世纪到浪漫主义的文学》一书。他们在导言中指出，其实在欧洲文学中"情感"这个词的最先使用（15世纪中期），便与战争、冲突、争斗有关。虽然他们的书名是"文学"，但书的主要内容是处理文学作品中如何描述情感在欧洲战争史中

---

① Laura Kounine and Michael Ostling, eds., *Emotions in the History of Witchcraft* (Houndmills: Palgrave Macmillan, 2016).

② Charlotte-Rose Millar, *Witchcraft, The Devil and Emotions in Early Modern England* (London: Routledge, 2017).

的重要性。①

在战争史之外，文明之间的交流特别是近代以来西方的殖民扩张所引发的西方化过程，也是历史书写的重要领域。玛格丽特·佩尔瑙和赫尔格·约德海姆等人在 2015 年牛津大学情感史书系中出版了一部名为《情感的文明化：19 世纪亚洲和欧洲的概念》的著作，其书名和内容都显示此书与近年全球史的开展，有不少可比之处。此书关注的重点是在西方文明与其他文明接触、互动的时候，人们如何从情感的视角来考察文明和礼貌（civility）等概念的变动和修正。作者的意图在很大程度上质疑了埃利亚斯在《文明的进程》中所持的观点，他们不再把西方文明在全球的扩张看成一种一线进步的过程，而是充分展示各地文明对"礼貌"的不同看法、西方人如何与这些已有的传统和习俗交流。他们同时指出各地文明在历史进程中，对一个社会及其成员"文明"与否达成了一些共识，而这些共识基本都与情感相关，比如称赞和颂扬英雄主义、荣誉感、勇敢献身等，鄙视和摈斥怯懦和可耻的行径等。②

从情感的视角考察历史，相关的著作还有不少。比如有学者关注了印刷文化的兴起与公共情感和公共舆论的关系。以往的学术研究［比如本尼迪克特·安德森（Benedict Anderson，1936-2015）的名著《想象的共同体》（*Imagined Communieties*）］已经证明，印刷文化的兴盛与民族国家的建构有着密切的联系。从情感的角度（通过宗教礼仪的操作形式及其反映的权力），也有学者讨论了家庭关系、社会阶层与国家建构之间的种种关系。③这些研究为读者带来了不少新颖、有益的视角。

---

① Stephanie Downs, Andrew Lynch & Katrina O'Loughlin, eds., *Emotions and War: Medieval to Romantic Literature* (Houndmills: Palgrave Macmillan, 2015). 对历史上的革命，也有许多学者从情感史的角度加以研究，如谭旋（Timothy Tackett）《情感史视野下的法国大革命》，孙一萍译，《世界历史》2016 年第 4 期；李志毓《情感史视野与 20 世纪中国革命史研究》，《史学月刊》2018 年第 4 期。

② Margaret Pernau, Helge Jordheim, et al., *Civilizing Emotions: Concepts in Nineteenth-Century Asia and Europe* (Oxford: Oxford University Press, 2015).

③ Heather Kerr, David Lemmings and Robert Phiddian, eds., *Passions, Sympathy and Print Culture: Public Opinion and Emotional Authenticity in Eighteenth-Century Britain* (Houndmills: Palgrave Macmillan, 2016); Merridee L. Bailey and Katie Barclay, eds., *Emotion, Ritual and Power in Europe, 1200-1900: Family, State and Church* (Houndmills: Palgrave Macmillan, 2017).

与上面两类著作相比，第三类的情感史著作以情感为主要研究对象。柏林马克斯·普朗克研究所情感史研究中心的乌特·佛雷佛特依据欧洲决斗的历史，著有《男人的荣誉：决斗的社会文化史》，考察了男人荣誉感的历史演变。这本著作既是一部性别史的著作，又从情感史的方面考察了男人性别的社会性。与第一类著作稍有不同的是，佛雷佛特注重考察的是决斗这一现象的长时段变化，而不是一个情感爆发的突发性事件。同样，鲍勃·柏迪思在2014年出版了《近代史上的疼痛和情感》，亦从长时段的视角，讨论人们对疼痛这一现象的认识和描述如何演变。丝塔芙妮·奥尔森也有类似的做法，她在2015年主编了《近代史上的童年、青年和情感：国家的、殖民的和全球的视角》，其目的是从比较文化的角度，分析青少年情感的形成以及在这一过程中家长、老师、社会和国家的影响。奥尔森是佛雷佛特在柏林情感史研究中心的同事，该中心已经出版了类似的著作，如《学习如何感觉：儿童文学和情感的社会化，1870-1970》，希望将青少年作为历史的主角，从他们的情感生活来检验他们的成长经历。①

总之，情感史的研究在近年有了长足的进展，可谓盛况空前。作为本章的结束，或许应该对此现象略作解释。众所周知，人的情感有普遍性，古今中外皆是如此。但情感是否超越了时空，则是另一个问题。换言之，古人的情感与今人的情感有无不同、中国人的情感与欧洲人的情感有无差异等，都是情感史研究必须面对的问题。从神经医学的研究来看，找到人的情感之普遍性是一个目标，这样研发出来的药物便会呈现一种普遍的有效性，如能治疗世界上所有的抑郁症患者等。但本章所论及的许多论著已经表明，人的情感有历史性和社会性，即情感既有天生的一面，又有后天的一面。对于人之情感的"自然"（nature）和"文化"（culture）的双重性抑或因果关系，从历史的角度来看待、考察和研究，无疑是寻求答案的一

---

① Ute Frevert, *Ehrenmänner: Das Duell in der bürgerlichen Gesellschaft* (Munich: C. H. Beck, 1991); 此书的英文版为: *Men of Honour: A Social and Cultural History of the Duel*, trans. Anthony Williams (Cambridge: Polity, 1995); Bob Boddice, ed., *Pain and Emotion in Modern History* (Houndmills: Palgrave Macmillan, 2014); Ute Frevert, et al., *Learning How to Feel: Children's Literature and Emotional Socialization, 1870-1970* (Oxford: Oxford University Press, 2014); Stephanie Olsen, ed., *Childhood, Youth and Emotions in Modern History, National, Colonial and Global Perspectives* (Houndmills: Palgrave Macmillan, 2015).

个重要方式。情感史研究在近年方兴未艾、热度不减，与此有关。① 回到本章的开头，2015 年国际历史科学大会上的情感史讨论，以"历史上的（历史化的）情感"为题，探讨情感的"历史性"（historicity），亦是一个很好的说明。

---

① 此处的进一步讨论可以参见 Jan Plamper, *The History of Emotions*, pp. 147-250，以及王晴佳《当代史学的"情感转向"：第 22 届国际历史科学大会和情感史研究》。

身体史

　　彼得·伯克在撰写《什么是文化史》时将身体史看作新文化史研究的一个领域，并指出新文化史研究之中有关身体史的著作大多围绕着身体的洁净、舞蹈、操练、禁忌、姿势等内容展开。就姿势史而言，法国中世纪研究的专家雅克·勒高夫（Jacques Le Goff，1924-2014）开创了这一领域，之后便有古典学家与艺术史家不断地投身其中。[①] 在十余年后的今天，身体史研究仍旧充满活力，不断与新的领域发生碰撞，产生思想的火花。

　　本章在第一部分回顾身体史研究兴起的原因，并对身体史研究的两种诠释类型做一述评。第二部分介绍性别史研究中对作为一种视角与方法的身体的高度关注。第三部分展望身体史研究的新方向。情感史研究中对身体的关注，出现了将身体情感化的倾向，使身体变得更为主动，从而更有感染力与渗透力。旨在让身体内部的感觉在历史研究中发声的神经史研究，是身体史发展的另一个新的方向，在西方学术界持续发生影响并受到重视。

一　再现与感知之间：身体史的写法

　　由于西方长期以来的身心二元的观点，身体在起初并没有进入人文学

---

① Peter Burke, *What is Cultural History?* (Cambridge: Polity, 2004), pp. 70-72.

科研究者的视野，而只是自然科学（尤其是医学）的研究对象。只有医学研究者关心"身体"，而在历史书写中"身体"长期缺席。身体史研究在20世纪末兴起的原因是多方面的。

其一，"身体的魅力，是20世纪晚期现代感性的典型产物"。① 英国学者布莱恩·特纳（Bryan S. Turner）指出，进入后工业时代之后，人们"对作为美好生活的标志与文化资本标识物的身体'产生'一种强烈的商业与消费主义的兴趣"。同时，医疗水平的提高，使得"身体的美、对衰老身体的否定、对死亡的摈弃、运动的重要作用以及保持身体健康的普遍道德价值"，也成为人们关注的焦点。另一方面，随着妇女运动的兴起，女性主义理论家开始向"解剖学和生物学提供的""性别差异的本质提出质疑，断言男女之间的差异是历史、文化的产物"。②

其二，就理论突破而言，法国学者米歇尔·福柯与皮埃尔·布尔迪厄的研究挑战了笛卡尔将身心二分的观点，"使得身体不再是自然科学尤其是医学视野下的自然存在，而成为社会身体，是文化、经济和政治的客体"，从而"将身体纳入人文社会科学的研究领域"，使得"身体史研究成为可能"。③ 福柯的《疯癫与文明》、《规训与惩罚》及《性史》分别研究疯狂、监狱制度与性，成为日后研究者们研究身体史的典范著作，而他所提出的"生物权力"与"生物政治"，也成为身体史研究的关键词。

其三，人类学的影响。人类学向来一直关注身体与文化的关系。人类学中的分支之一体质人类学对人体形态、人种体质特征的研究非常细致，比如人种学通过"对人的发色、发型、眼色、肤色、面部平度、鼻部形态、唇部厚度、头型、身高等外显的体征形态进行测量、分类和研究"，"研究与比较人类各族群在生理上的差异"。④ 尤其是20世纪80年代末医学人类学开始转型之后，对身体的议题更为关注，开始将其纳入社会与文化视野

---

① 费侠莉语，参见〔美〕费侠丽《再现与感知——身体史研究的两种取向》，蒋竹山译，《新史学》（台北）1999年第4期，第140页。
② 布莱恩·特纳：《身体与社会》，马海良、赵国新译，春风文艺出版社，2000，第2~8页。
③ 杜丽红：《西方身体史研究述评》，《史学理论研究》2009年第3期。
④ 章立明：《个人、社会与转变：社会文化人类学视野》，知识产权出版社，2016，第28~29页。

之中。① 历史学对人类学的借鉴可以追溯到 20 世纪上半叶，年鉴学派的开创者吸收人类学的成果革新历史学之时，便将身体纳入历史学的视野之中。比如，马克·布洛赫在《国王神迹：英法王权所谓超自然性研究》中开展了一项对瘰疬病触摸治疗的研究，认为这种对国王治病能力的信仰从根源上说源自王权神圣化，而人们对奇迹的信念是由集体错误所造成的。在这一研究中，布洛赫涉及了疾病、医疗、身体、仪式等议题，尽管他的焦点在于集体心理而非身体。②

虽然历史学家对于身体的关注可以追溯到 20 世纪 70 年代甚至更早，但身体史（the history of the body, body history）真正成气候应当是在 1990 ~ 2009 年这段时间。罗伊·波特（Roy Porter）见证了身体史从无到有的过程。他在 2001 年的文章中说，十余年前他还在对西方主流知识文化传统中重精神而轻身体的倾向提出反问："《精神》（Mind）是在一个多世纪之前创办的，《观念史杂志》（Journal of the History of Ideas）业已活跃了半个世纪，但是与之相对的《身体史杂志》（Journal of Body History）在何方呢？"③而 2001 年他不仅看到"身体史"在出版物的目录、学术讨论会的议程中出现得越来越频繁，还拥有了一本专门讨论身体史的杂志——《身体与社会》（Body and Society）。④

美国著名的性别史与医疗史研究专家费侠莉（Charlotte Furth）在理论思考与史学实践的基础上提出了身体史研究的两种诠释类型：再现（representation）的历史与经验或感知（perception）的历史。在再现的历史之中，身体被视为符号或象征，用于阐明原来隐晦而不易见的宗教史、政治史、性别史的特点。经验或感知的历史则不仅仅将身体视为符号，而且秉持身体有其历史的观点。一般而言，再现与经验并不完全相斥，也就是说，通过再现能够（至少部分地）还原历史上真实存在过的身体的经验

---

① Alan Harwood, "Symbol, Tool, and Statement," *The Medical Anthropology Quarterly*, *New Series* 1: 1 (Mar. 1987), pp. 3–5.
② 参见〔法〕马克·布洛赫《国王神迹：英法王权所谓超自然性研究》，张绪山译，商务印书馆，2018。
③ Roy Porter, "History of the Body Reconsidered", in Peter Burke, ed., *New Perspectives on Historical Writing* (Pennsylvania: Pennsylvania State University Press, 2001), pp. 235–236.
④ 《身体与社会》（Body and Society）成立于 1995 年，历史学家与社会学家都有参与。

与感知。但费侠丽认为真正开始讨论身体历史的，试图了解作为经验的身体的是芭芭拉·杜登（Barbara Duden），她受到现象学的影响，认为"想象本身即是物质真相的来源，强调感知本身就是所谓真实的"。[1]

费侠丽所说的作为符号的身体在身体史的研究中最为常见。举例而言，在《规训与惩罚》中，福柯笔下被权力所控制与操纵的身体，不论是在观众的注视中被剥去皮肉、五马分尸、烧成灰烬的达米安（Damiens）的身体，还是在全景敞视监狱中被驯服的罪犯的身体，都不再是属于个人的肉体，而是展现政治文化、观察权力关系的符号。再比如，理查德·威特曼·福克斯近年出版的《林肯的身体：一部文化史》，展现了林肯的身体从生前作为"共和党人的质朴与美国人自我奋斗的象征"，到死后被赋予"为民族国家而死"的神圣意涵，直到21世纪还不断地在电影、电视中被铭记。[2]

当然，将身体看作符号或象征的身体史研究存在一定的弊病，无论是将身体看作被权力话语铭刻的，还是被能指符号写就的，社会建构论者都将身体看得太被动，实际上压抑了身体的能动性（agency）。[3] 因此，便出现了呼吁身体能动性的声音，主张我们应当书写身体的历史。呼吁身体的能动性与书写身体的历史，并不意味着纯粹关注肉体的历史，而将身体完全与社会与文化背景剥离开来，使身体史研究回到将身体孤立看待的原点。个别的身体史或者完全独立的身体史，当然并非历史学家所希望看到的。费侠丽认为，应当在关注身体能动性、独立性的同时，将个别的身体史片段"根植于特定的文化领域——例如：性别史、政治史、劳工史、技术史、艺术史、医学史、科学或宗教史"。[4]

二　身体与性别

尽管传统的历史书写也会涉及身体，但身体成为一种方法，抑或一个

---

①　〔美〕费侠丽：《再现与感知——身体史研究的两种取向》，第 130~132、136 页。

②　Richard Wightman Fox, *Lincoln's Body: A Cultural History* (New York: W. W. Norton & Company, 2015).

③　参见张兵《身体与符号》，载曹顺庆、赵毅衡主编《符号与传媒》第 8 辑，四川大学出版社，2014，第 187~203 页。

④　〔美〕费侠丽：《再现与感知——身体史研究的两种取向》，第 140 页。

关键词，在性别史研究中体现得尤为明显。从 20 世纪 90 年代开始，性别史研究者便给予身体以高度关注，提倡从身体的视角研究性别。其中朱迪斯·巴特勒（Judith Butler）尤有代表性，她将身体的物质性与性别的操演性（performativity）相关联，从而重新思考身体在性别史研究中的位置。她在著作中以"bodies that matter"一语双关地指出身体的物质性（the materiality of the body）以及身体的重要性（the issue of which bodies matter）。[1]

性别史研究将身体作为一种方法的取径，在高彦颐的《缠足："金莲崇拜"盛极而衰的演变》中得到了很好的表现。这是一部备受赞誉的身体史与妇女史的著作，它被认为实现了缠足史的典范转移，改变了以往缠足史的诠释架构。[2] 在明清男性文人笔下，缠足表达了一种情欲想象，或明或暗地显露精英男性对女性身体的欲望。在当代国族主义的论述之中，缠足是极其恶劣的传统社会的旧文化，是对女性的压迫。这种将缠足视为陋习或国耻的观念，最先由来华传教士提出，之后体现在晚清民国时期文化人的诸多讨论以及反缠足的相关立法与政策之中。直到 20 世纪 90 年代的"文化热"中，有关缠足的著作依然没有脱离这一主题。在这种宏大叙事之中，民族国家历史的主旋律淹没了女性的声音，女性的身体也在国族主义的论述中遭受磨难。[3]

高彦颐的这本书便是对这些观点的修正。她承认，要想听到历史上缠足女性的声音是困难的，即便是口述史研究中的面对面的访谈，也并不一定能够真实地呈现妇女对于缠足一事的真实感受，因为"人们的记忆会由于新时代和新语畴的干扰而产生重组"。一个非常典型的例子是，缠足老太

---

① Judith Butler, *Bodies That Matter*: *On the Discursive Limits of "Sex"* (New York: Routledge, 1993).

② 苗延威：《未知的诱惑：缠足史的典范转移》，《近代中国妇女史研究》（台北）2006 年第 14 期。

③ 有关国族论述下的女性身体的相关讨论可参见 Lydia Liu, "The Female Body and Nationalist Discourse," in Inderpal Grewal and Caren Kaplan, ed., *Scattered Hegemonies*: *Postmodernity and Transnational Feminist Practices* (Minneapolis: University of Minnesota Press, 1994), pp. 37~62. 其中对萧红的小说《生死场》的细致分析，后又收入刘禾《跨语际实践：文学，民族文化与被译介的现代性（中国，1900~1937）》，宋伟杰译，生活·读书·新知三联书店，2002，第 285~307 页。

太以"封建"一词说明旧中国对她的"压迫",而这实际上是大众历史教育所赋予她对缠足的理解,并非她真实的声音。不过,高彦颐有她的解决之道,她尝试通过解译二手声音的方式,恢复女性"体内的旋律"与真实的声音。她所说的二手声音包括"小脚女性身体的无言呈现"以及"引述或代替她们发言的著述"。即便小脚女人逐渐离开历史舞台而成为历史陈迹,她认为还是能够通过获得作为身体物质载体的绣花鞋、裹脚布等实物资料间接地研究身体。① 我们可以看到,在这里,身体成为一种恢复女性声音的方法,尤其是文化程度并不高、无法通过书写在历史中留下声音的缠足妇女的声音。

高彦颐的独到之处还在于,她提出缠足不只是一般学者所认为的负累,其实还是一种特权,这也是为何此书的英文名为 *Cinderella's Sisters*:*A Revisionist History of Footbinding*。尽管作者并没有对这一颇有趣味的标题做出明确的解释,但译者苗延威的解读还是非常具有参考价值的。苗延威认为 "Cinderella's Sisters" 可以有两种解读方式:一是解作"灰姑娘的姐姐",也就是《格林童话》中为了当上王妃而削足适履的继姐们,"引申为'费尽心力对抗自己的身体性以符合美貌体制要求的女性'";二是解作"灰姑娘的(中国)姐妹",指的是中国古代文学与历史中与《格林童话》中的"灰姑娘"一样以小脚的优势"成功吸引男性权贵追求,终而嫁入豪门的女子"。② 无论是哪一种解读,不管是天生有着小脚优势的女性,还是为迎合王子审美需要不惜削足适履的继姐们,对于她们而言,缠足都是实现社会阶层飞跃的特殊渠道。

高彦颐的著作主要涉及女性的足部,其他关于性别与身体的著作还有很多。费伊·邦德·阿尔贝蒂的《这一具腐朽的皮囊:历史与文化中的身体》以脊柱、胸部、生殖器、心脏、大脑、皮肤、舌头、肚子这八个身体部位的象征意义作为各章的主题,是一部颇有新意的著作。比如"舌头"一章谈到女性与男性的差异:一般认为,男人的舌头擅长说谎或者取悦别人,女人则比较毒舌。在西方近代早期诸多法庭的案件中,女人之饶舌、

---

① 〔美〕高彦颐:《缠足:"金莲崇拜"盛极而衰的演变》,苗延威译,江苏人民出版社,2009,第8~10页。
② 苗延威:《未知的诱惑:缠足史的典范转移》,第251~252页。

长舌、毒舌常常被认为是男人们诉诸暴力的原因。于是便出现了各种各样阻止或惩罚毒舌妇女的办法，比如给妇女戴上金属制成的"泼妇缰绳"（scold's bridle）牢牢固定住妇女的舌头，从而使其失去说话的能力。这种泼妇缰绳的嘴巴位置往往布满针刺，戴着这样的刑具，妇女被如此惩罚可以说是苦不堪言。还有一种惩罚方式，是将妇女绑在一种马桶椅（cucking stool）上面，并在当众嘲笑之中将其抛入水中。[1]

尽管阿尔贝蒂的著作也有一些缺点，比如有学者批评阿尔贝蒂作为一名女性主义者，主要关怀的是女性的身体，而对男性的身体关注不足，[2] 但她的探索与尝试依然值得肯定。尤其是全书从标题到各章都贯穿着莎士比亚剧本中的台词，呈现莎士比亚对于身体、心灵与灵魂的看法，为整本著作增添了一些文学的细腻感与感染力。此外，还有莎拉·图拉兰与凯特·费希尔编写的《劳特里奇性别与身体史：从 1500 年至今》，对西方历史上的性别与认同、穿着与裸露、求爱与婚姻以及淫秽作品、卖淫、性暴力、性病等话题进行了通贯性的梳理，值得参考。[3]

三　情感化的身体

身体史研究与情感史研究不可避免地存在着交集。情感史研究的发展为身体史带来了新的变化，使身体史研究这一领域更加富有内涵，研究对象更加广泛、更加富有生机与感染力。近年日益兴起的神经史研究，也可看作身体史发展的新方向，有学者将这一取径归纳为"由内而外的历史"（history from within）。

以往的历史研究也会从心理层面分析人物，但大多数的心理史家都将关注的焦点放在研究对象的传记上面，并主要使用弗洛伊德的理论框架进行分析。比如，著名心理学家埃里克·埃里克森（Erik Erikson, 1902－

---

[1] Fay Bound Alberti, *This Mortal Coil: The Human Body in History and Culture* (Oxford: Oxford University Press, 2016), p. 161.

[2] Joanna Bourke, Review of *This Mortal Coil: The Human Body in History and Culture*, by Fay Bound Alberti, *Medical History*, 61: 3 (July 2017), pp. 444-445.

[3] Sarah Toulalan and Kate Fisher, eds., *The Routledge History of Sex and the Body: 1500 to the Present* (London and New York: Routledge, 2013).

1994）以路德与其父亲之间紧张的关系来解释路德宗对于一位愤怒而全能的上帝的关注。但研究者们将情感因素视为一种静止不变的精神动力，并没有认识到情感因素也会发生变化。因此，尽管心理史学家写就了众多优秀的作品，但其对历史学界的影响还是很有限。情感史研究当中，研究者关注情感对历史的影响，并且关注到情感因素会随着历史发生变化，亦即情感的历史性。[①] 再者，近年的情感史研究吸取了认知科学发展的最新成果，突破了以往身体与心灵二分的研究方式，更加注重将二者联系起来。[②] 因此相较于传统的心理史研究而言，情感史研究能够与身体史研究产生更多的交集。

在《什么是情感史》中，芭芭拉·罗森宛恩与里卡多·克里斯蒂亚尼提出了对于身体史来说非常有建设性的问题："新近对于情感的关注是否有助于书写更加完整而细腻的身体史？爬梳近年关于身体的文献，我们可以看到医学、遭遇、痛苦、性别等话题依然对历史学家有很大的吸引力。那么，最近成为关注焦点的情感化的身体（emotional body）将如何重塑这些话题呢？"[③]

具体说来，这与看待身体的方式有关，一种是"有边界的身体"（the bounded body），另一种是"可渗透的身体"（the porous body）。所谓"有边界的身体"，指的是情感、情绪都发生在身体的内部，将情感看作生理性的，与我们的大脑、心甚至内脏相连。"可渗透的身体"，指的是外部环境的各种影响能够渗透身体，同时身体也能作用于环境，融入其所处的环境之中。当然，这两种区分不是绝对的，因为身体并非绝对自主，或是完全可渗透的。在实践中，这两种身体往往纠缠在一起，或者说，情感与身体二者相辅相成：一方面，情感的表达或宣泄只有通过身体动作才能更好地实现，身体不仅能够表达感受，而且能够创造并加强感受；另一方面，情感或情绪能够使得身体突破生理上的界限，向周遭蔓延，因而表达情感的

---

① Michael Lewis, Jeannette M. Haviland-Jones and Lisa Feldman Barrett, ed., *Handbook of Emotions* (New York and London: The Guilford Press, 2008), p. 19.

② Fay Bound Alberti, "Bodies, Hearts and Minds: Why Emotions Matter to Historians of Science and Medicine," *Isis*, 100: 4 (Dec. 2009), pp. 798–810.

③ Barbara H. Rosenwein and Riccardo Cristiani, *What is the History of Emotions?* (Cambridge: Polity, 2018), p. 62.

身体是有感染力的、开放的、没有界限的。此外，由于身体的实体总是处在空间之中，因此，空间也会对身体产生作用从而影响情绪。①

身体史发展的另一个新的方向是近年日益兴起的神经史研究。如果说下层研究的目标是让底层发声，其口号是"自下而上的历史"（history from below）的话，那么神经史旨在让身体内部的感觉在历史研究中发声，其研究取径已有学者将其归纳为"由内而外的历史"（history from within）②。

神经史的视角与取径由丹尼尔·斯梅尔（Daniel L. Smail）率先倡导，他在对"深历史"（deep history）③ 的分析中就运用了这一方法。他在 2008 年出版的《论深历史和大脑》中，提出通过生物学、心理学与神经科学的方法解释个人的行为倾向与模式，甚至人类进化与文化发展的历史进程。④ 此后，在斯梅尔于 2011 年出版的《深历史：过去和现在的构筑》中，他认为身体对历史而言很重要，因为身体构筑了当下与人类的深度时间（deep time）之间的桥梁。基于这样的观点，他认为原始人脑容量的增大等人体对自然环境变化的适应，等同于身体对文化、政治和社会变革的适应，从而将福柯有关西方近代身体"规训"的论述进一步深化。⑤

神经史在西方学术界持续地发生影响。瑞秋·卡森中心（Rachel Carson Center）主办的杂志《瑞秋·卡森观点》（RCC Perspectives）在 2012 年组织了一场名为"环境，文化与大脑：神经史的新探索"的笔谈，邀请了历史学、化学、医学、社会学、神经科学等不同领域的专家就神经史这一新领域的理论思考、未来发展等主题进行探讨。⑥ 丹尼尔·斯梅尔在《美国历史评论》上组织了一个"当历史学遇上生物学"的论坛，新文化史家林·亨

---

① Barbara H. Rosenwein and Riccardo Cristiani, *What is the History of Emotions*? pp. 63-102.

② Jeremy Trevelyan Burman, "History from Within? Contextualizing the New Neurohistory and Seeking its Methods," *History of Psychology*, 15：1 (February 2012), pp. 84-99.

③ 斯梅尔所谓的"深历史"（deep history）是一种上溯到史前时期的人类历史的叙述，其主要诉求在于打破"史前史"与"历史"二者之间的藩篱，强调时间的连续性。

④ Daniel L. Smail, *On Deep History and the Brain* (Berkeley and London：University of California Press, 2008), pp. 55-77.

⑤ Andrew Shryock and Daniel Lord Smail, eds., *Deep History：The Architecture of Past and Present* (Berkeley, Los Angeles and London：University of California Press, 2011).

⑥ "Environment, Culture, and the Brain：New Explorations in Neurohistory", *RCC Perspectives* (2012), pp. 9-83.

特也参与了讨论，她非常支持斯梅尔对深历史的倡导，认为神经史能够推动历史学家对思想、自我以及人类行为等产生进一步的思考，提出新的问题，并且能够提供新的取径以解决这些问题。[1] 林·亨特在《全球时代的史学写作》中指出，生物学对于反思社会与自我这两个史学写作的基本范畴有着至关重要的价值。她认为历史学家应当关注生物层面上的意识与自我，需要相信"大脑内部正在发生的事情也是相当重要的"，这是因为自我不仅具有历史性也具有生物性。秉持这一观点研究自我与社会之间的互动，将会更加关注身体的经验（somatic experiences），关注当自我参与到集体当中时集体对个体的情感与决策的影响。[2]

（屠含章执笔）

[1] Lynn Hunt, "The Self and Its History," *American Historical Review*, 119：5（December 2014），pp. 1576-1586.
[2] 〔美〕林·亨特：《全球时代的史学写作》，赵辉兵译，大象出版社，2017，第62、89~96页。

·第三部分　焦点·

历史距离

　　历史学家在研究过去时，总会自觉不自觉地对其研究对象做出一种时间上的限制。大多数历史学家认为，作为研究对象的历史事件或历史现象不能与现在太过接近，否则会影响研究者做出客观的评价和判断。但也有一些历史学家认为，问题的关键并不在于研究对象距离现在有多近，而是研究者的研究是否具有"深度"，也就是说，即便是研究不久前发生的事件或现象，也需要追溯其历史渊源，将之放在历史脉络中加以考察，而不仅仅是就事论事。这种在历史学家及其研究对象之间的时间距离，可以被称作"历史距离"（historical distance）。历史距离的存在，一方面通过赋予过去一种纵深的时间向度，使过去因为具有一种厚重的历史感而成为历史学家所认同的研究对象；另一方面，距离决定着历史学家看待事件的立场和态度，因而体现了历史学家与过去之间的一种认知关系。对于大多数历史学家，尤其是信奉客观主义的历史学家而言，过去是可以被认知的，但前提是历史学家必须与过去保持一定的距离，这样才能够获得一种超越特定时空的独立意识，使客观公允的研究成为可能。因此，历史学家总是希望与研究对象保持一定的距离，进而冷静理智地审时度势，同时使自己作为研究者的合法身份得以延续。

一 历史距离与历史研究的客观性

作为一种历史研究的规范性意识，历史距离这一观念的产生是现代史学的产物。19世纪以来，历史学的科学化和专业化率先在德国先发生，其主要特征是将历史研究的客观性放在首位，并强调了史料的重要价值。历史学家相信，只要遵循着历史科学的规律，大量占有史料，就可以做到兰克所说的"如实直书"（*wie es eigentlich gewesen*）。这种现代历史研究方法之所以在德国首先产生，是与德国的历史主义有一定关系的。也就是说，德国人为了塑造德意志民族独特的文化价值，需要在德国的历史中寻找根源，这就要求历史学家重视历史，力求真实地再现德意志民族的过去。英国历史学家和政治学家阿克顿（John Emerich Edward Dalberg-Acton，1834-1902）曾敏锐地观察到德国历史学家的这一特征："他们将历史与民族命运联系到了一起，并使历史具有在法国之外所不具有的影响力；他们用历史营造了比法律还强大的舆论。"[1] 尽管这种历史研究的出发点蕴含着强烈的政治色彩，但确实推动了现代历史学科在德国的发展。

1889年，兰克的弟子伯伦汉（Ernst Bernheim，1850-1942）出版了《史学方法论》（*Lehrbuch der historzschen Methode*）一书。书中的一个重要观点是，历史学家在研究历史时，要尽可能避免先入为主地将自己的思维、感知和认知模式强加于研究对象之上，否则很难做到客观和公正。赫尔曼·保罗将这种摒弃从现在的立场去理解过去的行为称作历史学家的"自我设距"（self-distanciation），即历史学家必须摆脱他在展开研究之前就已经存在于头脑中的各种预设和成见，尽力去消除这些"谬误的源头"。[2] 在赫尔曼·保罗看来，历史学家的"自我设距"应当被视作一种与历史学家认识论相关的理想德性，它旨在增进历史学家关于过去的知识，同时也使历史学家获得一种"科学人格"（*wissenschaftliche Persönlichkeit*）。这一"科学人格"为历史

---

[1] 〔法〕安托万·基扬：《近代德国及其历史学家》，黄艳红译，北京大学出版社，2010，第1页。

[2] Herman Paul, "Distance and Self-Distanciation: Intellectual Virtue and Historical Method around 1900," *History and Theory*, 50：4（December 2011），pp. 104-116.

学家规定了才能、操行和自我管理诸方面的标准，不仅告诫历史学家何以成为一名合格的学术人，也提醒历史学家必须让个人意愿服从这一理想德性的指引。①

既然历史学家为了客观和公正，同时消除头脑中的主观意愿和偏见，而选择主动与研究对象保持一定的时间距离，那么当代史（contemporary history）能够成为历史学家的研究对象吗？按照一般的定义，当代史主要指第二次世界大战结束后至今的历史。② 狭义上的当代史则指留存于大多数成年人记忆中的历史，其年限大约为三十年。从学科建制的角度看，当代史的形成与出现，主要是为了解决一个国家或地区所面临的近期的历史问题，需要对这段历史予以政治和文化上的解释，具有强烈的现实意义。

成立于 20 世纪 30 年代初期的荷兰当代史研究所是最早使用"当代史"这一名称的研究机构。该研究所在成立之初，主要是向世界报道在纳粹德国所发生的事情。1939 年，当代史研究所迁到英国伦敦，并于二战结束后将研究对象转向了大屠杀、反犹主义和新纳粹主义等问题。在英国，当代史作为一个明确的研究领域始于 20 世纪 80 年代。当时，政治界和公众中经常为一些战后的问题展开辩论，比如英国建立福利国家的原因等。为了更好地对这些问题展开研究，尤其是如何运用历史分析的方法对之进行研究，英国在 1986 年成立了当代英国史研究所（后更名为当代英国史研究中心，Centre for Contemporary British History）。同样是出于对当代历史问题做出解释的目的，联邦德国成立了研究纳粹时期历史的研究机构所，后来更名为当代史研究所（*Institut für Zeitgeschichte*，IfZ）。与之类似，冷战结束后，东欧的一些原共产主义国家，如捷克、斯洛文尼亚、罗马尼亚也陆续成立了当代史的研究机构，旨在回顾和解释共产主义时期的那段历史。

然而，由于距离现在太近或者说缺乏足够的历史距离，当代史作为历史研究的一个领域，也面临着一些有争议的问题。首先是分期问题。当代史的时间上限在哪里，不同的时代、不同的国家均有着不同的理解，甚至

---

① Herman Paul, "Distance and Self-Distanciation: Intellectual Virtue and Historical Method around 1900," p. 112.

② Brian Brivati, "Introduction," in Brian Brivati, Julia Buxton, Anthony Seldon, eds., *The Contemporary History Handbook* (Manchester: Manchester University Press, 1996), p. xvi.

同一国家内不同学者之间也存在分歧。以英国为例，在 20 世纪 80 年代，学者们通常理解的当代史始于二战结束。但到了 90 年代，一些学者开始强调用长时段来看待当代史，因为这样才能对近期的历史做出更符合实际的解释。比如，在研究英国福利国家的问题上，一些学者建议从 20 世纪早期，甚至 19 世纪来对这一问题进行研究。第二个是方法论问题。当代史的研究，涉及许多尚健在的历史事件的亲历者，借助访谈和口述史的方法，将当事人的记忆保留下来就成为最常见的研究方法。不过，记忆是不可靠的，当事人在回忆或口述自己的经历时，倾向于保留对自己有利的记忆，而对自己不利的记忆则将之遗忘，这显然无法做到真正的客观。

对此，有批评者指出，当代史不是历史，而是政治或新闻的一种表现形式，因为它所关注的问题在时间上距离现在太近，而研究者本人距离事件的发生也太近，甚至有可能是事件本身的一部分，因而难以做出正确的历史判断。[①] 陈寅恪（1890—1969）也谈到过史学沦为社论时评的问题，只不过要更进一步。在陈寅恪看来，即便是研究久远的过去，但如果历史学家的言论带有强烈的时代特色，这种史论不过是一种政论："然史论之作者，或有意，或无意，其发为言论之时，即已印入作者及其时代之环境背景，实无异于今日新闻纸之社论时评……故苏子瞻之史论，北宋之政论也。胡致堂之史论，南宋之政论也。王船山之史论，明末之政论也。"其结果自然是"无关史学"，"而且有害"。[②]

当代史的这种争议性，原因就在于它与研究者之间缺乏一定的历史距离。杰弗里·巴勒克拉夫对此有过深入的论述。巴勒克拉夫首先强调了当代史的重要性，指出了当代史与现代史截然不同的时代特性："当代史应当被视作一个独特的历史时期，其本身有着区别于先前时代的各种特征。"[③] 但是，巴勒克拉夫也看到，由于缺乏一种历史距离，当代史面临着内容含糊和界限不明的困境。更为重要的是，历史距离的缺失制约着历史学家应

---

① Michael D. Kandiah, "Contemporary History," http://www.history.ac.uk/makinghistory/resources/articles/contemporary_history.html#f1 [2016-06-16].

② 陈寅恪：《冯友兰中国哲学史上册审查报告》，《金明馆丛稿二编》，生活·读书·新知三联书店，2001，第 280、281 页。

③ Geoffrey Barraclough, *An Introduction to Contemporary History* (Harmondsworth: Penguin Books, 1967), p. 12.

有的批判立场："在我们采用历史的眼光之前，我们务必要与所研究的事件保持一定的距离。'超越'自我，以历史学家批判的眼光不偏不倚地审视过去，原本在任何时候都很难做到。更何况面对与我们生活如此密切相关的事件，究竟还有无这一可能？"① 在这种情况下，如果使当代史研究更有价值，就必须赋予其一种历史距离，用巴勒克拉夫的话说就是要使之有"深度"，即探寻当代事件的过去之源。巴勒克拉夫以 1950 年的朝鲜战争为例，告诫历史学家不应只看到这场战争的表象，认为它只是二战后两大世界阵营一系列冲突中的一个事件，而是要追溯到一个世纪之前，认识到这场战争其实是争夺西太平洋统治地位更为久远的冲突的一个组成部分。巴勒克拉夫进而指出，在对近期历史的分析中，必须意识到更深的历史趋势在解释人类及事件演进中的恒久意义。②

由此，历史距离一方面通过赋予过去一种纵深的时间向度，使过去因为具有一种厚重的历史感而成为历史学家所认同的研究对象；另一方面，正如巴勒克拉夫所提到的，历史距离决定着历史学家看待事件的立场和态度，体现了历史学家与过去之间的一种认知关系。其实，无论是指过去与现在之间必要的时间距离，还是指历史学家为了确保研究的客观性而有意与过去或者自己的先入之见保持一定的距离，历史距离都可以被看作历史认识和历史解释的一种前提。它说明，作为客观实在的过去在转化为历史或者历史学家的研究对象之前，首先需要被纳入一种时间体制中，让其经历一种从发生、发展再到结束的过程。其次，历史学家在有意识地与其研究对象保持距离的同时，应当通过"自我设距"实现从作为个体人格到科学人格的转变，进而能够借助经过自我规训的关于过去的知识，呈现一种超越自我认知局限的历史认识和历史解释形态。

二　历史学家的能动性与历史距离的消失

作为历史学家的"自我设距"，历史距离明确表达了过去与现在之间的不同，提醒历史学家不可以"以今度古"。而作为一种时间距离，历史距离

---

① Geoffrey Barraclough, *An Introduction to Contemporary History*, pp. 14–15.

② Geoffrey Barraclough, *An Introduction to Contemporary History*, p. 16.

则让历史学家远离研究对象，尽可能带来一种客观的历史认识。根据彼得·伯克的研究，历史距离意识最早出现在文艺复兴时期，而这一时期也是现代史学的发端。[①] 彼得·伯克认为，正是由于历史距离意识的出现，文艺复兴时期的人开始具有了现代的历史意识，即历史透视（historical perspective）意识、变化意识和关于过去的意识。[②] 现代历史意识对过去与现在之间差异的强调，对科学性与客观性的追求，使得历史距离成为历史认识的一个先决条件。

然而，历史学家在对过去进行认知时，主要是借助过去所遗留下来的各种文本，如何对文本做出解释就成为历史认识的关键。在客观主义历史学家看来，历史学家只要排除自我的情感、立场，设身处地地解读文本，就能够做到不偏不倚，甚至让文本自己说话。但在现代阐释学看来，后来者之所以能够更好地理解原来的文本，并不是因为后来者可以让自己置身于文本当时的历史情境中，而是因为解释者与文本之间所固有的不可消除的时代差异。正是在这一点上，伽达默尔（Hans-Georg Gadamer，1900-2002）强调："每一时代必须按照它自己的方式来理解历史流传下来的文本，因为这文本是属于整个传统的一部分，而每一时代则是对这整个传统有一种实际的兴趣，并试图在这传统中理解自身……文本的真实意义……总是同时由解释者的历史处境所规定的，因而也是由整个客观的历史进程所规定的。"[③]

伽达默尔并不认为历史距离就是一道让过去与现在发生断裂的鸿沟，而是强调了过去与现在之间沟通的可能性："时间距离并不是某种必须被克服的东西。这种看法其实是历史主义的幼稚假定，即我们必须置身于时代的精神中，我们应当以它的概念和观念、而不是以我们自己的概念和观念来进行思考，并从而能够确保历史的客观性。事实上，重要的问题在于把时间距离看成是理解的一种积极的创造性和可能性。时间距离不是一个张着大口的鸿沟，而是由习俗和传统的连续性所填满，正是由于这种连续性，

① Peter Burke, "A Short History of Distance," in Mark Salber Phillips, Barbara Caine and Julia Adeney Thomas, eds., *Rethinking Historical Distance* (Houndmills, Basingstoke: Palgrave Macmillan, 2013), pp. 21-33.

② Peter Burke, *The Renaissance Sense of the Past* (London: Edward Arnold, 1969).

③ 〔德〕伽达默尔：《真理与方法》上卷，洪汉鼎译，上海译文出版社，1999，第 380 页。

一切流传物才向我们呈现了出来。"① 因此，历史距离并不会造成过去与现在各自孤立地存在，而是通过某种历史传承物将两者连接起来。那种认为只有经由某种历史距离才能排除主观干扰、达到客观认识的观念，实际上强调了历史文本的封闭性，即文本只有内在于产生它的历史情境，同时摆脱由研究者所处的环境而产生的现实性时，其意义才可以被客观地认知。

这样，在历史距离动态和开放地变化中，历史学家或阐释者的现在视域与他将自身置于过去之中的历史视域发生了"视域融合"（*Horizontverschmelzung*），② 过去与现在不再是对立的，而是在视域的融合中彼此向对方转变，历史距离在某程度上消失了。与客观主义强调历史学家在实践中要放弃自我且置身于过去不同，阐释学主张历史学家或阐释者应从自己的立场和当前的语境出发，因而具有强烈的主观主义色彩。这种历史理解的方式似乎是对客观主义史学的反动，但赋予历史学家更大的自由和能动性。或许正如克罗齐（Bendetto Croce，1866－1952）所说的，"历史的积极性质"的显现，在于让历史"永远应当力求主观"。③ 也就是说，只有将过去的事实与历史学家现在的生活结合起来，或者让历史学家的精神世界融入历史世界之中，过去才不会因为历史距离的间隔成为死的和没有意义的历史，而是成为活的和真正的历史。这样，过去就完成了向现在的转化并融于其中，进而作为一种现在的力量而活在当下。正是基于这样的理解，克罗齐声称历史绝不会死亡，因为它总是将开端和结尾连接起来。④ 同样，柯林武德（Robin George Collingwood，1889－1943）在他的"重演"（re-enactment）理论中也提到，过去并不会因为历史距离的存在而宣告死亡，相反，它将不断在历史学家的心灵中重演，进而被合并到历史学家现在的思想中。因此，历史学并不是如实证主义史学宣称的那样，是对死掉了的过去的各种连续性事件研究，而是过去之经验在现在的重演。⑤

---

① 〔德〕伽达默尔：《真理与方法》上卷，第 381 页。
② 关于"视域"与"视域融合"，参见〔德〕伽达默尔《真理与方法》上卷，第 388～394 页。
③ 〔意〕克罗齐：《历史学的理论和实际》，傅任敢译，商务印书馆，1986，第 65 页。
④ 〔意〕克罗齐：《历史学的理论和实际》，第 70 页。
⑤ 〔英〕柯林武德：《历史的观念》，何兆武、张文杰译，商务印书馆，1997，第 319～320、322 页。

此外，从史学实践的层面看，20世纪80年代以来，尤其是最近二十年来，新的社会问题和历史现象的出现，让实践中的历史学家发现，过去和现在之间的界限日趋模糊，那种让过去远离现在的历史距离也正在消失。带来这种效应的一个重要原因就是记忆研究在史学界的兴起。记忆研究的兴起及之后所形成的持续性的研究热潮，根源在于历史学家对于纳粹屠犹也就是"大屠杀"这一在欧洲当代历史上最具象征意义事件的关注与反思。到20世纪末，记忆研究几乎覆盖了可以想象到的所有历史主题，成为文化史甚至整个历史学中唯一起主导作用的领域。① 然而，记忆研究的出现，与现代史学注重客观性和科学性的特点发生了抵牾，更因其将过去纳入现在的做法，有悖于现代史学固有的过去与现在相分离的观念。皮埃尔·诺拉在论述记忆与历史的对立时指出：记忆是一种持续不断的现行现象，是将我们与永恒的现在系为一体的纽带；历史则是对不复存在的事物的重构，对过去的再现。② 加布丽埃尔·斯皮格尔（Gabrielle M. Spiegel）也强调："记忆使过去重生、复活、得以再次利用，使过去重现和再生于现在，但它并不按历史的方式运作，因为它拒绝让过去停留在那个构成现代史学大业的过去之中，可以说与现代史学划清了界线。"③ 反观现代史学，其运行的基础建立在"过去已死"的逻辑上。也就是说，为了保证历史研究的科学性，现代史学必须将过去固定为一种客观实在，一种不容历史学家任意解读和妄加猜测的对象。过去因而只为其自身而存在，如果脱离了客观性原则，对过去的利用就有可能成为一种意识形态上的滥用。因此，记忆研究对现代史学最明显的挑战，是以一种不同的时间性，通过将过去重现于当下，让过去介入当下，强调了过去的持久性以及"过去的在场"（the presence of the past）这一信念。

所谓"过去的在场"，就是指过去以一种有形或无形的、精神或物质的方式存在于当下，它意味着过去并不像人们通常所认为的那样只存在于遥

---

① Alon Confino, "Collective Memory and Cultural History: Problems of Method," *The American Historical Review*, 102: 5 (December 1997), p. 1386.

② Pierre Nora, "Between Memory and History: *Les Lieux de Mémoire*," *Representations*, 26 (Spring, 1989), p. 8.

③ Gabrielle M. Spiegel, "Memory and History: Liturgical Time and Historical Time," *History and Theory*, 41: 2 (May 2002), p. 162.

远的过去，或者以某种经过历史学家建构的方式重现于现在，而是以其自身的方式直接呈现于现在或对现在产生着影响。用伊森·克莱因伯格（Ethan Kleinberg）的话说就是，处于在场中的过去不是被建构的过去，而是实际存在的过去。① 那些为了纪念大屠杀的受难者或为了保存大屠杀的记忆而修建的，存储并展示各种证据及见证的博物馆、纪念馆、档案馆，就是一种有形的或以物质方式存在的"过去的在场"。而那些由各种灾难性事件所造成的心灵上的创伤，虽非实体，却在精神和心理层面上更加难以抚平，这种无形的"过去的在场"反而让过去更加持久地"萦绕"在现在，挥之不去。

"过去的在场"显然改变了人们的时间体验。对灾难性事件的亲历者来说，心灵和肉体的创伤时刻在提醒着"过去从未死亡，它甚至还没有过去"的警示。对大多数远离灾难性事件的后来者而言，诸如遗迹、纪念馆之类的记忆场所，以一种自然的方式或目的旨在增强到访者现场感的设计上的策略，不断渲染着过去从未离去的气息。过去在向现在延伸，现在也在与过去对接。在这种交错的时间进程中，过去与现在屡屡遭遇，它们之间的界限不再那么分明，历史距离感也在消失。诚如伯伯尔·贝弗纳奇（Berber Bevernage）所言："持续存在的过去不仅解构了不在场和距离的观念，而且模糊了过去和现在之间绝对的界限，也因此对这些作为不同实体的时间维度的存在提出了质疑。"②

"过去的在场"打破了过去与现在之间的时间阻隔，它让历史距离感消失，让过去存活于当下。让过去存活于当下的目的，并不是发现和保存过去，也不是让某种在过去被压制的真相释放出来，而是通过一种纪念功能，让过去持续地萦绕在当下，并对未来产生长远影响。当然，这种过去一定首先是一种创伤性过去，它涵盖了西方 20 世纪以来所经历的世界性大战、大屠杀、种族清洗、后冷战时期国家的解体等各种极端性事件。记住凡此种种过去并让它们延绵于当下，既是对过去的反思，也是对未来的期许。

① Ethan Kleinberg, "Presence *in Absentia*," in Ranjan Ghosh and Ethan Kleinberg, eds., *Presence: Philosophy, History, and Cultural Theory for the Twenty-First Century* (Ithaca and London: Cornell University Press, 2013), p. 12.

② Berber Bevernage, *History, Memory, and State-Sponsored Violence: Time and Justice* (New York and London: Routledge, 2012), p. 5.

埃尔科·鲁尼亚指出，记住过去的情感和价值前提是"被过去所感动"（moved by the past），而实现这一前提的一个最有效的办法就是记住并说出历史上的死者尤其是受难者的名字，因为从死者的名字当中，人们可以窥视到历史的神圣性。[①]

更为重要的是，在思想和精神危机的时代，人们需要求助于对过去的神话式重演，以便让死者为生者的情感、心灵和灵魂而战。[②] 尽管如尼采所言，纪念性历史的弊端在于它永远不能拥有完全的真理，有着"让死者埋葬生者"的危险，[③] 但在一个过去在当下萦绕不散的时代，在一个历史上的创伤尚未抚平的时代，史学并不能完全放弃其纪念功能。因此，就像历史学家有责任对证据负责一样，他们也有责任去建构和重建纪念性的历史，去承担将过去带入当下的政治、伦理和心理后果，以及去践行他们对历史的意愿。

三　历史距离的多重效用

总的说来，历史距离可以视为历史学家与其研究对象之间的一种介质，借此能够体现历史研究的客观性和主观性之间的复杂关系。当然，历史距离的作用也不仅限于这一点，它还有着其他的价值和意义。加拿大历史学家马克·菲利普斯（Mark Salber Phillips）认为，在历史书写或编撰中，历史距离至少具有以下四种效用或功能，即形式的、情感的、政治的和认知的。也就是说，历史距离的存在决定或影响着历史著作的形式结构、情感需求、意识形态特征和历史理解的内容。[④] 马克·菲利普斯的这一观点无疑为我们全面理解历史距离提供了一种非常有益的视角。而从其他一些历史学家的例子中，我们也可以更为直观地看到历史距离的多重效用。

---

① Eelco Runia, "Spots of Time," in *Moved by the Past: Discontinuity and Historical Mutation* (New York: Columbia University Press, 2014), p. 91.

② Jan-Werner Müller, "Introduction: The Power of Memory, the Memory of Power and the Power over Memory," in Jan-Werner Müller, ed., *Memory and Power in Post-War Europe. Studies in the Presence of the Past* (Cambridge: Cambridge University Press, 2002), p. 4.

③ 尼采：《历史的用途与滥用》，陈涛、周辉荣译，上海人民出版社，2000，第 14、17 页。

④ Mark Salber Phillips, *On Historical Distance* (New Haven: Yale University Press, 2013), p. 6.

1931 年，在莱顿大学教书的赫伊津哈被同事建议开设一门当代史的课程，讲授第一次世界大战以来的欧洲历史，但被他拒绝了。赫伊津哈认为，与开一门当代史课程相比，他更愿意开一门 18 世纪的欧洲文化史课程，其理由如下："对于讲授一门关于近期的过去的课程，我不知要说什么，因为学生在论文中看不到这段历史。他们需要的是距离、视角，以及非常清楚的历史形式。我并不是说，18 世纪的历史实际上比现在更吸引人也更为重要，而是想说，这段历史比人们可以从中得出的不完美和不可靠的历史形象更吸引人和更为重要。"①

从赫伊津哈的这段话中，我们可以至少看到历史距离的三重意义。首先是形式上的意义。历史学家与其研究对象之间要保持一定的历史距离，与一个人进入博物馆欣赏画作或其他艺术作品时的情形十分类似。一个人只有站在画作或艺术作品的一定距离之外，才能获得观赏这些艺术作品外貌的最佳视角，太远或过近都不合适。同样，历史学家在研究尤其是在写作历史时，恰当的视角和距离，② 决定了历史著作的撰述方式和外在形式。比如，距离现在越是久远的历史事件，历史学家在对之做出描述时，就越可能采取一种客观和超然的态度，其著作就越可能呈现出明确和直白的形式。而事件距离现在越近，历史学家就越有可能受到主观好恶或大众舆论的影响，其著述风格就有可能带有明显的感情色彩。因此，一个优秀的历史学家总是会站在适度的距离上观察过去，在客观和情感之间保持一种微妙的平衡。史景迁在写作《王氏之死》时，尽管事件距离现在足够久远（这是进行客观描述的前提），但由于缺乏关键性的史料，而史景迁又想建构王氏的日常生活和精神世界，于是他求助了蒲松龄《聊斋志异》，试图把从文学中提炼出来的"普遍性"应用到王氏这个个体的"特殊性"上，同时也将过多的个人感情投射到王氏身上。③《王氏之死》出版后遭到一些学者的诟病，原因就在于史景迁模糊了客观性与历史学家个人情感之间的

---

① Jaap den Hollander, Herman Paul, and Rik Peters, "The Metaphor of Historical Distance," *History and Theory*, Theme Issue 50 (December 2011), p. 2.

② 关于距离和视角在历史研究中的作用，可参见 Carlo Ginzburg, "Distance and Perspective: Two Metaphors," in Carlo Ginzburg, *Wooden Eyes: Nine Reflections on Distance*, trans. Martin Ryle and Kate Soper (New York: Columbia University Press, 2001), pp. 139–156.

③ 参见史景迁《王氏之死》，李孝恺译，广西师范大学出版社，2011。

界限。

其次，历史距离也暗含了一种价值判断。在赫伊津哈的例子中，18 世纪的历史与当代的历史并不是等值的，这里面体现了个人对于不同时段历史的认知和理解。而对于兴趣和爱好迥异的历史学家来说，不同时段的历史的价值是存在着差异的。有些人可能偏好中世纪，有些人更喜爱近代早期，有些人则更擅长当代史。大多数历史学家对于遥远过去的偏好，除了兴趣爱好上的原因外，更多的是出于对历史学职业特点的坚守，即坚持认为历史是对与现在迥然不同的过去的研究。这是基于这一原因，一些历史学家会认为，与那些研究近期的过去的同道相比，他们对于自己的研究对象即遥远的过去，有着一种先天的优越感。不过，现在看来，历史学的神圣法则——客观性与科学性，并不必然与遥远的过去有关，它更多地取决于历史学家的态度而不是历史学家的研究对象。

再次，历史距离也体现着美学或审美上的价值。从审美的角度来看，赫伊津哈显然认为，某一时段的历史所引起的历史学家的情感共鸣可能要强于其他时段，具体来说就是，18 世纪的历史较之当代史，更能让赫伊津哈产生作为历史学家的认同感。这种认同感，更多的是情感层次的表达，而不是认识论意义上的结果。也就是说，历史学家对某一时段的历史所产生的认同，有时并不是建立在对历史的理解之上的，而是对历史的一种依恋（attachment），一种情感上的归属。正如安克斯密特指出的："历史经验对象向我们的呈现先于历史学家有意义的思考；它跟任何思考过程都没有关系，跟历史学家组合过去留下的证据以构建有关过去的某种假说的方式没有关系。"[1] 或许正是这种从过去获得的"崇高的历史经验"，才激发了历史学家强烈的历史意识和写作历史的兴趣。

对于意大利微观史学家卡洛·金兹伯格来说，历史距离还具有一种道德意味。金兹伯格曾援引欧洲文化史中一个很有名的隐喻——"杀死一个满大人"，来对之予以说明。所谓"杀死一个满大人"指的是，如果一个法国人在巴黎通过意念杀死一个远在中国的、老迈的满清官员，借此可以变

---

① 〔荷〕弗兰克·安克斯密特：《崇高的历史经验》，杨军译，东方出版中心，2011，第94页。

得富有，那么这个法国人会不会这么做？① 这个隐喻表达了两层核心意思：首先，被杀者距离杀人者遥远，双方素不相识，因而杀人者不会有任何感情上的羁绊；其次，由于是通过意念杀人，所以没有人知道杀人者是谁，因而杀人者完全不用承担法律责任。在这种没有任何风险而又可以获得利益的情况下，人们还会守住内心深处的道德底线吗？尽管金兹伯格论及的是空间距离所引发的对于道德的考量，但是时间距离亦即历史距离同样涉及道德问题。比如，较之发生不久的种族屠杀事件，人们对于发生在遥远过去的同类事件就会缺少足够的关注。时间上的距离会冲淡人们对于这些创伤性事件愤怒甚至谴责，进而会忽视其背后所隐含的深刻的道德意蕴。

有鉴于此，一些历史学家提出要保留大屠杀幸存者的记忆，这样才不至于随着时间的推移，随着事件距离当下越来越远，后世的人会逐渐遗忘这段历史，失去对之的道德诉求。另外，在历史相对主义者看来，记忆如同语言，都是人为建构的产物，因而不能等同于真实。尤其只有一名当事人时，记忆更不能作为探究历史真相的证据。表面上看，这种观点有一定道理，但是它却忽视了历史事件的道德意蕴。对此，金兹伯格在其著名的论文《只有一个目击者》中，专门探讨了孤证的意义与价值。② 金兹伯格指出，以往的历史著作，在涉及因战争或宗教引发的种族屠杀时，著者通常都会在书中提到至少有两位目击者，以表明事件的真实性。从证据的角度而言，一位目击者只能是孤证，不足以令人信服，必须有另一个证人，与之相互印证。但金兹伯格认为，涉及种族屠杀这样的与道德评判密切相关的历史事件时，历史相对主义的论断是无效的，即便只有一个目击者看到了遥远过去的事件，其证词足以作为合理且有效的证据。从这一意义上来说，面对历史上违反人性的"极限事件"（event at the limits），③ 法律上的通则是无效的，历史学家的任务不是像法官那样检验不同的目击证据，而是要保有基本的道德准则。只有考虑到道德因素，历史上的创伤性事件才

---

① Carlo Ginzburg, "Killing a Chinese Mandarin: The Moral Implications of Distance," *Critical Inquiry*, 21: 1 (Autum, 1994), pp. 46-60.

② Carlo Ginzburg, "Just one Witeness," in Saul Friedlander, ed., *Probing the Limits of Representation: Nazism and the "Final Solution"* (Cambridge, MA: Harvard University Press, 1992), pp. 82-96.

③ 关于"极限事件"，可参见本书"历史记忆"一章。

不会因为历史距离的存在或扩大，失去与现在的关联。

历史距离作为历史学家与其研究对象之间的一种介质，其最初的目的是确保历史学家的研究具有基本的客观性和科学性。它通过提供一种为历史学家所认可的时间尺度，规范了历史学家的学术行为，力求使之做到平等和公正。作为现代历史意识的产物，历史距离并不要求历史研究的主体即历史学家有太多的自我创造，他（或她）只需遵循必要的研究规则即可。但随着史学的发展，尤其是20世纪80年代以来，史学更多地被认为是一种语言的建构和历史学家的阐释，历史学家的主观性受到了重视，并被认为在历史研究中有着合理的能动性。特别是历史学家从自身所处的时代对历史做出阐释，让历史距离所暗含的过去与现在之间的冲突不再是必然的和无法克服的，而是可以相互转化的。同时，记忆研究的兴起，进一步强调了过去的当下意义，过去与现在之间的鸿沟也正在消失。而随着对于历史研究、史学撰述之功能的多元理解，史学开始具有越来越多的功用，历史距离的内涵也更为丰富，它既可以是科学的、理性的，也可以是情感的、实用的，还可以是审美的、道德的，不一而足。这种多样性，带给历史学家的并不是困扰，而是一种突破束缚的自由，推动他们以更大的热情去展现历史这一古老学科的当下价值。

历史时间

时间是历史学最重要的构成要素，历史学在某种意义上也成为一门关于时间的科学。无论是对历史进行分期，还是对循环或线性的历史观念予以剖析，抑或对历史的走向做出预测，无不涉及时间问题。不过，长期以来，时间并没有成为历史研究的对象，而是更多地作为历史学的一个属性，或者作为历史研究的一个不言自明的因素，制约和限定着历史研究的范围、目的和意义，同时也赋予历史学家一种历史意识，对其实践产生直接或间接的影响。随着人类进入现代社会，随着以科学和理性为特征的现代史学的建立，历史学家开始关注时间问题。这是因为，首先，社会的发展和变化，让历史学家深切体会到时间的加速，以及由此带来的不同于以往的历史意识；其次，关于未来的观念开始出现，让历史学家对于时间的走向有了更为明确的认识。时间，因而成为历史学考察的重点，也成为历史学家反思过去、着眼现在和展望未来的重要介质和维度。

一般而言，历史学家对时间的研究有两种模式：一种是历时性研究，即将时间这一概念置于历史脉络中，考察它的形成、发展与演变；另一种是共时性研究，即将时间这一概念放在不同的语境中，考察不同文化系统或地区对时间的不同理解。此外，历史学家倾向于对时间进行社会史的或历史社会学的研究，即分析时间的社会内涵、自然时间与社会时间的异同、时间与权力的关系，等等。不过，这里所谓"历史时间"（historical time）与上述研究路径有着根本的不同，它侧重研究过去、现在和未来这三种时间向度之间的关系，并试图揭示这些关系背后所体现的历史意识的变化。

一 历史时间的多重层次：费尔南·布罗代尔

通常认为，历史时间这一问题主要由德国历史学家莱因哈特·科塞勒克提出，经法国历史学家弗朗索瓦·阿尔托格的推进而得到进一步拓展。不过，在历史时间这一问题提出之前，法国历史学家费尔南·布罗代尔便较早地将时间维度引入历史研究中。布罗代尔虽然并不关注不同时间向度之间的关系，但他所提出的历史研究中多元时段的理论，对科塞勒克的历史时间理论产生了积极的影响。因此，追溯历史时间问题的源头，需要从布罗代尔谈起。

在出版于 1949 年的巨著《地中海与菲利普二世时代的地中海世界》（以下简称《地中海》）中，布罗代尔依据历史发展的节奏，对时间进行了三种层次的划分。第一种时间层次被称作"地理时间"，它的节奏最为缓慢，几乎静止不动，成为制约人类历史发展的深层结构。《地中海》一书的第一部分《环境的作用》即以"地理时间"为基础。在这一部分，布罗代尔从自然地理和人文地理两个角度出发，描述了地中海世界的自然环境特点，以及自然环境对地中海地区各个国家政治活动的制约。在对地理环境的描述中，布罗代尔有意识地突出了地中海世界高度的统一性与完整性。第二种时间层次被称作"社会时间"，其节奏较为缓慢，与这一时间相对应的是经济史和社会史。而"社会时间"构成了《地中海》第二部分"集体的命运和总的趋势"的主题。在这一部分，布罗代尔从经济、国家（帝国）、阶级（社会）、文明和战争五个角度完整呈现了地中海世界的经济、社会形态。第三种时间被称作"个人时间"，它的发展速度最快，专门用来描述历史事件，属于传统史学的时间范畴，《地中海》一书的第三部分"事件、政治和人"就是专门针对"个人时间"的。在这一部分，布罗代尔以传统史学热衷讨论的政治、战争和重要人物为研究对象，叙述了 1550~1600 年地中海世界的重大历史事件。[①]

布罗代尔的三种时间层次的理论到了后期有了进一步的发展。在 1958

---

① 〔法〕费尔南·布罗代尔：《地中海与菲利普二世时代的地中海世界》第 1 卷，唐家龙、曾培耿等译，商务印书馆，2008，第 4~18 页。

年发表的《长时段：历史和社会科学》一文中，布罗代尔将他的三种形态的历史时间指称不同的时段。其中，"地理时间"被称为"长时段"（*longue durée*），对应的历史形态叫作"结构"，以一个世纪或几个世纪为单位；"社会时间"被称为"中时段"，对应的历史形态叫作"局势"，以十年至五十年为单位；"个人时间"被称为"短时段"，对应的历史形态叫作"事件"，以年月日为单位。依托"时段理论"，布罗代尔完整呈现了菲利普二世时代地中海世界的全景图，为"总体史"研究提供了较为成功的范例。在上述三种时段中，布罗代尔最看重"长时段"，认为这种新的历史时间形态完全不同于以往历史学家对时间的认知，它将最终改变历史研究的实践和价值："对历史学家来说，接受长时段意味着改变作风、立场和思想方法，用新的观点去认识社会。他们要熟悉的时间是一种缓慢地流逝、有时接近静止的时间。在这个层次上，脱离严格的历史时间，以新的眼光和带着新的问题从历史时间的大门出入便成为合理合法的了。总之，有了历史层次，历史学家才能相应地重新思考历史总体。"①

由此可以看出，布罗代尔提出"长时段"理论，是为了思考历史的总体，即所谓"总体史"（*histoire totale*）。所谓总体史，就是要改变以往历史研究只重视政治史等"短时段"的历史，从深层次的结构层面去把握人类历史的整体发展。此外，总体史的提出，也是要打破历史学与社会科学之间的壁垒，积极开展学科间的对话。彼得·伯克曾这样总结早期年鉴学派的史学理念："《年鉴》背后的主导理念也许可扼要归纳如下。首先，是以问题导向的分析史学，取代传统的事件叙述。其次，是以人类活动整体的历史，取代以政治为主体的历史。再次，为达成上述两个目标，与地理学、社会学、心理学、经济学、语言学、社会人类学等其他学科进行合作。"②

与年鉴学派创建者马克·布洛赫和吕西安·费弗尔不同的是，布罗代尔的总体史是在时间框架下呈现的。这种独特的呈现方式，反映了布罗代尔对总体史性质的深入思考。首先，历史时间是总体史的根本前提，历史

---

① 〔法〕费尔南·布罗代尔：《长时段：历史和社会科学》，载《资本主义论丛》，顾良、张慧君译，中央编译出版社，1997，第183页。

② 〔英〕彼得·伯克：《法国史学革命：年鉴学派》（1929~2014），刘永华译，北京大学出版社，2016，第3页。

现象需要在历史时间的框架之下发展、变化。有了历史时间，总体史才称得上是一种真正客观的历史。其次，根据历史现象变化节奏的不同，历史时间可以划分为不同的时段，每个时段都是窥探总体史的一个特殊维度，历史时间中的长时段用来衡量变化最缓慢的历史现象。再次，布罗代尔最看重由长时段或地理时间所衡量的历史现象，他称这类历史现象为"结构"，并认为结构是总体史的重心。最后，综合性与多元性是历史的根本特性，总体史不能只反映长时段下的历史现象，还应当适当关注传统史学所侧重描述的重大事件。

长时段作为一种叙述和解释历史的新视角，对后来的历史学产生了深远的影响。首先，在历史认识论方面，长时段理论将历史研究者的关注点，从细枝末节的表层现象引向了更为深层的结构上去。布罗代尔多次谈到，研究历史的主要途径就是采用长时段的视角。[1] 当然，长时段不是理解历史的唯一途径，却是回答历史中长期的和结构性问题的重要途径。雅克·勒高夫曾这样评价长时段的意义和价值，他说："新史学的先驱较有成效的观点无疑是长时段。历史发展时快时慢，但推动历史发展的内在力量却只有在长时段中才能起作用并被把握。"[2] 因此，只有当历史学家的视域从短时段转向长时段，他们才能从总体上理解历史的各种层次，才有机会重新建构一种宏观的历史理论。在布罗代尔漫长的研究生涯中，他始终致力于对历史进行长时段研究，他对经济世界的构建、对文明史尤其是物质文明的独特理解，无不与长时段息息相关。

其次，长时段突破了传统史学对时间的单一理解，发现了历史时间潜在的多样性和多种可能。在布罗代尔看来，历史时间具有多重形态，它们既可以是平行的，也可以交织在一起，彼此独立但又相互影响，是"历时性"与"共时性"的有机结合。这种对于历史时间的新的理解，意味着历史学家要用更加开放和更加包容的态度去认识过去和解释过去。历史因而不再是绝对的和唯一的，而是多元的和多层次的。历史学家所要做的，就

---

① 〔法〕费尔南·布罗代尔：《论历史》，刘北成、周立红译，北京大学出版社，2008，第5页。

② 〔法〕雅克·勒高夫、〔法〕皮埃尔·诺拉等主编《新史学》，姚蒙译，上海译文出版社，1989，第27页。

是尽量从不同的时间尺度来衡量各个层次的历史,进而将这些不同的历史综合在一起,形成对人类历史的较为完整的认识。①

最后,更为重要的是,在长时段的观照下,"过去"不再是单一和恒定的,而是随着时段的延长而不断延长和变化,过去因而是多样化的和复数的。这种复数的过去因此可以与现在甚至未来建立一种多元的联系,赋予人们一种动态的理解历史的方式,进而使人们获得一种不同于以往的历史意识。这种新的历史意识的获得,有助于人们重新思考过去、现在、未来之间的关系,这一点对于理解历史时间问题有着重要的意义。

二 经验空间与期待视域:
莱因哈特·科塞勒克

作为历史时间问题的主要提出者,莱因哈特·科塞勒克坦言,他对于这一问题的思考深受布罗代尔的启发,并认为自己所提出的历史时间多重层次的观念是对布罗代尔理论的延续。② 科塞勒克尤其注意到布罗代尔的历史结构与历史时间之间的内在联系。他在一篇题为"表现、事件与结构"的文章中这样说道:"近年来,社会史诸多成问题的原则,使得'结构'一词渗透在历史尤其'结构史'之中。这些结构,包括了那些没有被已经经历的事件的严格序列所涵盖的时间层面。这些结构表明了长期的延续、稳定和变化。'长期'和'中期'这样的范畴,以一种更为严苛的方式,规定着过去一个世纪被看作是'局势'的那种东西。"③ 尽管受到布罗代尔的影响,但科塞勒克是将历史时间作为历史研究的对象,而不是作为历史研究的背景或框架。换句话说,在科塞勒克那里,历史时间不是一个外在的实体,比如物理学中的时间或社会学中的时间,而是一个内嵌在历史本身中的概

① 布罗代尔对于多元历史时间的贡献,可参见 Dale Tomich, "The Order of Historical Time: The *Longue Durée* and Micro-History," *Almanack*, 2 (2011), pp. 52–65。

② Niklas Olsen, *History in the Plural: An Introduction to the Work of Reinhart Koselleck* (New York and London: Berghahn, 2012), p. 143.

③ Reinhart Koselleck, "Representation, Event, and Structure," in Reinhart Koselleck, *Futures Past: On the Semantics of Historical Time*, trans. Keith Tribe (New York: Columbia University Press, 2004), p. 107.

念。正如科塞勒克所指出的："如果历史时间这个概念具有特定的意义，那么它就与社会和政治行动，与具体的行动中的人和遭受苦难的人以及他们的机构和组织密切相关。"①

虽然科塞勒克没有给历史时间下一个确切的定义，但从其言论中，我们可以看出科塞勒克所说的历史时间就是指过去与未来之间的变动的关系。科塞勒克在其文集《过去之未来：历史时间的语义学》中指出，文集中的文章都"指向了那些明确地或含蓄地阐述时间的历史经验的文本。更确切地说，这些文本……都与一个既定的过去和一个既定的未来的关系有关。……（这些文本所提供的）所有证据都是为了回答如下问题：在一种具体的情况下，经验是如何与过去达成一致的？而被投射到未来的期待、希望或预测，又是如何被语言描述的？这些论文不断地询问：在一个既定的当下，过去与未来的时间维度是如何发生关系的？这一询问涉及这样一个假设，即在区分过去与未来时，或者在区分（人类学意义上的）经验和期待时，有可能把握像历史时间这样的东西"。②

而在论证过去与现在之间变动的关系时，科塞勒克主要借助了以下两个重要的概念，即经验空间（Space of Experience）和期待视域（Horizon of Expectation）。科塞勒克认为，经验空间是记忆的场所，留存着人类社会所有的往事，它指向过去；期待视域则指向未来，只能被预测不能被体验。人们所处的现在，就是过去与未来或者经验与期待的连接点。因此，没有脱离经验的期待，也没有无关期待的经验。在历史的每一个阶段，不同的经验空间造就了不同的期待视域，而不同的期待视域又反作用于不同的经验空间。在科塞勒克看来，历史时间就产生于经验空间和期待视域之间的张力，通过考察这种张力变化过程，人们就能从结构上理解历史时间的真正内涵。科塞勒克指出："为了生活而去协调过去与未来的冲动，完全是人类的天性。具体来说，一方面，每个人、每个群体都有一个与人的行动相关的经验空间，过去的事物在这里得以呈现或被记住；另一方面，人们的

---

① Reinhart Koselleck, "Author's Preface," in Reinhart Koselleck, *Futures Past: On the Semantics of Historical Time*, p. 2.

② Reinhart Koselleck, "Author's Preface," in Reinhart Koselleck, *Futures Past: On the Semantics of Historical Time*, p. 3.

行动也总是以特定的期待视域为参照。"①

在现代之前，人类生活的每个阶段都与之前的阶段没有发生断裂，人类的经验空间处于连续性的状态之中。人们通常认为，从过去的经验中就可以找到应对未来的方法和范例，因此人们对于未来并没有什么期待。尽管基督教以"末日审判"的观念带来了一种指向未来的时间观念，但人们除了期待末日外，并没有更多的世俗事物值得展望。但是进入 18 世纪以后，尤其是进入科塞勒克所谓"鞍型期"（Sattelzeit）以来，人们关于过去和未来的观念发生了巨大的变化。首先，未来开始变得开放和具有多种可能性，而不只是基督教神学所宣扬的末日。其次，人类社会的飞速发展，尤其是革命，打碎了过去的经验空间。那些曾经被认为是永恒的经验，很快被新的和现实的经验所取代。与此同时，一种进步的和指向未来的历史观念出现了，它承诺了诸多美好的事物，相信人类社会会朝着更好的方向发展。由此，对于未来的期待在不断增长，经验空间和期待视域开始发生分离，并在 18、19 世纪之交生了明显的断裂，一种全新的、开放的未来观出现了。②

历史时间诞生于经验空间与期待视域的断裂，它将历史时间化（temporalization），也就是说让历史或者过去拥有了一种未来。历史时间与人们在日常生活中体验的时间一样，具备既定的方向和速度，但历史时间的方向可以随着"过去"与"未来"之间的张力发生扭转，其速度也可以随着社会进程的发展"加速"或"减慢"。因此，在科塞勒克看来，历史时间是多层次的、复数的和不匀质的。不同时代有不同的历史时间，同一时代也可能存在多种历史时间。"不同时代的同时代性"，抑或与之相反的"同时代的不同时代性"都是历史时间的特点，历史因而就处在这样一个多种时间共存的状态当中。

借助"经验空间""期待视域""时间层次"（Zeitschichten）等概念，

① Reinhart Koselleck, "Time and History," in Reinhart Koselleck, *The Practice of Conceptual History: Timing History, Spacing Concepts*, trans. Todd Samuel Presner and others (Bloomington: Stanford University Press, 2002), p. 111.

② Reinhart Koselleck, " 'Space of Experience' and 'Horizon of Expectation': Two Historical Categories," in Reinhart Koselleck, *Future Past: On the Semantics of Historical Time*, pp. 255 - 277.

科塞勒克提出并发展了一种多层次的历史时间理论。它以一种复杂的、异质的和多层结构的时间观念，取代了传统的线性的、单一的和同质的时间意识，是一种高度灵活的动态的时间理论。科塞勒克的历史时间理论最初并没有引起人们的足够重视，直到其主要的著作被翻译成英文后，才在西方学术界产生巨大反响。他所提出的一些概念和分析框架，成为历史研究尤其是当代史研究中不可或缺的借鉴方法。比如，法国当代著名历史学家弗朗索瓦·阿尔托格，就是以科塞勒克关于前现代和现代时间经验的思考为基础，进一步将它们表述为不同形式的历史性体制，并揭示了历史时间在当下的转变。

三　历史性体制的转变：
弗朗索瓦·阿尔托格

如果说科塞勒克借助历史时间的观念探讨了过去与未来的关系，那么法国历史学家弗朗索瓦·阿尔托格通过创造性地提出"历史性的体制"（Regimes of Historicity）这一概念，试图厘清过去、现在和未来这三种时间向度的关系。历史性的体制这一概念的提出最早是在1983年，其时阿尔托格用它描述一种历史形态，尚未具有历史时间的含义。后来，受科塞勒克"经验空间"和"期待视域"等概念的影响，历史性的体制开始被用以思考过去、现在与未来之间的关系。所谓历史性的体制，指的是人们生活于其中且服从于它的强大的时间秩序。阿托尔格曾这样界定历史性的体制："从狭义上看，它是一个社会探索并反思其过去的方式；从广义上看，它指的是每个社会在其时间结构和观念中采用的自我意识的方式。"① 由此看来，历史性的体制也不是单一的，它首先是历时性的，随着社会的发展而变化；同时它也受到地点的制约，在不同的空间里有着不同的表现形式。具体说来，一个社会在其发展的过程中，会经历不同的历史性的体制；而不同的社会，也会因发展的阶段不一样而处在不同的历史性的体制中。

阿尔托格认为，历史性的体制大致可以分为以下三种。第一，古代的

---

① François Hartog, *Regimes of Historicity*：*Presentism and Experiences of Time*, trans. Saskia Brown（New York：Columbia University Press, 2015）, p. 9.

历史性体制。古代的历史性体制，是人类对于时间秩序的最初的思考，它与科塞勒克所说的"经验空间"相对应。反映在历史时间意识上，它是一种以过去为导向的思维模式。也就是说，过去被认为是一种稳固和不变的时间体验，它为后来者源源不断地提供可资借鉴的经验。人们只需从过去的经验中，即可获得解决当下问题的方法。古代的历史性体制在时间上涵盖了西方的古代和中世纪两个时期。《旧约·传道书》中的一段话，可以清楚地反映这种历史性体制："已有的事，后必再有；已行的事，后必再行。日光之下，并无新事。岂有一件事人能指着说，这是新的。哪知，在我们以前的世代，早已有了。"① 这种事物发展的不变性与实用主义历史观的结合，催生出西塞罗的"历史乃生活之师"（*Historie magistre vita*）的著名论断，它强调了过去与现在在经验空间上的连续性。② 在西方的中世纪时期，对过去的记述通常以一种"范例史"的方式呈现给当时的人，以备读者仿效和借鉴，避免重犯历史上的错误。由于过去为现在提供了一个合理的样板，告诉人们何以行事，如何对他们所处的时代做出评判，因此在中世纪人的眼中，过去的呈现是真切和实在的，是触手可及的，过去与现在之间并没有发生分离。③

第二，现代的历史性体制。现代的历史性体制发端于 1789 年的法国大革命，这一西方历史上具有划时代意义的事件导致了过去与现在的分离，让人们产生了一种以未来为导向的时间意识。在这种历史性的体制中，过去的经验失去了作为典范的价值，它变得一无是处，不再能为人们提供当下的借鉴。于是人们将目光转向了未来，逐渐形成了科塞勒克所说的"期待视域"，即希望用未来启示当下，解释过去。阿尔托格将现代的历史性体制的时间范围限定在 1789~1989 年，也就是从法国大革命到柏林墙倒塌。④不过，这种划分方式并不是绝对的，因为一种历史性的体制从确立到稳定，

---

① 参见《旧约·传道书》，1:9-10。
② 西塞罗的这句话出自《论演说家》，参见 Cicero, *De oratore*, II, 36。中译本可参见〔古罗马〕西塞罗《论演说家》，王焕生译，中国政法大学出版社，2003，第 227 页。
③ Matthew Innes, "Introduction: Using the Past, Interpreting the Present, Influencing the Future," in Yitzhak Hen, Matthew Innes, eds., *The Uses of the Past in the Early Middle Ages* (Cambridge: Cambridge University Press, 2000), p. 1.
④ François Hartog, *Regimes of Historicity: Presentism and Experiences of Time*, p. 106.

再从强盛走向崩溃，要经历很长的时间。新旧历史性体制的转换不是一蹴而就的，中间很可能存在叠加时期。阿尔托格曾以法国大革命时期的保守派贵族文人夏多布里昂（François-René de Chateaubriand，1768－1848）为例，分析了处于新旧两种历史性体制之间的矛盾和断裂感。在阿尔托格看来，夏多布里昂数十年来一直在重写和改写他的自传《墓畔回忆录》，其原因就在于作者试图让自身去适应不断变化着的时间体制。阿尔托格对此的评论是："四十多年的时间里，夏多布里昂一直在写作和重写回忆录，他将这种时间的断裂，这种新旧历史性体制之间无法弥合的距离，视作自己写作的现实原则和享乐原则。"[1]

第三，当下的历史性体制。当下的历史性体制出现在现代的历史性体制即 1989 年之后。其时，冷战的世界格局已经消失，相对平衡的国际秩序出现了裂缝，现代性所允诺的美好未来并没有如期而至。人们发现，不仅过去的经验没有了价值，对于未来的期待也显得有些不切实际。在人们对于未来无所期待的同时，当下（the present）这一时间范畴开始快速兴起，很快主导了人们对于时间的意识和感知。与此同时，社会的发展比以往任何时候都要快速，它创造出一个急速膨胀的当下。阿尔托格曾做过一个形象的比喻，认为在当下的历史性体制中，时间在被极大地压缩，一分钟半的话题可以涵盖三十年的历史。[2] 这种当下的历史性体制又被阿尔托格称作"当下主义"（presentism），即当下取代了过去和未来，成为人们行动的唯一的参照系，它就是人们今天的时间经验。[3] 在当下主义的氛围中，人们对过去和未来都不再感兴趣，只专注当下。

纵观阿尔托格的三种历史性体制，其中当下的历史性体制是对科塞勒克历史时间理论的发展，也最具原创性。不仅如此，当下的历史性体制也深刻地概括了现今的社会状况。如果说古代的历史性体制对应的是前现代、现代的历史性体制对应的是现代的话，那么当下的历史性体制对应的应当是后现代。尽管阿尔托格并没有明确指出，当下的历史性体制或者当下主义，其实就是后现代主义的翻版，但是从其所描述的社会现象和人们的时

---

[1] François Hartog, *Regimes of Historicity*：*Presentism and Experiences of Time*, p. 88.

[2] François Hartog, *Regimes of Historicity*：*Presentism and Experiences of Time*, p. 113.

[3] François Hartog, *Regimes of Historicity*：*Presentism and Experiences of Time*, p. 18.

间体验中，我们还是能够清楚地感知当下的历史性体制的后现代特征。比如，在当下的历史性体制中，时间的体验是即时性的和飞速发展的，一切事物都处于转瞬即逝的状态中，似乎再没有永恒的价值。人们对于知识的理解以及人们的历史意识，都呈现典型的碎片化特征。阿尔托格尽管准确地指出了当下的历史性体制的特征，却没有指明这一时间体制最终走向何方，又最终会被何种历史性体制所取代。正如大多数后现代主义者热衷批判现代主义却无意建构一种替代的现代性一样，阿尔托格并没有为如何解决当下的历史性体制的弊端提供一个可行的办法。我们可以说阿尔托格的历史性体制理论是开放的，但在这种开放性中，历史依然没有未来。

四　超越当下主义

在现代的历史观念中，时间在本质上是单一的和线性的，对历史的分期、对历史事件或历史人物的评判，以及对历史发展的预测，基本上都是在线性的时间架构里完成的。然而，随着布罗代尔对时间的多重层次的揭示，单一的和线性的时间观念受到了挑战。历史学家一方面将不同的时间层次应用到不同的历史现象中，一方面开始将时间作为历史研究的重要对象。受布罗代尔三种时段理论的启发，科塞勒克提出了自己对于历史时间的理解。在科塞勒克看来，历史时间的本质是探讨过去与未来的关系，以及这种关系背后所体现出来的时间意识和历史意识。因此，"经验空间"与"期待视域"从重合到分离的过程，不仅意味着以过去为导向的历史意识向以未来为导向的历史意识的转变，还构成了人类历史从前现代向现代演进的基本线索。而到了阿尔托格那里，"经验空间"与"期待视域"的关系被转化成不同的"历史性体制"演变和发展，并最终导致了"当下主义"这一新的时间意识的出现。

综合科塞勒克与阿尔托格的历史时间理论，我们可以清楚地划分三种不同的时间意识和历史意识。首先，以过去为导向的时间意识，它代表了前现代的历史意识；其次，以未来为导向的时间意识，它对应着现代的历史意识；最后，以当下为导向的时间意识，它意味着一种后现代的历史意识。当前，从时间意识或时间经验上来看，人们正面临一种过于强大的当下主义，它让人们既不关注过去，也不关注未来，一切只以当下的价值来衡量。与此同时，一种力图重新回到过去的时间意识或历史意识在悄然出现，近年来全球范围内兴起的民粹主义便是一个明显的例子。民粹主义排斥全球化，强调民族利益，期望回到过去，回到一个国家力量最强大的时期。我们从特朗普在 2016 年竞选时所用的口号"让美国再次强大"（Make America Great Again），以及英国的脱欧运动（Brexit）中可以一窥其端倪。这种情况的出现不是偶然的，它在某种程度上是对当下主义的反动，尽管采取了一种极端的方式。

当前，我们既要超越当下主义，又要避免重新回到过去。在某种意义上，现代的历史性体制依然有其价值和效用。因为只有以未来为坐标，人类的历史才会有一个确定的方向感，历史学家才能在这种以未来为导向的时间框架中，去有效地思考重大的议题，进而消解那些困扰人类已久的不确定性。当然，对于现代的历史性体制的重建，需要我们同时考量过去、当下和未来这三种时间向度，并在三者之间达成一种微妙的平衡，而不是以某种时间向度为重。因为只有如此，人们才能兼顾经验（过去）、期待（未来）和利益（当下）的合理性，从而使人类通向未来之路——在某种意义上，也是创造历史的过程——更具开放性和多样性。而这一点，或许正是历史时间对于实践中的历史学家的最大价值。

历史记忆

  在 20 世纪后半叶西方史学的多次转向中，"记忆转向"（memory turn）显得尤为瞩目，不仅对当下的史学方法产生了巨大影响，也深刻改变了人们对历史的理解和认知。记忆研究在学术界的兴起由来已久，心理学家弗洛伊德（Sigmund Freud，1856 - 1939）、哲学家柏格森（Henri Bergson，1859-1941）以及社会学家莫里斯·哈布瓦赫（Maurice Halbwachs，1877-1945）都对此做出了重要贡献。而将记忆与历史紧密结合在一起的是法国年鉴学派的历史学家。布洛赫和费弗尔开创的心态史模式，为记忆史的研究提供了可能，皮埃尔·诺拉（Pierre Nora）主编的《记忆的场所》的问世，推动了"记忆转向"的全面展开。而在美国史学界，对于大屠杀即纳粹屠犹的考察，也将记忆研究推到了前台，并由此引发了对记忆的真实性、记忆与历史的关系等问题的思考。当然，从西方史学发展的内在逻辑来看，记忆研究的兴起与历史学家越来越多地关注个体化的问题密切相关。在所有的个体化问题中，记忆显然是最具个体化的范畴。

一 心态史与记忆史①

  年鉴学派第三代学者皮埃尔·诺拉主编的七卷本巨著《记忆的场

---

① 临沂大学历史文化学院讲师陈建参与了本节的写作，谨致谢忱。

所》的出版，^① 一般被认为是史学领域中记忆研究的开端。该书通过对记忆场域的研究，重新认识和探讨了法国的民族意识和国家历史，为历史实践提供了一种全新的视角和维度。基本上从《记忆的场域》问世后，对记忆的研究便成为历史研究的一个重要课题，逐渐涵盖了史学研究的各个领域。不仅如此，记忆史的理论和方法也超出了法国国界，成为一种全球性的史学现象，推动了史学研究的"记忆转向"。记忆史在法国的率先兴起，并不是一件偶然的事情，它与法国的史学传统，尤其是与年鉴学派所开创的心态史（the history of mentalities）有着密切关系。

年鉴学派的心态史传统可以追溯到该学派的两位创始人吕西安·费弗尔和马克·布洛赫那里。费弗尔在 1937 年出版了《十六世纪的无信仰问题：拉伯雷的宗教》（*Le problème de l'incroyance au 16e siècle: la religion de Rabelais*）一书，该书是一部论战之作，目的是证明写下《巨人传》对天主教极尽嘲讽之能事的拉伯雷（Francois Rabelais，1483？－1553）并非一个"无神论者"。一般人认为，仅凭拉伯雷在《巨人传》中的言论就可以认定他是一个"无神论者"。但费弗尔并不认可这一说法，相反，他将拉伯雷及其言行置于 16 世纪人们的精神世界中，通过还原当时人们的心态来试图说明，拉伯雷无论在心态上还是精神上都不可能超越 16 世纪这个信仰的时代，他因而就不可能是一位"无神论者"或"敌基督者"。^② 布洛赫则在 1924 年出版了《国王神迹》一书（*Les Rois Thaumaturges: étude sur le caractère surnaturel attribué à la puissance royale, particulièrement en France et en Angleterre*），该书考察了 10~18 世纪流行于法国和英国民众中的一种普遍心态，即经由国王的触摸可治愈因"国王的邪恶"而引发的皮肤病，并论述了这种心态发生、发展和衰落的过程。布洛赫在这部心态史的奠基性著作中，不仅展示了伴随着这种心态而产生的人们的"集体观念"和"集体意识"，并且指出这种心态的呈现，实际上反映了自古以来人们对国王的神秘力量所产

---

① Pierre Nora, ed., *Les Lieux de mémoire*, Vol. 1-7 (Paris: Gallimard, 1984-1992). 中文选译本可参见皮埃尔·诺拉主编《记忆之场：法国国民意识的社会文化史》，黄艳红等译，南京大学出版社，2015。

② 中译本参见〔法〕吕西安·费弗尔《十六世纪的无信仰问题：拉伯雷的宗教》，闫素伟译，商务印书馆，2012。

生的迷信的"集体记忆"。布洛赫试图以此说明，心态与记忆在人的精神层面上具有某种一致性。① 布洛赫与费弗尔能先后从心态的角度去考察历史上的人物或事件，与两人在斯特拉斯堡大学的同事莫里斯·哈布瓦赫（Maurice Halbwachs, 1877-1945）的影响是分不开的。早在 1925 年，哈布瓦赫就出版社了《论集体记忆》一书（*Les cadres sociaux de la mémoire*），②该书所提出的记忆的公共性等问题，对于布洛赫和费弗尔后来从事的心态史研究产生了重要影响。1929 年，当两人创办《经济与社会史年鉴》（*Annales d'histoire économique et sociales*）时，也把哈布瓦赫列为刊物编委会的一员。

布洛赫与费弗尔认为，将记忆和心态史联系起来的并不是一套两者皆可使用的理论规则，而是所谓集体表象（collective representation），即过去的人们所共享的集体意识、集体情感、集体神话和思想环境（intellectual milieu）。年鉴派第一代学者对记忆问题的重视，在后来年轻学者的身上得到更为明确的展现。1978 年，由年鉴派新老学者雅克·勒高夫、罗杰·夏蒂埃、雅克·雷维尔（Jacques Revel）等人主编的《新史学》（*La nouvelle histoire*）一书出版，皮埃尔·诺拉为该书撰写了"集体记忆"一文。诺拉明确指出，年鉴学派过去所重视的"心态"与当下历史学家所关注的"记忆"之间有着紧密的关系："今天谈论集体记忆，与三十年前人们提出'心态'一词一样，都引起了类似的困难和基本上相同的风险。"③ 不仅如此，心态史的研究方法也可以应用到记忆史的研究中去，这在与诺拉同时代的年鉴派学者的著作中可以明显看到。

1975 年，菲利普·阿里耶斯（Philippe Aries, 1914-1984）出版了《西方人对死亡的态度》（*Essais sur l'histoire de la mort en Occident: du Moyen Âge à nos jours*）一书，将研究重点放在了既能反映人们的心态又承载着人们记忆的"纪念"（commemoration）上。阿里耶斯认为，生者为了哀悼和追忆死

① 中译本参见〔法〕马克·布洛赫《国王神迹：英法王权所谓超自然性研究》，张绪山译，商务印书馆，2018。
② 中译本参见〔法〕莫里斯·哈布瓦赫《论集体记忆》，毕然、郭金华译，上海人民出版社，2002。
③ Pierre Nora, "Mémoire collective," in Jacques Le Goff, Roger Chartier and Jacques Revel., eds., *La nouvelle histoire* (Paris: Retz, 1978), p. 398.

者而举行的纪念仪式，一方面反映了人们的集体情感和集体心态，另一方面反映了过去的关于死亡的经验在人们记忆中的存留和承继。以纪念仪式或纪念物为载体，集体心态和集体记忆形成了一种互相影响和彼此塑造的紧密关系。① 阿里耶斯所开辟的这条研究路径在莫里斯·阿居隆（Maurice Agulhon, 1926-2014）那里得到延续和深入。后者在 1979 年出版的《战斗中的玛丽安娜：共和国的形象和象征物》（*Marianne au combat. L'imagerie et la symbolique républicaines de 1789 à 1880*）一书中，对所谓"纪念物的政治史"进行了开拓性研究。阿居隆结合法兰西的民族传统、大众心态和集体记忆，考察了法兰西共和国的人格象征玛丽安娜（Marianne）这一女性形象的起源和变化。玛丽安娜不仅是法兰西共和国的国家象征，她还是自由与理性的拟人表现。与代表了文化意义上的法国的"高卢雄鸡"相对，玛丽安娜代表了作为一个政治意义上的国家（state）的法国以及她的价值观念。但为何要用一位女性而不是男性来代表共和制度呢？阿居隆通过他的研究指出，共和国形象的女性化，一是象征着对男性主导的"旧制度"的破坏，二是使民众更容易对共和制度产生认同。②

通过年鉴派史学家在记忆史领域中的实践可以看出，作为历史研究的对象，心态与记忆之间并没有一条严格的界线，两者从一开始就有着某种互相渗透的特性。米歇尔·伏维尔（Michel Vovelle, 1933-2018）在谈论心态与记忆的关系时，曾将心态描述为"一种空寂形式的记忆"（a memory of an empty form），也就是说心态与记忆都是未经系统阐释的精神存在，它们对传统意义上的历史学家而言是明显"无意义"的东西。③ 由此可见，心态史与记忆史的共同之处就在于这种模糊性和不确定性，它们需要历史学家去探索去查知。这一点也成为心态史或记忆史最吸引历史学家的地方，从而推动他们开辟了新的研究领域。

心态史与记忆史的这种密切联系或共生共长的关系，为记忆史的诞生

① Philippe Aries, *Essais sur l'histoire de la mort en Occident: du Moyen Âge à nos jours* (Paris: Seuil, 1975).
② Maurice Agulhon, *Marianne au combat: L'imagerie et la symbolique républicaines de 1789 à 1880*, (Paris: Flammarion, 1979).
③ 伏维尔对心态与记忆关系的描述，可参见〔荷〕弗兰克·安克斯密特《历史与转义：隐喻的兴衰》，韩震译，文津出版社，2005，第 197 页。

创造了良好的学术氛围。考虑到心态史的研究已经颇为成熟，它在实践当中遇到的一些问题，也必然会为记忆史提供一种借鉴。雅克·勒高夫在心态史兴起之初曾对它做过如下评价："对今天的历史学家来说，心态这一术语仍然是一种创新，但已经因为滥用而贬值。对心态史的讨论很多，可让人信服的例子却很少。它代表了一个新的研究领域，堪称典范，但同时它在科学上、概念上和认识论上的有效性却遭到人们的质疑。它曾经颇为流行，但现在似乎已经过时。我们当振兴它还是埋葬它呢？"① 毫无疑问，勒高夫的这一评价完全可以用在对当前记忆史的评价上。尽管记忆史开辟了研究过去的新途径，并在某种程度上极大地拓宽了史料的来源，但由于它研究的是人们如何想象过去，而不是过去如何真实地发生，因此其客观性、真实性和有效性也受到一些学者的质疑。同时，在当今这个充满不确定的社会中，还存在大量对记忆的操纵和滥用事例，这也对记忆史的研究构成了挑战。

不过，提到心态史曾经所遭遇的困境，并不是以一种前车之鉴的方式去彰显记忆史在当今所面临的种种问题。将心态史作为记忆史的参照，主要是想借助心态史在理论与方法上的可取之处，为记忆史研究提供一种有意义的指导。罗伯特·芒德鲁（Robert Mandrou，1921-1984）对心态史的方法论做过如下评价，认为其目的在于："重建行为的模式，以及蕴含世界观和集体情感的已经为人遗忘但有着深刻意义的形态和样式。这种研究的基本要素是那些为社会集团或整个社会所认可或默认的，且构成集体心理之内容的表象、形象、神话和价值。"② 与之类似，记忆史让人感兴趣的地方也正在于它不仅展示了过去是如何被表现的，而且展示了人们的集体心态、信仰、实践和表象是如何共同塑造了人们对过去的观念。从这一点来看，记忆史可以被视作一种集体心态史，而上述心态史的研究旨趣也可以视作今后记忆史的研究方向。

如此，我们便有可能打破对记忆史研究的传统界定，将目光放在更为

① Jacques Le Goff, "Mentalities: A History of Ambiguities," in Jacques Le Goff and Pierre Nora, eds., *Constructing the Past: Essays in Historical Methodology* (Cambridge: Cambridge University Press, 1984), p. 166.

② Alon Confino, "Collective Memory and Cultural History: Problems of Method," *The American Historical Review*, 102：5 (December 1997), p. 1389.

广阔的文化和社会问题上，而不是局限在特定的记忆之上。我们知道，为了揭示整个社会的心态层面，心态史趋向于在一个单一的文化世界中，将精英文化与大众文化联系起来，将大至国家的集体情感、小到个人的精神习惯这样的行为联系起来。心态史的这种重视联系性和综合性的特点正是对记忆史的有效矫正，因为后者趋向于将不同的记忆隔离开来进行研究，而不是将它们相互联系起来或者将它们同整个社会联系起来。因此，记忆史需要加强对不同记忆的综合与比较研究，厘清不同的社会群体为何会对同样的历史事件产生不同的反应，又为何会产生不同的历史记忆，进而揭示这些社会群体之间相异的利益与动机。在这种观照下，记忆史的核心问题就不再是如何表现过去，而是为什么会以不同的方式表现过去。

经由心态史，我们可以看到记忆史中所需要注意的问题和未来发展的趋势，并且认识到，记忆史的目的在于以一种不同的方式去表现过去。当前，记忆作为一种方法和路径，已经被广泛应用于史学研究的诸多领域，比如国家起源、民族建构、政治认同和文化想象，大有形成一门显学之势。其意义或如王明珂所言："由历史记忆、历史心性分析来探索史实，可以开创许多新的历史研究内容，或延续、补充过去中断的研究传统。"[1] 不过，研究记忆史或历史记忆的目的似乎并不是"了解历史事实"，"补充、深化或修正史料表面所呈现的'历史事实'"。[2] 相反，记忆史或历史记忆的开展和运用，是为了跳出历史真实性这样的本体论限度，深入历史认识论的层面，去进一步理解记忆表现过去的功能。由此，我们或许会发掘出不同于以往的历史多样性，从而极大地丰富我们的史学研究实践。

二　大屠杀与历史记忆

如果说记忆研究是法国史学界对当代西方史学的一大贡献，那么记忆研究在史学中的实践则在美国表现得尤为突出。正如一位学者所指出的，

---

[1]　王明珂：《历史事实、历史记忆与历史心性》，《历史研究》2001 年第 5 期，第 147 页。

[2]　王明珂：《历史事实、历史记忆与历史心性》，第 146 页。

诺拉开创的这种研究过去的路径在美国更为流行且得到了更好的发展。① 其中的一个重要原因，恐怕在于美国政治文化界对大屠杀（Holocaust），也就是纳粹屠犹的历史再现所表现出来的浓厚兴趣。与法国记忆史强调"历史"对"记忆"的压抑所不同的是，这种对"奥斯维辛之后的历史与记忆"②的探询侧重于"记忆"对"历史"的积极建构，因而也切合了当今史学对认同、创伤及边缘性话语的持久热情，从而在实践上更能彰显其生命力。

在美国，推动对大屠杀的记忆研究的最重要的学者是美国犹太裔历史学家索尔·弗里德兰德（Saul Friedländer）。1978 年，弗里德兰德出版了其关于大屠杀的回忆录《记忆来临之时》（Quand vient le souvenir），回忆了他作为儿童在德国所经历的纳粹屠犹事件。该书是此类回忆录中最早和最有影响力的一本，确立了大屠杀和记忆研究之间的基本关系。1989 年，弗里德兰德在以色列特拉维夫大学创办了《历史与记忆》（History and Memory）杂志，成为这一研究领域最重要的刊物。1992 年，弗里德兰德编辑出版了文集《探索表现的局限：纳粹主义与"最后解决"》。③ 该文集是此前举办的一场关于纳粹屠犹与历史记忆的国际会议的论文集，作者集合了当时最著名的大屠杀研究者和思想史学者，包括克里斯托弗·布朗宁（Christopher R. Browning）、海登·怀特、卡洛·金兹伯格、马丁·杰伊（Martin Jay）、多米尼克·拉卡普拉（Dominick LaCapra）等人。该文集的各篇文章侧重于理论分析，集中探讨了历史、记忆与表现之间的复杂关系，对于大屠杀的历史记忆研究具有重要的指导意义。1997 年和 2007 年，弗里德兰德又出版了两卷本的巨著《纳粹德国与犹太人》，分别是《迫害年代：1933－1939 年》和《灭绝年代：1939－1945 年》。两部著作除了细致地考察和生动书写纳粹迫害和屠杀犹太人的历史外，还使用了大量大屠杀幸存者的回忆录和访谈资料，旨在通过这些个体的记忆，保存和再现那段痛苦的历史。两卷本的《纳粹德国与犹太人》成为大屠杀研究和记忆研究领域绕不开的最重

---

① Hue-Tam Ho Tai, "Remembered Realms: Pierre Nora and French National Memory," *The American Historical Review*, 10: 3 (June 2001), p. 908.

② 语出自多米尼克·拉卡普拉，参见 Dominick LaCapra, *History and Memory after Auschwitz* (Ithaca and London: Cornell University Press, 1998)。

③ Saul Friedländer, ed., *Probing the Limits of Representation: Nazism and the "Final Solution"* (London: Harvard University Press, 1992), pp. 2-3.

要的著作。①

美国学术界乃至社会对大屠杀所表现出的持久的兴趣和超乎寻常的热情，产生了一种所谓"大屠杀的美国化"（The Americanization of the Holocaust）的观点。② 针对这一现象的产生，丹尼尔·列维（Daniel Levy）和纳坦·斯奈德（Natan Sznaider）在一本关于大屠杀与历史记忆的书中，考察了美国、德国和以色列三个国家对大屠杀历史的不同反应。作者发现，美国对大屠杀的特殊关注，其原因并不在于犹太人后裔在美国政治文化界所处的显著地位，而在于美国是一个移民国家，它是以普世主义的眼光来看待大屠杀的，将之视作普遍意义上的对人类的犯罪。这种普世主义与以色列和德国对待大屠杀所持的特殊主义完全不同，因而会引起不同的效应。③

对大屠杀的历史记忆的关注推动了记忆研究在美国的兴起，也使得记忆研究问题受到世界范围内的广泛关注。但与此同时，在相关研究中也出现了一个与之针锋相对的趋势，即对大屠杀的否认。2009 年，以色列学者曼弗雷德·葛斯坦菲尔德（Manfred Gerstenfeld）出版了《大屠杀记忆的滥用》一书，在书中他分析了西方世界对纳粹屠犹历史记忆的八种滥用，其中既有对大屠杀合法性的宣扬，也有对大屠杀的否认，更有假借大屠杀并非针对犹太人一族而否定其"屠犹"的特性。总之，这些对大屠杀记忆的歪曲都是为针对犹太人的极端犯罪行为进行开脱。作者认为，随着大屠杀历史的远去和目击证人的减少，这些对大屠杀记忆的滥用也在呈扩大之势，而关于大屠杀的记忆就有可能在这个过程中被消弥。因此，保存大屠杀的记忆与对大屠杀记忆滥用行为的开战将变得同样困难。④

不论是对大屠杀的关注还是否认，争论的一个焦点都涉及记忆的价值

---

① Saul Friedländer, *Nazi Germany and the Jews*: *The Years of Persecution*, 1933-1939 (New York: Harper Collins, 1997); *Nazi Germany and the Jews*: *The Years of Extermination*, 1939-1945 (New York: Harper Collins, 2007).

② Hilene Flanzbaum, "The Americanization of the Holocaust," *Journal of Genocide Research*, 1: 1 (1999), pp. 91-104.

③ Daniel Levy and Natan Sznaider, *The Holocaust and Memory in the Global Age* (Philadelphia: Temple University Press, 2006), pp. 12-13.

④ Manfred Gerstenfeld, *The Abuse of Holocaust Memory*: *Distortions and Responses* (Jerusalem: Jerusalem Center for Public Affairs, 2009), p. 151.

和客观性问题。一个让人深思的现象是，在大屠杀事件发生过后很长一段时间，历史学家始终保持缄默。这固然有政治对历史的挪用、历史学家的良知等原因，但另一个重要的且不容忽视的因素是大屠杀事件的特殊性。索尔·弗里德兰德曾指出："如同其他任何历史事件一样，对欧洲犹太人的灭绝既可以得到表现也可以得到阐释。但我们所应对的是一个考验着我们传统的概念与表现范畴的事件，即'极限事件'（event at the limits）。纳粹的'最终解决'（final solution）成为一个极限事件，完全有赖于它是历史上所能见到的最极端的种族灭绝方式这一事实：它是对 20 世纪西方社会中的一个人类群体的全部，所进行的完全蓄意的、有条不紊的、呈工业化组织的和大部分都成功的灭绝的尝试。"① 可是，怎样才能证明纳粹对犹太人的大屠杀不同于历史上以往的屠杀，是一次最极端的种族灭绝呢？历史研究的传统方法在此能够奏效吗？传统的史学希望客观地再现过去，揭示真相，但对大屠杀这样的历史事件来说，能够证明其真相的证据大多来自幸存者的记忆，而在道德和意识形态方面，这样的记忆又太过当下，不足以得出"客观"的看法。比如，一些德国学者就认为，犹太学者的著作是一种纪念（commemorative），而非"理性客观"的研究。② 因此，出于学科自律的考虑，传统的历史学家或者"经验主义"的历史学家对将大屠杀的记忆纳入历史研究领域持保留态度。

尽管如此，若要如其所是地再现大屠杀的"真相"，还是无法绕开大屠杀幸存者的记忆。记忆对大屠杀历史的介入是从对真相的不同理解开始的。罗伯特·伊格尔斯通（Robert Eaglestone）认为，存在两种理解真相的模式，它们各不相同但又互为补充：一种是科学的或实证主义的，对应的是证据以及判断与对象的符合；一种是存在的和道德的，涉及人的存在、自我认同、道德、责任等内在层面。前者是对真相的传统解释，已为人们广泛接受；后者则被认为是对真相真正源始的理解，以海德格尔和列维纳斯为代

---

① Saul Friedländer, "Introduction," in Saul Friedländer, ed., *Probing the Limits of Representation*: *Nazism and the "Final Solution"*, pp. 2-3.

② Saul Friedländer, *Memory*, *History and the Extermination of the Jews of Europe* (Bloomington: Indiana University Press, 1993), p. ix.

表。① 就大屠杀的研究而言，实证主义的真相观旨在发现证据，提出证明，寻求过去的可信性，这正是学科化史学亦即兰克以来的客观主义史学的目标。不过，这种真相观的目的是借助可见的证据在过去与现在之间建立一种连贯性和一致性，它因而具有某种总体论的特点，容易忽略那些人们视而不见的支离破碎的领域。与之相反，存在的和道德的真相观则将重点放在了人们视而不见的这些领域，亦即列维纳斯所说的道德关系（ethical relationship）上，② 它所追求的"道德关系的真相"由于并不是一种实在，因而不能通过客观的证据证实，只有在人们的记忆中发现。

经由两种不同的真相观，历史与记忆的功能得到了各自的显现。但需要注意的是，两者的关系不是对立的，而是互为补充的，它们在历史学家的实践尤其是对大屠杀这样的特殊事件的研究中可以获得统一。诚如弗里德兰德所言："至少在理论上说，塑造记忆的过程是与书写历史的过程相对立的。尽管如此，对一个新近的和相关的事件的再现必须被想象成一个连续的统一体：公众集体记忆的构成部分在一个极找到它们的位置，而在对立的一个极则是进行'冷静'的历史探究。比较接近的就是向中间移动，亦即寻求关于集体历史的一般解释，越是接近，这两个区域——其极端形式是迥异的——就变得相互纠缠和相互联系。"③ 同样需要注意的是，历史作为表现过去的一种手段，不能一味地沉浸在对证据的无休止的探求中，这样做的结果只会使它永远无法达到第二种真相，即道德的真相。因此，历史需要从记忆中获取关于个人的创伤性经验，以便对过去进行一种"移情"式再现。要做到这一点，那种超个体的学科化历史必须再次回归个体的经验领域。

三 史学的个体化与记忆研究

记忆研究在史学界的兴起，是一系列史学实践的后果，但我们不能忽

---

① Robert Eaglestone, *The Holocaust and the Postmodern* (Oxford: Oxford University Press, 2004), pp. 137-172.

② Robert Eaglestone, *The Holocaust and the Postmodern*, p. 157.

③ Saul Friedländer, *Memory, History and the Extermination of the Jews of Europe*, p. vii.

视其背后所反映出来的学术环境和史学传统。比如，诺拉在编撰《记忆的场所》时力图重构一种民族主义之后的法国民族国家历史，就与年鉴学派的发展变化密切相关；索尔·弗里德兰德在其著作中从不同层面再现大屠杀的历史记忆，与美国史学界盛行的对历史书写的普世价值的追求不无联系。而如果我们将不同国家或语境中对记忆研究的实践，放在西方史学发展的大背景中加以审视，就会发现记忆研究在某种程度上是西方史学个体化这一潮流的一个结果。

西方史学在 19 世纪成为一门学科之前，关注的是帝王将相和其他显贵的个体活动。而在这之后，历史便被看作大规模社会政治力量的结果，它不再是显要人物个体行为的产物，史学因而具有了客观性与科学的内涵。但是，随着对史学建制的不满以及对史学撰述中主导叙事的批判，当今的史学又出现了转向个体的趋势。这里的个体既指历史研究的客体，即作为研究对象的个人，又指历史研究的主体，即作为个体的历史学家。所谓史学转向个体可以被理解为：史学研究应当成为摆脱了学科建制的史学家个体的行为，而史学家研究的对象应当是过去之个体的经验与感受。

且不论这种趋向具有太强的主观意识而遭人诟病，在那些有着鲜明学术个性和致力于挑战既有史学传统的历史学家，比如说新文化史家中，还是得到了很好的践行。于是，不论是娜塔莉·戴维斯对真假马丁·盖尔（Martin Guerre）际遇的生动描述，[①] 还是卡洛·金兹伯格对麦诺齐奥（Menocchio）思想世界的细微刻画，[②] 他们要做的都是深入被淹没在精英文化和结构性问题之下的非典型性人物的日常生活经验之中，去揭示那些晦暗和被压抑的东西。新文化史家认为，政治、经济和文化等时代因素固然对过去的个体有着不可忽视的影响，但这种影响是间接的和有限的，因为这些宏观的外部因素只不过是他们在解释个体行为时的参照物。诚如金兹伯格所言，尽管"大量的传记研究已表明，在一个本身缺乏重要性并因此而具有代表性的不起眼的个体身上，仍然有可能像在微观世界中那样，追

---

① Natalie Zemon Davis, *The Return of Martin Guerre* (Cambridge, MA: Harvard University Press), 1983.

② Carlo Ginzburg, *The Cheese and the Worms: The Cosmos of a Sixteenth-Century Miller*, trans. John and Anne Tedeschi (Baltimore: The John Hopkins University Press, 1980).

踪到特定历史时期的整个社会阶层的特性"，但对麦诺齐奥来说却并非如此，因为"他不能被认为是他那个时代的'典型'农民"。①

这种史学的个体化，或者不如说历史研究中主体与客体的个体化，在后现代主义者看来，其实意味着历史学家与过去之关系的"私化"（privatization）。也就是说，史学已不再是一项公共事业，而成为史家个体之撰述。② 换句话说，历史学家不必通过有组织的职业历史学家的集体努力，就能独自完成对历史的普遍理解。史学的私化使历史学家能够冲破学科体制的束缚，挑战被规范的史学传统，开辟历史研究的新路径。关注历史上的个体而不是诸如社会的演进、政治的变动和经济的发展等超个体力量，也就成为历史学家的个体意识在研究对象上的延续。新文化史家的做法固然是史学私化的一种表现，但当今史学最能体现这一私化特征的——按照安克斯密特的说法——当属记忆这一概念在历史意识中所取得的支配性地位。③ 因为记忆最具个体属性，它是个人对过去的铭记，具有独一无二的特性。即使面对同一事件，不同个人的回忆也是完全不同的。而从心理学和认同的角度来看，记忆甚至关乎个体的存在。"记忆限定了我们是谁，塑造了我们的行为方式，比我们人格中任何其他一个方面要更甚……失去了你的记忆，你作为你自己将不复存在"。④

考虑到记忆的这种个体属性，以及历史或者学科化历史的超个体属性，后现代主义者认为，记忆与历史是如下一种关系："记忆"代表着人类过去所有被抑制、被忽视和被压制的东西，从而依其性质从来没能进入被集体认知和承认的公共领域——这一直都是传统意义上"历史"的正当领域。⑤ 记忆在这里成为历史的他者，它受到历史的压抑，不在历史的领域之内，却要打破历史话语的统治，以获得自我表述。后现代主义者就是以这样的解构策略，彰显了记忆之于历史的重要性，也在某种程度上化解了记忆与历史之间的对立或紧张关系。传统的历史学家认为，记忆与历史是完全不

① Carlo Ginzburg, *The Cheese and the Worms: The Cosmos of a Sixteenth-Century Miller*, p. xx.
② 关于史学的私化可参见 Frank R. Ankersmit, "The Postmodernist 'Privatization' of the Past," in *Historical Representation* (Stanford: Stanford University Press, 2002), pp. 153-154。
③ Frank R. Ankersmit, "The Postmodernist 'Privatization' of the Past," p. 154.
④ Steven Rose, *The Making of Memory: From Molecules to Mind*, London: Bantam Press, 1992, p. 1.
⑤ Frank R. Ankersmit, "The Postmodernist 'Privatization' of the Past", p. 154.

同的。首先，记忆完全是主观性的，历史虽有主观性成分，但要以客观性为基础。其次，记忆建立在个人经验的基础上，而历史建立在材料和证据的基础上。迈克尔·本特利（Michael Bentley）对记忆与历史的关系做过如此描述："历史严格说来是非记忆（non-memory）的，它是一门系统的学科，试图依赖于各种结构，控制完全不同于记忆所引发的那些事物，并常常有意证明记忆的虚假性。"① 后现代主义者却绕开了记忆的真实性与客观性问题，在他们看来，记忆的主要功能在于表现过去，这一点与历史别无二致。

然而，如果接受记忆是历史的他者，我们也必须承认历史是记忆的他者。记忆提出证词只是存在可能的真实。因此，在对证据的需要上，历史与记忆是尖锐对立的。历史提醒记忆需要来自目击证人和存留之物的真实的证据。记忆虽然提供了通向过去的另一条路径，但它并非不言自明的，因而在某种程度上不能被完全信赖。但人们不应由此认为历史就是一条揭示过去的光明大道，因为在历史的相对光明和记忆的相对黑暗之外，还存在一个巨大的关于历史的不可知领域。②

此外，从历史与记忆所分别蕴含的不同的时间导向来看，两者之间也可能是一种对立关系。因为记忆始终是一个当前现象，一个将人们与永恒的当下联系起来的纽带。相反，历史代表着过去，一个不能被完全经验的异邦。以大屠杀为例，随着时间的推移，随着大屠杀最后一批幸存者的逝去，对大屠杀的记忆——它们因被认为太过当下而被排除在历史领域之外——终将进入历史领域。而一旦记忆转化为历史，它独有的特性即鲜活性和当下性就会遭到破坏甚至消失。所幸的是，记忆不只是一种个人经验，它还是一种社会建构，也就是说，记忆可以被社会性地保存于特定的空间和时间内，从而得以延续和传递。诺拉的"记忆的场所"——各种纪念物和纪念仪式的存在，便为保存记忆提供了正当的理由：它一方面允许记忆保持它特有的鲜活性和当下性，另一方面又允许它以一种特殊的方式成为

---

① Michael Bentley, *Modern Historiography: An Introduction*, London and New York: Routledge, 1999, p. 156.

② 〔美〕阿兰·梅吉尔：《记忆与历史理解》，张旭鹏译，《史学理论研究》2012年第3期，第8页。

"历史"的一部分。在诺拉看来，"记忆的场域"最根本的目的在于"使时间停滞，阻止遗忘的行为，固定事物的状态，让死亡永生，化无形的东西为有形……所有这一切都是为了从最少的迹象中获得最多的意义"。①

由此看来，历史与记忆之间的确存在一个中间地带，超个体的历史（学科化的历史）与个体的历史（记忆）在其中可以实现相互转化。如果我们承认这一事实，那么我们对于历史性质的认识就会发生变化，历史与记忆也就不会纠结于客观与主观之间不可逾越的鸿沟。诚如彼得·伯克所指出的："不论是记忆还是历史，好像都不再是客观的了。在这两种情况中，历史学家都要学会将有意或无意的选择、阐释和歪曲考虑在内，并认识到选择、阐释和歪曲的过程都是有条件的，或至少受到社会群体的影响。"②记忆在历史话语中的存在让我们可以断言：历史本身也是一种建构。

在一个宏大叙事占据主导地位的时代，历史的在场意味着历史能够永远征服记忆：也就是说大写的历史（History）吞噬了"各种小写的历史"（histories）。而在一个宏大叙事受到质疑的时代，有关个体的记忆就会再次变得鲜活和清晰。所以，历史与记忆之间始终存在着一种紧张关系。我们从这种紧张关系中可以获知的是，记忆的总和并不等于历史，而历史本身也并不必然产生一种集体记忆和集体认同。因此，历史与记忆之间依然存在一条界线，我们可以时不时地穿越其间，却不能无视它或者希望消除它。大写的历史在此种意义上，依然有其存在的理由和价值。恰如美国学者阿兰·梅吉尔（Allan Megill）所言："我们时代更让人烦恼的趋势或许是以可信的记忆去消除压抑的历史。但是，如果真理和正义（或它们留给我们的无论何种幻影）对人们还有所要求的话，它们至少还需要大写历史的幽灵。否则，留给我们的就只是此刻感到美好的东西，或用来去满足邪恶的东西。"③

① Pierre Nora, "Between Memory and History: *Les Lieux de Mémoire*," *Representations*, No. 26, Special Issue: Memory and Counter-Memory (Spring, 1989), p. 19.
② Peter Burke, "History as Social Memory," in Peter Burke, *Varieties of Cultural History* (Ithaca: Cornell University Press, 1997), p. 44.
③ 〔美〕阿兰·梅吉尔：《记忆与历史理解》，第 8~9 页。

学者角色

赫尔曼·保罗（Herman Paul）是荷兰莱顿大学历史系的副教授，也是近年来史学理论界一位思维敏捷、著述勤奋的中年学者。保罗在弗兰克·安克斯密特任教多年的荷兰格罗宁根大学获得了学士和博士学位。从他论著所受到的关注来看，他堪称安克斯密特当之无愧的接班人，并已成为当今欧美史学理论界值得重视的人物。2011 年保罗出版了他的第一部著作，由他的博士学位论文改编而成，题为"海登·怀特：历史的想象"（*Hayden White：The Historical Imagination*），是西方学界第一部论述全面的怀特的学术传记。保罗对怀特和安克斯密特所提倡的叙述主义史学理论，钻研多年，颇有心得。但从他之后出版的论著来看，他并不满足于重申、阐发怀特和安克斯密特的立场和观点，而是希望另辟蹊径，从新的角度探讨历史哲学和史学理论。

2014 年赫尔曼·保罗在《历史和理论》上面发表了一篇题为"什么是学者的角色？关于美德、技艺和期许的十个论点"的论文，正式提出在史学史、史学理论的领域中，可以考虑从"学者角色"（scholarly persona）的角度进行研究。在这之前和之后，他还发表了一系列相关的论文，并于2017 初在莱顿大学组织召开了"历史学家的角色：才艺和表演，1800 - 2000"（The Persona of the Historian：Repertoires and Performances, 1800 - 2000）的国际学术会议。此次会议的论文已经作者修改集合成集，2019 年 6 月已由英国曼彻斯特大学出版社出版，书名改为"怎样成为一个历史学家：历史研究中的学者角色，1800 - 2000"（*How to Be A Historian：Scholarly*

Personae in Historical Studies, 1800-2000）。此外，保罗还主编了《东方学史中的学者角色，1870-1930》（*Scholarly Personae in the History of Orientalism*, *1870-1930*）一书，将由荷兰老牌的博睿（Brill）出版公司出版。[①] 由于他的大力推动，"学术角色"的研究已经成为当今史学理论和史学史领域的一个新兴的领域。

什么是"学者角色"？这或许是我们首先需要解答的一个问题，但并不十分容易。"学者角色"中的"scholarly"一词，可以译为"学术的"，因为它主要指学者的学术生涯，所以说"学术角色"也未尝不可。但保罗等人主要考察的对象是人物——史家，所以"学者角色"或许更为贴切。有点困难的是如何正确翻译"persona"及其复数"personae"。这个词源出希腊语，指的是戴了面具的人，在之后的拉丁语和其他语言中，逐渐引申为舞台上演员所演的"角色"。中文的"角色"一词相对比较能正确表达"persona"的原意：其含义既有外在的一面——演员塑造的、观众看到的角色，又有内在的一面——演员如何通过自身的努力，克服自我，尽力与其所表演的角色取得一致。或许正是鉴于这种双重性，心理学、文学和近年科学史的研究，都已经开始重视并展开"角色"的研究。[②]

一 "学者角色"的含义和意义

现在让我们来细看一下赫尔曼·保罗 2014 年提出有关"学者角色"十个观点的论文。他的文章开宗明义，首先提出在考察历史学家工作的时候，

[①] 据赫尔曼·保罗在 2018 年 11 月 12 日给笔者的电邮，笔者感谢保罗提供这些信息，也感谢他回答笔者的相关问题及提供研究的资料。顺便提一下，应保罗的邀请，笔者参加了 2017 年在莱顿大学举行的会议，其发表的论文经过修改也将收入该论文集。保罗的相关论文，除了本章讨论的之外，还有 Herman Paul, "The Virtues of A Good Historian in Early Imperial Germany: Georg Waitz's Contested Example," *Modern Intellectual History*, 15: 3 (Nov. 2018), pp. 681-709。

[②] 参见 Helen Harris Perlman, *Persona: Social Role and Personality* (Chicago: University of Chicago Press, 1968); Robert J. Landy, *Persona and Performance: The Meaning of Role in Drama, Therapy, and Everyday Life* (New York: The Guilford Press, 1993)。又见专辑 Lorraine Daston & H. Otto Sibum, eds., "Scientific Personae and Their Histories," *Science in Context*, 16: 1-2 (2003)。

需要考虑"美德"（virtues），抑或"学术/认知美德"（intellectual/epistemic virtues）的问题。这里的"美德"，指的是衡量一个好的史家的标准。保罗举例说一般人称赞一位学者，往往从其学术的严谨、开放的眼光和开拓的勇气等方面来考量。易言之，我们评价一位史家的成就，除了仔细阅读、理解他（她）的作品，还常常将其成就放在"美德"的层次加以分析、评论。保罗认为，这一"美德"的层次，无疑具有道德的含义。不过他并不认为需要回避，而是强调，有关史家"美德"的分析和考虑，应该成为今后历史哲学、史学理论的一个研究面向。对于中国读者而言，保罗在这里强调史家的"美德"，与清代章学诚（1738~1801）补充唐代刘知幾（661~721）的"史才、史识、史学"，提出应该加上"史德"的想法，颇有可比之处。当然，两者也有显著的不同。章学诚的"史德"，基本考虑的是一个史家的道德水准，而保罗所说的"美德"，主要指的是"学术/认知的美德"。这里的"认知"（epistemic）一词，来源于米歇尔·福柯。而保罗使用这个词语来形容"美德"，沿用了福柯的说法，即认为在一个时代有一个约定俗成的"认识型"或"知识型"（*épistémè*），它在很大程度上影响了一个史家的学术生涯。于是，"角色"的内与外的双重含义便有所体现。具体而言，保罗在文中注重从三个方面展开他的论文：学者的希求（desires）、美德（virtues）和技艺（skills）。

　　保罗论文的第一个论点是："在文体之外，还有更关键的东西。"对他而言，那个东西就是"美德"。保罗的解释是，其实怀特、安克斯密特批判兰克史学，归根结底是挑战和批判了兰克学派所提倡的治史"美德"："严谨、精确和客观"，并希望代之以"诚实、真实和可靠"。后者的意思是怀特等人强调史家应该忠于自己的信念，勇于表达自己的观点，而不是为了做得不偏不倚而掩盖自己的立场和观点。怀特等人对近代史学所倡导的"美德"的批判，主要是从研究、分析历史文本入手。但保罗认为，从"美德"的视角来看，史家的作品——文本——只是一个方面，还需要考察史家的治史实践。

　　保罗的第二个论点是："学者的角色，其实就是一种韦伯所说的'理想典型'。"这是学者的自我表现，是一种对自己的期望和希求。但同时作为一种"理想典型"，或许像福柯所谓一个时代的"认识型"，一个学者还必须适应和学会如何扮演好这样的"角色"。为此目的，学者有时还必须压抑自己的天性，即压抑性格中不太符合这一"角色"或"理想典型"的部分，以求扮演好作为一个为人认可和接受的"学者的角色"。易言之，学者个人的希求和认知的美德之间需要达到一种平衡。

第三个论点是："学者的美德改造了自我。"这一点其实是前面论点的进一步阐发。保罗的分析是，如果一个史家生活在19世纪后期，那他的治史生涯就需要遵循当时流行的作为一个学者的"美德"：对史料进行批判，引用史料精确无误和对史料有"力透纸背"的感悟——这里保罗引用了兰克对史家的要求。而生活在20世纪后期的史家，经过了后现代主义的洗礼，那么他（她）的治史，则往往会像怀特所要求的那样，希望展现"原创性""学术的勇气""坚定的政治立场"。因此，保罗认为"学者的角色"会相应地修正和改造一个史家个人的本性、才情和习惯。

第四个论点是："学者的角色综合了学者的美德和技艺。"保罗提出，许多人称赞一位史家，往往会考量他（她）在学术态度上如何严谨、严肃，对史料的批判如何小心、审慎，等等。这些看起来是评价一个史家技艺如何高超，但其实这些技艺只是美德的实施、实践。保罗甚至认为，美德就是技艺；后者不是工具，而是一种学术习惯的长期培养。换言之，如果一个学者忠于学术，对自己的治学严格要求，就会不断改善自己的技艺，提高自己的研究手段。

第五个论点是："形容美德有具体的标准。"这里保罗用了英语"goods"这一词，比较难以翻译，英文中常用的意思是"物品""货物"，这里保罗的意思是美德所含的方面和目标，所以姑且用"标准"来对应，因为"goods"有"good"（好）作为词根，也即为人所需、让人满意的东西。他在文中解释说，学者对知识的追求和展现，就需要平衡"博"与"约"。如果一个人过于强调精准，也许就会导致其学问变得过于琐细，流于饾饤之学；而如果一个人贪多嚼不烂，其治学和著述便会显得粗疏浅薄、缺乏深度。所以保罗认为，对知识的追求，需要具体问题具体分析，没有一个统一的标准。

第六个论点是："学者之为人，往往寻求各种标准。"保罗的意思是，学者像其他人一样，同样需要"为稻粱谋"，在治学生涯中考虑各种因素，所以考察一个学者"学术的美德",不能脱离这位学者人生的其他方面,比如他(她)的政治信仰、审美爱好、宗教信仰,等等。但保罗又指出,就研究的开展而言,需要注意的是专注"美德"这个具体标准的开展,不要笼统地讨论一个史家的品格和风格。比如史家研究、再现过去,具体采用了何种方式,达到何种目标等。

第七个论点是:"学者的角色为各种志向的综合体现。"保罗的重点是一个史家治史,在一定的时空环境下,不但符合已经形成的"角色"定位,而且这个角色往往包含各个方面。比如近代史家希望通过档案史料重构历史,但这一希求又必须结合财力,因为去档案馆搜集资料费用颇大。同时史家的民族主义情绪等,也显然是一个影响因素。虽然"角色"反映了史家的各个思想、行为层面,但保罗又不希望将史家们笼统地归类研究(比如女性主义史家、民族主义史家等),而是强调应该注意每个史家扮演的"角色"之特点。

第八个论点是:"学者的角色内含张力和变化。"保罗指出,在一个历史研究模式流行一时的时候,虽然起到了托马斯·库恩所说的"范式"的效应,但其实这一"效应"的影响力,仍然因人而异,因为每个人的天性、脾气和风格都不一样。就历史研究而言,有的人喜欢做综合研究,发表鸿篇大论,有的人则喜欢考据细节,自得其乐,甚至不希望以小见大。换言之,一个学者角色的形成,反映了内、外两方面的互动和协商:一个学者不能随心所欲、为所欲为,但同时他(她)也不会或者不应随波逐流、人云亦云。保罗希望通过"学者角色"的研究,开拓史学史研究的新领域。

第九个论点是:"美德和技艺与学者的希求有关,因此可以被操纵和调整。"在讨论这个论点的时候,保罗突出了"角色"的内在的一面,即学者个人对角色的塑造。这其实是一个颇为常见的现象,有些学者虽然熟悉一时流行的潮流,即一个时代的"认识型",但他们又有突破这些既定"角色"的希求和愿望,以求表现他们对政治信念、道德信仰等方面的新立场。所以,"学者角色"的研究应该考虑学者个人的因素,看到他们如何展现自己的个性,另辟蹊径,推陈出新,走出创新之路。

第十个论点是:"如果历史哲学的研究对象是考察历史如何被研究和解释,那么分析、研究史家的角色应该成为其一个主要的方面。"保罗强调,对于史家"角色"的研究，将史家的所作所为作为研究的对象，应该是历史哲学今后发展的一个方向。他具体列出了三个理由。第一是以往的历史哲学研究，主要考察的是历史的已成作品，即历史著述，而考察"史家角色"可以让人看到史家实际的研究及其作为。第二是研究"史家角色"可以帮助人们走出西方中心论，比较和检查其他文化对史家的看法及其作为，并与西方近代史家相比较。第三是对"史家角色"的研究，可以让人考察当代历史工作者治学的各个方面，包括史家本人对自己的欲求和期望以及史家如何与外界的要求互动，并实现其研究的社会价值乃至获得社会的认可。这一研究的目的是让读者理解，当代史学界如何界定一个好的（good）、"杰出的"（excellent）史家，而当代的史家又如何为此目标努力。①

二 "学者角色"研究的进展

赫尔曼·保罗提倡对历史学家从"角色"的角度加以研究，其目的是扩大甚至转移史学史关注的对象，不但注意史家的作品，而且注意史家的人品、性格、心理及其治学的特点。同时，既然"角色"有着外在的一面，他也希望分析一个史家在展开他（她）的学术生涯的时候，如何与为人接受和期待的既定"角色"之间配合、协商和互动。具体而言，一个学者在进入学术界，从事研究和出版的时候，常常需要了解、熟悉甚至跟随当时流行的学术风气，在已经约定俗成的学术模式中寻找、塑造和展开自己的"角色"。保罗承认，他对"学者角色"这一领域的重视，与当代学术界注重学术奖助的申请、学术计划的设计和实施以及学术出版品的强调，颇有关系。这些流行于当代国际学术界的科研方式，让他看到当代的学术研究，已经与 19 世纪和 20 世纪初的情形大不相同了。他觉得有必要在新的潮流下，考察和分析学者之为学者的实际经验。②

而从学理上来说，赫尔曼·保罗提倡研究"学者角色"，是希望突破叙述主义的史学理论。众所周知，战后历史哲学的发展，经历了从思辨的历

---

① Herman Paul, "What is a Scholarly Persona? Ten Theses on Virtues, Skills, and Desire," *History and Theory*, 53：4（Oct. 2014），pp. 348-371.

② 据赫尔曼·保罗 2018 年 10 月 29 日写给笔者的电邮。

史哲学到分析的历史哲学的转向，而后者对历史认识论的重视，又引发了怀特、安克斯密特等人的叙述主义理论探索。从研究对象的变化来看，上述转向主要表现为从研究历史现象背后的规律，转向关注历史书写与历史作品的分析。而保罗的想法是将注意力从研究历史著述的文本，进一步转向考察历史学家实际的研究和写作经验，即史家如何治史的实践。换言之，他希望考察的不仅是历史学家写了什么（what they wrote），而且是他们怎么做的（how they do history）——历史学家是怎么研究和写作历史的。保罗不但有此想法，而且竭力推动有关"学者角色"的研究。在他的带领下，荷兰和欧洲近年召开了一些会议，希求从"学者角色"的角度研究史家拓展其学术生涯及与当时学术氛围之间的关系。换言之，采用"学者角色"的角度，将学术研究比拟为一种"表演"（performance），可以检查学者的"自我"（self）和外界，抑或与观众、读者之间的关系。

2016 年赫尔曼·保罗和其他学者在《人文历史》杂志上，组织了一个题为"学者的自我"（The Scholarly Self）的笔谈，共有五位学者参加，其中包括了保罗本人。这些笔谈的文章都以 19 世纪下半叶和 20 世纪初期的欧洲学者为对象，从"学者角色"的角度审视、分析他们的学术生涯。譬如克里斯蒂安·恩格伯茨（保罗在莱顿大学的同事）写了有关格奥尔格·海因里希·艾瓦尔德（Georg Heinrich Ewald, 1803-1872）的论文，从学者与其同事关系的视角入手，讨论了学者的"角色"——外人、同事对他持有的印象——与学者的学术生涯之间的关系。从学术上来看，艾瓦尔德显然是一个早慧、成功的学者。他出生于德国 19 世纪的学术重镇哥廷根，并在哥廷根大学接受教育。艾瓦尔德在语言上颇有天赋，为他之后从事东方学的研究做了很好的准备。他在 19 岁的时候便获得了博士学位，然后在 1827 年，即他 24 岁的时候，被聘为哥廷根大学东方语言系的教授。但十年之后，他被哥廷根大学开除，只能转去其他大学。终其一生，艾瓦尔德虽然在学术上有不小的成就，但他的学术生涯却颇多曲折。恩格伯茨的研究基于许多未刊的史料，认为虽然艾瓦尔德之失去教职，有许多原因，但他与同事之间关系的剑拔弩张，也是一个值得考虑的因素。根据恩格伯茨的观察，或许是因为艾瓦尔德年轻气盛、自视太高，所以常对同事的研究提出直言不讳的批评，导致同事们在背后对他的行为有许多闲言碎语。恩格伯茨的研究重点便是这些"闲言碎语"（gossip），他认为这些闲话，既通过旁人的眼睛展现了艾瓦尔德的个性（易怒、暴躁等），同时也反映了当时的高校和学术界对一个学者"角色"约定俗成的期望和要求。显然，艾瓦尔德与这一"角色"有所不符，导致他的学术道路荆棘丛生、不欢而终。①

笔谈的另一篇颇有意思的文章由保罗的另一位同事利雍·萨鲁斯所写，其研究的对象是英国 19 世纪后期的史学名家阿克顿勋爵（Lord Acton，1834-1902）。在阿克顿的时代，英国的史学走向了职业化，而阿克顿在其中扮演了重要的角色，比如出任了多卷本《剑桥近代史》的主编和在《英国历史评论》的第一期上写文称颂德国史学的成就。萨鲁斯以后人对阿克顿的回忆和评语作为基本史料，考察那时学界评判一个学者"好"还是"坏"的标准。阿克顿在生前虽然名闻遐迩，但他或许是过于谨慎，终其一生也没有一部专著问世，因此后人对他的地位，评价并不一致。萨鲁斯指出，其实一个学者的"好"与"坏"——"美德"（virtue）与"恶习"（vice）——形成了一个辩证的关系，因为在阿克顿的身上，两者似乎是一枚硬币的两面。有的人赞扬阿克顿，往往是因为阿克顿的严谨扎实、落笔谨慎，而许多人批评他，针对的也正是阿克顿的"落笔（过于）谨慎"，指出他不写专著，导致其学术有所欠缺。萨鲁斯的研究还想指出学术的"代沟"，即在阿克顿的时代，他得到了许多人的称赞，而他的批评者则往往是之后时代的人，所以通过对阿克顿"评价史"变迁的研究，萨鲁斯希图展现"学者角色"在不同时代的更新和变化。②

同样在 2016 年，保罗和其他同道又在《低地国家历史评论》上做了一个专辑，题为"学者角色：学术认同的才艺和表演"（Scholarly Personae：Repertoires and Performances of Academic Identity）。这个题目与上面提到的、2017 年在莱顿大学召开的国际会议的题目十分类似，目的是探讨学者的成长，如何既包含自我奋斗、展现才能的一面，又需要考虑学术"表演"的对象，包括研究出版的对象，并与学术界的整体氛围取得一致。这个专辑

---

① Christiaan Engberts, "Gossiping about the Buddha of Göttingen: Heinrich Ewald as an Unscholarly Persona," *History of Humanities*, 1：2 (Fall 2016), 371-385.

② Léjon Saarloos, "Virtue and Vice in Academic Memory: Lord Acton and Charles Oman," *History of Humanities*, 1：2 (Fall 2016), pp. 339-354.

共收入了保罗的简介和另外七篇论文，大多是实例的研究，涉及范围比上面讨论的笔谈更广，同时也包括了三篇比较理论性的探索。

任教于以色列特拉维耶夫大学的贾迪·阿尔加兹用"样例"（exemplum）和"怪才"（*Wundertier*——这里的"怪才"或"异类"都含有正面的意思，也就是说一个异于寻常的人物，有点类似于"天才"）这两个词语来形容科学史上"角色"的扮演及其作用。阿尔加兹指出，在现今的"角色"研究中，基本将"角色"从两个方面加以界定。第一是一个人自己塑造的形象；第二是这个形象的构成、构造，即一个人如何扮演这个形象、符合这个既定的"角色"。这两个方面其实就是"角色"内和外的两个方面。但阿尔加兹强调，其实还有第三个方面需要考察，那就是"角色"扮演的复杂性、多重性：一个人在不同的场合和时期，需要扮演不同的角色，因为学者也有七情六欲，也需要过普通人的生活。在这些理论层面的讨论之后，阿尔加兹转而用实例做说明。他的例子是约翰尼斯·开普勒（Johannes Kepler，1571-1630），欧洲科学革命时代著名的天文学家和数学家。阿尔加兹根据开普勒的私人信件等材料，指出开普勒在其妻子过世之后，为了再婚而塑造了不同的形象，扮演了不同的角色，如有时称自己只是一个"观星人"（stargazer），有时又说自己是天文学家；有时他说自己是一个人文主义者，而有时又说自己是宫廷官员。换言之，开普勒为了求婚的需要，故意扮演了不同的角色，甚至贬低了他自己的研究。而在最终，他还是对自己的工作有一种荣誉感。阿尔加兹在文章的最后，做了三点总结。第一，"角色"是一个符号化了的形象，或者用这个词的原意来说，就是一个面具，帮助人展现他（她）的认同和自我。第二，如果只是研究"角色"本身，其实并不能帮助我们理解一个特定的"角色"，我们应该同时考察"角色"生成的社会条件。第三，研究"角色"需要同时考虑其内与外的两个方面及其相互之间的互动，从阶级、性别等各个角度考察"角色"形成的诸种因素。[1]

比利时根特大学的莎拉·基缪伦在这个专辑上发表了有关"比利时近代史学之父"亨利·皮朗（Henri Pirenne，1862-1935）的论文，这是她博

---

[1] Gadi Algazi, "*Exemplum* and *Wundertier*: Three Concepts of the Scholarly Persona," *Low Countries Historical Review*, 131: 4 (2016), pp. 8-32.

士学位论文的简写，主要从"角色"的角度来考察皮朗的学术成就和演变。基缪伦认为，皮朗作为一个史家的"角色"，至少由三个部分构成，并随着比利时和欧洲历史的变化而不断更换。第一是作为兰克学派的信徒，他对推动比利时史学的职业化，有很大的建树。第二是皮朗作为一个比利时民族主义史家，如何影响他对德国史学的态度。具体而言，他虽然推崇兰克史学，信奉科学治史，但他又称赞兰克学派的批评者卡尔·兰普雷希特的观点，并与后者有很好的交往。不过，皮朗和兰普雷希特的友谊由于一战的爆发而终止。在战争爆发之后，兰普雷希特曾登门造访，但皮朗却让他吃了闭门羹。① 第三是皮朗对比利时民族史的构建，由于历史的变动同样经历了从被人称颂到让人诟病的转变——于是基缪伦认为皮朗是比利时民族主义史学的终结者。她在论文中这样叙述，比利时国家虽小，但成员的构成却不简单，主要有弗兰芒人（Flemish）和瓦隆人（Wallons）两大团体，前者的语言几乎就是荷兰语的变种，而瓦隆语则是法语的方言。作为一个比利时民族主义史家，同时又是一个瓦隆人，皮朗强调比利时民族的统一性和同一性，希望瓦隆人与弗兰芒人相互团结，并以此观点写作了《比利时史》（*Histoire de Belgique*）这样的巨著。但历史的发展却事与愿违，弗兰芒人的势力扩大，压制了瓦隆人，使得比利时渐渐"荷兰化"，破坏了皮朗心目中比利时民族国家的和谐统一。总之，作为比利时近代历史上最重要的史家，皮朗的生涯由不同的"角色"构成，并且随着时间而不断变化。他的地位也受到影响，从高高在上逐渐走向式微。②

赫尔曼·保罗也在这一专辑的最后，提供了一篇论文，对"学者角色"研究的起源、特点及潜在的价值，做了一些阐述。他指出，对"学者角色"或"科学家角色"的研究，十多年前由科学史家启动，探讨科学家的研究，如何接受和发扬约定俗成的规范，比如忠于事实、态度严肃、方法严谨等。保罗认为，他在史学理论和史学史的领域开展"学者角色"的研究，可以在以下四个方面做出贡献。第一是开拓研究"历史实践的哲学"（philosophy

---

① 参见〔美〕格奥尔格·伊格尔斯、〔美〕王晴佳《全球史学史》，北京大学出版社，2011，第 182 页。

② Sarah Keymeulen, "Henri Pirenne: Historian and Man of the World," *Low Countries Historical Review*, 131: 4 (2016), pp. 71-92.

of historical practice），即考察历史学家具体的史学实践。第二是在史学史的研究领域采用跨学科的手段，比如将科学史的研究与史学史的研究相结合。第三是"角色"的研究，挑战和修正了一线进步的历史观，突出了如何在具体的时空条件下看待史学、科学等学科的发展。第四是有助于人们认识当代学者学术生涯的特点，引入了道德评价的角度。保罗的意思是，当代的学术界要求学者、科学家追求项目、获得奖助，将这些目标视为成功的标志。他的问题是，在这样的环境下所谓"成功的学者"，是否可以与"好的学者"相等同。保罗显然想对此有所质疑和批评，认为学者还是应该有自己的道德标准，不能为了竞争这些奖助和项目而丧失底线，进而失去学术研究的本意。①

三 "学者角色"研究与中国

由上可见，保罗提倡对"学者角色"进行研究，有着较强的现实意义。当代中国的学术界、科学家，同样出现了如他所描述的现象——学者之间、学校之间为了奖助、项目、称号、排名激烈竞争，扰乱了治学和科学研究的环境，也困扰了不少一心向学的学者和科学家。或许正是由于这一现实性，保罗和其他同道所提倡的"学者角色"研究，已经渐渐为更多的史学界、史学理论界同行所重视和响应。比如 2018 年 8 月 24~25 日，国际史学史、史学理论委员会便与爱沙尼亚塔林大学的马雷克·塔姆（Marek Tamm）合作，得到了欧盟的资助，在塔林大学召开了题为"历史学家在做什么？历史书写的具体实践和实际考量"的工作坊，有欧美和日本的十多位史学工作者发表了论文。②

对"学者角色"的内、外两方面互动以及史家"写了什么"与"做了什么"之间关系的考察，也有助于我们从一个不同的角度研究中国学术史

---

① Herman Paul, "Sources of the Self: Scholarly Personae as Repertoires of Scholarly Selfhood," *Low Countries Historical Review*, 131: 4 (2016), pp. 135-154.

② International Commission for the History and Theory of Historiography, Tallinn University Centre of Excellence in Intercultural Studies and Tallinn University School of Humanities, Workshop: "What Are Historians Doing: Practice and Pragmatics of History Writing," Programme, August 24-25, 2018, Tallinn, Estonia.

和思想史的演变，特别是 19 世纪后期以来的演变。众所周知，由于西方列强的入侵和清朝在甲午战争中的失败，中国的学术和思想经历了重大变迁。在"三千年来未有之变局"的挑战下，学者角色的变动十分剧烈，后浪推前浪，让人目不暇接。举例来说，甲午战争后，中国士人看到日本从一个蕞尔小国，经过西方化，一跃而成为亚洲强国，深感变革的必要。因此西方进化论的思想，一时成为 19 世纪末年盛行的一个思潮。于是，学者的"美德"便以认同进化论的观念为标准。留学英国的严复（1854~1921）及时翻译了相关的书籍，推动了进化论思想在中国学界的传播，引领一时风骚，成为中国学界的风云人物。但辛亥革命之后，严复出任北京大学首任校长的时候，虽年未及花甲，应该说还是学术的盛期，但在许多革命者的眼里，严复的思想已经显然有点落伍了。换言之，19 世纪和 20 世纪之交的中国，界定学者角色的美德标准，更换极其频繁，昔日的先进，几乎即刻便会变成后进。

从学理上来考量，进化论的基调是改良主义的；严复在革命后的中国，表现有点落伍，似乎情有可原。至少在思想层面，辛亥革命的成功，并没让人觉得中国已经由此进入了一个新时代，反而让人看到中国文化传统的积重难返，亟思进一步改造之必要。五四新文化运动便由此而蓬勃开展。五四时期的学者角色，以挑战、否定传统为其美德的主要标准。陈独秀（1879~1942）、胡适（1891~1962）、鲁迅（1881~1936）等人，性格、学养虽各异，但都在摒弃旧传统、推广新文化的运动中，扮演了领导的角色。他们的学生如顾颉刚（1893~1980）、傅斯年（1896~1950）等，继续推广了这一五四新文化所流行的美德，也同样扮演了改革传统的角色。他们的性格、心理特征如何与这一新文化运动中形成的美德标准互动，值得深入研究。比如胡适的治学兴趣，以考证见长，乐意做具体的研究。但他在新文化运动中最出名的著作，却是一部通史类的著作——《中国哲学史大纲》，因为其中对中国上古史料的批判，成了当时知识界反传统主义的一部开山力作。与之相对照，比胡适早一个时代的梁启超（1873~1929），其治学风格显然以纵论见长，但至少在史学界，梁启超除了《新史学》《中国近三百年学术史》之外，还有一部《中国历史研究法》，类似现代意义上的专著。上述例子都是在"学者角色"的构建中，学者的自我与其扮演的角色之间的协商和互动：有的时候是角色的需要改变了自我，有的时候是自我适应了乃至充实了角色。① 当然，这些互动和协商有时产生了张力甚至矛盾，但从上述人物的表现、表演来看，他们显然扮演了成功的角色，领导了新文化运动。

顾颉刚的例子更为特别，因为他为后人留下了大量的日记、书信和笔记，所以更方便今人研究顾颉刚一生的治学经历，不但能分析他已经问世的论著——"写了什么"，而且能查看他"做了什么"和"怎么做的"。比如他在20世纪20年代后期开始主编的《古史辨》，往往有长篇的自序，特别是第一本，其中自序占了大约三分之一的篇幅，详细讲述了他的治学经历和挑战古史的心理。顾颉刚说："我所以有这种主张之故，原是由于我的时势、我的个性、我的境遇的凑合而来。我的大胆的破坏，在报纸上的发表固然是近数年的事，但伏流是与生命俱来的。想象与假设的构造是一点一滴地积起来的。"② 这等于是说他之提倡层累地积成的古史观念，有内、外两方面的因素，方才让他成功地扮演了"疑古派"的主角。王晴佳在一篇最近的论文中指出，除了新文化运动的氛围，顾颉刚自小口吃，也对他的性格乃至治学造成了影响，有助于促成他的"疑古"立场。根据现代科学相关的心理研究，口吃者更为多疑、执拗和具有反叛的精神。这些在青年顾颉刚的身上都有比较明显的表现。③

中国现代史上还有一次重大的学者角色转换，那就是1949年中华人民共和国成立之后，马克思主义成为既定的意识形态，促使所有留在大陆的学人改变其原来的治学理念和立场。近年有不少学者对这些学人的日记、书信做了细致的阅读和解读，揭示了这些学人在新形势下，如何努力改造自己——怎么"做"来转换自己的学者角色。对于从民国时期过来的老辈学者陈垣（1880~1971）、中年学者顾颉刚来说，做这些都不容易，颇多犹

① 参见 Q. Edward Wang（王晴佳），"Interpretive and Investigative：The Emergence and Characteristics of Modern Scholarly Personae in China, 1900-1930," in Herman Paul, ed., *How to Be A Historian：Scholarly Personae in Historical Studies*, 1800-2000（Manchester：University of Manchester Press, 2019），待刊。

② 顾颉刚：《古史辨》第1册，上海古籍出版社，1982，自序第4页。

③ 参见王晴佳《顾颉刚及其疑古史学新解：试从心理、性格的角度分析》，《中华古史论丛》2017年第4期，第253~288页，引语见第258页。

疑和挣扎。北大研究生屠含章的硕士学位论文研究了陈垣的思想转变如何在其论著中反映出来，而北师大教授张越和社科院的年轻学者李政君都写了有关顾颉刚的论文。[①] 当然也有如吴晗（1900~1969）那样当时较为年轻一些的学人，在1949年之前便已经转变了立场，去了解放区然后随大军进城，出任了北京市的副市长，主管文教工作。但即使如吴晗，这一角色转变也经历了一个过程，其中颇多曲折。比如吴晗为明代开国皇帝朱元璋（1328~1398）写传，就在1949年前后几易其稿，显示他为了适应新角色所做的刻苦努力。[②]

总之，本章所举的上述这些研究实例证明，从"学者角色"加以考察的视角，应该会对史学史和史学理论（特别是前者）的进一步深化和发展，提供有益的帮助和启发。

---

① 屠含章：《被误解的陈垣史学：从域内到海外》，硕士学位论文，北京大学历史系，2018；张越：《选择与坚守：新中国建立初期的顾颉刚（1949~1954）》，《清华大学学报》2015年第5期；李政君：《顾颉刚〈汉代学术史略〉的修订及其治学理念》，《郑州大学学报》2015年第4期。

② 潘光哲：《学习成为马克思主义史学家：吴晗的个案研究》，《新史学》（台湾）第8卷第2期；Q. Edward Wang（王晴佳），"Victor or Villain? The Varying Images of Zhu Yuanzhang in 20th Century Chinese Historiography," in Sarah Schneewind, ed., *Long Live the Emperor! Uses of the Ming Founder across Six Centuries of East Asian History*（Minneapolis：Society for Ming Studies, 2008），pp. 391-412。

"后叙述主义"探求

顾名思义，"后叙述主义"与"叙述主义"有关。那么什么是"叙述主义"（narrativism）？它有什么特征？对此我们还须从海登·怀特的《元史学》等论著及其接受谈起。怀特在《元史学》中最激烈又明确的观点就是，历史书写无非表现了一种"言语的结构"（verbal structure），与历史实在无涉，而是史学家对过去的建构。而且这种建构还以比喻的方式展现其基本特性。按照怀特的立场，在历史研究中，不存在史学家作为主体通过研究而认知过去，然后又通过书写而展现过去的过程。历史研究和书写只是让史学家制造、创作一种叙述；这种叙述与其他类型的叙述（譬如诗歌和小说）一样，展现的是人的智慧和创意。怀特将史学与文学、史实与虚构相等同的做法，到了20世纪90年代被称为后现代主义史学，由弗兰克·安克斯密特等人推广而在世界范围内产生了深远的影响。自他出版第一本著作《叙述的逻辑》（1983）开始，安克斯密特便指出他的研究兴趣，集中在"叙述主义的历史哲学"（narrativist philosophy of history），其重点是分析叙述这一形式之于史学的作用。像怀特一样，安克斯密特认为史学家通过叙述重建过去，不可能如实直书，而是必然会加以概括和总结，如"文艺复兴""启蒙运动""冷战"，等等。安克斯密特指出，这些术语为史学家所发明，是一种如同"综合概念"（colligatory concepts）的"叙述实质"（narrative substances），用来简练概括某个历史时期的特征。

叙述需要通过语言，因此怀特和安克斯密特等人倡导了历史学中的"语言学转向"，注重语言的使用与史家再现过去的关系。从叙述主义的立场出发，安克斯密特研究了历史书写中表现和再现的内在联系，指出其实在历史叙述中，表现就是再现，甚至表现先于再现，即史学家必须先概括对某一过去的认知，然后才诉诸语言文字加以再现、叙述出来。但从 20 世纪 90 年代末期开始，安克斯密特对表现和再现的兴趣，让他转而注意"经验"，因为他看到许多奇特、异常的历史现象，往往是史学家萌发写作兴趣的初衷，而这些现象——他概括为"崇高"——又是笔墨无法形容的，只有身临其境的体验、体会。因此他主张历史书写，必须诉诸经验，表现经验，这一表现与其说是为了如实反映过去，毋宁说是表现一种美感，让读者能感同身受、心领神会。①

一　从历史哲学到"史学哲学"

安克斯密特从注重叙述到经验的转变，学界评价不一、毁誉参半。② 但他做出的这一转变，其实背后反映了一种观念，以后成了"后叙述主义"研究的出发点。安克斯密特希望史学家能超越语言的束缚，打破"语言的牢笼"，直接感受、再现历史的经验，因为在他眼里，叙述和经验是相互对立的两极，而现在主张"后叙述主义"的学者，希望跳出这样两极对立的思维，从不同的角度来重新建构、沟通叙述和经验的联系。这些学者一般将怀特、安克斯密特所倡导的历史学的"语言学的转向"，视为叙述主义的代表，而他们希望寻求走出这一叙述主义的途径。从一定意义上说，这些主张"后叙述主义"的学者，虽然质疑了安克斯密特的立场，却与他的想法和做法有不少相似之处，都企图进一步探讨语言与实在、史学与过去之间错综复杂的关系。

2015 年约尼-马蒂·库卡能（Jouni-Matti Kuukkanen）出版了《后叙述

---

① F. R. Ankersmit, *Sublime Historical Experience*, Stanford: Stanford University Press, 2005. 此处可以参考本书有关弗兰克·安克斯密特的一章。

② Ewa Domanska, "Frank Ankersmit: from Narrative to Experience," *Rethinking History*, 13: 2 (June 2009), pp. 175-195; Peter P. Icke, *Frank Ankersmit's Lost Historical Cause: A Journey from Language to Experience* (New York: Routledge, 2012). 中文论文参见王晴佳《从历史思辨、历史认识到历史再现：当代西方历史哲学的转向与趋向》，《山东社会科学》2008 年第 4 期；彭刚《从"叙事实体"到"历史经验"：由安克斯密特看当代西方史学理论的新趋向》，《历史研究》2009 年第 1 期。

主义史学哲学》一书，同年他又与佐尔坦·西蒙（Zoltan Boldizsar Simon）一起，在美国《历史和理论》杂志上组织了"叙述主义之后"笔谈，可以说是正式开启了有关"后叙述主义"的讨论。库卡能为芬兰奥卢大学哲学系的副教授，其所著《后叙述主义史学哲学》一书，于 2017 年获得国际史学史、史学理论委员会的优秀著作奖，西蒙则是德国比勒菲尔德大学历史系的副教授，他们及参加"叙述主义之后"笔谈的几位学者，代表了史学理论界的新锐。在讨论库卡能的书及笔谈之前，似乎有必要先略微理解一下他书名中的"史学哲学"（philosophy of historiography）一词。最早研究"史学哲学"的学者之一是以色列人艾维泽尔·塔克尔，2004 年著有《我们关于过去的知识：一种史学哲学》，之后在 2009 年又主编了《历史哲学、史学哲学指南》（*A Companion to the Philosophy of History and Historiography*）。塔克尔的主要贡献就在于区分了"历史哲学"和"史学哲学"，将后者也即把历史如何书写（英文中"historiography"的本意）的理论探索，列为一门专门的学问来加以研究。他在《我们关于过去的知识：一种史学哲学》导论中开宗明义，指出兰克和蒙森（Theodor Mommsen，1817-1903）为"历史家"（historians），写成了有关过去的历史著作，而阿纳尔多·莫米利亚诺（Arnaldo Momigliano，1908-1987）和格奥尔格·伊格尔斯则是"史学家"（historiographers），他们研究前者写的史书。[1] 塔克尔自己的研究，如其书名所示，其主要对象是历史书写的理论和实践，即史学史的理论及其演变。

塔克尔提出"史学哲学"这一术语，并将之作为研究的对象，亦反映了战后历史哲学界从历史本体论到历史认识论的重大转向。意大利思想家、分析历史哲学的代表人物之一贝奈戴托·克罗齐曾著有《历史学的理论和历史》（*Teoria e Storia della Storiografia*）一书（英译为《历史学的理论和实践》），此书虽然没有采用"史学哲学"这一名称，但克罗齐的本意就是要

---

[1] Aviezer Tucker, *Our Knowledge of the Past*：*A Philosophy of Historiography*（Cambridge：Cambridge University Press, 2004），p. 1.

注重研究历史学（史书的撰写）的演化、特征和理论。①"史学哲学"在很大程度上，与克罗齐的"史学理论"类似，以历史认识论为研究对象，探究史家的历史书写是否与过去本身产生联系；如果两者有联系，又有什么特点等问题。而在塔克尔的《我们关于过去的知识：一种史学哲学》出版之前，还有一些重要的相关著作出版，如阿瑟·丹托（Arthur C. Danto, 1924-2013）的《分析的历史哲学》（*Analytical Philosophy of History*）、利昂·戈德斯坦（Leon J. Goldstein, 1927-2002）的《历史的认知》（*Historical Knowing*）和杉迪·柯恩（Sande Cohen）的《历史的文化》（*Historical Culture*）等。他们的著作，特别是丹托出版于 1965 年的《分析的历史哲学》，可以说标志了战后历史哲学认识论的转向，戈德斯坦则是首先使用"叙述主义"的学者之一。换言之，"叙述主义"作为一种史学理论，与这些著作有不小的联系，譬如丹托是海登·怀特大学时代的学长，他们之间互有影响。

讨论"后叙述主义"，因此需要了解上面的背景。库卡能的《后叙述主义史学哲学》，希望跳出"叙述主义"的立场来讨论有关历史书写的哲学问题，进一步阐发叙述、语言与实在的过去之间的关系。而库卡能的写作，明显受到上述这些学者的影响，其中以安克斯密特最为重要。从《后叙述主义史学哲学》一书的结构来看，与安克斯密特的第一部著作——《叙述的逻辑》颇为相似，书的前半部分概述前人的论述，加以分析和总结，后半部分提出自己的观点再加以论证。这一结构布局，足以显现叙述主义与后叙述主义之间的密切关系。

二　叙述主义和后叙述主义

现在让我们来看一下《后叙述主义史学哲学》的结构。此书共有十一

---

① 克罗齐此书由道德拉斯·安斯利英译，书名改为 *History: Its Theory and Practice*；傅任敢将之从英文译成中文，题为《历史学的理论和实际》（商务印书馆，1986）；之后田时纲又从意大利文译成中文，改题为《历史学的理论和历史》（中国社会科学出版社，2003），书名比较符合原意。对于安斯利之改克罗齐的书名，海登·怀特有所批评，认为这改变了原书的主题，误解了克罗齐突出历史书写作为研究对象的初衷，参见 Hayden White, *The Practical Past*（Evanston: Northwestern University Press, 2014）, p. 102.

章，从第一章导言开始到第三章，基本都是为了讨论和总结"叙述主义"史学理论的长处和短处。例如第一章题为"叙述主义的洞察力"。第二章描述了"叙述主义"的起源，以分析的历史哲学为理论背景。在第三章中，库卡能将"叙述主义"的理论概括为三个方面：（1）表现主义；（2）建构主义；（3）整体主义。所谓"表现主义"［亦可以是"再现主义"（representationalism）］也就是"叙述主义"的基点，即怀特和安克斯密特的观点——历史书写与历史实在没有关系，只是史家用叙述的形式对某一过去加以表现/再现的产品。由此，我们也可以理解库卡能"建构主义"（constructionism）的提法。近代史家认为历史书写希求精确无误地反映过去，而怀特和安克斯密特认为历史书写无非史家个人的叙述建构。最后库卡能指出，这种将历史书写视为叙述形式的做法，有一个基本的前提，那就是将一部历史著作看作一个整体，每一部分都是为了阐明这一叙述形式（悲剧、喜剧等）或安克斯密特所谓"叙述实质"。而他认为，对这种"整体主义"（holism）的立场，需要加以反思。①

库卡能在《后叙述主义史学哲学》的第四章到第六章，从批判"叙述主义"的立场出发，逐渐建立起自己的论点。他指出他所概括的"叙述主义"的三个特征，其实并不完全符合历史书写的实际。比如历史书写除了有"表现主义"的部分之外，还有"非表现主义"的部分，即与诉诸文笔、修辞和比喻等为了展现历史的叙述不太相关的部分。而这一部分就是历史的论辩，指的是史家在研究了过去之后，通过理性的思考，对这一过去的特征所提出的论点。库卡能这么解释，他部分地同意怀特和安克斯密特的观点：没有一个实在的过去来检验历史书写的真伪，或成为历史书写的参照物。但历史书写不完全是叙述的表现："历史书写包含论点，或者说，一种历史表现等同于输入一个论点"，所以是"理性的实践"（rational undertaking）。他继续说道："对于叙述主义者而言，史家像是一个描述主义的故事家。而在我看来，史家是一个批判的论辩者（critical reasoner）。"② 这里用"论辩者"来翻译"reasoner"，是一个权宜之计，因为"reason"就是

① Jouni-Matti Kuukkanen, *Postnarrativist Philosophy of Historiography* (Houndmills: Palgrave Macmillan, 2015), pp. 30-49.

② Jouni-Matti Kuukkanen, *Postnarrativist Philosophy of Historiography*, p. 67.

"理性"，所以 "reasoner" 可以说是运用理性的人，就是上面所说运用理性来论辩的人。总之，库卡能认为历史书写除了描述史实，更重要的是让史家提出论点，与其他已有的观点商榷、互动和交流。

于是，库卡能必须摒弃"叙述主义"理论的"整体主义"立场，不把历史书写视作一个整体的结构，或等同于叙述、比喻的一种形式，而是将其分解为不同的部分——历史著述既有描述史实而加以叙述的部分，又有史家提出观点加以论证、说明的部分。显然库卡能认为后者更为重要。他在第五章中用一些著名的史书作为他的论据，比如 E. P. 汤普森的《英国工人阶级的形成》等，因为汤普森在书中有大量关于历史事件的描写，同时也提出了工人阶级的阶级意识是在行动中逐渐形成的著名论点。在第六章中，他又借用威廉·沃尔什提出、安克斯密特阐发的"综合""浓缩"（colligation）的概念（或"综合概念"［colligatory concepts］），进一步指出历史书写的特质，就是史家在面对过去的时候，采用理性思考提炼出高度概括的概念，建立自己的论点。库卡能的例子是斯大林过世之后，赫鲁晓夫上台所开展的一系列改革，这一时期被史家称为"解冻"（thaw），能代表"综合"史实发展之后做出的一种概括性考察。

《后叙述主义史学哲学》的第七、第八章进一步阐发了史家如何运用理性，概括史实，提出论点。库卡能吸收了"叙述主义"理论对近代史学的批评，认为历史书写力求"如实直书"没有可能，而且没有必要。但他同时又主张历史书写不仅是语言、情节构建出来的一种叙述形式，而且要以概括、提炼论点为主要目的。基于这样的立场，库卡能对史家如何综合、概括史实，提出了以下四点看法：（1）综合概念，即历史著作中论点的提出，不可能与历史实在形成一种对应的关系；（2）这些概念也不可能从历史实在中自然生成；（3）综合概念的表述虽然基于史料，但不可能与某一史料直接对应，即史家不会将其论点仅仅基于一两条史料；（4）综合表述需要在史料支撑和理性思考之间获得平衡，通过典型性、一致性、全面性、概括性和原创性这几个方面来显出高下。[1] 库卡能在最后承认，这些综合概念的提出，虽然可能被人广为接受，但它们不代表历史的"真理"，因为它

---

[1]　Jouni-Matti Kuukkanen, *Postnarrativist Philosophy of Historiography*, pp. 128-129.

们其实没有对应历史实在，而是史家思考的产物。

在《后叙述主义史学哲学》的最后几章中，库卡能进一步总结了他的"后叙述主义"的观点。他指出历史书写究其根本是在考察、综合历史史实的基础上建立论点，主要是一种"论辩"（argumentation），而叙述对他来说居于次要的地位。他在这些章节中，讨论和分析了评判这一历史"论辩"的构成及其优劣的三个面向。换言之，对他来说，一部历史著作的优劣，取决于该书作者"论辩"（论点是否成立、概括范围的大小等）的成功与否。第一个是"认识的面向"（epistemic dimension）；第二个是"修辞的面向"（rhetorical dimension）；第三个是"话语的面向"（discursive dimension）。他强调对这些面向的考察，都基于理性的思考，因此历史书写是介于主观和客观之间的理性思维的产物。库卡能所谓"认识的面向"主要指史家如何认识过去，并加以综合概括。而"修辞的面向"指历史书写中，如何将这些概括出来的论点，加以有效地表述。这两个面向都展示了历史书写"内在的"（internal）一面：前者为史家进行理性思考的过程，而后者是史家展示"论辩"的手法。第三个"话语的面向"则是外在的（external）一面，指的是史家在书写中提出了论点之后，如何与其他论点互动、交流。库卡能将其形容为一个"论辩的语境"（argumentative context），因为一个论点是否成立，取决于该论点是否对之前的论点有所修正或补充。① 在对第三个面向的讨论中，库卡能显然借用了安克斯密特的观点，因为安克斯密特在1989年发表的《历史学和后现代主义》一文中已经指出，与近代兰克学派倡导史家通过在史料中考据、发现史实的纵向活动不同，当代史家的工作是横向的，表现为一种话语与另一种话语的接触和交流。②

但库卡能的"后叙述主义"显然不是安克斯密特的后现代主义，因为前者强调史家的理性思维，承认历史研究和书写是主观和客观的互动，而后者的"叙述主义"立场，基本否认客观外在、历史实在的相关性，认为历史书写几乎纯粹是史家主观活动（构建叙述和采用某种叙述方式等）的产物。也许是由于这一明显不同的立场，库卡能在分析史书论点的时候，

① Jouni-Matti Kuukkanen, *Postnarrativist Philosophy of Historiography*, pp. 148-167.
② F. R. Ankersmit, "Historiography and Postmodernism," *History and Theory*, 28：2（May 1989），pp. 137-153. 另见本书有关安克斯密特的章节。

吸收了一些昆廷·斯金纳（Quentin Skinner）的思想史研究方法，指出斯金纳"言下之意"（illocutionary force）的观念颇有价值，因为论点的提出需要在一定的语境中，而论点的被接受也与其所处的语境有密切的关系。①

不过，虽然库卡能认为史家提出和论证论点，靠的是理性思维，体现了主观与客观的互动和联系，但他还是坚持认为，论点的高下并不与历史实在存在必然的、密切的联系。相反，他明确指出，一个史家的思想原创性，往往与其史书所描写的历史实在形成反比的关系。易言之，一个史家论点的原创性越大，那么与史书的客观性就越远。这一反比关系的理解或许是，有原创性的史家，必须要跳出历史书写忠实反映历史实在的窠臼，转而去抽象、精炼地提出和论证自己的论点，所以库卡能说历史写作主要是一种"论辩"（argumentation），是史家对其他话语的一种"介入"（intervention）。② 英文中"argumentation"既有"论证"又有"争论"的意思，"intervention"则有"干预""干涉"的意思，不是简单地提出一种观点，以求参与、加入其他的话语体系。从史学史的演化来看，库卡能的这一观察有一定的根据：不少后来成为经典的、必读的史书，往往在出现之初就引起了不小的争论，而许多四平八稳、波澜不惊的史学作品，很快就被人遗忘了。在这一点上，库卡能应该也受到了安克斯密特的影响，因为后者曾指出，好的史书的价值不在于终结历史，而在于启发历史，即刺激他人对历史做进一步的探索和研究，而不是让人叹为观止，就此搁笔。③

三　"语言学转向"之后的史学思考

从以上讨论可以看出，"后叙述主义"是对"叙述主义"的反思，同时又深受其影响。换言之，了解前者必须首先对后者有清楚的认知，因为两者相互依存。上面已经提到，在库卡能出版《后叙述主义史学哲学》的同年，他与佐尔坦·西蒙在《历史和理论》杂志上组织了一组题为"叙述主义之后"的笔谈，一共收入了六篇文章，其中包括他们两人为这一笔谈写

① Jouni-Matti Kuukkanen, *Postnarrativist Philosophy of Historiography*, pp. 158-165.
② Jouni-Matti Kuukkanen, *Postnarrativist Philosophy of Historiography*, pp. 170-179.
③ F. R. Ankersmit, "Historiography and Postmodernism," p. 141. 并参见本书安克斯密特的章节。

的导论——"叙述主义评价"。库卡能和西蒙在导论中首先指出，历史哲学的研究在战后发生了一个重大转向，标志为分析的历史哲学的兴起，例如卡尔·亨普尔提出了"覆盖率定律"，试图将历史研究等同于科学研究。但他们笔锋一转，马上指出海登·怀特的《元史学》和弗兰克·安克斯密特的《叙述的逻辑》是这一转向之后的里程碑式的著作。这也就是说，"叙述主义"的流派以怀特和安克斯密特的论著为代表。而这一流派的成就，库卡能和西蒙认为主要体现在三个方面：（1）不再用原子论的思维，探究文本背后的主旨，而是将注意力放到了整个文本，并讨论其特征；（2）提出"叙述""叙述实质""表现"等术语，用来强调历史书写是有关过去的一个综合表述；（3）指出文本表现出的一致性、完整性、意义等都是史家主观的创造，并不对应一个实在的过去。这里第一个方面中用的"原子论的"（atomistic）的思维，概念上可能有点生涩，他们想说的其实是以前的史学研究，倾向采用拆解文本的手法，希望将其论点的部分、论证的部分和叙述的部分等一一拆开，然后加以研究，而叙述主义者注重对整部文本加以描绘和分析。[1]

虽然承认"叙述主义"对历史哲学研究的贡献，库卡能和西蒙认为自20世纪80年代之后，"叙述主义"的理论其实没有长足的进展。他们指出："叙述主义已经达到了一个顶峰，而现在的历史哲学已渐渐发展到一个广义上说'后叙述'的阶段，即一个再度创新的时期。"[2] 对于"后叙述主义"的界定，两人的观点并不完全一致，我们将在下面总结本章时再论。

库卡能和西蒙的导论之后刊载了三篇论文，其共同主题是分析叙述和经验之间的关系。如同上述，学界基本认定，安克斯密特的史学理论有一个从注重"叙述"到"经验"的转折，而之所以有这一转折就是因为安克斯密特认为"叙述"和"经验"是对立的两面。但这三篇论文从不同的角度，论证其实在历史书写中，"叙述"和"经验"有着直接或间接的沟通和互动，并不是对立的两极。

比利时根特大学的安东·弗罗伊曼在文中指出，历史学经历了"语言

---

① Jouni-Matti Kuukkanen & Zoltan B. Simon, "Introduction: Assessing Narrativism," *History and Theory*, 54: 2 (May 2015), pp. 153-155.

② Jouni-Matti Kuukkanen & Zoltan B. Simon, "Introduction: Assessing Narrativism," p. 156.

学的转向"之后，有的人认为一片狼藉，让人觉得历史实在已经无关紧要，也有的人认为这一来自语言学的冲击已经退潮，史学界正在迎接新的思潮。他个人态度比较接近后者，认为"叙述主义"所开启的讨论，之后一直有人跟随研究，提出新的见解。比如埃尔科·鲁尼亚（Eelco Runia）著有《为过去所感动：间断与历史的变异》（*Moved by the Past*：*Discontinuity and Historical Mutation*），汉斯-乌尔里希·贡布莱希特（Hans-Ulrich Gumbrecht）则有《在场的生成：在意义的背后》（*Production of Presence*：*What Meaning Cannot Convey*），他们都强调"在场"（presence）的概念，指出在历史的书写和表述中，经验、体验无比重要，往往无可言喻。弗罗伊曼本人的看法与上述著作不同，认为"叙述"和"经验"完全可以调和、沟通，无须形成对立的关系。他在文中指出 20 世纪两位犹太裔思想家马丁·布伯（Martin Buber，1878-1965）和伊曼纽尔·列维纳斯（Emmanuel Levinas，1906-1995）的理论，颇可以借鉴，因为两人的思想都强调，人生中其实主、客无法分割——人生的意义就体现在伦理关系中，因为人正是在与他人的交流中获得自身的认同。而语言作为人与人之间交流的工具，构成了人生经验的关键，并不外在于人生。由此而言，弗罗伊曼总结道，通过语言所做的"叙述"完全可以与历史的"经验"相互调和、相互支持。①

佐尔坦·西蒙支持了安东·弗罗伊曼的立场，认为历史学中的"叙述"和"经验"可以调和。但他像安克斯密特在《崇高的历史经验》中所指出的那样，认为历史经验——例如崇高——有不可言说的部分，而且，他进一步指出，对于史家而言，正是这些突如其来、无可描绘、震撼内心的经验，才是历史书写的起点。可是，与安克斯密特不同，西蒙不认为因为有些历史经验无可言说，所以"经验"与"叙述"就形成了对立的关系。相反，他认为，正是因为遭遇这些突如其来、出人意料的"经验"，史家才着力加以"叙述"，希望通过语言表达清楚，而这种表达又需要依赖史家已有的"经验"。由此西蒙总结说，"叙述"和"经验"形成了一种相辅相成的关系，并非对立的两极。而史学理论家需要注意的是历史经验和历史叙述之间不对称的关系，因为"经验"虽然可以促成"叙述"，但后者无法将之

---

① Anton Froyeman, "Never the Twain Met? How Narrativism and Experience Can Be Reconciled by Dialogical Ethics," *History and Theory*, 54：2（May 2015），pp. 162-177.

完整地表达。他的文章即以此为名——"无关历史经验的表述"。①

第三篇论文来自斯洛伐尼亚的学者马丁·诺萨尔，他希望调和"叙述"和"经验"之间的关系。他的做法是借用汉斯-格奥尔格·伽达默尔（Hans-Georg Gadamer，1900-2002）的解释学理论。诺萨尔的做法与佐尔坦·西蒙有类似之处，都想在现象学哲学的基础上探讨认识论、本体论之间的复杂关系。西蒙的写作参考了法国现象学家莫里斯·梅洛-庞蒂（Maurice Merleau-Ponty，1908-1961）的理论，而诺萨尔则从伽达默尔出发来分析，其实"叙述"和"经验"无法分开，是一枚硬币的两面。伽达默尔早年曾随德国的现象学家艾德蒙·胡塞尔和马丁·海德格尔学习，并在两人学说的基础上建立了自己的解释学理论。从现象学的立场出发，伽达默尔在《真理和方法》（Wahrheit und Methode）中探讨了人的认知。他提出了著名的"解释的循环"理论，认为人的认知需要通过语言"表达"（articulation），但没有一种表述是"完美的说法"（immaculate speaking），所以要获得真正的理解，必须经过不断的认知循环。诺萨尔在文中将伽达默尔的理论做了详细的阐述，然后指出在历史书写中，"叙述"和"经验"也形成了类似的理解和解释的关系，两者不可或缺。②

笔谈的最后两篇论文分别由另一位斯洛伐尼亚学者尤金·泽勒奈克和库卡能本人执笔，关注的是"叙述主义"的一个特征——"建构主义"。这个问题在库卡能的《后叙述主义史学哲学》中也有不少讨论。"建构主义"指的是历史书写，主要是史家运用思维和语言对过去的建构，如同怀特所言，历史著述表现了"言语的结构"，与历史实在和事实没有必然联系。泽勒奈克指出，其实"建构主义"可以被分为两种。第一种是"表现主义"，由阿瑟·丹托、列昂·戈德曼和弗兰克·安克斯密特代表。第二种是"非表现主义"（non-representationalism），由保罗·罗斯（Paul A. Roth）和约尼-马蒂·库卡能代表。这两种"建构主义"的相同点在于，都注重历史书

---

① Zoltan B. Simon, "The Expression ~~of~~ Historical Experience," *History and Theory*, 54：2（May 2015），pp. 178-194. 西蒙在这里的介词"of"上加了横线，变成了"~~of~~"，表明是与历史经验无关的表述，当然这一表述可能受到了经验的启发和刺激。

② Martin Nosal, "The Gadamerian Approach to the Relation between Experience and Language," *History and Theory*, 54：2（May 2015），pp. 195-208.

写中的"叙述"部分，认为它是史学理论研究的核心，而这一"叙述"并不反映实在的历史，只是史家的"建构"。但泽勒奈克认为，安克斯密特等人的"表现主义"还有"表现""再现"过去的要求。换言之，"表现主义"的"建构主义"包含了三个方面：（1）过去，（2）文本（史书），（3）"表现"。而其关注的重点在"表现"上，各家对此提出了不同的解释和分析。而"非表现主义"的"建构主义"则将这三者打乱并混合在一起来分析。泽勒奈克认为，保罗·罗斯所谓"过去的不确定性"（indeterminacy of the past）的观点，就是一个例子，因为在历史书写和叙述中，过去、文本和表现并没有形成清楚的界限，而是交互作用和影响。因此，泽勒奈克指出在"非表现主义"的"建构主义"中，原来认识论的主观、客观分界完全失去了意义：历史书写就是史家如何建构自己的论点，与其他论点和观察互动、争辩。因此用一种极端的术语表示，"非表现主义"的"建构主义"认为"历史学中没有过去"（no past in history），即历史书写只是史家的产物。①

库卡能参加笔谈的论文在许多方面与他的《后叙述主义史学哲学》一书的内容相同，但角度有些不同。在《后叙述主义史学哲学》中，他没有特别从"表演"（performance）或"表演性"（performativity）的角度来考察历史书写，而在他的笔谈论文中则特别强调"表演"的功能和作用。库卡能在论文的题目中便明确点出，历史书写的目的需要改变，应该从"真理的功能性"（truth-functionality）转向"史学的表演性"（performativity in historiography）。他指出其实"叙述主义"对近代史学的批判，已经揭示历史学的"真理的功能"失去了意义，因为如沃尔什所用的"综合概念"，史家通过研究多种史实而得出的诸如"文艺复兴""工业革命""冷战"等历史解释的称谓，基本都无法找到具体的历史事实作为对应，因此历史书写不是为了简单地反映所谓历史的真实，而是显示史家的智慧和洞察力（或者用中国史家刘知幾的说法就是史家的"史识""史学"和"史才"）。因此他指出从"表演性"的角度来考察历史书写的过程，应该更有启发性。如同他在《后叙述主义史学哲学》中所指出的那样，史家必须诉诸理性思考，在与其他话语的论辩中构筑出其独有的论点，这牵涉"认识的""修辞

---

① Eugen Zelenak, "Two Versions of a Constructivist View of Historical Work," *History and Theory*, 54：2（May 2015）, pp. 209-225.

的"和"话语的"三个面向。① 简言之，库卡能坚持"叙述主义"的基本立场，不把历史书写视作历史真实的反映，但他同时又想剔除安克斯密特等人讨论"历史的表现"中夹杂的神秘主义色彩，也反对怀特将史学等同于文学创作的观点，而是坚定地指出史家的思考是理性的。

在结束本章的时候，我们还必须指出，约尼-马蒂·库卡能的"后叙述主义"，并不是"后叙述主义"研究的全部。在与库卡能合写的《历史和理论》的导论中，佐尔坦·西蒙还指出了对"后叙述主义"更为广义的理解，那就是将其视作走出近代史学模式的窠臼，发展当代史学的一个方向，其目的是建立一种新的历史哲学。这一历史哲学将从两个方面理解"历史"的含义：既代表已经发生的过去，又是一种历史书写。然后在这个基础上认真对待战后对近代史学的各种批判，以及对历史的演变做出分析和解释。西蒙认为这可以是一种"新的批判的历史哲学"（a new critical philosophy of history），它既注意历史学中语言、叙述的重要，又注意其非语言的层次及其与语言之间的关系。②

---

① Jouni-Matti Kuukkanen, "Why We Need to Move from Truth-Functionality to Performativity in Historiography," *History and Theory*, 54：2（May 2015），pp. 226-243.
② Jouni-Matti Kuukkanen & Zoltan B. Simon, "Introduction：Assessing Narrativism," pp. 160-161. 西蒙与笔者的电邮（2018 年 11 月 16 日）通信中，也表达了这样的愿望，希望对"后叙述主义"有广义的理解。

人类世

　　"人类世"（Anthropocene）概念最初由地质学家和地层学家提出，他们希望借助这个既生动又实用的概念，来论证人类活动对地球所造成的深刻变化，进而说明地球已经进入一个新的地质时期。不过，这一概念至今尚存争议。国际地层委员会对把"人类世"认定为一个地质新时代依然持谨慎态度，地质学家也不确定标示着全新世与人类世地层界线的"金钉子"应位于何处，包括历史学家在内的诸多学者仍在为人类世发端于何时而争论不休。但是，一个不容忽视的事实是，人类世这一概念，以及我们已经生活在人类世的观念，正在被越来越多的知识分子和普通民众所接受，由人类世所引发的讨论与争议、预期与展望也越来越多地出现在从学术期刊到社交网络的众多媒体上。人们有理由相信，即便人类世不能成为一个地质新时代，这一概念的出现也足以说明，人类和地球正经历一个与以往截然不同的时期。不仅如此，随着人类世概念的传播和人们对它的接受，近年来对人类世的研究开始注重探讨人类世的社会意蕴及人文内涵。历史学家也因此参与到人类世的讨论中，认为这一概念有助于产生一种超越人类历史局限的新的历史观念。而这一新的历史观念将推动人们重新思考历史研究中的时间和空间概念，摒弃历史叙事中人类中心主义的倾向，看到非人类因素在历史研究中的重要性。

一　什么是人类世

所谓的"人类世"，可以大致理解为这样一个时期：在这个时期中，人类作为一种地质力量在持续不断地改变着地球，并对之施以不可逆转的影响。或者，用一种更加具体也更为专业的表述来说，人类世是"人类活动作为主要的外部地质营力对地表形态、地球环境和地球生态系统产生重大影响，使地球系统演化改变原有速率，地球系统演化进入自然与人类共同影响地球未来的地质历史新阶段"。[①] 一般认为，人类对地球地质、气候、生态和环境产生的影响主要体现在以下四个方面。第一，地质沉积率的改变。人类的农业活动和建筑工程，极大地加快了地球表面的侵蚀和风化速度，由人类引发的风化率比自然风化率高出一个数量级。第二，碳循环的波动和气温变化。工业化时代以来，地球大气中的二氧化碳含量比工业化时代之前高出 1/3，是近 1000 万年以来的最高值。二氧化碳的排放导致气温特别是最近 20 年的气温加速上升，已达到 6000 万年以来的最高温度。第三，生物的变化。有证据表明，人类与很多动物和植物的灭绝有着直接或间接的关系，物种的加速灭绝和生物数量的下降，已经从陆地蔓延到了海洋。人类导致的生物种群的变化速度堪与冰河期来临时生物种群的变化速度相提并论。第四，海洋的变化。20 世纪以来，全球海平面已经上升了 10~20 厘米，预计未来 100~200 年内海平面将上升至少 1 米。与此同时，海水正经历着过去 3 亿年来速度最快的酸化过程，众多海洋生物将面临生存威胁。

就人类活动给地球带来的改变而言，这很可能是地球有史以来，第一次出现一种单一物种给地球带来如此巨大影响的时代。或许正是出于这一原因，"人类世"这一概念才应运而生。其实，至少从 18 世纪晚期开始，一些博物学家和地质学家就已经注意到人类的介入对地球产生的潜在影响。早在 1778 年，法国博物学家布封（Georges-Louis Leclerc, Comte de Buffon, 1707-1788）就曾指出，人类的时代将成为地球的第七个亦即最后一个时

---

① 刘宝珺、杨仁超、魏久传等：《地球历史新阶段：人类世》，《山东科技大学学报》（自然科学版）2018 年第 1 期，第 5 页。

代。不过，布封的这一划分显然与《圣经》中的七日创世神话相吻合，表明他尚未摆脱自然神论的影响。1854 年，威尔士地质学家和神学教授托马斯·詹金（Thomas Jenkyn）在其所讲授的地质课上提出，若以未来的化石记录回看现在，当今可以被称作"人类时代"，"所有近期的岩石，或许都可以被称作灵生（Anthropozoic）石"。而到了 1873 年，意大利神学家和地质学家安东尼奥·斯托帕尼（Antonio Stoppani, 1824-1891）便明确将人类所生活的时代称为"灵生代"（Anthropozoic era）。在美国，类似的观念也在发展。1863 年，美国地质学教授詹姆斯·德怀特·达纳（James Dwight Dana, 1813-1895）在其撰写的风行一时的《地质学手册》中，将"精神的世界和人类的时代"称为地质学上最年轻的时期。[①]

由此可见，对人类因素在地球发展或地质演变中的重要性的思考，在"人类世"这一概念出现之前，就已经有了一个较为系统和完备的知识积累。正是在这一基础上，俄国地质学家、地层学家和古生物学家亚历克西·巴甫洛夫（Aleksei Pavlov, 1854-1929）于 1922 年首次提出了"人类世"的概念，把当时人类所处的时代称作"由人类活动所产生的系统或人类世"的一部分。[②] 不过，通常认为，诺贝尔化学奖得主荷兰大气化学家保罗·克鲁岑（Paul J. Crutzen）和美国古生态学家尤金·斯特默（Eugene F. Stoermer）2000 年在《国际地球圈-生物圈计划研究通讯》上联合发表的《人类世》一文，才是"人类世"这一概念在当今社会得以流行，并被人们所关注和接受的开始。

两位作者在这篇文章中指出，从 18 世纪后半期开始，人类活动对地球的影响变得愈发明显。根据冰芯记录，自那时起，大气中数种温室气体，特别是二氧化碳和甲烷的浓度开始不断增加。两人据此把人类世的起始年代定为 1784 年，即瓦特发明蒸汽机那一年。而大致从这一年开始，因燃烧化石燃料造成的大气中二氧化碳含量的增加，在地球上大多数湖泊沉积物中都留下了明显的地层标志。克鲁岑和斯特默强调，除非发生重大灾祸，

---

① Simon L. Lewisand Mark A. Maslin, "Defining the Anthropocene," *Nature*, 519 (12 March, 2015), p. 172.

② Andrew Barry and Mark Maslin, "The Politics of the Anthropocene: A Dialogue," *Geo: Geography and Environment*, 3: 2 (2016), p. 5.

如火山爆发、传染病、核战争、行星撞击等，人类作为一个重要的地质营力将存在数千年甚至数百万年之久。[①] 2002 年，克鲁岑在《自然》杂志上发表《人类的地质学》一文，基本重申了上述观点，此文的发表加速了科学界和公众对"人类世"概念的接受。[②]

二 人类世的社会意涵

作为一个地质学或地层学概念，"人类世"在 21 世纪的再次出现和流行，主要与自然科学家对它的倡导和讨论有关。不过，由于"人类世"这一概念的很多核心议题都指向了当今的气候、环境和生态问题，它也引起了普通公众以及人文与社会科学学者的关注。2007 年，保罗·克鲁岑联合美国化学家、澳大利亚国立大学气候变迁研究所所长威尔·史蒂芬（Will Steffen）教授以及美国乔治敦大学环境史教授约翰·麦克尼尔（John R. McNeill）在《人类环境杂志》上发表《人类世：人类将压倒大自然的威力吗?》一文。与之前有关人类世的文章多从气候或生态变化层面，如二氧化碳在大气中浓度的增加来展开论述不同的是，这篇文章将视角转向了人类的生产和生活活动。三位作者不仅考察了人类生产和生活活动的历史变化，而且探讨了这些变化与不同历史时期人类所取得的科学技术成就的关系，以及人类生产方式的改变对生产和生活活动的影响，试图借此从一个更具历史维度的综合视角来阐述人类活动给地球所带来的影响。诚如三位作者指出的，他们在这篇文章中要着力解决的一个重要问题就是探明"改变人类社会与大自然间关系并导致对地球系统产生加速影响的社会经济、文化、政治及技术发展是什么"。[③]

这篇论文的历史维度还表现在它并不满足对人类世起始时间的讨论，而是尝试对人类世进行历史分期。可能是考虑到以瓦特发明蒸汽机这一具

---

① Paul J. Crutzen and Eugene F. Stoermer, "The Anthropocene," *IGBP* [International Geossphere-Biosphere Programme] *Newsletter*, 41 (May, 2000), pp. 17-18.

② Paul J. Crutzen, "Geology of Mankind," *Nature*, 415 (3 January, 2002), p. 23.

③ Will Steffen, Paul J. Crutzen and John R. McNeill, "The Anthropocene: Are Humans Now Overwhelming the Great Forces of Nature?" *AMBIO: A Journal of the Human Environment*, 36: 8 (December, 2007), p. 614.

体的历史事件作为人类世这样的地质时代的开端有些欠妥，三位作者将人类世的起始时间设定在 1800 年即 19 世纪的开端这一更能代表工业化大发展，同时也更具普遍意义的年代。人类世据此被划分为三个阶段：第一，工业化时代（约 1800~1945 年），在这一阶段，全球范围内矿物燃料的使用给地球系统带来了巨大的影响；第二，大加速时代（1945~约 2015 年），在这一阶段，人类对地球生态系统的改变比以往任何时候都更加快速和广泛；第三，地球系统的管理者时代（约 2015~），在这一阶段，人类在作为一种重要的地质作用力的同时，也开始思考并制定地球生命支持系统可持续性发展的方法和政策。[1] 在这一人类世三阶段的划分中，前两个阶段基本已经成为历史或者现实，唯有第三个阶段，因其面向未来，故而是开放性和建设性的。身处这一阶段的人类，不仅要面对和应对人类世的种种危机，而且要成为地球的管理者，甚至自我的管理者。这就要求人类不能仅从科学和技术层面，更要从哲学反思和人文关怀的高度重塑人类世时代的价值观念和伦理道德。因此，人类世的核心议题就不能只是一个与地质年代、温室气体的浓度有关的自然科学问题，还应是一个综合了自然科学、信息技术，同时包括政治、经济、文化和历史等诸多学科在内的，体现了人类总体智慧的大问题。

在三位作者看来，尽管在人类世的第三阶段，人类作为一种对地球产生破坏性作用的消极力量会持续下去，但科学、技术、文化和政治上的新变化也为人类成为理性的管理者提供了契机。这具体表现在以下几个方面。首先，对人类和环境系统的研究和理解在快速发展，其中最具革新性的发展是跨学科研究的应用；其次，互联网作为一种全球性的自我管理系统拥有巨大的力量；再次，社会趋于更加自由和开放，对独立媒体形成足够的支持；最后，民主政治体制不断成长，强化了公共空间的作用。[2] 由此可以看出，不论是作为一个概念，还是作为一个地球历史的新阶段，人类世也被赋予了更多的社会内涵。

---

① Will Steffen, Paul J. Crutzen and John R. McNeill, "The Anthropocene: Are Humans Now Overwhelming the Great Forces of Nature?" pp. 616-620.

② Will Steffen, Paul J. Crutzen and John R. McNeill, "The Anthropocene: Are Humans Now Overwhelming the Great Forces of Nature?" p. 619.

2011 年，保罗·克鲁岑、威尔·斯蒂芬、约翰·麦克尼尔与日内瓦高级国际关系与发展研究学院暨日内瓦大学教授雅克·格林瓦尔德（Jacques Grinevald）在著名的《皇家学会哲学会刊》上合作发表论文《从概念和历史的角度看人类世》。这篇论文可以看作自然科学家（保罗·克鲁岑、威尔·斯蒂芬）、社会科学家（雅克·格林瓦尔德）与人文科学家（约翰·麦克尼尔）就人类世问题发表的一份共同宣言。四位作者明确指出：地球正在走出当前的地质时代全新世而迈向新的地质时代人类世；人类作为一种全球性的、堪比自然力的地质力量，要为这一新的地质时代的到来负主要责任。① 鉴于人类世这一概念及其主要议题已经为人所熟知，文章不再像以往那样从环境科学的角度来论证地球大气的变化，相反，整篇文章几乎都是在进行某种历史反思，比如，对人类世概念前身的考察、对人与环境之关系的回顾、对人类世前两个阶段的总结，以及对建立一个更有效的全球治理体制的展望。在四位作者看来，人类世问题虽然是一个环境或生态问题，但它同时也是一个社会问题，一个在根源上涉及人的信仰与价值观念的问题。为此，四位作者重点谈到了人类世概念的社会意蕴（societal implications）。在四位作者看来，虽然接受人类世这一概念，有利于人们去解决人类世的种种危机。但在现实中，对这一概念的接受还存在着一些障碍。原因在于，人们对于进步主义的盲信，对于人类中心主义的执念，从代表了现代性的"大加速"时代一直延续下来，这使一些进步主义者和科学至上主义者并不会认真对待当前的危机，或者对之抱一种侥幸态度。更为严重的是，一些人，比如气候变化怀疑论者，当他们的固有观念和信仰体系受到冲击时，他们往往会出现一种所谓"认知失调"（cognitive dissonance），即不但不尝试改变自己的错误信念，反而罔顾事实地要去改变他人的观念。② 这些涉及人类世社会意蕴的问题，恐怕才是最终解决人类世问题的关键。

① Will Steffen, Jacques Grinevald, Paul Crutzen and John McNeill, "The Anthropocene: Conceptual and Historical Perspectives," *Philosophical Transactions of the Royal Society*, 369: 1938 (13 March, 2011), p. 843.

② Will Steffen, Jacques Grinevald, Paul Crutzen and John McNeill, "The Anthropocene: Conceptual and Historical Perspectives," pp. 861-862.

349

三　人类世与后人类的历史观

自然科学家与社会科学家、人文科学家的通力合作，使得人类世这一概念已经超越了地层学和地质学的范畴，吸引着众多人文社会科学家参与其中，对人类世展开更为综合的研究。2014 年创刊的《人类世评论》（The Anthropocene Review）就体现了这种理念，即通过统合地球科学、环境科学、材料科学、社会科学和人文科学的方法，赋予人类世研究更多的跨学科特点。与之类似，近年来新兴的"环境人文科学研究"（studies in environmental humanities）则希望将诸如文化研究、文学研究、人类学、历史学、哲学等人文学科对环境问题和生态危机的思考与关注，与自然科学和社会科学的相关研究结合起来，进而凸显人类世问题的"社会"内涵。当然，这里并不是说自然科学家和社会科学家并不讨论人类世涉及的社会问题，而是说他们更多地将"社会"当作一种可以准确和及时监控的"系统"。与之不同的是，人文科学家的参与，会带来一种别样的重估地球重要性的方式，即从更为多元的角度去理解科学的"真理"和社会的变迁，而这被认为是在人类世时代展望未来所必要的和不可或缺的。[1]

就历史学而言，最早对人类世做出深刻反思的是印度裔美国历史学家迪佩什·查克拉巴蒂。2009 年，查克拉巴蒂在《批评探询》上发表了著名的《历史的气候：四个命题》一文。这篇文章针对人类世时代气候变暖这一严峻问题，提出了四个命题，其中最为核心的命题是："从人类活动的角度去解释气候的变化，意味着由来已久的人文主义者对自然史和人类史区分的失效。"[2] 自人类拥有历史以来，人类始终是历史的主体。对历史的研究如果离开了人类这一主体，而只剩下非人类或者冷冰冰的数据的话，将毫无意义。20 世纪 50 年代，人们对计量史学的批评就认为，计量史学的一个问题就在于过于依赖能够提供客观结果的计量方法，以此来弥补印象主

---

[1]　Noel Castree, "The Anthropocene and the Environmental Humanities: Extending the Conversation," *Environmental Humanities*, 5: 1 (May, 2014), p. 255.

[2]　Dipesh Chakrabarty, "The Climate of History: Four Theses," *Critical Inquiry*, 35: 2 (Winter, 2009), p. 201.

义式的历史描述的不足，但这很有可能带来一种"反事实"（counter-factual）的效应。① 晚近对于大历史的批评也认为，大历史将人的历史从自然的历史中剥离出来，进而使人在万物的框架中显得过于渺小，宛如在真空中一般。② 因此，一些历史学家对于在时间和空间尺度上过于宏大的历史持怀疑态度，他们认为只有在人的尺度上，历史学家才能利用"思想和情感想象的工具"，才能去理解"在特定文化的丰富背景中由特定的心灵所产生的证据"，才能做出"政治和伦理上的判断"。③

这样一来，在传统的历史观念中，自然的历史要么与人的历史相分离，要么从属于人的历史，成为人类不断攀升的故事的背景。查克拉巴蒂指出，这种情况的改变发生在 1949 年费尔南·布罗代尔《地中海与菲利普二世时代的地中海世界》一书出版之后。在这本开创性的著作中，环境或者自然不再是人类历史沉默的、消极的背景，而是对人类活动进行了积极的塑造。这一趋向到了 20 世纪 70 年代，随着阿尔弗雷德·克罗斯比（Alfred W. Crosby）等环境史学家的推动，有了进一步发展，人类由此开始被认为是自然环境的一部分。④ 在这里，正如自然科学家们力图展现人类世这一概念的"社会意蕴"，进而将人类世问题放在社会维度上加以考察一样，查克拉巴蒂同样强调，历史学家应当打破人在历史叙事中的中心位置，将人的历史与自然的历史结合起来。为此，查克拉巴蒂提出了两种关于人类的历史，一种是有文字记载的人类的历史，大约有 4000 年的时间跨度，这是一种人类占据主体位置的历史，也是历史学家通常所研究的历史。一种是人类的深度历史（deep history），它超出了有文字记载的历史，时间跨度长达数万年，人类在其中只是地球上众多生命形式中的一种，人类历史也只是地球上生命历史的一部分。⑤

因此，只有将人类的历史置于深度历史的语境中，人们才有可能对人

---

① Michael Bentley, *Modern Historiography: An Introduction* (London and New York: Routledge, 1999), p. 133.
② Bruce Mazlish, "Big History, Little Critique," *Historically Speaking*, Johns Hopkins University Press, 6: 5 (May/June, 2005), p. 43.
③ Julia Adeney Thomas, "History and Biology in the Anthropocene: Problems of Scale, Problems of Value," *American Historical Review*, 119: 5 (December, 2014), p. 1592.
④ Dipesh Chakrabarty, "The Climate of History: Four Theses," pp. 204-205.
⑤ Dipesh Chakrabarty, "The Climate of History: Four Theses," pp. 212-213.

类世这一概念做出客观的理解，进而对人类未来做出负责任的规划。在这一意义上，人类世概念对人类作为一种地质力量的强调，并不是要说人类因为具有了堪比自然力的改变地球的力量，而成为一个特殊的物种，可以凌驾于地球其他物种甚至自然之上。相反，人类世概念其实是想表达一种不确定性和危机意识，是要强调人类与其他物种以及自然环境之间休戚与共的关系。这种对人类历史的超越，最终是为了人类未来的福祉，去建构一种可持续性发展的新模式。正如美国生物学家爱德华·威尔逊（Edward O. Wilson）所言："我们需要这种时间跨度更长的视野……不仅仅是为了理解我们人类这一物种，也是为了更坚定地保障其未来。"①

这种对人类历史的超越，在某种程度上，也意味着一种后人类的历史观念的出现。与通常的历史观念即现代主义的历史观念相比，后人类的历史观念可以促使我们对以下三方面的内容做出新的理解和反思。

第一，重新思考历史研究中时间和空间的概念。时间和空间是历史研究的基本要素，但其尺度在本质上是由人这一历史的行动者所决定的。在古代和中世纪，时间和空间的范围往往不会超出人在一天之内所行走的范围，即人从日出到日落所能达到的最远的物理距离，它通常以人类的居所为中心向四周延展。近代早期以来，随着新航路的开辟以及新世界的发现，历史研究的时间和空间跨度得到了质的提升。从空间上来看，它在理论上可以覆盖整个地球的表面，从时间上来看，它意味着一种布罗代尔意义上的"长时段"（*longue durée*），即所谓地理时间的出现。② 20 世纪 80 年代以来兴起的世界史和全球史基本上就是在这样的时空框架内展开叙事。进入21 世纪以来，大历史的异军突起，则将历史研究的时间跨度拓展到地球诞生之时，即 138 亿年之前。与大历史类似，人类世概念的提出，同样是将人类历史的时间维度融合于地球历史的时间维度之中，从而让人类历史与地球历史或自然历史形成一种真正的对话。

第二，对历史叙事中人类中心主义观念的摒弃。人类中心主义在过往的史学撰述中有两种表现。一种是人类在历史叙事中占据不可动摇的中心

---

① Edward O. Wilson, *In Search of Nature* (Washington, D. C.: Island Press, 1996), p. x.
② 〔法〕费尔南·布罗代尔：《长时段：历史和社会科学》，载《资本主义论丛》，顾良、张慧君译，中央编译出版社，1997，第 173~204 页。

位置，是历史研究中的绝对主体。与人类相比，地球、自然与其他物种只是人类历史的背景，甚至是作为人类的他者而出现。另一方面，人类中心主义还意味着人类可以正当而且合理地对其他物种进行支配，或者对地球环境以及生物多样性肆意破坏，这一现象在以人文主义、进步主义和理性主义为核心的现代性历史叙事中被赋予一种理所当然的合法性。近年来，历史研究对人类中心主义开始有了深刻的认识和反省。人类不再被看作特殊的一类，而是被视为地球上诸多物种中的一种，失去了其固有的优势和绝对的特权。① 曾经被人类历史所压抑和掩盖的动物的历史开始复现，对动物权利的呼吁和关注也成为学者们研究的一个重点。② 因此，在人类世的叙事中，人类尽管是作为一种地质力量而出现，但由于人类对地球环境和生态造成的危害同样威胁到人类自身的存在，因而人类并不能独善其身或具有某种超越性，而是与其他物种一样，受制于所有生物共同的赖以生存的物质基础。就这一点而言，人类与其他物种确实没有不同。

第三，对历史过程中非人类（non-human）因素的重视。广义上的非人类指的是人类之外的其他物质存在，既包括无生命的物体——比如岩石、河流、矿物，以及自然环境；也包括有生命的其他物种，比如动物和植物。狭义上的非人类特指动物。长期以来，在人类对其历史进程的描述中，非人类的能动性并没有得到足够的展现。而与此同时，自达尔文提出物种进化理论以来，人们逐渐认识到，人类这一生物学意义上的物种，与其他非人类的物种一样，都要遵循同样的自然选择和进化规律。相比于某些物种，人类在进化中并没有展现出特别的优势，尤其是在对环境的适应中，甚至不像有些物种那样发展出更胜一筹的技能。一些历史学家进而指出，人类世时代或许为打破非人类被置于人类之下的"存在之链"提供了契机，从

① Bryan L. Moore, *Ecological Literature and the Critique of Anthropocentrism*, Cham: Palgrave Macmillan, 2017.
② 比如近来动物史和动物研究的出现，相关的代表作可参见 Hilda Kean, *Animal Rights: Political and Social Change in Britain since 1800* (London: Reaktion Books, 1998); David Perkins, *Romanticism and Animal Rights* (Cambridge: Cambridge University Press, 2007); Rob Boddice, ed., *Anthropocentrism: Humans, Animals, Environments* (Leiden: Brill, 2011).

而使前者能够展现其应有的意义和价值。① 更有一些学者认为，人类世时代，地球环境和人类之外的生物对人类这一气候力量或地质力量所产生的反作用，已经不再以人类的意志为转移，这说明非人类的影响已经直接作用到人类自身之上，甚至对人类的历史进程产生了重要影响。人类因而也参与非人类转向之中。②

历史思维总是时代的产物。自历史学产生之日起，人类的历史思维总是围绕着人而展开，历史也因而被称为一种"人学"。当然，在各个文明所产生的历史思维中，都有着对于人与自然、人与其他物种之关系的思考。只是历史思维的这一部分内容，始终被人的内容所压制。尤其是工业化以来，历史思维中非人类因素的缺乏，导致人类历史的发展以损害环境和物种的多样性为代价。人类世时代——不论它是否真的能成为地球历史的一个新时代，气候、环境和生态都因人类本身而发生了巨大的改变，它让人类愈发认识到，必须以一种新的历史思维去反思人类的过去、审视人类的现在，以及合理地规划人类的未来。当然，这样做并不是因为人类有什么特殊性，而是因为人类与地球、与其他物种一样，都面临着共同的命运。

---

① Joyce E. Chaplin, "Can the Nonhuman Speak?: Breaking the Chain of Being in the Anthropocene," *Journal of the History of Ideas*, 78：4（October, 2017）, pp. 509-529. 关于"存在之链"，可参见 Arthur O. Lovejoy, *The Great Chain of Being: A Study of the History of an Idea*（Cambridge and London: Harvard University Press, 2001）。

② Richard Grusin, ed., *The Nonhuman Turn*（Minneapolis: University of Minnesota Press, 2015）, p. vii.

动物转向

在 20 世纪 70~80 年代的文化转向与语言转向之后，欧美人文与社会科学见证了一场"动物转向"（animal turn）。① 动物研究（Animal Studies）在欧美学界已经成为显学，《牛津动物研究手册》（*The Oxford Handbook of Animal Studies*）的出版便是一个重要的标志。此书汇集全球来自哲学、法学、历史学、艺术、社会学、地理学、考古学、环境研究、文化研究与动物权利保护各领域的学者，围绕"法律、政治与公共政策视野下的动物""动物的意图性、能动性与反思""作为科学、食物、景观与运动对象的动物""文化再现中的动物""生态系统中的动物"等话题进行讨论，对于读者了解当下动物研究的关键议题有很大的帮助。②

同时，我们也看到动物史研究逐渐成为欧美历史研究中的一个新兴领域，但是目前国内对动物史研究的介绍并不多见。历史学中的动物转向不只是为历史学增添一个所谓"动物史"的门类。历史学家的现有实践已经证明，关注动物将从整体上改变历史书写的方式，而以往的环境史、思想史、文化史、商业贸易史、科技史、医疗史、全球史、大历史、深历史与进化史等都将重新被书写。③ 本章拟对西方动物史研究的思想来源、理论方

---

① Harriet Ritvo, "On the Animal Turn", *Daedalus* 136: 4 (2007): 118-122.

② Linda Kalof, ed., *The Oxford Handbook of Animal Studies* (New York: Oxford university press, 2017).

③ Dan Vandersommers, "The 'Animal Turn' in History", *Perspectives on History* (Nov. 3, 2016).

法做一述评，并通过列举研究著作，介绍动物史研究的概况。

一　动物史研究的思想脉络

"我思故我在"（I think therefore I am/*Cogito，ergo sum*）一语来自法国哲学家笛卡尔，以其坚定不移的理性与批判精神闻名于世，而雅克·德里达的《动物性在，故我在》一文（"The Animal that Therefore I Am"）则是引发人文学界"动物转向"的重要理论来源。①　"The Animal that Therefore I Am"的法语原文是"*Animal que donc je suis*"，直译过来是"使'我'之存在得以成立的动物"。这里所说的动物，其实是与笛卡尔的"我思故我在"中的"思想性"相对立的"动物性"，故译为"动物性在，故我在"。这是德里达的一个文字游戏，大胆有力地挑战了笛卡尔对人的定义。德里达的"动物性在，故我在"已然成为动物研究者以及后人类主义者的口号。

德里达之所以开始思考动物性的问题，起源于他与宠物猫之间一次日常遭遇的尴尬：当他赤裸着身体的时候，他的猫并不回避躲闪而是目不转睛地注视着他。这令其感到非常害羞，促使他开始思考这种羞耻感从何而来。一般认为，人类应当对像动物一样赤身裸体感到羞耻，动物则不自知这种羞耻，甚至无法分辨善恶。而德里达并不把他的猫看作一种象征符号，而是一种真实的存在。他说："动物先于我，与我为邻，在我面前，而我跟随其后。"回顾以往的哲学家关于动物的思考，德里达发现，"从亚里士多德到笛卡尔，从笛卡尔到海德格尔、列维纳斯与拉康"，只是关心动物是否具有理性，是否能够说话，而唯有边沁关心的是："它们是否能感受到痛苦？"在边沁这一简单、深刻而又充满温情的问题面前，人类相对于动物的所谓优越性黯然失色，因为"没有人可以否认在动物身上可以看到痛苦、害怕以及恐惧"。就这样，边沁的提问超越了过去有关动物与人类之间差异的所有假设，无论是思考的能力，抑或是言说的能力。换言之，对感受的强调，使得我们越来越关注到动物与人类之间的共性以及动物与人类共同

---

① Jacques Derrida, "The Animal That Therefore I Am（More to Follow），" trans. David Wills, *Critical Inquiry*, 28：2（December 2002），pp. 369-418.

分享的事物。是的，它们能感受的痛苦，就像我们人类一样。[①]

陈怀宇是最早将西方的动物史研究介绍到中文学界的学者。他在 2012 年出版的《动物与中古政治宗教秩序》一书的"导论"部分便对此有相关的评述，而且近年持续关注该问题。[②] 他将近年在动物转向影响下的历史研究称为新动物史，并将其与传统史学与现代史学中的动物研究相区别。陈怀宇指出，从学术脉络而言，20 世纪 80 年代以来兴起的动物史受到了新文化史的影响，同时继承了英国社会史的思想传统，将史学研究关注的焦点转向传统和现代史学不太重视的"受压迫阶级和物种"（the oppressed classes and species），[③] 实际上是对现代性、启蒙思想以及人类中心主义的反思和批判。

二　人类-动物史

那么何为动物史，动物史家又在研究什么呢？从目前史家的实践来看，大体有两类动物史。一类所谓动物史，实际上是人类-动物史。另一类则是从动物视角出发的历史。大多数史家所实践的动物史都属于前者。历史学家力图重新挖掘历史研究中长期被忽视的动物所扮演的角色，肯定动物对人类历史发展所起的作用。比如研究非人类动物对工业和经济增长所做出的贡献，研究动物的存在对现代性的成长以及城市的形成和布局的影响，关注动物在战争中的角色与遭遇，等等。

关于动物对工业和经济增长做出的贡献，安妮·诺顿·格林（Anne Norton Greene）的《工作的马匹：美国工业化中的马力》是一部颠覆传统观点的佳作。一般认为，在工业化开始之后，马匹逐渐被边缘化，因其发挥的作用逐步被蒸汽机所替代。但安妮·诺顿·格林提出，马匹在美国的工业化进程中并非处在边缘性的地位。她的研究表明，随着蒸汽机开始普及，

---

① Jacques Derrida, "The Animal That Therefore I Am (More to Follow) ," pp. 395–396.

② 参见陈怀宇《动物与中古政治宗教秩序》，上海古籍出版社，2012，第 1~48 页；陈怀宇《动物与宗教：物质主义与情动转向的理论反思》，《世界宗教研究》2018 年第 1 期；陈怀宇《历史学的"动物转向"与"后人类史学"》，《史学集刊》2019 年第 1 期。

③ 陈怀宇：《历史学的"动物转向"与"后人类史学"》，第 59~60 页。

马匹并没有立刻就被蒸汽机所取代，与之相反，蒸汽机的使用为马匹创造了更多的工作机会。从1840年到1850年，马匹总量增加了12%，而在下一个十年更是增加了51%。当铁路开始出现之时，马匹对于铁路的建设以及铁路运行中乘客与货物在各个站点之间的运输也发挥着至关重要的作用。直到19世纪末20世纪初新技术迅猛发展之时，马匹才逐渐被时代所淘汰。[①]

　　动物的城市史也是一个对研究者颇具吸引力的写作话题，弗雷德里克·布朗（Frederick L. Brown）的《城市不只是人类的：西雅图动物史》便是一部开创性的著作。此书不仅受到城市史、环境史研究者的认可，也受到了公众的广泛认可，2016年初版，一年之后再版，2019年又推出第三版，便是明证。正如环境史家保罗·萨特（Paul S. Sutter）在序言中所谈的，作者"在此书中最大的成就并不仅仅是展现出动物是如何参与塑造了西雅图的人类历史，而是坚持认为西雅图的历史从来就不只是人类的"。[②] 我们可以注意到一个有趣的现象，在美国，人文科学与社会科学的"动物转向"正在由环境史的研究者逐步推动，这与英国的情况有些不同。在英国，史学的"动物转向"则与关注下层的社会史研究一脉相承。

　　希尔达·基恩（Hilda Kean）的《猫与狗的大屠杀：第二次世界大战中不为人知的惨案》，是一部钩沉动物在二战之中遭遇的作品。该书围绕着这样的一个故事进行：1939年9月，也就是英国被卷入二战伊始，伦敦市民将40万只宠物猫与狗集中起来屠杀。为什么会发生这样的事件？作者做了两种解释。一种是宠物的生活相当优渥，但它们并不能发挥功用，也不能创造价值，因此当国家面临战争的危机之时便成为众矢之的。这一点，作者追溯到了从20世纪早期便开始的人与宠物之间的关系所逐渐发生的变化。另一种是许多主人杀死宠物是出于同情心，因为他们认为与其看着宠物在

---

①　Anne Norton Greene, *Horses at Work: Harnessing Power in Industrial America* (Cambridge: Harvard University Press, 2008), pp. 27, 240. 类似的著作还有 Robin Law, *The Horse in West African History: The Role of the Horse in the Societies of Pre-Colonial Africa* (Oxford: Oxford University Press 1980); Peter Edwards, *Horse and Man in Early Modern England* (London: Hambledon Continuum, 2007)。

②　Frederick L. Brown, *The City Is More Than Human: An Animal History of Seattle* (Seattle and London: University of Washington Press, 2016)。

战争环境中饿死，不如让它们死于安乐；另一些主人对宠物的感情则与民族主义情感联系在一起，宁可让它们离开这个世界，也不让其在德国占领下"苟且偷生"。① 值得一提的是，此书标题让人联想到罗伯特·达恩顿（Robert Darnton）的《屠猫记》（*The Great Cat Massacre*）。动物史家希尔达·基恩虽然以标题向罗伯特·达恩顿致敬，但其取径显然与这位新文化史的前辈有着显著的差异。尽管罗伯特·达恩顿以猫命名其书，但猫在其作品之中并不是存在的实体，而只是指向女主人的象征而已。

同时，人类看待、对待动物的方式，也是观察人类心态的极佳视角。比如，社会内部阶层的差异也会在养宠物的方面有所体现。凯思琳·凯特（Kathleen Kete）的《深闺之兽》是一部备受赞誉的动物史著作。此书以 19 世纪巴黎中产阶级日常生活中的宠物养育为主题，增加了一个观察和理解中产阶级的视角。作者认为，19 世纪的巴黎市民豢养宠物的时尚是一种中产阶级的现象：一方面，人们通过养宠物释放现代性所带来的压力；另一方面，现代性带给人们的阶级焦虑感使得犬类的世界也被渲染上了阶级意识的色彩。狗，作为当时最受欢迎的宠物，就被区分为中产阶级的狗与工人阶级的狗。中产阶级担心自家的狗遭到下层阶级家庭的狗的污染，不只是担心二者之间的交配，甚至担心在外面遛狗时受到后者的接触感染。② 如果说凯思琳·凯特引了社会史研究的阶级意识观念，那么亚伦·斯卡贝伦德（Aaron H. Skabelund）则引入了底层研究的视角去思考历史、文化与动物之间的关系。19 世纪下半叶，西方帝国主义国家在日本相当强势，当时在西方犬与日本犬之间有着殖民犬与本土犬的差别。然而，到了 20 世纪 30 年代，日本自身成为帝国主义国家之时，情况又发生了改变，日本犬也已经过文明化的过程，变得与西方犬平起平坐。③

---

① Hilda Kean, *The Great Cat and Dog Massacre: The Real Story of World War Two's Unknown Tragedy*, (Chicago: The University of Chicago Press, 2017).

② Kathleen Kete, *The Beast in the Boudoir. Petkeeping in Nineteenth-Century Paris* (Berkeley and Los Angeles: University of California Press, 1994), pp. 94–95.

③ Aaron Herald Skabelund, *Empire of Dogs: Canines, Japan, and the Making of the Modern Imperial World* (New York: Cornell University Press, 2011).

三 "底层能够吠叫吗？"

通过以上介绍可以看到，历史学家通过研究人类对动物的行为和态度，观察的其实还是人类自身。尽管这些研究都承认动物的存在具有重要的意义，但其中大部分考虑的是将动物加入现存的以人类为中心考察的历史。因此，在许多学者看来，这样的动物史，究其本质，还是以人为中心的研究，可以说是动物的文化史，或者说是动物的思想史。动物史研究者艾丽卡·法吉（Erica Fudge）指出，"如果这部动物史事实上是人类对动物看法的历史，那么我们研究的也许只是观念史（the history of ideas）的一部分：没有任何新的东西。倘若我们只能通过人类的笔记才能接触到过去的动物，那么我们将永远都不能直视动物，只能观看人类对动物的再现"。① 法吉的意思是，当史学家研究动物的象征意义之时，实际上并没有把动物当作实体的存在，没有真正地着眼于动物本身。换言之，在这样的研究当中，动物实体被看作次要的，而人类的所思所想才被置于首要的位置。比如上文所提到的罗伯特·达恩顿的《屠猫记》，猫虽然出现在历史学家笔下，但它不过是女主人的象征，作者旨在透过人对待猫的态度研究人的心态，这一点与着眼于动物本身的动物史研究是截然不同的。

那么，如何克服在人类-动物史之中动物被压抑的能动性呢？从动物视角出发的动物史是解决这一问题的一种策略。然而，从动物视角出发，对于文学与影视创作来说相对比较容易，比如我们所熟悉的夏目漱石的小说《我是猫》，从猫的视角讽刺世事，获得第 84 届奥斯卡金像奖提名的电影《战马》，从一匹马的角度观察一战。然而，对于历史研究来说，如何通过人所记录的有限的关于动物的史料展现动物的视角，这对历史学家而言无疑是一项很大的挑战。

首先，从动物的视角出发是否可能？或者说，人类是否有能力去想象现在或过去作为一种动物的状态？在中国古代经典《庄子》之中，有一场

---

① Erica Fudge, "A Left-handed Blow: Writing the History of Animals," in Nigel Rothfels, ed., *Representing Animals: Theories of Contemporary Culture* (Bloomington: Indiana University Press, 2002), p. 6.

著名的濠梁之辩：庄子见"鲦鱼出游从容"，便说"是鱼乐也"，而惠子质疑庄子"子非鱼，安知鱼之乐"。① 如果说，人类不是某种动物，便不可能体会动物的感受，那么就理论而言，所谓动物视角的历史就没有可能。美国现代哲学家托马斯·内格尔（Thomas Nagel）同样认为人类不可能得知动物的体验。他以蝙蝠为例，认为即便人类可以想象做一只蝙蝠是怎样的体验，但人类的想象受到人类自身经验或思想资源的局限，而显然这些经验或思想资源无法担负如此重任。②

时隔十多年后，当艾丽卡·法吉再次谈论动物史研究的理论问题时，她开始采取积极而不激进的立场。她承认动物史研究中人类视角的继续存在，而且史家对动物的理解存在一定的局限性，但她认为我们还是应当力所能及地从动物的立场书写动物史，"毕竟，一种不完美的历史比起没有历史来说要好得多"。也许人类无法感受动物的体验，而将动物的体验拟人化（比如，庄子所谓"鲦鱼出游从容，是鱼乐也"），也不过是预设了人类体验的优先性，将人类历史的观念强加于非人类世界。但我们至少可以做到，"与动物并肩而行，而非采取一种空中的全知视角"，至少动物行为学能够帮助史家更好地理解动物，从而提出更好的问题。③

除了理论层面的探讨，我们还可以看到动物史家的许多有益探索。亚伦·斯卡贝伦德提出了一个饶有趣味的问题："底层能够吠叫吗？"这里作者借用了佳亚特里·斯皮瓦克（Gayatri C. Spivak）关于"底层能够说话吗？"的发问，因为他认为斯皮瓦克的提问对于动物史研究来说同样具有启发性——"试图恢复动物的历史与努力重获大部分的底层人民的无声的被人忽视的过去，二者所面临的情况是相似的"。当然，动物是不可能会留下史料的，因此，从理论层面来说，历史学家不可能获得来自动物视角的史料，只能依靠作为见证者的人类所留下的书面和口头记录。针对在史料中动物"失语"的情况，亚伦·斯卡贝伦德提出，至少可以利用摄影术（包括静态的图像与动态的录像）与动物标本剥制术等现代技术，聆听生活在近一个

---

① 陈鼓应注译《庄子今注今译》（中），中华书局，1983，第476页。
② Thomas Nagel, "What Is it Like to Be a Bat?" *Philosophical Review*, 83：4（October 1974），p. 439.
③ Erica Fudge, "What Was it Like to be a Cow? History and Animal Studies," pp. 258-278.

世纪的动物的"声音"。尽管这些资料也是人类所留下的，但比起文献资料而言，视觉资料中的动物所扮演的角色更为主动。①

在此书第三章，作者讨论了忠犬八公的形象在日本法西斯主义文化形成的过程中所发挥的作用。如今在全世界拥有不小知名度的忠犬八公是历史上真实存在过的一条秋田犬，他的主人是东京帝国大学农学部教授上野英三郎。相传，八公每天都会在涩谷站迎接主人下班，即便在主人去世之后也依旧坚持去车站等待主人。八公如此忠诚，直到它在 1935 年死去，前后一共等了十年。在八公死后，其尸体被制作成标本，保存在东京上野的国立科学博物馆。八公的故事以及相关记录有着太多人为涂抹、美化的痕迹，但八公被冠上"忠犬"的荣誉，被当作大和魂的动物化身。因此，在众多文字资料之中，八公自身的声音被淹没了。不过，作者认为，八公通过生前所留下的大量珍贵的照片及其尸体发出了自己的声音。比如，关于八公的死因，官方宣称八公死于丝虫病与年迈，但根据参与标本制作的工作人员的记录，在解剖八公尸体的过程中，发现它的胃里面有烤鸡串的竹签，而这可能是造成八公之死的真正原因之一。当然，对于要将八公塑造成"忠犬"的人来说，如果八公在车站并不只是等待主人，还是要品尝这些烤鸡串，那么对其"忠犬"的形象而言显然是不够体面的。作者认为，八公通过身体所留下的物质遗存吐露了自己的声音，从而抑制人类对它的"隐喻操纵"（metaphorical manipulation）。②

不过在埃娃·多曼斯卡看来，将动物写进历史并将其当作具有能动性的存在，或者从动物的视角展现历史还不是动物史的终极挑战。她认为，展现"跨物种的交流形式"（"interspecies forms of communication"）才是最重要的，因为这将挑战史学书写之中书面材料的至高无上的地位，以及人类语言的优越性，使得多种形式的非语言交流进入历史学家的视野。比如，桑德拉·斯沃特（Sandra A. Swart）强调研究动物社会生活中的不同类型的叫声，除此以外，她还强调感觉的重要性，提出应当考虑到联结人类与非

① Aaron Herald Skabelund, *Empire of Dogs: Canines, Japan, and the Making of the Modern Imperial World*, pp. 14-15.

② Aaron Herald Skabelund, *Empire of Dogs: Canines, Japan, and the Making of the Modern Imperial World*, pp. 107, 117.

人类动物的非语言交流。①

若进行这样的研究，便需要同时具有历史学与自然科学的知识，这对动物史研究者提出了更高的要求。为了更好地理解动物，兽医学、动物行为学、动物心理学、生态学等学科的方法都是动物史的研究者应当参考的。让我们再回到忠犬八公的死因这一话题。八公死后，其内脏保存在东京大学，当时的解剖记录确定其死因为慢性丝虫病。近年，东京大学的兽医学教授通过核磁共振成像（MRI）的手段再次检查八公的肺部与心脏，发现当时它的肺部与心脏已经患上恶性肿瘤。也就是说，导致八公之死的并非慢性的丝虫病，而是癌症。② 这样的结果进一步证明，八公之死与其十年如一日地去往涉谷站的行为并没有直接联系，而不过是普通的癌症罢了。这有助于证实历史学家的判断——八公之死并非像官方所塑造的神话那样。

从上述欧美动物史研究的理论与实践来看，在动物史研究者的推动下，人们将越来越了解历史上动物的情感与感受，以及动物在历史发展中所做出的贡献，这些都将帮助人们走出人类中心主义的窠臼。也许对于历史学家而言，从动物视角重构过去发生了什么仍旧是"虽不能至，心向往之"的目标，但正如艾丽卡·法吉所说，"一种不完美的历史比起没有历史来说要好得多"，只要史家不断努力尝试动物史的历史书写，便是有益的史学探索。同时，我们也可以看到，动物史将使历史学研究变得更有趣。近年来，不少以动物为题材的纪录片获得了巨大的成功。比如，土耳其的《爱猫之城》（*Kedi*）通过猫的视角讲述了伊斯坦布尔这座城市现代化中旧城改造的阵痛。伊斯坦布尔的猫构成了这座城市的灵魂，而随着城市改建，冷冰冰的高楼大厦逐步挤压多元而包容的老城区，即将逐步改变猫的生活，也将改变爱猫人的生活。我们期待未来越来越多的动物史著作出现在学术殿堂之中，讲述在人类视角抑或全知视角之下为我们所忽略的动人故事。

（屠含章执笔）

---

① Ewa Domanska, "Animal History," review of *The Historical Animal*, *History and Theory*, 56: 2 (June 2017), pp. 267-287.

② 中山裕之、内田和幸:《新たに判明した忠犬ハチ公の死因について》,《日本獣医史学雑誌》2012 年 49 卷, 第 1~9 页。

后人类境况

2018 年底，南方科技大学贺建奎的实验室中诞生了两名世界首例免疫艾滋病的基因编辑婴儿，此事在全世界引起了轩然大波。贺建奎本人"成功"的喜悦却导致了全世界的恐惧，因为这两名基因编辑婴儿将通过其后代使全人类的基因池发生改变，后果不堪设想。对于这两名婴儿而言，贺建奎在一定程度上就是她们的造物主，那么她们的身份界定便成为问题。她们可以被称作传统意义上的人类吗？如果不是人类，又是什么？后人类，抑或超人类？

由此，与此相关的"后人类"话题在国内成为热点，而在西方，有关后人类境况（posthuman condition）的讨论早在 20 世纪八九十年代便陆续涌现。① 那么，后人类境况会对历史学造成怎样的影响？我们可以看到，一方面，面对后人类主义的挑战，历史学家尝试突破人类中心论、人类特殊论的传统观念，开拓动物史等新的研究领域，并在研究方法上力图从生命科学中汲取养分，推进历史考掘的深度和考察的广度。丹尼尔·斯梅尔倡导"深历史"，通过生物学、心理学与神经科学的方法解释人类进化与文化发

---

① 相关的代表性著作可参见 Donna Haraway, "A Cyborg Manifesto: Science, Technology and Socialist-Feminism in the Late Twentieth Century," in *Simians, Cyborgs and Women: The Reinvention of Nature* (New York: Routledge, 1991), pp. 149 – 181; Robert Pepperell, *The Posthuman Condition: Consciousness beyond the Brain* (Bristol: Intellect Books, 1995); N. Katherine Hayles, *How We Became Posthuman: Virtual Bodies in Cybernetics, Literature and Informatics* (Chicago: University of Chicago Press, 1999).

展的历史进程，便是很好的例子。

另一方面，佐尔坦·西蒙（Zoltán Boldizsár Simon）以其敏锐的观察指出，当下后人类的科技前景在挑战人类的同时又恢复历史叙述中的人类主体性。其原因在于：后殖民研究、底层研究、性别研究等"将普世的、作为中心主体的人类碎片化、去中心化，从而解构人类"，消解宏大叙事，而后人类则假设一种新的、优于人类的主体将在这个新的时代诞生以取代人类。在这一论述之中，人类再一次被"统一为一个单数的一般概念"。[①]

本章对后人类主义及后人类史学的介绍兼及两大问题：其一，后人类主义思潮由何而来？科技展望下的后人类主义与思想界所谈的后人类主义二者有何区别，又有何关联？其二，当我们进入后人类时代，历史学将会怎样？

一　后人类主义思潮的起源

"后人类"是一个听起来颇有科幻意味的词语，也许会让人联想到机器人、克隆人等科幻电影中出现的形象。但"后人类主义"不单单是科幻意味的，该词的含义不是很明晰，不同学者对此有着不同的解释，甚至有的解释还是对立的。"后人类主义"一词所包含的意思之所以如此丰富，或许与其英文构词有一定关联。在英文中，"后人类主义"（"posthumanism"）可作"post-humanism"解，亦可作"posthuman-ism"解。如果是前者，有不少文学理论界的学者主张应该译为"后人文主义"，后者则是"后人类"加"主义"。[②]

---

① 〔匈牙利〕佐尔坦·西蒙：《人类的故事与后人类的挑战》，屠含章译，《史学集刊》2019年第1期，第75页。

② 参见蒋怡《西方学界的"后人文主义"》，《外国文学》2014年第6期，第111页。国内对"后人类主义"已有一些介绍，多见于文艺界与哲学界。如蔡仲、肖雷波：《STS：从人类主义到后人类主义》，《哲学动态》2011年第11期；孙绍谊：《当代西方后人类主义思潮与电影》，《文艺研究》2011年第9期；王宁：《后人文主义与文学理论的未来》，《文艺争鸣》2013年第9期；冉聃、蔡仲：《赛博与后人类主义》，《自然辩证法研究》2012年第10期；赵柔柔：《斯芬克斯的觉醒：何谓"后人类主义"》，《读书》2015年第10期。本文以"后人类主义"作为"posthumanism"的译名进行讨论，因为"后人文主义"难以囊括随着科技发展而带来的"后人类"议题。

批判性后人类主义的代表人物卡里·沃尔夫（Cary Wolfe）在《何为后人类主义》（*What is Posthumanism?*）一书中指出，"后人类主义"一词真正进入当代人文学科与社会科学的批判话语是在 20 世纪 90 年代中期，而"后人类"思潮的来源要更早一些。首先，他将"后人类"思想的系谱追溯到米歇尔·福柯《词与物：人文科学考古学》末段所宣称的人类的终结："人是我们的思想考古学能轻易表明其最近日期的一个发明。并且也许该考古学还能轻易表明其迫近的终点……人将被抹去，如同大海边沙地上的一张脸。"[①] 当然，引发思想界思考后人类的来源不止福柯一端。在尼尔·巴德明顿（Neil Badmington）看来，"后人类主义"之"后"与后结构主义有着极近的亲缘关系。[②] 比如，雅克·德里达的《动物性在，故我在》一文便是引发人文学界"动物转向"的最重要的理论来源。[③]

在另一条系谱之中，后人类主义的起源则被追溯到 1946 年到 1953 年梅西会议中关于控制论（cybernetics）的讨论与系统理论的发明。[④] 在梅西会议上，格雷戈里·贝特森（Gregory Bateson）、约翰·冯·诺依曼（John von Neumann）、沃伦·麦克洛克（Warren McCulloch）和诺伯特·维纳（Norbert Wiener）等来自不同领域的顶尖学者经过讨论并确立了一种关于生物、机械与交流过程的新理论模型。[⑤] 简而言之，这是一种"把生物视为机器，把机器视为生物"的另类方法。[⑥] 由此开始，人类被从思维认知上的优越地位上移出，被机器取而代之。

---

① 〔法〕米歇尔·福柯：《词与物：人文科学考古学》，第 392 页。

② 参见 Neil Badmington, ed., *Posthumanism* (New York: Palgrave, 2000), pp. 9-10.

③ 参见本书中"动物转向"一章的相关讨论。

④ 梅西会议（Macy conferences）是由梅西基金（Josiah Macy, Jr. Foundation）的弗兰克·弗里蒙特-史密斯（Frank Fremont-Smith）在美国纽约组织的一系列会议。由于资助方是梅西基金，故称"梅西会议"。梅西会议从二战开始一直到冷战时期多次举行，其中 1946 年到 1953 年的会议以控制论为主题，来自神经生理学、电气工程学、哲学、语义学、文学、心理学等不同领域的研究者都参与了讨论，可以说是一系列跨学科的盛会。参见 Claus Pias ed., *Cybernetics: the Macy Conferences* 1946-1953 (Zürich-Berlin: Diaphanes, 2016)；〔美〕凯瑟琳·海勒《我们何以成为后人类：文学、信息科学和控制论中的虚拟身体》，刘宇清译，北京大学出版社，2017，第 66~110 页。

⑤ Cary Wolfe, *What is Posthumanism* (Minneapolis: University of Minnesota Press, 2010), p. xii.

⑥ 〔美〕凯文·凯利：《失控：机器、社会与经济的新生物学》，东西文库译，新星出版社，2012，第 670 页。

除了控制论以外，弗诺·文奇（Vernor Vinge）所提出的"技术奇点"（technological singularity）同样推动了后人类主义思潮的发展。弗诺·文奇所说的"技术奇点"指的是，当人工智能技术发展到转折点之时，人类社会将进入后人类时代，产生前所未有的变革，正如当初地球出现人类生命一般。[①] 他的理解对我们以往的历史观念与历史学存在的意义造成了极大的冲击，在这种预设之下，人类不再按部就班地沿着历史进程前进，对未来的展望也不再需要基于对过去的回顾。

需要注意的是，西方学术界最常提到的技术视野下的后人类主义与批判性的后人类主义虽然用的是同一个词，但其关怀相差甚远。技术视野之下的后人类主义的含义近乎"超人类主义"（transhumanism）。"超人类主义"不怎么强调人类自我认知的转变，而是一种展望：畅想我们未来将如何利用技术以及其他方式改变我们自己，不只是用其他事物代替我们自己（如人工智能），还有挖掘我们自身的潜力从而超越人类的现状（如生物技术与"赛博格"[②]）。"超人类主义"植根于近代人文主义与理性主义传统，继承了文艺复兴与启蒙运动的遗产——对于完美人类的理想。[③]

这一层面的"后人类主义"在科幻小说、电影等大众文化之中影响颇大，故也有人称之为"通俗的后人类主义"（popular posthumanism）。但由于科技发展（信息科技、人工智能、生物技术革命、认知科学等）对人的中心地位的挑战，导致人与非人（动物、机器）之间的界限变得模糊，甚

---

① Vernor Vinge, "The Coming Technological Singularity: How to Survive in the Post-human Era," *Whole Earth Review*, 81: 1（January 1993）, pp. 88-95. 不过，大卫·罗登对所谓"技术奇点"的立场非常反对，这也是促使他提出推测性的后人类主义的动力。

② 所谓"赛博格"（cyborg），即"cybernetic organism"的简称，是美国科学家曼弗雷德·克莱恩斯（Manfred E. Clynes）与内森·克兰（Nathan S. Kline）在一篇题为《赛博格与空间》（Cyborgs and Space）的文章中提出的。为了克服星际旅行中人类身体的局限，他们设想可以向人体植入一种神经控制装置（也就是"赛博格"）以扩展人体的自我调节能力，从而减轻人类适应宇宙空间环境的负担，使其能有自由去做更多有创造力的事情。此后，"赛博格"的含义则扩大为一种机器与有机体组合而成的混合生物体。参见 Manfred E. Clynes and Nathan S. Kline, "Cyborgs and Space," *Astronautics*（Sept. 1960）, pp. 26-27, 74-76; Donna Haraway, *Simians, Cyborgs and Women: The Reinvention of Nature*（London: Free Association, 1991）.

③ 有关超人类主义的简要介绍，可参见 Nick Bostrom, *The Transhumanist FAQ: A General Introduction*（World Transhumanist Association, 2003）, pp. 4-7.

至对人性造成了威胁，这促使大多数出身于人文学科与社会科学的学者尝试捍卫古典的人文主义。比如弗朗西斯·福山在《我们的后人类未来：生物技术革命的后果》（*Our Posthuman Future：Consequences of the Biotechnology Revolution*）一书中担忧后人类思潮之下生物技术发展的失控，提出应当以"政治锁死科技"。① 这也可以解释为何卡里·沃尔夫等学者称"超人类主义"为坏的"后人类主义"，希望将此义项从"后人类主义"中排除出去，主张批判性的"后人类主义"。②

那么，如何区分这两种后人类主义呢？如何理解"后"（post）也许是二者的关键差异所在。科技后人类主义中的"后"，是时间上"后于"之义，在其语境中，"后人类"往往作为名词使用。大卫·罗登（David Roden）所命名的"推测性的后人类主义"（speculative posthumanism）属于科技后人类主义的一种，他的说法很具有代表性。他认为，纳米技术、生物技术、信息技术与认知科学的发展可能会带来一种不再是人类的后人类，而作为一种新的存在形式的后人类不仅拥有智慧且强大有力。③ 在这里，"后人类"显然指时间上后于人类的一种存在。与此不同的是，批判性的后人类主义的"后"则在很大程度上承袭自"后结构主义"之"后"，是对人文主义的反思。④

尽管批判性的后人类主义学者也有将"后人类"用作名词的，但如果仔细分析便会发现还是与技术后人类不同，前者所谓"后人类"时代是一个"仍旧是人类的后人类"时代，是"克服人类中心主义"之后的一种新的思想模式，而后者"预测未来将进入一个后人类的时代"，在那个时代，

---

① 〔美〕弗朗西斯·福山：《我们的后人类未来》，黄立志译，广西师范大学出版社，2017。

② Cary Wolfe, *What is Posthumanism*, p. xvii.

③ David Roden, *Posthuman Life：Philosophy at the Edge of the Human*（London & New York：Routledge, 2015）, pp. 18, 30.

④ Neil Badmington, ed., *Posthumanism*, pp. 9-10. 值得注意的是，许多提倡后人类主义的学者同时是后殖民主义、女性主义的提倡者。罗西·布拉伊多蒂（Rosi Braidotti）是一个典型的例子。她曾是女性主义学者，近年又成为力倡后人类主义的学者。也许她认为后人类主义是对后殖民主义、女性主义的进一步突破。在她的《后人类》一书中，我们可以看到达·芬奇原版的维特鲁威人图被改造成女性版、小狗版、小猫版甚至机器人版。参见〔意〕罗西·布拉伊多蒂《后人类》，宋根成译，河南大学出版社，2015。

人类将被后人类所取代。① 比如凯瑟琳·海勒（N. Kathrine Hayles）虽以"我们何以成为后人类"命名其书，但在书的末章表示："后人类并不意味着人类的终结。相反，它预示着某种特定的人类概念要终结。"②

二 控制论与考古学

凯瑟琳·海勒的《我们何以成为后人类：文学、信息科学和控制论中的虚拟身体》一书可以说是思想界化约技术后人类的极佳案例。她在书中所讲述的"信息如何失去'身体'"的故事颇有创造力地将控制论与福柯的考古学联系到了一起。

> 控制论的发展，将信息与它的身体剥离开来。与这种发展巧合的，是人文学科领域的话语分析，特别是由福柯创立的考古学，将身体视为话语系统的一种游戏。尽管物理学和人类科学领域的研究者以不同的方式承认实体的重要性，但他们还是共同创造了后现代的意识形态：身体的实体是第二位的，而身体编码的逻辑结构（亦即符号结构）是第一位的。③

所谓"信息如何失去'身体'"讲述的是这样一个故事：从克劳德·香农（Claude Shannon）将信息定义为一种概率、一种可能性，将其与意义剥离；④ 到汉斯·莫拉维克（Hans Moravec）主张人本质上是一种信息性质而非实体的表现，并提出人的意识能够从其身体中分离出来而存储到计算机中；再到梅西会议中，信息被建构成一种没有实体的媒介，而人类被当

---

① Zoltán Boldizsár Simon, "Notes on Posthumanism," p. 8. 此文为未刊稿，将发表在《历史和理论》（*History and Theory*）杂志，笔者在此感谢作者提供文稿。
② 〔美〕凯瑟琳·海勒：《我们何以成为后人类：文学、信息科学和控制论中的虚拟身体》，第 388 页。
③ 〔美〕凯瑟琳·海勒：《我们何以成为后人类：文学、信息科学和控制论中的虚拟身体》，第 257 页。此处译文根据英文原文有所改动，参见 N. Katherine Hayles, *How We Became Posthuman: Virtual Bodies in Cybernetics, Literature, and Informatics*, p. 192。
④ N. Katherine Hayles, "Situating Postmodernism Within an Information Society," *Discourse* 9 (1987), pp. 24-36.

作信息处理实体，本质上与智能机器无异。这是一个信息"如何被概念化，成为与物质形态相互分离的实体"的过程，"而物质形态曾经被认为是信息赖以栖居之地"。[1]

在这里我们可以看到，福柯对后人类主义思想家的启发，不仅在于他关于人之消亡的预言，还在于他关于身体的论述。福柯在对疯癫史、监狱史与性史的探索之中，从身体出发观察权力的作用及其作用方式的演变。他所谓身体，已经不是属于个人的肉体，而是政治文化意义上的、处在权力关系当中的身体。身体在这里成为展现权力的一种符号。这也正是为何凯瑟琳·海勒认为控制论与考古学具有共通之处，而其共同点正是在于二者都将身体的符号性放在首位。

有趣的是，卡里·沃尔夫虽然反对凯瑟琳·海勒将后人类主义理解为后人类，一种脱离实体、失去身体的状态，反对她将后人类与具象相对立，但他的治学取径却延续了凯瑟琳·海勒的探索，主张采取福柯的知识考古学的旨趣与取径，考察人文主义的高贵理想是如何在被哲学与伦理学体系概念化的过程中被廉价出售的。卡里·沃尔夫说："我们大多会同意虐待动物是不对的，还有，身患残疾者理应受到尊重与平等的对待。但是我们会看到，人文主义所用的哲学与理论体系产生了主观片面的标准——一种特殊的人类概念——构成了最初歧视非人类的动物与残疾者的基础。"[2] 换言之，人类特殊论导致了对非人类动物与残疾者的歧视，因此卡里·沃尔夫倡导动物研究与残疾人研究。[3]

三　后人类史学的实践

埃娃·多曼斯卡将后人类主义化约为后人类中心主义，并认为在这股

---

① 〔美〕凯瑟琳·海勒：《我们何以成为后人类：文学、信息科学和控制论中的虚拟身体》，第 2、10 页。

② Cary Wolfe, *What is Posthumanism*, pp. xv-xvii.

③ 残疾人研究于 20 世纪 80 年代在欧美学术界开始兴起，使得人们看待残疾的方式发生了典范转移：残疾被看作是一种文化与政治的现象与一种社会的建构而非仅仅是个人的身体缺陷。参见 Dan Goodley, *Disability Studies: An Interdisciplinary Introduction* (London: Sage, 2011), pp. xi-xiii。

潮流之下，现在的历史学应该向生命科学汲取知识，她又力倡动物史研究。值得注意的是，多曼斯卡接受的是卡里·沃尔夫所用的词汇"后人文学"（posthumanist），并将其理解为"后人类中心主义的人文学"（post-anthropocentric humanities）。她认为后人类主义对历史学的影响体现在学界对后人类中心主义取径日益增长的兴趣，诸如动物史、生物史、环境史与神经史，以及对人类世、气候变化、非人类力量、人类与非人类之间的关系，以及非人类中心观的时间（地理时间）的讨论。于是，多曼斯卡进一步提出："如今历史学正在从生物学而非哲学中汲取养分。"①

尽管多曼斯卡的说法有些夸张，但历史学的后人类转向的确对"历史学家的技艺"提出进一步的挑战。那么，生物学影响下的历史学如何研究人？这种新的取径与传统史学对人的一般描述有何不同？下面笔者主要围绕伦道夫·罗斯（Randolph Roth）关于美国历史上谋杀率的研究尝试探讨这一问题，他曾以此文参与美国历史学年会圆桌会议"当历史学遇上生物学"的讨论。

罗斯承认，历史学家能够搜集历史资料并绘图，进而推想人们对政府与社会的看法对谋杀率有一定的影响。但他指出，如果要进一步追问为何在国家出现危机之时，因日常生活中的摩擦（比如邻里财产纠纷）而引发的命案也会相应有所增加，便不那么容易了。在没有借助生物学的情况下，历史学家也能做出一些推想。比如当政治失序时，人们感到不再受到政府的保护，于是在面临私人财产的侵犯时采取较为极端的应对方式。但是，现代神经学、内分泌学、灵长类动物学与情感心理学则能够提示另一种答案。生物学对动物行为的分析，能够提供借鉴，帮助历史学家挖掘人类行为的生物性根源。在这里作者借助的是关于群居猿猴的侵略性的研究。相关研究表明，当群居猿猴的社群政治不稳定的时候，雄性猿猴血浆中的睾丸素便会上升，而血清素会下降，猿猴的侵略性被完全激发出来。当然，由于在人体实验中难以控制无关的变量，因此还不能肯定地说人类同样如

---

① Ewa Domanska, "Posthumanist History," in Peter Burke and Marek Tamm, eds., *Debating New Approaches to History* (London: Bloomsbury Publishing, 2018), p. 328. 她的表述可能是受到美国历史学年会的圆桌会议主题"当历史学遇上生物学"（History Meets Biology）的启发。参见 "AHR Roundtable: History Meets Biology," *American Historical Review*, 119: 5 (December 2014), pp. 1492-1629。

此。但有充足证据表明，在竞争性的运动比赛当中，低水平血清素的男性更冲动，更倾向暴力。并且，在竞争性的电脑游戏中，通过饮用色氨酸消耗饮料降低血清素水平会增加侵略与报复的可能性。①

将人类的情绪描述转化为体内激素的升降作用，这显然超出了传统史学的认知范围。也许在很多人看来如此追问并做出解释并无必要。但笔者认为，对这种探索性的史学实践做出价值判断似乎意义不大，关键在于这种做法背后的治史理念。我们可以看到，这一分析的前提是，人类相对于动物而言并没有那么特殊。唯有在突破人类特殊论的前提之上，才能运用非人类哺乳动物的研究成果来分析人类，而借鉴生命科学相关成果解释历史中人的行为能够避免历史解释浮于表面，从而推进历史考掘的深度。

丹尼尔·斯梅尔所倡导的"深历史"就体现了这种新的历史理解，试图将用文字写成的"历史"与没有文字记载的"史前史"联系起来。② 传统的历史研究以文字资料为主要依据，因此没有文字书写的史前时代常常被称作"无声的过去"（speechless past）。斯梅尔的"深历史"大大挑战了这一传统，与年鉴学派的"长时段"主张可谓一脉相承。无怪乎有学者指出，斯梅尔的"深历史"是对 20 世纪五六十年代社会史家方法的怀旧，正如后者将人类历史的发展归因不可控的气候、地理等力量而非个人的作用，斯梅尔构建了一种生物结构主义，呈现了在人类的身体与文化演进中生理、认知等因素对人类的能动性的制约。③ 也有学者评价说，这种对人类历史演进起关键作用的生物因素，构成了一种新的"元叙事"（metanarrative），写就了米歇尔·福柯所谓的生物权力（biopower）的新篇章。④

在后人类史学的诸多取径之中，克服人类中心主义成就最为显著的便是动物史研究。如今动物史研究逐渐成为欧美历史研究中的一个充满活力的新兴领域，并吸引越来越多的历史学研究者尝试动物史的取径。动物史

① Randolph Roth, "Emotions, Facultative Adaptation, and the History of Homicide," *American Historical Review*, 119: 5 (Dec. 2014), pp. 1537-1546.
② 国内学界关于"深历史"的介绍可参见万澍《何以"深历史"？——〈深历史：过去和现在的构筑〉读后》，《世界历史评论》第 8 辑，上海人民出版社，2017，第 266~268 页。
③ David Sepkoski, "Review of *On Deep History and the Brain*," *Isis*, 99: 4 (December 2008), pp. 820-821.
④ Stephen T. Casper, "Review of *On Deep History and the Brain*," *Medical History*, 53: 2 (April 2009), pp. 318-319.

家的著作，不论是人类–动物史的书写，还是从动物视角出发而进行的"知识考掘"，都能帮助我们了解动物在历史发展中所做的贡献以及历史上动物的情感与感受，从而帮助我们突破人类中心主义之窠臼。①

上述讨论证明，后人类主义对于人文学者具有吸引力，但如何将后人类主义的理念付诸实践，显然并不容易。《后中世纪》（*Postmedieval*）杂志的发展变化是一个有趣的例子。创建于 2010 年的《后中世纪》致力于前现代研究，与年鉴学派的传统有所联系，但更有可能是受了"后人类主义"的影响，所以用"后中世纪"为题。从第一期的编者艾琳·乔伊（Eileen A. Joy）与克雷格·迪昂（Craig Dionne）写的导言来看，该刊的旨趣在于探索后人类史学。他们承认，"尽管前近代的过去如何阐明后人类/人类的未来仍有疑问"，但主张前近代历史的研究也许可以为后人类讨论中的种种议题提供很多宝贵的资源，包括象征、主体性、身份认同、社会性，等等。②

不过，《后中世纪》并不只是发表探究"后人类史学"的论文。2011 年，卡里·沃尔夫受邀组织了该年第一期"动物转向"的讨论，引起了不少关注。但之后发表的论文又多与身体、性别、情感等新文化史的课题有关，可见"后人类史学"的探索，与其他新思潮有着重要的联系。而"后人类史学"也尚处探索之中，需要与其他史学探索携手共进。在《后中世纪》创刊之时，有一位名为克里斯特尔·巴托洛维奇（Crystal Bartolovich）的学者表达了与编者不同的看法。她借用安东尼·阿皮亚（Anthony Appiah）的"后殖民之'后'是'后现代'之'后'吗?"（"Is the 'Post-' in 'Postcolonial' the 'post-' in 'Postmodern'?"）这一说法，认为不应该将"后中世纪"（postmedieval）与"后人类"（posthuman）中的"后"（post）相提并论，前者将被证实，而要确认后者还有待时日。③ 她的质疑具有很强的预见性，因为从《后中世纪》的发展来看，其后人类主义的旨趣已经不再是该刊唯一的主题，而是相应有所扩大。

---

① 可参见本书"动物转向"一章。

② Eileen A. Joy and Craig Dionne, "Before the Trains of Thought Have Been Laid Down So Firmly: The Premodern Post/human," *Postmedieval: A Journal of Medieval Cultural Studies*, 1: 1-2 (March 2010), pp. 1-9.

③ Crystal Bartolovich, "Is the Post in Posthuman the Post in Postmedieval?", *Postmedieval: A Journal of Medieval Cultural Studies*, 1: 1-2 (March 2010), pp. 18-31.

　　总括而言，后人类境况对人文学界的挑战普遍存在，目前史学界的回应也为史学注入了新鲜的血液，但大体说来，历史学家的实践还比较落后。之所以如此，可能有以下两点原因。其一，从理论层面来看，思想界在消化技术性的后人类主义的思想之时，借用了许多人文学科原有的资源，比如福柯、德里达的思考，这就使得"后人类主义"，变为"后人文主义"（对人文主义的修正）或"后人类中心主义"，与后现代主义、后殖民主义以及女性主义的思想接轨。相关学者利用了人文学科内部原有的资源理解、消化新事物，自然无可厚非，但在一定程度上，也令人有"新瓶装旧酒"的印象，不少学者因此在性别、身体、主体性、认同等问题里打转。其二，实践"后人类史学"要求学者具备多学科的背景，而且是生命科学等理科背景，这对目前的历史学专业培养的学者来说比较困难。再者，对于一般的文科学者来说，与技术后人类相关的书籍并不容易消化。凯瑟琳·海勒相对比较特殊，她在加州理工大学获得化学硕士学位并工作数年之后才转而攻读文学，具有化学与文学的双重学术背景，但这样的人文学者毕竟是少数。过去的史学尽管也强调跨学科，但涉及的学科诸如哲学、文学、社会学，大致仍旧属于人文与社会科学内部的学科，付诸实践相对要容易一些。与之相较，"后人类史学"对于历史工作者而言，将是一个全新的尝试，其未来的发展充满了挑战，也因此富有无穷的吸引力。

　　　　　　　　　　　　　　　　　　　　　　（屠含章执笔）

图书在版编目（CIP）数据

当代历史哲学和史学理论：人物、派别、焦点／王
晴佳，张旭鹏主著. -- 北京：社会科学文献出版社，
2020.1（2023.1 重印）

（当代国际史学研究丛书／陈启能总主编）

ISBN 978-7-5201-5252-5

Ⅰ.①当… Ⅱ.①王… ②张… Ⅲ.①历史哲学-研
究-西方国家②史学思想-研究-西方国家 Ⅳ.①K01
②K091

中国版本图书馆 CIP 数据核字（2019）第 164126 号

·当代国际史学研究丛书·

当代历史哲学和史学理论：人物、派别、焦点

主　　著／王晴佳　张旭鹏

出 版 人／王利民
组稿编辑／宋月华　杨春花
责任编辑／袁卫华　罗卫平
责任印制／王京美

出　　版／社会科学文献出版社·人文分社（010）59367215
　　　　　　地址：北京市北三环中路甲 29 号院华龙大厦　邮编：100029
　　　　　　网址：www.ssap.com.cn
发　　行／社会科学文献出版社（010）59367028
印　　装／北京虎彩文化传播有限公司

规　　格／开本：787mm×1092mm　1/16
　　　　　　印张：24.75　字数：386 千字
版　　次／2020 年 1 月第 1 版　2023 年 1 月第 3 次印刷
书　　号／ISBN 978-7-5201-5252-5
定　　价／198.00 元

读者服务电话：4008918866